Zu diesem Buch

Als Alfred Herrhausen im November 1989 durch eine Bombe der RAF getötet wurde, verlor das Land einen der brillantesten Manager der Nachkriegszeit. Sein Werdegang vom Eliteschüler der NSDAP-Reichsschule in Feldafing zum Chef der Deutschen Bank und mächtigsten Bankier der Republik spiegelt deutsche Wirtschaftsgeschichte. Er gehörte zu ihren herausragenden Repräsentanten, neben Edzard Reuter oder Hanns Martin Schleyer, mit dem er das gleiche Schicksal teilen sollte.

Andreas Platthaus schreibt die Biographie eines Unternehmers, der zugleich Visionär war, ebenso scharfsinnig wie unbequem. Herrhausen hat frühzeitig die Herausforderung der Globalisierung für Deutschland erkannt und die Wirtschaftselite gegen sich aufgebracht – nicht zuletzt mit seiner Forderung nach Schuldenerlass für Länder der Dritten Welt. Es entsteht das überraschende Porträt eines Mannes, der zu Lebzeiten stets umjubelt und umstritten war und in vielem seiner Zeit weit voraus.

Der Autor

Andreas Platthaus, geboren 1966 in Aachen, hat nach einer Ausbildung bei der Deutschen Bank Wirtschaftswissenschaften, Philosophie, Rhetorik und Geschichte studiert und ist stellvertretender Feuilletonchef der «Frankfurter Allgemeinen Zeitung». Letzte Veröffentlichungen: «Im Comic vereint. Eine Geschichte der Bildgeschichte» (1998), «Von Mann und Maus. Die Welt des Walt Disney» (2001) und «Moebius: Zeichenwelt» (2003).

Andreas Platthaus

Alfred Herrhausen

Eine deutsche Karriere

Rowohlt Taschenbuch Verlag

Bildnachweis
(Die Seitenzahlen beziehen sich auf den Bildteil)

Lutz Kleinhans: 7, 8
Barbara Klemm: 6
Picture Alliance: 3, 4, 5
Privat: 1, 2

Veröffentlicht im Rowohlt Taschenbuch Verlag,
Reinbek bei Hamburg, August 2007
Copyright © 2006 by Rowohlt·Berlin Verlag GmbH, Berlin
Umschlaggestaltung ZERO Werbeagentur, München
(Foto: Herlinde Koelbl, Agentur Focus)
Druck und Bindung Clausen & Bosse, Leck
Printed in Germany
ISBN 978 3 499 62277 9

Inhalt

Der letzte Bankier: Kapitalismus als Intelligenz?   7

Erstes Kapitel
    Der Eliteschüler: Von Essen nach Feldafing
    und zurück   17

Zweites Kapitel
    «Wirtschaft ist eine Veranstaltung von Menschen»:
    Der Weg zum richtigen Denken   51

Drittes Kapitel
    Der Elektriker: Aufstieg bis zur Deutschen Bank   75

Viertes Kapitel
    Stehvermögen: Herrhausen und die Kunst der Fusion   97

Fünftes Kapitel
    Manager der Bundesrepublik: Gestalten,
    nicht verwalten!   133

Sechstes Kapitel
    Der Solist im Duett:
    Zu zweit an der Spitze der Deutschen Bank   151

Siebtes Kapitel
    «Die Zeit ist reif»: Das Plädoyer für einen globalen
    Schuldenerlaß   176

Achtes Kapitel
Revolutionsführer: Allein gegen den Rest der Welt   214

Neuntes Kapitel
«Mit einem Anschlag ist zu rechnen»:
Der Mord und seine Folgen   260

Zehntes Kapitel
«Die Wahrheit ist dem Menschen zumutbar»:
Glasnost für den Kapitalismus   286

Anmerkungen   307

Personenregister   319

Der letzte Bankier: Kapitalismus als Intelligenz?

Im Februar 2005 griff der damalige Bundeskanzler Gerhard Schröder zu einem klugen Buch. «Ich habe vor kurzem etwas über die Unternehmensphilosophie des früheren Deutsche-Bank-Chefs Alfred Herrhausen gelesen, der sein Unternehmen stets auch in der Pflicht sah gegenüber den Beschäftigten und dem Land, in dem es seinen Standort hat», erklärte Schröder wenig später. «Ich empfehle den Herren, die derzeit das Unternehmen führen, sich diese Philosophie noch einmal zu Gemüte zu führen.»[1]

Der Ratschlag galt Josef Ackermann, als Vorstandssprecher der Deutschen Bank Nachfolger Alfred Herrhausens, der diesen Posten von 1985 bis zu seiner Ermordung 1989 bekleidet hatte. Ackermann war in die öffentliche Kritik geraten, nachdem er angekündigt hatte, trotz gestiegenen Gewinnen 6400 Arbeitsplätze abzubauen, davon fast zweitausend in Deutschland – obwohl die Deutsche Bank schon im Jahr zuvor mehr als zehntausend Stellen eingespart hatte. Bald darauf verwahrte sich der Bankchef öffentlich gegen die Vorwürfe des Bundeskanzlers: «Um sozial zu sein, muß man wettbewerbsfähig sein.»[2] Hierbei hätte auch Ackermann sich problemlos auf Herrhausen berufen können – dieser hatte zeit seines Lebens den Wettbewerb in den Mittelpunkt seines Ideals von sozialer Marktwirtschaft gestellt.

Wer war Alfred Herrhausen? Und wieso können ihn heute Befürworter wie Skeptiker der Marktwirtschaft gleichermaßen für sich in Anspruch nehmen? Keinen anderen deutschen Manager umgibt ein solcher Nimbus. Herrhausen genießt Hochachtung auf allen Seiten – sei es, weil er als Inbegriff der freien Marktwirtschaft gilt oder als Kapitalismuskritiker, der mit seinen Initiativen zum Schuldenerlaß für die Dritte Welt schon früh die Fehlentwicklungen der Globalisierung angeprangert hatte.

Gewiß hat auch seine Ermordung zu diesem Nimbus beigetragen, aber für den ungebrochenen Ruf Herrhausens als eines Visionärs bietet sie keine Erklärung. Schon die ideologische Hilflosigkeit, mit der die Rote-Armee-Fraktion nach dem Attentat vom 30. November 1989 zu begründen versuchte, warum ausgerechnet ein Mann sterben mußte, der sich wie kein anderer Vertreter der Wirtschaft für die armen Länder eingesetzt hatte (und der dadurch zum Paria in der eigenen Zunft zu werden drohte), zeigte, daß Herrhausens «Schuld» bei den Parteigängern der radikalen Linken keineswegs als selbstverständlich galt. Im Bekennerschreiben hieß es, Herrhausens Pläne würden «selbst in ‹linksintellektuellen Kreisen› als humanitäre Fortschrittskonzepte gepriesen» – in Wahrheit aber seien sie nur der Versuch, «die bestehenden Herrschafts- und Ausbeutungsverhältnisse längerfristig zu sichern»[3].

Die von der RAF beschworene Kontinuität war eine institutionelle: Mit Herrhausen ermordete sie einen Repräsentanten der Deutschen Bank. Aber in der Aufbruchstimmung des Novembers 1989, als sich nach dem Fall der Berliner Mauer ein Ende der ideologischen Grenzziehungen abzeichnete, empfanden die Menschen den Mord an Herrhausen als Ausdruck einer überkommenen Denkweise, die sich in Haß erschöpfte – während der Ermordete um so mehr als Exponent eines neuen Weges galt, der auf Ausgleich zwischen Erster und Dritter Welt setzte.

Entspricht diese Sicht der Wahrheit? Herrhausen hatte sich mit seiner Initiative zur Schuldenstreichung viele Feinde gemacht, vor allem im eigenen Metier. Wie konsequent er seine eigenen Ideen weiterverfolgt hätte, werden wir nie erfahren. Er mußte sterben, als auch die alte Bundesrepublik ihrem Ende nahe war – nicht als politisches Modell, sondern als ein nur durch wirtschaftliche Potenz legitimierter Staat. Plötzlich stand Deutschland wieder in der Geschichte. Eine Überwindung der Teilung, die in der Welt als gerechte Buße empfunden wurde und im Lande selbst gern als Entschuldigung für außenpolitische Zurückhaltung gedient hatte, war bereits absehbar.

Durch die Zusammenführung zweier konkurrierender Wirtschaftssysteme sollte der alte korporatistische Geist, der die Bundesrepublik zu dem gemacht hatte, was spöttisch als «Deutschland AG» bezeichnet wurde, zerbrechen. Denn die Wiedervereinigung war viel mehr als eine Fusion im ökonomischen Sinne. Sie fand unter den skeptischen Augen der ganzen Welt statt, und der verlangte Preis war nicht der wirtschaftliche Aufbau Ostdeutschlands – das war eine interne Angelegenheit –, sondern das zukünftige weltpolitische Engagement des geeinten deutschen Staates.

Herrhausen war ein Experte in Fragen von Fusionen, und er hätte im Prozeß der Wiedervereinigung zweifellos manchen guten Rat erteilen können. Als bislang letzter Wirtschaftskapitän verkörperte er die Rolle eines ökonomischen Praeceptor Germaniae – wie vor ihm die Persönlichkeiten, die ihre jeweiligen Epochen prägten: Alfred Krupp, Werner von Siemens und Emil Rathenau im neunzehnten, Walther Rathenau und Hugo Stinnes im frühen zwanzigsten Jahrhundert und schließlich Hermann Josef Abs in der Nachkriegszeit.

Doch Herrhausen wußte, daß er diese Rolle nicht mehr lange würde spielen können – denn er war keineswegs ein Gegner, sondern ein Vorkämpfer jener Entwicklung, die später Globalisierung genannt werden sollte. Deren Folgen sah er allerdings sowenig voraus wie andere Visionäre. Sonst hätte er sich kaum so vehement darum bemüht, die Staatsverschuldung der Entwicklungsländer – die ja eine Konsequenz des alten Wirtschaftssystems war, das auf den Fundamenten einer «Nationalökonomie» im Wortsinne beruhte – noch zu korrigieren, ehe die neue, die globale Ökonomie einsetzen würde.

Hierauf verwendete Herrhausen einen Großteil seiner Energien in den letzten Lebensjahren. Dieser Kampf hat ihn mehr als alles andere zur Legende gemacht. Wenn heute im kollektiven Gedächtnis neben der Ermordung noch etwas mit dem Namen Herrhausen verknüpft wird, dann sein Engagement für die Dritte Welt: Er war der Bankier, der seine Arbeit in den Dienst der Ärmsten stellte. Und er wurde damit zum bewunderten Exponenten eines besseren Deutschland.

Dabei wird ihm strategische Weitsicht ebenso unterstellt wie humanistische Überzeugung. Herrhausen gilt gleichermaßen als Manager der Bundesrepublik und als Visionär der Weltwirtschaft. Beide Einschätzungen resultieren aus verschiedenen Phasen seiner Karriere. Zunächst richtete sich das öffentliche Interesse auf seine praktische Tätigkeit als Manager, weniger auf die theoretische Konzeption, die ihr zugrunde lag. Dabei hatte sich diese während seiner Zeit im Vorstand der Deutschen Bank nicht verändert. Im Gegenteil: Herrhausens Weltbild beruhte auf Überlegungen, die bis in die frühen fünfziger Jahre zurückgingen, als er seine betriebswirtschaftliche Dissertation verfaßte. Damals schon hatte er seine Überzeugung vom «richtigen Denken» ausformuliert, nach der er später handeln sollte.

Doch erst als Vorstandssprecher der Deutschen Bank erkannte man in ihm plötzlich den Visionär, der ungeahnte Gestaltungsfreiheit für sein Tun einforderte. «Macht», so hatte Herrhausen bereits 1976 vor Mitarbeitern ausgeführt, «beginnt nicht bei der Einflußnahme selbst, sondern schon bei der Möglichkeit dazu.» Diese Möglichkeit eröffnete sich, als der Gipfel tatsächlich erreicht war. Von da an hieß es: «Natürlich haben wir Macht [...] Die Frage ist, [...] ob wir sie verantwortungsbewußt einsetzen oder nicht.»[4]

Der Journalist Lorenz Jäger hat die Persönlichkeit Herrhausens auf eine schlichte Formel gebracht: «Er verkörperte den Kapitalismus als Intelligenz.»[5] Aber niemand hat diese Intelligenz bislang auf den Prüfstand gestellt. Sie mußte sich ja nicht nur in der Theorie, sondern auch in der Praxis bewähren. Nun ist nach Herrhausens Tod seine Konzeption, die er in der Deutschen Bank durchsetzen wollte, zum Teil rückgängig gemacht, zum Teil gar nicht erst ausgeführt worden. Was von seinem Wirken Bestand hat, entzieht sich heute einer Bewertung in bilanziellen Größen. Doch selbst Herrhausens «Philosophie», um noch einmal das naive Wort eines deutschen Kanzlers zu gebrauchen, ist heute nahezu vergessen. Dieses Buch soll dazu beitragen, daß seine großen, aber auch die umstrittenen Leistungen in Erinnerung gerufen werden und sein Leben nicht auf einen einzigen Tag verkürzt bleibt – den seiner Ermordung.

Helmut Kohl, dem der Vorstandssprecher als enger Berater und als Freund verbunden war, hält die Art des Gedenkens an Herrhausen für «einen Beweis, daß oft die wirklich großen Gestalten nur gering geschätzt werden»[6]. Kaum noch jemand wisse, worin Herrhausens Leistung wirklich bestanden habe. Mit ihm sei ein Vertreter der deutschen Wirtschaft gestorben, der auch weltweit als einer der ganz Großen seines Metiers wahrgenommen worden sei.

Herrhausen war vermutlich der letzte angestellte Manager, den man nicht einen «Banker» nannte, gemäß der sich damals etablierenden Sprachmode. Er wurde immer noch als «Bankier» bezeichnet und somit zumindest verbal dem Kreis eigenverantwortlich handelnder Bankeigentümer zugerechnet – auch wenn er sich selbst zuletzt konsequent als «Banker» bezeichnete (das klang in seinen Ohren moderner). Die winzige Differenz eines einzigen Buchstabens sagt mehr über die damalige Wahrnehmung von Herrhausens Rolle aus, als es alle zeitgenössischen Analysen vermochten: «Bankier» war für ihn ein Ehrentitel, der ihm schmeichelte. Was er selbst nicht sagte, hörte er doch um so lieber.

Und wie der eines Alleineigentümers wirkte auch sein Führungsstil: Neben ihm verblaßten seine Vorstandskollegen bei der Deutschen Bank, obwohl der Sprecher in diesem Gremium doch nur Primus inter pares sein sollte. Herrhausen verkörperte für wenige Jahre die größte Bank der Bundesrepublik in einem Maße, wie es seit Abs niemand mehr getan hatte. Und es gelang ihm in den letzten Monaten seines Lebens, über diese Rolle seines Vorgängers noch hinauszuwachsen, zur Verkörperung der deutschen Wirtschaft schlechthin zu werden, ja, zum Inbegriff eines neuen selbstbewußten Deutschlands, das sich mit der Überwindung der Teilung nun anschicken würde, wieder einen zentralen Platz in der Weltpolitik einzunehmen, nachdem dies auf wirtschaftlichem Felde schon längst erreicht worden war.

Herrhausen galt als ein eminent politischer Kopf, dessen Denken weder an den Mauern seines eigenen Instituts noch an den Grenzen des eigenen Staates haltmachte. Als im Winter 2005 der von Josef Ackermann betriebene Personalabbau bei der Deutschen Bank nicht nur des Kanzlers Besinnung auf Herrhausens angebliches Vermächtnis, sondern auch noch die vom damaligen SPD-Vorsitzenden Franz Müntefering entfesselte kurzlebige Kapitalismus-Debatte auslöste, wurde Ackermann als Prototyp eines gewinnorientierten Managers ohne jedes soziale und nationale Verantwortungsgefühl dargestellt. Und Alfred Herrhausen war wieder das unausgesprochene Gegenbild. An seinem Mythos hat sich heute jeder deutsche Banker zu messen, der sozialpolitisch unpopuläre Entscheidungen trifft. Es ist jedoch bezeichnend, daß niemand versucht hat, den Mythos an der Realität zu überprüfen.

Im Zentrum von Herrhausens Denken stand ein Finanzunternehmen, das «Banking Around the Globe, Around the Clock» betreibt, wie er es im Business-Englisch genannt hat. Ihm war klar, daß man sich dazu aus der traditionellen deutschen Verwurzelung lösen mußte und von liebgewordenen Gewohnheiten in einem Sozialstaat, der in der Geborgenheit eines Systemkampfs hatte wachsen dürfen – subventioniert durch die Marshall-Hilfe, begünstigt durch die kriegs- und demontagebedingten Anlageerneuerungen, die die deutsche Wirtschaft zur modernsten der fünfziger Jahre gemacht hatten, und durch den Fleiß einer Bevölkerung, die auf ökonomischem Terrain ein neues Schlachtfeld fand, auf dem es für Deutsche noch etwas zu gewinnen gab.

Dieses Deutschland der Wirtschaftswunderjahre erweckte in Herrhausen eine große Faszination. Bei Kriegsende war er fünfzehn Jahre alt, insofern begleitete er den Wiederaufstieg seines Landes auch biographisch. Staat und Manager vollzogen ihre Karrieren gewissermaßen im Gleichschritt, und in den Rahmenbedingungen, die ersterer bot, fand der letztere sein wirtschaftstheoretisches Ideal verkörpert. Der Erfolg der sozialen Marktwirtschaft war für Herrhausen einer des Wettbewerbsgedankens, der nach seiner Überzeugung jeder funktionierenden Demokratie inhärent sein muß, und deshalb wurde Herrhausen zu ihrem eifrigsten Verteidiger. So gesehen fanden die Attentäter vom 30. November 1989 ein geeignetes Opfer, denn Herrhausen verkörperte nicht nur die Bundesrepublik, er liebte sie.

Ein Leben jedoch, das in der Nachbetrachtung nun doch nur auf den gewaltsamen Tod hinauszulaufen schiene, würde Herrhausens Biographie um Seitenwege und Rückschritte verkürzen, die von größter Bedeutung für seine Rolle in der deutschen Geschichte sind. Sein Leben nachzuerzählen, heißt deshalb, mehr in Erinnerung zu rufen als die Vorgeschichte eines Mordes.

Lutz Hachmeister mußte in seiner Biographie von Hanns Martin Schleyer[7] großen Aufwand darauf verwenden, die Tätigkeit des 1977 entführten Arbeitgeberpräsidenten als Vertreter der deutschen Besatzungsmacht in Prag von 1941 bis 1945 zu erhellen, die in den Rechtfertigungen der Rote-Armee-Fraktion und ihres Umfelds nach der Ermordung Schleyers eine so zentrale Rolle gespielt hatte. Herrhausens Biographie hat nichts Vergleichbares zu bieten.

Aber auch er, 1930 geboren, kam in Berührung mit der nationalsozialistischen Ideologie. Von 1942 bis Kriegsende besuchte Herrhausen die «Reichsschule Adolf Hitler» in Feldafing, ein Internat, in dem die zukünftige Elite des NS-Staates ausgebildet werden sollte. Diese fast drei Jahre haben bei Alfred Herrhausen Prägungen hinterlassen, die ihm in seiner späteren Karriere nützten. Mit Ausnahme der unmittelbaren Nachkriegszeit hat er aus seiner Feldafinger Zeit nie ein Geheimnis gemacht – wer wollte schon Vorwürfe gegen einen Halbwüchsigen erheben, der von seinen Lehrern für die elitäre Erziehungsanstalt vorgeschlagen worden war? Dennoch lassen die Briefe, die Herrhausen in dieser Zeit an seine Familie schrieb, erkennen, daß die Schulerziehung gewisse Wirkung zeigte.

Die Beschäftigung mit Herrhausens damaligen Lebensumständen ist aus einem speziellen Grunde aufschlußreich: Er ist der herausragende Exponent einer Generation, die in der Kindheit die geordnete Welt des Nationalsozialismus erlebte und nach der Zerstörung ihrer naiven Illusionen für kurze Zeit eine natürliche Skepsis gegenüber dem neuen, von außen bestimmten Gesellschaftssystem in Deutschland entwickelte – diese Skepsis wiederum sollte sich durch das Erlebnis von Freizügigkeit und Freiheit geradezu ins Gegenteil verkehren.

Herrhausen wurde zum glühenden Verfechter der Demokratie,

aber nicht allein aus Begeisterung für deren egalitäre Werte. Ihm gefiel, daß aus dem Wettstreit der Meinungen eine besondere Elite erwuchs, die von keinem anderen politischen System hervorgebracht werden konnte. Der Vorstandssprecher der Deutschen Bank darf als Verkörperung dieser Elite gelten. Wie er als Sohn eines Vermessungsingenieurs zur Betriebswirtschaftslehre fand und dann eine Karriere vollzog, die ihn rasch als Branchenfremden aus der Industrie bis in den illustren Kreis des Vorstands des größten deutschen Kreditinstituts führte – das ist eine Erfolgsgeschichte, die beispielhaft für die Entwicklung der Bundesrepublik bis zum Mauerfall steht. Daß Herrhausen genau drei Wochen danach sterben mußte, macht ihn nur noch mehr zum Inbegriff einer ganzen Epoche.

Der Rückblick auf sein Leben gestattet heute eine andere Bewertung, als sie unmittelbar nach seiner Ermordung möglich gewesen wäre. Aus dem Abstand von mehr als anderthalb Jahrzehnten kann man die Leistungen Herrhausens besser würdigen. Und auch seine Visionen, denn manche wirkten über die Frist hinaus, die ihm als Sprecher gegeben war – 1995 hätte er sich zurückziehen müssen, der von ihm geplante Umbau der Deutschen Bank aber war auf weitaus längere Zeit angelegt. Was er noch hätte umsetzen können, was vom Umgesetzten geblieben ist, das zu beurteilen erlaubt erst die zeitliche Distanz. Und die persönliche.

Zwar hat der Verfasser dieses Buches 1985, also in jenem Jahr, als Herrhausen zu einem der beiden Vorstandssprecher der Deutschen Bank gewählt wurde, seine Ausbildung zum Bankkaufmann in der Hauptfiliale Köln aufgenommen, aber nach deren Abschluß 1987, in dem Jahr, als Herrhausen zum alleinigen Sprecher bestimmt wurde, hat er das Institut endgültig wieder verlassen. Dennoch ist mir gut in Erinnerung geblieben, was für Hoffnungen vor allem die jungen Bankmitarbeiter damals an die Persönlichkeit ihres neuen Sprechers geknüpft haben. Er war ein Mythos zu Lebzeiten. Unmittelbar nachdem die Nachricht seiner Ermordung bekanntgeworden war, rief mich ein Freund aus der Lehrzeit unter Tränen an: Wieso das einem solchen Menschen und so kurz nach dem Mauerfall widerfahren müsse, das könne er nicht begreifen. Er verstehe die Welt nicht mehr. Ich verstand zumindest ihn.

Seitdem hat mich die Faszination für Alfred Herrhausen nicht losgelassen, aber auch nicht die Einsicht, daß er die in ihn gesetzten Erwartungen unmöglich alle erfüllen konnte, selbst wenn ihm mehr Zeit vergönnt gewesen wäre. Er hatte eine Welt zu schultern, die für einen winzigen Augenblick, für drei Wochen im November 1989, übersichtlich und vor allem handhabbar erschien.

Alfred Herrhausen war ein ungewöhnlicher Vertreter seines Metiers und mehr noch der Deutschen Bank im besonderen, aber ob er ein brillanter Unternehmensführer gewesen ist, muß sich erst noch erweisen. Und ob sein Denken so scharf und breit angelegt war, wie es heute den Anschein hat, auch das kann nur überprüft werden, wenn man seine eigenen Äußerungen analysiert.

Herrhausen hat konsequenter als seine Kollegen im Haus und in anderen Unternehmen die Medien für seine Zwecke benutzt; die Zahl seiner Interviews und der ihm gewidmeten Porträts ist Legion. Überdies etablierte Herrhausen eine neue Tradition: Nachdem er bereits direkt nach seiner Bestellung zum ordentlichen Vorstandsmitglied der Deutschen Bank im Februar 1971 die Schaffung einer neuen ihm unterstellten Stabsstelle durchgesetzt hatte, deren Aufgabe die «Strategische Planung» umfaßte, schlug er seinen Vorstandskollegen 1981 vor, in die jährlichen Geschäftsberichte des Instituts sogenannte Stellungnahmen aufzunehmen. Diese kurzen, überwiegend essayistisch gehaltenen Texte widmeten sich jeweils Fragen von wirtschaftlicher wie politischer Bedeutung, sie sollten verstanden werden (und so geschah es auch) als ordnungspolitische Empfehlungen der Deutschen Bank.

Tatsächlich sind sämtliche Stellungnahmen bis 1989 von Herrhausen allein verfaßt worden. Hier fand er ein willkommenes Forum für seine höheren Ambitionen, bevor er zunächst von 1985 an die zweite Sprecherrolle neben F. Wilhelm Christians ausfüllen durfte und anläßlich von dessen Ausscheiden 1988 endlich die ersehnte Position des alleinigen Vorstandssprechers für sich durchsetzen konnte. Doch auch danach behielt Herrhausen sich das Abfassen der Stellungnahmen vor, die fortan mit noch mehr Autorität ausgestattet waren.

Der reiche Bestand an Selbstzeugnissen gleicht den Nachteil aus, daß mir das Firmenarchiv der Deutschen Bank verschlossen blieb. Nur die Dokumente aus der Zeit bis 1945 sind dort bislang zugänglich, und somit ist auch der in der Bank aufbewahrte Teil des Nachlasses von Alfred Herrhausen – mit Ausnahme der Redetexte, die ja ohnehin öffentlich vorgetragen worden sind – noch sekretiert. Nach Auskunft eines Archivars soll er wenig spektakulär sein, aber das hätte ich lieber selbst überprüft. Dafür waren zahlreiche Personen aus der nächsten Umgebung von Herrhausen bereit, mit mir zu sprechen, die allerdings zum Teil nicht namentlich genannt werden wollen. Deshalb habe ich deren Erinnerungen und Einschätzungen ohne Nachweis der Quelle in meinen Text eingearbeitet.

Alfred Herrhausen wurde in einer Zeit Sprecher der Deutschen Bank, als die Öffentlichkeit längst mehr von einem Exponenten der Wirtschaft erfahren wollte als nur die Bilanzzahlen seines Unternehmens. Er bemühte sich, gegen diese Neugier das Private zu bewahren, denn er besaß im Familienleben und im Freundeskreis ein Rückzugsgebiet, das er nicht verlieren wollte. Hier konnte er auch sein umfassendes Kontrollbedürfnis und Imagebewußtsein ablegen, das seine öffentlichen Auftritte bestimmte – so sorgte er etwa dafür, daß kaum Fotos publiziert wurden, die ihn im Profil zeigten, weil er Frontalansichten vorteilhafter fand.

In diesem Buch soll eine Kombination aus beidem, Profil wie direkter Konfrontation, gewagt werden. Es hat den Anspruch, aus subjektiver Sicht die Persönlichkeit dieses Mannes und die Überzeugungen, die ihn geprägt haben, darzulegen. Das schriftliche Porträt eines Menschen bietet den Vorzug, nicht zum schnellen Urteil herauszufordern; es fixiert seinen Gegenstand sorgfältig und lädt zur ausgiebigen Betrachtung ein. Wenn am Ende ein Bild entstanden ist, das nicht nur die Oberfläche zeigt, sondern den Menschen als solchen, dann hat es seinen Zweck erfüllt.

Erstes Kapitel
Der Eliteschüler: Von Essen nach Feldafing und zurück

«Das Privatleben ist mein Tabuthema»[1], hat Alfred Herrhausen in der Öffentlichkeit stets erklärt. Doch ohne familiären Hintergrund sind weder sein Charakter noch sein Handeln zu verstehen, und somit nicht der Aufstieg eines Ingenieurssohns aus Essen zum einflußreichsten Unternehmenschef der Bonner Republik.

Zur Welt kam er 1930, in jenem Jahr wurden die Auswirkungen des New Yorker Börsencrashs von 1929 auch im Ruhrgebiet spürbar. Im Oktober 1930 verzeichnete der Arbeitsamtsbezirk Essen 47 000 Arbeitslose, und diese Zahl wuchs innerhalb eines Jahres auf mehr als 70 000. Die Menschen, die ihren Arbeitsplatz noch nicht verloren hatten, mußten teilweise drastische Lohnkürzungen hinnehmen. Essen war dabei ein Brennpunkt der Krise, aber sie hatte überall verheerende Auswirkungen: Von 1929 bis 1932 sollte das deutsche Bruttosozialprodukt um mehr als ein Drittel sinken, das Volkseinkommen sogar noch stärker, und die Industrieproduktion büßte im gleichen Zeitraum dreißig Prozent an Wert ein.

Die Zahl der Arbeitslosen in Deutschland war von 1,5 Millionen im September 1929 bis zum Ende des Jahres auf fast das Doppelte emporgeschnellt. Dabei traf die rasche Kündigung von amerikanischen Krediten für deutsche Unternehmen nach dem «Schwarzen Freitag» das Land deshalb so hart, weil die vom Ausland meist kurzfristig gewährten Mittel im Inland überwiegend langfristig angelegt worden waren. Hier hatten sich vor allem die deutschen Kreditinstitute als Nutznießer des amerikanischen Geldes hervorgetan, weil sie dadurch ihre industrielle Klientel mit Kapital versorgen konnten. Der Historiker Hans-Ulrich Wehler hat diese Wirkung des Börsencrashs von New York, die durch die Eigenheiten der deutschen Kreditstruktur begünstigt wurde, die «Höllenfahrt der Weimarer Republik» genannt. Und besonders gravierend wirkte sich der ökonomische Niedergang in Deutschland auf Schwer- und Bauindustrie aus, weshalb das Ruhrgebiet ungewöhnlich heftig vom Zusammenbruch der Wirtschaft erschüttert wurde.

In diese beginnende soziale Katastrophe hinein wurden am 30. Januar 1930 Alfred Anton und Anne Herrhausen in Essen geboren. Die Zwillinge kamen zwei Monate vor dem errechneten Termin zur Welt und waren bei der Geburt jeweils nur zwei Pfund schwer. Ihre damals gerade zweiundzwanzigjährige Mutter brauchte lange, um sich von den Anstrengungen der unerwarteten Doppelgeburt zu erholen, und das Überleben der beiden frühgeborenen Kinder hing am seidenen Faden. Doch der Familie kam zugute, daß der Vater Karl Herrhausen im Gegensatz zu vielen seiner Freunde und Bekannten noch immer in Lohn und Brot stand. Er arbeitete als Vermessungsingenieur bei der Ruhrgas AG, einem 1926 gegründeten Gemeinschaftsunternehmen der Ruhrzechen, das den Vertrieb von deren Kokereigas besorgte. Zu diesem sicheren Einkommen kam noch die Unterstützung durch Eltern und Schwiegereltern hinzu. Die Familie Herrhausen betrieb eine Metzgerei, und Karls Ehefrau Wilhelmine (genannt Hella), geborene Funke, entstammte einer Essener Offiziersfamilie.

Allerdings war Hella Funkes Vater, ein Ulanenrittmeister, bereits 1908 gestorben, nur ein Jahr nach ihrer Geburt. Deshalb eröffnete die Mutter eine Gaststätte, um das Auskommen ihrer kleinen Familie zu sichern. Wenige Jahre später heiratete sie erneut, und der Stiefvater ihrer Mutter sollte für Anne und Alfred Herrhausen zum Lieblingsgroßvater werden. Ihren späteren Mann Karl Herrhausen hatte die junge Hella durch dessen Eltern kennengelernt, die zu den Lieferanten der Gaststätte ihrer Mutter zählten. Das Paar heiratete 1929; nach der schweren Zwillingsgeburt sollte die Familie keine weiteren Kinder mehr bekommen.

Der 1902 geborene Karl Herrhausen hatte noch einen älteren Bruder, der die väterliche Fleischerei übernehmen sollte. Der jüngere Sohn hatte deshalb, zum Stolz seines Vaters, auf einer höheren Berufsschule in Essen Geodäsie, also Landvermessung, studiert und dort auch den Ingenieurstitel erworben. 1987 erinnerte sich Alfred Herrhausen in einem Zeitungsinterview[2] an seinen Vater: «Er war kein Mann von großer beruflicher Potenz», aber er sei einfach, fleißig und lebensfroh gewesen – das entsprach genau dem Ideal, das sein Sohn sich zeitlebens von den Menschen im Ruhrgebiet bewahrte. Zudem impfte der Vater seinen beiden Kindern ein Maß an Ehrgeiz ein, das weit über die eigenen Ambitionen hinausging. Berühmt geworden ist eine Äußerung gegenüber seinem Sohn Alfred, die dieser später immer dann erzählte, wenn er nach den Wurzeln seines Erfolgs gefragt wurde: «Wie ich dich einschätze, bist du mindestens durchschnittlich intelligent, und wenn du jeden Tag eine Stunde mehr arbeitest als die anderen, dann muß es klappen.»

Diese Äußerung fiel zu Oberschulzeiten, als Alfred durch seine Noten erkennen ließ, daß er gewiß mehr als durchschnittliche Intelligenz besaß. Ihr Bruder, so erinnert sich seine Schwester Anne Koch heute, war von beiden der eindeutig begabtere.[3] Dennoch sei er von ihren Eltern nie bevorzugt worden. Allerdings war Alfred der Lieblingsenkel der Großeltern Herrhausen, in deren Essener Haus in der Saarbrücker Straße 94 die ganze Familie über dem Fleischereigeschäft lebte, Karl Herrhausens Bruder samt dessen Frau und zwei Kindern eingeschlossen.

Die vier beinahe gleichaltrigen Kinder wurden zu besten Spielkameraden, auch wenn Alfred sich bisweilen lieber allein in seinem Zimmer der eigenen Ritterburg widmete, anstatt mit den anderen Kindern auf die Straße zu gehen. Die Arrangements im Kinderzimmer waren ausgefeilt, und der junge Regisseur bemerkte noch die kleinste Veränderung, die seine Schwester vornahm, mit der er das Zimmer zu teilen hatte. Vor den Ritterfiguren hielt Alfred Herrhausen «Reden an sein Volk», wie er es nannte, und Anne wurde dabei als Zuhörerin wiederum besonders geschätzt. Dieser rhetorische Ehrgeiz spiegelte den Eindruck wider, den die von den nationalsozialistischen Machthabern als neues Propagandainstrument eingesetzten Rundfunkansprachen bei dem Jungen hinterließen. Im Spiel wurden auf diese Weise die Erfahrungen des Alltags verarbeitet. Alfred Herrhausen schulte sich also früh im freien

Sprechen – eine Befähigung, die den späteren Manager besonders auszeichnen sollte.

Außerdem entwickelte er sich zu einem fanatischen Leser, wenn nicht gerade auf Geheiß der Mutter Klavierunterricht für die Geschwister auf dem Programm stand. Dies war die einzige Gelegenheit, bei der Alfred von den Eltern bevorzugt wurde, denn bei den zu Geburts- und Feiertagen obligatorischen vierhändigen Klaviervorträgen der Zwillinge wurde dem Sohn immer die erste Stimme übertragen, während die Tochter nur begleiten durfte.[4] So kam es ausnahmsweise zu heftigem Streit zwischen den Geschwistern, denn Anne nahm ihre Übungsverpflichtungen angesichts dieser klaren Rollenverteilung bei weitem nicht so ernst wie Alfred, und dieser wiederum ärgerte sich über die mangelhaften Fortschritte seiner Schwester.

Durch die feste Anstellung des Vaters genoß die Familie einen für die dreißiger Jahre weit überdurchschnittlichen Wohlstand. Herrhausens Schwester Anne Koch erinnert sich heute an eine Kindheit, die von materiellen Sorgen ungetrübt war. Allerdings erforderte der Beruf von Karl Herrhausen regelmäßige Abwesenheiten, weil er als Vermessungsingenieur an der Planung von Großprojekten der Ruhrgas mitzuwirken hatte, die meist außerhalb von Essen verwirklicht wurden; das Unternehmen war in ganz Westfalen und darüber hinaus als Energieversorger aktiv und betrieb deshalb ein umfangreiches Leitungssystem, das ständige Erweiterung und Wartung verlangte. Die Kinder sahen ihren Vater meist nur am Wochenende. Als die Abwesenheiten immer länger wurden und die Durchführung der einzelnen Leitungsbauten an einem Ort immer mehr Zeit erforderte, bestand Hella Herrhausen darauf, ihren Mann mit der Familie zu begleiten. Erstmals verließen die Zwillinge die vertraute Umgebung der Saarbrücker Straße und absolvierten somit ihre vierjährige Volksschulzeit nicht nur in Essen, sondern teilweise auch in Dillenburg im Siegkreis und im hessischen Bad Nauheim.

Zu Ostern 1940 wechselte der zehnjährige Alfred auf die Essener Humboldt-Oberrealschule, und rechtzeitig vorher war auch die Familie ins Ruhrgebiet zurückgekehrt, wo nun in Kriegszeiten mehr als genug Arbeit auf Karl Herrhausen wartete. Vor allem die Instandsetzung von Versorgungsleitungen, die durch Bombenangriffe beschädigt waren, sollte ihn für die nächsten fünf Jahre in Atem halten. Dies bewahrte ihn aber zugleich vor dem Fronteinsatz, denn die Ruhrgas hatte ihren Vermessungsingenieur für unabkömmlich erklärt.

Paradoxerweise sollte die Familie dennoch durch den Krieg auseinandergerissen werden. Das Schulsystem war damals nach Geschlechtern getrennt, und innerhalb der Oberschulen unterschied man naturwissenschaftliche von sprachlich ausgerichteten Instituten. Alfred Herrhausens Anstalt gehörte letzterer Gruppe an. Dort verbrachte der frischgebackene Oberschüler kaum mehr als ein Schuljahr, ehe er im Juni 1941 für sechs Monate ins Protektorat Böhmen und Mähren kam, also in die von Deutschland besetzte Tschechoslowakei. Dieser Aufenthalt war Teil des von den Nationalsozialisten begründeten Programms der «Kinderlandverschikkung», mit dem man Kinder im Klassenverbund für längere Zeit von ihren Eltern trennte und fernab von zu Hause in Gemeinschaftsquartieren unterbrachte, um sie, ungestört von anderen Einflüssen, im Sinne nationalsozialistischer Werte erziehen zu können. Zugleich hatte der vordergründig als Erholung für Stadtkinder deklarierte Aufenthalt aber auch den Zweck, in den landwirtschaftlichen Gebieten zur Erntezeit Hilfskräfte bereitzustellen, an denen es seit Kriegsbeginn mangelte. Und nicht zuletzt brachte man dadurch im Krieg auch Kinder aus Regionen, die intensiven Bombenangriffen der Alliierten ausgesetzt waren, in Sicherheit.

Zu Weihnachten 1941 kam Alfred Herrhausen zurück nach Essen, und zur Feier dieses besonderen Ereignisses erhielten die Zwillinge ein besonders eindrucksvolles Weihnachtsgeschenk: neue Skiausrüstungen. Ihre junge Mutter hatte stets dafür gesorgt, daß Alfred und Anne nicht zu Stubenhockern wurden. Sie hielt ihre Kinder, wann immer es ging, zu sportlichen Aktivitäten an. Alfred wurde ein begeisterter Fußballer, Anne zu einer virtuosen Eisläuferin, und im Winter brach die Familie am Wochenende gemeinsam zum Skilaufen ins nahe gelegene Sauerland auf. Das war auch für die kommenden Wochen geplant. Kurze Zeit nach Heiligabend jedoch wurde eine Bestimmung erlassen, daß Wintersportgerät an die Wehrmacht abzuliefern sei, die im Spätsommer in die Sowjetunion einmarschiert war und nun über mangelnde Winterausrüstung klagte. Anne Koch erinnert sich, daß dieser unfreiwillige Verzicht auf die neuen Ski für die Kinder den ersten gravierenden Einschnitt bedeutete, den der Krieg in ihrem Familienleben hinterließ.

In den Jahren danach sollte er indes schlimmere Folgen für die Familie haben als bloß entgangene Schneefreuden. Essen war wie das gesamte Ruhrgebiet ein bevorzugtes Ziel der alliierten Luftangriffe. 1943 wurden deshalb nun auch sämtliche Klassen aus Anne Herrhausens Mädchen-Oberschule kinderlandverschickt. Allerdings weigerten sich Karl und Hella Herrhausen, die Tochter ganz aus ihrer Obhut zu entlassen, und brachten sie deshalb erst bei Verwandten im Sauerland und dann in einem Internat auf der Insel Reichenau im Bodensee unter. Als Anne aus dem seit Kriegsbeginn nachts konsequent verdunkelten Essen zum erstenmal nach Konstanz kam, das wegen der Nähe zur Schweizer Grenze keine Luftangriffe zu befürchten hatte, konnte das junge Mädchen den mittlerweile ungewohnten Lichterglanz einer nächtlichen Stadt kaum fassen.

In der Sorge um ihre Tochter zeigt sich das traditionelle Familienbild im Hause Herrhausen: Den Sohn hatte man noch ohne Bedenken ziehen lassen. Ideologische Gründe spielten für beide Entscheidungen keine Rolle – Karl und Hella Herrhausen standen als Katholiken dem nationalsozialistischen Regime und seinen sozialpolitischen Aktivitäten reserviert gegenüber, sahen aber ebensowenig Anlaß zur offenen Opposition. Das läßt sich besonders deutlich am weiteren Schulweg von Alfred Herrhausen ablesen. Seine Leistungen auf der Oberschule waren mit Ausnahme von Mathematik weit überdurchschnittlich. Bereits im Frühjahr nach seiner Rückkehr aus der Kinderlandverschickung schlugen deshalb seine Lehrer den ehrgeizigen Schüler für die Aufnahme in der «Reichsschule der NSDAP» in Feldafing vor. Allerdings würde Karl

Herrhausen zuvor in die Partei eintreten müssen, denn das war Bedingung für den Besuch dieser Eliteeinrichtung. Der Vater gab im Interesse des Fortkommens seines begabten Sohnes nach und wurde im Sommer 1942 Mitglied der NSDAP. Dadurch sollte Alfred Herrhausen im Herbst 1942 eine Ausbildung beginnen können, die nur wenigen hundert Schülern eines damaligen deutschen Jahrgangs möglich war. Sie diente einzig und allein der Vorbereitung auf Führungspositionen im «Dritten Reich».

Die nationalsozialistische Regierung hatte das bereits zu Weimarer Zeiten angestrebte dreistufige Schulsystem aus Grund-, Berufs- und Höheren Schulen bis 1937 endgültig etabliert.[5] Innerhalb der Höheren Schulen bildeten Oberschulen wie die von Herrhausen in Essen die Norm; die allein den Jungen vorbehaltenen Gymnasien durften als «Sonderform» nur dort bestehen, wo es auch mindestens eine normale Knaben-Oberschule gab. Dadurch allerdings wurden die Gymnasien noch mehr als bisher zu herausgehobenen Bildungsstätten, die ganz im Sinne der Ideologie des Nationalsozialismus ausbilden konnten, zumal alle Privatschulen verstaatlicht worden waren.

Doch im Laufe der dreißiger Jahre setzte sich die SS bei der programmatischen Gestaltung eines besonderen Eliteschulsystems durch.[6] Bald nach der «Machtübernahme» Hitlers waren zu dessen Geburtstag am 20. April 1933 die ersten drei «Nationalpolitischen Erziehungsanstalten» gegründet worden, die man im regimetypischen Abkürzungswahn als Napolas bezeichnete. Die Gründungen, für die Bernhard Rust, damals Staatskommissar im preußischen Kultusministerium, verantwortlich war, erfolgten in Plön, Potsdam und Köslin. Damit schuf das «Dritte Reich» eine Nachfolgeinstitution für die dortigen früheren Kadettenanstalten, die bis zum Inkrafttreten des Versailler Vertrags als Internatsschulen gedient hatten – diese waren, den Gymnasien formal gleichgestellt, zur schulischen Ausbildung des Offiziersnachwuchses gedacht. Die Napolas übernahmen dieses Internatssystem und erhielten gleichfalls das Recht, ihre Schüler zum Abitur zu führen. Doch durch die ideologische Beeinflussung seitens der SS spielten sie eine noch wichtigere Rolle im Schulsystem der Nazis, als es bei den Vorgängerinstitutionen im Kaiserreich je der Fall gewesen war: Hier sollte nun vor allem der Führungsnachwuchs für Partei, SA und SS ausgebildet werden.

Durch den Erlaß vom 27. Dezember 1933 bekamen die Länder die Zuständigkeit für die Einrichtung weiterer Eliteanstalten zugesprochen, allerdings unterstanden alle Schulen der Dienstaufsicht des Reichserziehungsministeriums; zum ersten Inspekteur wurde Joachim Haupt bestimmt, der in der einstigen Kadettenanstalt Plön Erzieher gewesen war. Die Länderzuständigkeit führte jedoch dazu, daß die Schulen sich je nach Interesse ihrer «Dienstherren» ganz unterschiedlich entwickelten, so daß ihr Bild in der Öffentlichkeit weniger durch ein einheitliches Erziehungskonzept geprägt war als durch das markante Auftreten nach außen, also durch Uniformierung, die Präsentation von ungewöhnlichen Sportarten und Wehrerziehung.[7] Bis auf die spätere Gründung dreier Mädchen-Napolas waren auch diese Schulen allein Jungen vorbehalten. Ihre Traditionslinie zu den einstigen Kadettenanstalten wurde im Dezember 1944 wiederhergestellt, als Hitler durch einen Erlaß dekretierte, daß fortan der Offiziersnachwuchs der Wehrmacht allein aus den verschiedenen Eliteschulen rekrutiert werden sollte. Hier glaubte er noch bedingungslose Gefolgschaft zu finden, die er nach dem Attentat vom 20. Juli 1944 im Offizierskorps nicht mehr erkennen wollte.

Wo bestehende Institute zu Napolas umgewidmet wurden, wählte man Lehrkörper und Schüler neu aus, auch wenn die jeweilige Anstalt wie etwa im sachsen-anhaltinischen Schulpforta auf mehrere Jahrhunderte der Eliteausbildung zurückblicken konnte. Doch es gab auch Neugründungen, und zu diesen zählte im Januar 1934 die «Nationalsozialistische Deutsche Oberschule Starnberger See» in dem idyllischen bayrischen Dorf Feldafing unweit von München. Schon ihr Name, der auf die Bezeichnung als Napola verzichtete, wies sie als etwas Besonderes aus. Tatsächlich erfolgte ihre Gründung auf alleinige Initiative von SA-Chef Ernst Röhm, nach dem die Napola in Plön benannt worden war und der sich im heimischen Bayern eine ähnliche Anstalt wünschte, die aber ausschließlich der Ausbildung des SA-Nachwuchses dienen sollte.

Dazu fand er die Unterstützung der Reichswehr, die zahlreiche Offiziere als Lehrer nach Feldafing abstellte, darunter auch den Schulleiter, Brigadeführer Julius Goerlitz, der sein Amt bis 1945 behielt. Das Militär förderte aber auch die klassischen Napolas, weil man sofort erkannte, daß diese Eliteschulen trotz aller Betonung des politischen Unterrichts die Lücke schließen würden, die das erzwungene Ende der Kadettenanstalten in der Weimarer Republik hinterlassen hatte. Aus dem gleichen Grund richtete auch SS-Chef Heinrich Himmler besondere Aufmerksamkeit auf den neuen Schultyp und setzte sich 1936, als ein Nachfolger für den in Ungnade gefallenen Inspekteur Haupt gesucht wurde, mit der Einsetzung von August Heißmeyer, dem Leiter des SS-Hauptamtes, gegen Erziehungsminister Rust durch. Fortan unterstanden die Napolas faktisch nicht mehr seinem Ministerium, das im folgenden Jahr eine weitere Schlappe einstecken mußte, als Reichsschulungsleiter Robert Ley und Reichsjugendführer Baldur von Schirach in ihrer Besorgnis über den wachsenden Einfluß der SS auf die Schulpolitik die sogenannten «Adolf-Hitler-Schulen» gründeten, die allein dem Parteinachwuchs vorbehalten waren.

Der Ausbau all dieser nationalistischen Kaderschmieden blieb indes hinter den Erwartungen zurück. Statt der geplanten hundert Napolas wurden nur neununddreißig gegründet, die zusammen rund sechstausend Schüler aufnehmen konnten. Die Hitler-Schulen, die erst 1942 das Abiturrecht eingeräumt bekamen, wuchsen schneller; 1939 hatte sich ihre Zahl von zehn Anfangsgründungen bereits auf zweiunddreißig erhöht, aber diese Schulen waren sämtlich Neugründungen, und der Bau der notwendigen Gebäude verzögerte sich derart, daß die dafür ausgewählten Schüler zunächst in den NS-Ordensburgen Krössinsee und Sonthofen untergebracht werden mußten. 1941 warteten allein in Sonthofen 1700 Knaben darauf, ihren jeweiligen Schulen zugeteilt zu werden. Im gleichen Jahr setzten Ley und Schirach durch, daß ihre Institute zur Abgrenzung von den Napolas den Namen «Reichsschulen» erhielten.

Diese Bezeichnung hatte bis dahin nur eine einzige Eliteschule des «Dritten Reichs» getragen: die Anstalt in Feldafing, und zwar seit 1939. Ihre Sonderstellung abseits der Napolas war schon vor der Gründung der Adolf-Hitler-Schulen bestätigt worden, obwohl ihr Gründer Ernst Röhm nur neun Wochen nach der Eröffnung vom 23. April 1934 auf Geheiß Hitlers ermordet worden war. Doch Schulleiter Goerlitz gelang es, mit dem Reichsschatzmeister der NSDAP, Franz Xaver Schwarz, einen neuen einflußreichen Förderer zu gewinnen. Da seit 1936 Martin Bormann, der Leiter der Parteikanzlei, als ein weiterer prominenter Unterstützer hinzukam, der auch seinen eigenen Sohn Adolf Martin später dort lernen lassen sollte, hatte Feldafing seine Ausnahmerolle bewahrt und sogar ausgebaut. Formell wurde die Schule in die Obhut des Hitler-Stellvertreters Rudolf Heß gegeben, faktisch aber unterstand auch sie der Inspektion durch die SS in Person von August Heißmeyer. Allerdings setzte Heß zusätzlich als Oberaufseher einen seiner Vertrauten ein, den «Reichswalter des NS-Lehrerbundes» Fritz Waechtler, womit Feldafing offiziell als experimentelle Anstalt ausgewiesen wurde – ein Status, den Heß 1939 noch verstärkte, als er die «Nationalsozialistische Deutsche Oberschule» in «Reichsschule der NSDAP» umbenennen ließ.

Dorthin also wechselte im September 1942 zum neuen Schuljahr Alfred Herrhausen: in die Klasse 3a. Seit zwei Jahren war die maximale Verweildauer an der Feldafinger Schule von sechs auf acht Jahre verlängert worden, so daß nunmehr die Schüler schon als Zehnjährige am Starnberger See antraten. Doch um zu verhindern, daß einzelne Jahrgänge unbesetzt blieben, nahm man weiterhin auch Zwölfjährige neu auf – bis 1943. Alfred Herrhausen kam als solch ein Zwölfjähriger an die Reichsschule, und für ihn war somit, gute Leistungen vorausgesetzt, noch ein sechsjähriger Internatsaufenthalt vorgesehen.

Anfangs hatte die Schule persönliche Bewerbungen akzeptiert, und allein für das erste Schuljahr 1934/35 hatte man aus sechstausend Kandidaten wählen können. Im Gegensatz zu den Napolas war dabei vorrangig die schulische Leistung ausschlaggebend, obwohl die für die übrigen Eliteschulen wichtigsten Kriterien wie rassische, charakterliche und sportliche Eignung berücksichtigt wurden. Im Zuge der Umbenennung der Adolf-Hitler-Schulen zu Reichsschulen wurde 1941 deren Auswahlprinzip auch für Feldafing verbindlich. Fortan konnten Bewerber nur noch von den jeweiligen örtlichen Parteiführungen vorgeschlagen werden. Jeder Gau durfte pro Jahr drei Schüler nach Feldafing entsenden. Nur Berlin und München genossen das Privileg, dort jeweils fünf Knaben unterzubringen.

Alfred Herrhausen war von der Humboldt-Oberrealschule an die NSDAP-Kreisleitung empfohlen worden. Aus den ihr vorgeschlagenen Kandidaten wählte dann die Gauleitung diejenigen aus, die jeweils im April in ein einwöchiges Auswahllager entsandt wurden, wo man über die endgültige Aufnahme in die nationalsozialistischen Eliteschulen entschied. Insgesamt gab es im Jahrgang 1942 zweihundertvierzig Bewerber für die siebenunddreißig in Feldafing zur Verfügung stehenden Plätze. Bei der Auswahl spielte im Fall der Napolas wie auch der Schule in Feldafing die ideologische Zuverlässigkeit der Bewerberfamilien eine überraschend geringe Rolle – sonst wäre Alfred Herrhausen wohl kaum in die engere Wahl gekommen. Man war sich eben sicher, Überzeugungen schon noch festigen zu können, wenn man nur die Besten in die Fänge bekam. So war nicht einmal die bis 1938 noch freiwillige Mitgliedschaft in der Hitlerjugend für Bewerber vorgeschrieben (wenn auch besondere Leistungen in Jungvolk und HJ die Auswahl begünstigten), und in den Bedingungen für die Aufnahme hieß es lediglich, die Eltern sollten «möglichst» Mitglieder der NSDAP sein, was allerdings, wie der Fall von Alfred Herrhausen beweist, sehr wohl über den Erfolg einer Bewerbung entscheiden konnte.

Als Kinder einer katholischen Familie waren Alfred und Anne Herrhausen nur bedingt von der konfessionellen Überzeugung ihrer Eltern beeinflußt gewesen. Die Familie zählte ohnehin nicht zu den regelmäßigen Kirchenbesuchern. Aber dadurch, daß die Volksschulen in den Jahren, in denen die Zwillinge sie besucht hatten, noch überwiegend konfessionell gebunden waren (obwohl das Regime bereits daran arbeitete, diese Bindung zu brechen), wurden die Herrhausen-Kinder durch den dortigen Religionsunterricht dennoch geprägt. In Feldafing gab es formell noch konfessionellen Unterricht (der an den Adolf-Hitler-Schulen schon ganz beseitigt worden war), doch er stand im Zeichen der nationalsozialistischen Ideologie und widmete sich deshalb vor allem dem germanischen Götterglauben. Kirchbesuche waren möglich, aber unerwünscht, und am Sonntag wurden regelmäßig Geländespiele oder Sport angeboten, um erst gar keine Versuchung aufkommen zu lassen. Der soziale Druck unter den Feldafinger Schülern tat ein übriges, und er blieb auch bei Alfred Herrhausen nicht ohne Wirkung. Dennoch enthielt eines der ersten Zeugnisse, die er dort erhielt, noch die Bemerkung, daß der Schüler Herrhausen über einen «gewissen Widerstandsgeist» verfüge, den man ihm noch austreiben müsse.

Aus der Feldafinger Zeit hat sich eine knapp anderthalbjährige Korrespondenz mit dem Elternhaus erhalten, die Herrhausens Schwester nach dem Krieg aufbewahrt hatte. Die Schule legte Wert darauf, daß die Knaben regelmäßig an die meist weit entfernt lebenden Eltern schrieben, und so verfaßte auch Alfred Herrhausen jeweils am Wochenende und zu den Geburtstagen seiner Angehörigen Briefe oder Postkarten, die er selbst leicht spöttisch als «Wochenpost» deklarierte.[8] Insgesamt sind fünfundsechzig Schreiben aus dem Zeitraum vom 19. Januar 1943 bis zum 31. Mai 1944 erhalten, darunter etwa fünfundzwanzig Postkarten und ein Telegramm. Aus den Mitteilungen, die vor allem von alltäglichen Begebenheiten aus dem Schulleben berichten, läßt sich Herrhausens Einstellung zu der Eliteanstalt rekonstruieren. Deren Appell an Gemeinschaftsgefühl und Leistungsbereitschaft fiel bei ihm auf fruchtbaren Boden, in den Briefen finden sich indes keine Anzeichen dafür, daß Herrhausen dort zu einem besonders fanatischen Anhänger des Regimes erzogen worden wäre.

Doch es gibt Hinweise auf die Art der Indoktrination, die in Feldafing gepflegt wurde. Herrhausen berichtet etwa vom gemeinsamen Besuch der Schüler auf dem Kreistag in Starnberg, wo sie in geschlossener Formation am Gauleiter Karl Gießler vorbeimarschierten, und er kolportiert stolz, daß der Gebietsführer Stöckl sie dafür mit den Worten gelobt habe: «Man sieht doch, was Auslese ist.»[9] Bei anderer Gelegenheit besuchte Reichsleiter Martin Bormann mit großem Gefolge die ihm unterstellte Schule: «Wir mußten Biologie vorführen und unter Zuhilfenahme von Mikroskop und Lupe den Körperbau der Biene erklären. Zu Anfang mußte ich einen Vortrag halten über Zweck und Aufgaben der Biologie und empfing ein öffentliches Lob. Nach dem Unterricht war ein Appell der gesamten Schule, wobei der Herr Reichsleiter mit den Generalen die Front abschritt. Nachmittags war er noch bei uns im Hause und hat sich mit einigen Jungmannen unterhalten.»[10]

Im Unterricht wurden bisweilen aktuelle politische Themen behandelt, um die Schüler in das Weltbild des Nationalsozialismus einzuführen. So erwähnt Herrhausen einen Aufsatz mit dem Thema «Der Verrat Italiens», den sie im Herbst 1943 schreiben sollten, als der frühere Verbündete des Deutschen Reichs das Bündnis aufgekündigt und den Kampf gegen die Alliierten eingestellt hatte.[11] Auch in den Zeichenunterricht wurde der Krieg als Thema integriert: «Augenblicklich malen wir einen Luftkampf. Pfundig.»[12] Im Februar 1944 schilderte Herrhausen außerdem den Inhalt der neben dem Unterricht stattfindenden «Politischen Schulung», in der vor allem das aktuelle Kriegsgeschehen zum Gegenstand gemacht wurde, indem «je 7 Jungmannen über folgende Gebiete sprechen müssen: 1. Lage an der Ostfront, 2. Innenpolitik Deutschlands, 3. England – Amerika (Politik), 4. Ostasien, 5. Politik Europas, 6. Sonstige Front. Das nächste Mal muß ich über den ersten Punkt sprechen.»[13]

Doch der Blick Herrhausens auf den Krieg blieb der eines naiven Halbwüchsigen. Gelegentliche feindliche Fliegerangriffe auf die Umgebung von Feldafing werden geschildert wie muntere Abenteuer.[14] Dagegen war Alfreds Besorgnis angesichts der massiven Bombenangriffe auf Essen groß. Das einzige Telegramm der Korrespondenz gab er am 8. März 1943 auf – nachdem er von einem neuen Angriff auf seine Heimatstadt gehört hatte: «Ist etwas passiert gebt Nachricht = Alfred Herrhausen Feldafing Reichsschule». Die Bedrohung in Feldafing war ungleich geringer: «Hier merken die Leute ja fast nichts vom Krieg. Mir tut es immer leid, wenn ich an Euch denke.»[15] Trotzdem wurde für die Schule im Jahr 1943 der Bau eines eigenen Bunkers begonnen. Angesichts der Idylle des bayrischen Landlebens entwickelten die Feldafinger Schüler ein Bild des Krieges, das keinen Zweifel am deutschen Sieg zuließ. Der sogenannte Werkunterricht, in dem allerlei Kriegsgerät nachgebaut wurde, diente als willkommene Abwechslung zum sonstigen sturen Lernen: «Da bauen wir jetzt unser zweites Flugmodell, und zwar die ‹Rhön›. Mir macht es gewaltigen Spaß.»[16] In den Ferien wurde den Schülern der sogenannte Kriegseinsatz abverlangt: Alfred Herrhausen mußte 1943 von sieben Wochen Sommerferien drei dafür opfern, absolvierte den entsprechenden Einsatz aber bei seinem Vater und freute sich im voraus darauf: «Das wird pfundig.»[17] Von Kriegsbegeisterung war allerdings plötzlich nichts mehr zu spüren, als ein von Herrhausen sehr geschätzter Lehrer im Februar 1944 überraschend an die Front kommandiert wurde: «Zuerst will ich Euch eine bedauernswerte Mitteilung machen. Unser lieber alter Erzieher ‹Flamm› ist eingezogen worden!!! Da könnt Ihr Euch ja denken wie niedergeschlagen wir alle sind. Am Mittwoch hat er die letzte Fahrt mit uns gemacht und am kommenden Mittwoch muß er schon weg. Wir haben das erst gar nicht verstehen können. Das war für uns alle ein schwerer Schlag.»[18]

Unmittelbar politische Themen finden sich in den Briefen selten. Herrhausen war vorsichtig, denn er wußte, daß sein Elternhaus ideologisch nicht als gefestigt gelten konnte. Sein Vater Karl hatte sich aus religiöser Überzeugung lange der NSDAP verweigert, obwohl er keine politischen Bedenken gegenüber der Partei hegte. Das mangelnde persönliche Engagement des Vaters für die nationalsozialistische Sache kommt in einem Brief Alfred Herrhausens an seine Eltern vom 6. November 1943 zur Sprache. Dort heißt es, in Anspielung auf ein vorhergegangenes Schreiben des Vaters, das eine Essener Großkundgebung der NSDAP geschildert hatte:

«Ja ja, der Parteigenosse, der sich an dem Marsch vorbeidrückte, ist ja nicht schwer zu erraten. Lieber Vater, mach Deine Augen nur mal weit auf. Ich glaube, Du kennst den Betreffenden sehr sehr gut. Ja ja, und so etwas nennt sich dann ‹Parteigenosse›? (Vorbild)»
Doch der spöttische Ton des Briefautors weicht schon im nächsten Absatz einer elegischen Stimmung, wenn Alfred Herrhausen ein Landschaftserlebnis beschreibt: «Noch vor einer Woche erblühte alles in ungeheuerer Farbenpracht. Das Grün, Gelb, Rot und Braun der Landschaft klang zusammen wie eine wunderbare Harmonie. Noch nie habe ich die Natur so schön gesehen und so tief erlebt wie in diesen Herbsttagen.»

Der abrupte Wechsel des Tonfalls läßt vermuten, daß die vorherigen Ausführungen Teil einer üblichen Frotzelei zwischen Vater und Sohn waren. Dazu paßt auch eine Passage in Alfreds Brief vom 5. Dezember 1943, wo er eine offenbar aus einem Brief der Eltern an ihn stammende Nachricht über einen Nachbarn aus Essen launig kommentiert: «Aber der Herr Wehberg ist ja ein toller Draufgänger. Der kriegt bestimmt noch das Ritterkreuz. Wenn Du erstmal eingezogen bist, lieber Vater, stellst Du ihn doch hoffentlich in den Schatten.» Alfred wußte natürlich, daß Karl Herrhausen von seinem Arbeitgeber unabkömmlich gestellt worden war und deshalb nicht in den Krieg ziehen würde. Dennoch war der Brief vom 6. November nur halb scherzhaft gemeint. Acht Tage später schrieb Alfred Herrhausen nach Essen: «Lieber Vater. Du hast ja nun Gott sei Dank den Parteigenossen, welcher … [sic] herausgefunden. Hoffentlich bessert der sich jetzt. So etwas darf nicht mehr vorkommen.»[19]

Die Vorhaltungen seines Sohnes im Brief vom 6. November lassen aber keineswegs den Schluß zu, Karl Herrhausen sei ein Oppositioneller gewesen. Die zweifellos vorhandene Reserviertheit, die im elterlichen Haus gegenüber dem Nationalsozialismus bestand, war ja rasch dem Ehrgeiz geopfert worden, Alfred eine möglichst gute Ausbildung zu ermöglichen. Feldafing bot als Eliteschule dazu eine Chance, die angesichts der sozialen Herkunft Herrhausens nicht selbstverständlich war. Während an den staatlichen Gymnasien immer noch die Kinder von Beamten die Mehrheit bildeten, betrug deren Anteil an den Napolas lediglich ein Viertel (was immer noch fünfmal mehr war, als ihrem Anteil an der Gesamtbevölkerung entsprochen hätte). Angestelltenkinder, zu denen auch Alfred Herrhausen zählte, waren dort immerhin fast genauso stark vertreten, und an den NS-Eliteschulen war auch die Zahl der Arbeiter- und Bauernkinder weitaus höher als an den traditionellen Gymnasien. Das lag nicht zuletzt daran, daß das hohe jährliche Schulgeld von bis zu 1200 Mark, das für den Besuch dieser Institute erhoben wurde, bei niedrigem Einkommen der Eltern ermäßigt werden oder durch Parteistipendien ganz entfallen konnte. Als Herrhausen nach Feldafing kam, hatte der Wechsel zum parteiinternen Auswahlverfahren sogar dafür gesorgt, daß nunmehr alle Schüler Stipendiaten waren.

Allerdings wurde anderweitig auf (moderate) finanzielle Kompensation gesetzt. Herrhausen schreibt seinen Eltern am 14. März 1943: «Zum Abschluß des Kriegswinterhilfswerks 1942/1943 führt unsere Schule eine großangelegte Sammelaktion durch. Da die Eltern der Jungmannen unserer Schule keine Kosten irgendwelcher Art mehr zu zahlen haben, bitte ich euch sowie meine Großeltern und Verwandten, einen kleinen Teil zu unserer Sammlung beizutragen.» Man hört aus dieser Formulierung die Vorgabe der Schulleitung heraus. Zwei Wochen später bedankt sich Alfred für fünfzig Reichsmark Spende. Die Klasse ingesamt sammelte siebenhundert Reichsmark.

Der Stundenplan entsprach, von einem vermehrten Anteil ideologischer und sportlicher Ausbildung abgesehen, ganz dem der Gymnasien, ja, er übertraf sie sogar. Herrhausen listet in seinem Brief vom 5. Februar 1944 seine damals vierzehn Fächer auf: Deutsch, Geschichte, Erdkunde, Nationalpolitischer Unterricht, Mathematik, Biologie, Chemie, Physik, Zeichnen, Musik, Sport, Werkunterricht, Englisch und Latein. Dementsprechend vollgestopft war der Tagesablauf: «Ja, ja, wir sind hier schon schwer auf Draht. Es gibt einem auch kein Wunder, wenn man Tag für Tag nur immer lernt. Unterricht über Unterricht», klagte Herrhausen.[20]

Durch die Internatsorganisation wurde ein Gemeinschaftsgefühl vermittelt, das die Schüler der nationalsozialistischen Eliteschulen tief geprägt hat und auch für Alfred Herrhausen ein Leben lang bestimmend geblieben ist. Daraus hat er nie ein Hehl gemacht. In einem Interview mit dem Fernsehjournalisten Gero von Boehm faßte Herrhausen seine Erinnerung an die immerhin mehr als zweieinhalb Jahre in der Nationalsozialistischen Deutschen Oberschule so zusammen: «Es war in Feldafing eine Atmosphäre von Disziplin, von Leistung, Sportlichkeit und Kameradschaftlichkeit. Es war merkwürdigerweise viel weniger, als man heute glaubt, eine Atmosphäre ideologischer Indoktrinierung. Nun bin ich ja mit fünfzehn Jahren, als der Krieg zu Ende war, zwangsläufig aus dieser Schule wieder ausgeschieden. Ich kann nicht sagen, was passiert wäre in den folgenden Jahren, in denen Menschen ja sehr stark geprägt werden durch ihre Umgebung. Ich habe aus diesen drei Jahren keinen Schaden, sondern eine ganze Menge an preußischen Tugenden mitgenommen, die mir in meinem Leben weitergeholfen haben [...] Es war eine Vermittlung von Freude an der Arbeit, die ich heute noch empfinde, und ich meine, daß das etwas Positives ist.»[21]

Der Unterricht wurde immer wieder durch Abwechslungen aufgelockert. So gab es jeweils am Mittwoch Nachmittage der Hitlerjugend und bis zur dritten Klasse jeweils am Freitag die «Klassentage», die dann vor allem dem Vergnügen dienten. «Damit Ihr einmal eine Vorstellung von so einem Klassentag bekommt, will ich Euch mal den Plan des heutigen schreiben», teilte Herrhausen am 19. Januar 1943 seinen Eltern mit. «Nach dem Frühstück haben wir ein Geländespiel gemacht. Anschließend sind wir auf dem Deichselfurtersee Schlittschuh gelaufen [...] Nach dem Mittagessen hatten wir anderthalb Stunde Bettruhe. Anschließend Schihosen- und Strumpfappell und dann Lesestunde von 15.30 bis 16.30 Uhr. 16.30 Vesper. 17.00–19.00 dann Freizeit. Nun könnt Ihr sicher verstehen, daß wir uns immer auf den Klassentag freuen.»[22] Am Wochenende wurden für die Schüler regelmäßig Vorführungen von propagandistisch genehmen Unterhaltungsfilmen organisiert. Tagesausflüge führten die Schüler zu den Sehenswürdigkeiten der Region, verbanden diese Besichtigungen aber stets mit Besuchen bei Industriewerken und Landwirtschaftsbetrieben, um propagandagemäß die Kraft des arbeitenden Volkes kennenzulernen. Einmal zog Herrhausens Klasse auch zur Festung Landsberg bei Augsburg, wo man die Zelle besichtigte, in der Hitler 1924 seine Haftstrafe verbüßt hatte.

Diese Adaption der von den Nationalsozialisten proklamierten «Kraft durch Freude» war durchaus ein zentrales Unterrichtsziel der nationalsozialistischen Kaderschulen, und es ist auffällig, wie viele der Absolventen gerade der Reichsschule Feldafing sich auf die angebliche Ideologieferne ihrer Anstalt berufen haben. In dem Buch «Wir waren Hitlers Eliteschüler» hat Johannes Leeb Selbstauskünfte von ehemaligen Internatszöglingen versammelt. Unter den insgesamt zwanzig Erinnerungen finden sich immerhin vier von Feldafinger Absolventen, also überdurchschnittlich viele. Drei davon stehen der Institution im Rückblick ähnlich positiv gegenüber wie Herrhausen, weil auch sie dort die Grundlage für ihre späteren Karrieren erhalten hätten. Nur einer, Adolf Martin Bormann, der Sohn des NSDAP-Reichsleiters und Schutzherrn Feldafings in der Partei, Martin Bormann, hat die Reichsschule als eine Einrichtung geschildert, deren Erziehung ganz auf der Linie der Nationalsozialisten lag, vor allem in der Vermittlung eines tiefen Glaubens an die Führerpersönlichkeit Hitlers: «Wir sollten die gesamte Intelligenzia wie ein Sauerteig durchdringen – mit dem Nationalsozialismus als der tragenden Religion unseres Lebens.»[23] Deshalb wurde in der vierten Klasse der klassische Religionsunterricht, der ohnehin nur aus der Vermittlung germanischer Götter- und Heldensagen bestand, durch das Fach «Nationalpolitischer Unterricht» ersetzt. Herrhausen erhielt sogar überhaupt keinen Religionsunterricht mehr.

Zur Begeisterung der Schüler trug entscheidend bei, daß der Sport in Feldafing eine so wichtige Rolle spielte. Er hatte vor allem in den ersten Jahren große Bedeutung für Alfred Herrhausen. Dem Neuankömmling aus Essen erleichterte seine Sportlichkeit die Integration in die Schülergemeinschaft. In Feldafing standen allerdings nicht die gängigen Disziplinen wie Fußball oder Schwimmen im Vordergrund, sondern damals eher ungewöhnliche Sportarten wie Boxen, Skifahren, Segeln, Volleyball, Hallenhandball, Hockey und sogar Golf.

Herrhausens Einsatzwille und sein sportliches Talent ließen ihn bald in seinem Jahrgang an die Spitze rücken, er wurde Klassenführer. Diese Ernennung belegt seine frühe soziale Kompetenz, denn das Amt wurde in Feldafing nach Beliebtheit und nach sportlichen Leistungen vergeben, nicht wie in den anderen Eliteschulen nach ideologischer Überzeugung. Als besonders verläßlicher Schüler wurde Herrhausen auch zum Truppführer bestimmt, was ihm allerdings die Verpflichtung auferlegte, jeden Tag eine halbe Stunde früher aufzustehen, um das Wecken seiner Mitschüler und deren Morgenappell zu organisieren.

Der Tagesablauf begann je nach Unterbringung um 5.30 Uhr oder 6.30 Uhr. In der Anfangszeit der Schule hatte Röhm mehrere Häuser im Dorfkern kaufen lassen, wo die Schüler einzogen. Feldafing galt als beliebte Wohngegend im Umkreis von München, und dementsprechend großzügig hatten sich dort Unternehmer und Kaufleute ihre Villen errichten lassen. Darunter waren etliche jüdische Hausbesitzer, die Anfang 1934 als Reaktion auf Hitlers Rassenpolitik das Deutsche Reich bereits verlassen hatten, und so konnten die ersten vier Villen verdächtig günstig erworben werden. Später sollten noch weitere dazukommen, darunter dann auch beschlagnahmte. Anfang der vierziger Jahre wurde ein Neubaugelände am Rande Feldafings fertiggestellt, in dem nun Unterricht und Sport stattfanden, während die Schüler weiterhin die prachtvollen Villen im Ort bewohnten.

Die Schule unterhielt eine eigene Turnhalle und mehrere Segelboote, im Winter war ein einwöchiger Skiausflug in die Alpen obligatorisch, im Frühjahr wurde das einwöchige Pfingstlager bezogen, wo eine besonders intensive Form der Wehrübung durchgeführt wurde. Während der normalen Schulzeit war das Sport- und Ertüchtigungsprogramm auf den Nachmittag beschränkt, denn der Morgen war nach Wecken, Bettenmachen, viertelstündigem

Morgenappell und Frühstück ganz ausgefüllt durch den fünf- bis sechsstündigen Unterricht. Nach dem Mittagessen war eine anderthalbstündige Bettruhe vorgeschrieben, bevor der Schulappell auf dem Sportplatz erfolgte. Das Abendessen war auf 19 Uhr festgesetzt, danach hatte man Freizeit, bis schließlich um 21 oder 22 Uhr (abhängig von der morgendlichen Weckzeit) das Licht gelöscht werden mußte.

Diese exakte Zeiteinteilung wurde nicht nur durch Klassentage oder Tagestouren aufgelockert, sondern auch durch kulturelle Aktivitäten. Regelmäßig unternahm man Ausflüge nach München, um Theater, Konzerte oder Museen zu besuchen. Die siebte Feldafinger Klasse erhielt in der Stadt Tanzunterricht, die achte machte im Abschlußjahr geschlossen den Führerschein, und vor dem Krieg hatte es Schüleraustauschprojekte mit England, den Vereinigten Staaten und Finnland gegeben.[24] Uniformtragen war obligatorisch, und im Gegensatz zu den Napolas, die die HJ-Uniform vorschrieben, hatte Röhm dafür gesorgt, daß die Kleidung der Feldafinger Schüler vom Münchner Modehaus Loden Frey entworfen wurde. Besonders markant waren die kurze Lederhose und das Schiffchen mit einem aufgestickten Edelweiß. Die auf der sonstigen Uniform integrierten SA-Insignien der ersten Jahre wurden schließlich ersetzt durch eine Hakenkreuz-Armbinde. Auf dem Dolch, der zur Galauniform gehörte (sie war für Festtage reserviert), war eine Inschrift angebracht: «Ehre – Kraft – Freiheit».

Die konsequent auf Elitenbildung ausgerichteten Unterrichtsziele, die ihren Ausdruck auch in solchen Modemätzchen fanden, waren spätestens 1941 durch die Änderung des Aufnahmeverfahrens konterkariert worden. Denn von nun an traten die weltanschauliche Überzeugung und die «Bewährung» als Jugendlicher im NS-Staat gegenüber der Intelligenz stärker hervor: Besonderes Engagement in Jungvolk und Hitlerjugend wurden wichtiger als Schulnoten oder Aufnahmetestergebnisse. Allerdings beugte sich die Schulleitung in Feldafing den ideologischen Vorgaben der Nazis nicht zur Gänze. Schulleiter Goerlitz setzte immer noch auf alte Militärtugenden, obwohl der wachsende Einfluß von Martin Bormann ein strikt auf Indoktrination ausgerichtetes Programm vorsah. Schüler und Lehrer gehörten zwar seit Schulgründung sofort mit ihrer Aufnahme in Feldafing auch der SA an, doch erst vom Jahr 1941 an gab es eine Zwangseingliederung der Eleven in die Hitlerjugend.

Nachdem sich Rudolf Heß durch seinen ominösen Alleinflug nach Großbritannien abgesetzt hatte, übernahm Bormann dessen Funktion als Protektor für die Reichsschule Feldafing. Sein Konzept wies die Anstalt als Gegenmodell zu den Napolas aus, die der SS akademischen Nachwuchs zulieferten, und den Adolf-Hitler-Schulen, die ihre Zöglinge auf künftige Führungspositionen in der Partei vorbereiteten. Feldafing sollte als «Glaubensschule» der Herausbildung besonders überzeugter Nationalsozialisten dienen, die nicht auf bestimmte Tätigkeitsfelder beschränkt waren, sondern als Intelligenzschicht die gesamte Gesellschaft durchdringen sollten.

Wie in den Napolas betrieb man auch in Feldafing eine geschickte Mischung aus Indoktrination und klassischer Wissensvermittlung, wobei letztere immer noch den Schwerpunkt bildete. Doch das gesamte Erziehungsmodell der Reichsschule war gemäß der Staatsideologie auf Auslese gerichtet. Die zentrale Rolle des Sportunterrichts und die stete Drohung mit Relegation bei mangelhaften Leistungen verstärkten das Konkurrenzdenken unter den Zöglingen der Anstalt. Alfred Herrhausen war durch die ehrgeizigen Erwartungen seiner Familie auf dieses Erziehungsmodell gut vorbereitet, und vor allem in den Wettkämpfen bewährte sich der noch kleinwüchsige, auf Fotos zart erscheinende Junge als zäher Teilnehmer. Auch seine musische Begabung trug ihm die Achtung seiner Mitschüler ein. Vor allem der gute Klavierspieler ist in Erinnerung geblieben[25], und für die Weihnachtsfeier, die in der Turnhalle der Schule ausgerichtet wurde, verfaßte Herrhausen pathetische Gedichte als «Lichtsprüche» im Stil der damaligen Zeit, die er in Abschrift auch den Eltern nach Essen schickte[26]:

Den Soldaten

Ein Wall von Leibern schützt unser Land.
Geliebte Väter und Brüder.
Sie kämpfen und ringen, das Schwert in der Hand,
Und mancher kehrt niemals wieder.

Die Lücken zu schließen, wir wachsen heran.
Ihr schirmt unser Wachsen und Reifen.
Einst werden wir dann Mann für Mann
Euere Waffen und Pflichten ergreifen.

Ihr feiert Weihnacht in Schnee und Eis,
Auf dem Weltmeer, in Wüstengluten.
Die Heimat ist bei Euch, die Heimat weiß
Um Euer Siegen und Bluten.

Drum gilt mein Licht den Soldaten
Die schützen uns vor aller Gefahr.
Sie sind Vorbild durch ihre Taten
Zu Osten, Westen, fern und nah.

In Feldafing wurde Wert darauf gelegt, die Schüler für die kulturellen Leistungen der deutschen Nation zu begeistern – sofern diese den nationalsozialistischen Idealen entsprachen. Für Feiern und Umzüge unterhielt die Schule einen eigenen Spielmannszug, dem auch Herrhausen als Bläser angehörte, und man schätzte Eigeninitiativen der Schüler. So wurde ein von Alfred Herrhausen gemeinsam mit zwei Freunden im Herbst 1943 einstudiertes eigenes Theaterstück mit dem Titel «1813», das dem preußischen Widerstand gegen die französischen Truppen gewidmet war, nicht nur vor den Mitschülern aufgeführt, sondern es gab auch eine Vorstellung für die Bevölkerung von Feldafing. Herrhausen übernahm im Stück die Rolle des Preußenkönigs Friedrich Wilhelm III., was angesichts von dessen zögerlicher Haltung gegenüber Napoleon nicht gerade als beste Partie zu gelten hatte, aber die drei Autoren versahen sämtliche Rollen mit stramm nationalistischen Haltungen. Auf der Weihnachtsfeier trug Herrhausen nicht nur seine Gedichte vor, sondern spielte auch noch in drei Rollen bei mehreren Aufführungen mit.[27]

Solche Initiativen in eigener Verantwortung gehörten zum Programm der Schule: Herrhausens gleichaltriger Mitschüler Adolf Martin Bormann erinnert sich an die Einstudierung eines antiklerikalen Theaterstücks namens «Ulrich von Hutten», das die Schüler 1944 sogar auf dem Obersalzberg vor Hitler zur Aufführung brachten. Und Herrhausen selbst hatte mit seinem Mitschüler Heli Bub die Theatergruppe «Kora Terry» ins Leben gerufen. Der Name verdankt sich den Spitznamen der beiden Gründer: «Heli Kora» für Bub und «Trattila Terry» für Herrhausen, die unter den insgesamt elf Mitgliedern der Gruppe als «Chef und 1. Schauspieler» (Bub) und als «Ausstattungschef und Technischer Direktor, nebenbei 2. Schauspieler» (Herrhausen) firmierten. Die beiden theaterbegeisterten Schüler hatten schon im Herbst ein gemeinsames Stück geschrieben, und ihre Truppe richtete die Abschiedsfeier für den zur Front eingezogenen Erzieher Flamm aus. Herrhausen schickte danach eine Zeichnung des Bühnenbildes nach Essen.[28]

Doch der Kontakt zu den Künsten beschränkte sich nicht auf das Engagement der Schüler allein. Die gesamte Schule wurde etwa im Februar 1944 nach München in die Staatsoper zu einer Ballettaufführung von Carl Orffs «Carmina Burana» geschickt. In einem Brief vom 26. Februar berichtete Herrhausen seinen Eltern über den tiefen Eindruck, den das Chorwerk auf ihn gemacht hatte. Die Schilderung ist zwar erkennbar durch das Studium des Programmheftes geprägt, doch sie verrät ein großes Talent für szenische Beschreibungen, und der fast atemlose Stil der kurzen Sätze läßt echte Begeisterung des mittlerweile Vierzehnjährigen spüren. Allerdings ist auch eine gewisse Arroganz herauszulesen, wenn Herrhausen nach der ersten Erwähnung der «Carmina Burana» an seine Eltern gerichtet gleich anfügt: «Da könnt ihr euch natürlich nichts drunter vorstellen.»[29] Dieser Dünkel war nun doch eine Folge des klar auf Elitedenken ausgerichteten Unterrichts. Immer wieder trichterten die Lehrer ihren Schülern ein, daß sie in Feldafing eine Ausbildung genossen, die anderen Deutschen vorenthalten blieb und die sie auch ihren eigenen Eltern überlegen machte. Ziel dieser Lehrpraxis war die Erziehung zu selbstbewußten Persönlichkeiten, die nicht mehr in die alten freundschaftlichen und familiären Kontexte eingebunden waren. Aber sie sollten ebensowenig durch Individualismus geprägt sein, sondern hatten sich in der gemeinschaftlichen Konkurrenz zu bewähren. Die Gruppe mußte als elementare Voraussetzung des eigenen Vorankommens verstanden werden. Dadurch wurde geschickt eine Verhaltensweise vermittelt, die Rücksichtslosigkeit mit sozialer Verpflichtung verknüpfte, vor allem aber die Schüler nach außen abschottete, um die alten Bindungen möglichst wirkungsvoll zu kappen.

Wenn die Schüler nach den Sommerferien die Aufgabe erhielten, über die von ihnen erlebte Stimmung daheim zu berichten, wurde Ehrlichkeit erwartet, obwohl etwaige Schilderungen von «defätistischen» Äußerungen zu öffentlicher Kritik vor der versammelten Klasse führten. Kein Wunder, daß Alfred Herrhausen seine Briefempfänger bisweilen vehement zu größerer Siegesgewißheit und stärkerem Einsatz für die nationalsozialistische Sache ermutigte: «Augenblicklich arbeite ich mit Kamerad Bub an einem Theaterstück, das den Siegeswillen unserer Bevölkerung hier wieder einigermaßen stärken soll. Seid ihr im Ruhrgebiet ruhig auch so und fahrt den Meckerern mal ordentlich übers Maul. Denn eins steht ja wohl fest. Der Sieg hängt nur von unserem Glauben und Willen ab. Wir lernen es hier in Feldafing, und ihr sollt es daheim auch so tun. Denn die Meckerer zu Hause, die zwar in manchen Fällen recht haben, sind trotzdem minderwertige Elemente, die nur das eine Ziel im Auge haben, uns zu schaden und unseren Feinden zu nutzen.»[30] Die exakte Widerspiegelung des nationalsozialistischen Kommandotons zeigt, wie sehr die Schüler beeinflußt wurden.

Ende Mai 1944 bricht die erhaltene Korrespondenz mit den Eltern ab, und nach den Sommerferien, die er wie üblich in Essen verbringen sollte, blieb die Familie bis zum Kriegsende ganz ohne Nachricht von ihrem Sohn[31] – was um so besorgniserregender war, als sie von Feldafinger Mitschülern erfahren hatten, daß die älteren Jahrgänge in den letzten Kriegsmonaten noch zu den Waffen gerufen worden waren. Auch Alfred Herrhausen selbst hatte 1943 berichtet, daß die Sechzehnjährigen «bei der Flak in und um München» waren.[32] Die abgeschiedene Lage der Reichsschule sorgte schon lange nicht mehr für Beruhigung in der Familie Herrhausen, denn 1944 war das Internat auf der Reichenau, das Anne Herrhausen besuchte, wegen des Risikos von Bombenangriffen geschlossen worden. Deshalb wurde die Schwester, für die es im heimischen Essen zu gefährlich war, von den Eltern ins sächsische Droyßig bei Leipzig in ein weiteres Internat gegeben. Dorthin fuhr in der letzten Kriegsphase auch Hella Herrhausen, um ihrer Tochter beizustehen, und so erlebte die Familie das Kriegsende an drei verschiedenen Orten.

Das Bemerkenswerte an den Erinnerungen fast aller Absolventen von nationalsozialistischen Eliteschulen ist, daß sie ihre Zeit in den Lehranstalten als eine Art Abenteuerspiel bei rigidem, aber weitgehend unideologischem Unterricht betrachten. Für die Oberschule in Feldafing gilt dies um so mehr, weil sie eine Sonderrolle im NS-Erziehungssystem innehatte, die sie zwar wie die Napolas der SS unterordnete, aber doch eine eigene Form der Ausbildung ermöglichte, die sich aus dem strikten Schema des Nationalpolitischen Unterrichts löste – dieser nahm trotz seiner stückweisen Ausweitung immer noch keinen so gewichtigen Teil des Curriculums ein wie anderswo. Allerdings hielt man sich auch in Feldafing strikt an die sakrosankten Texte des NS-Systems: Hitlers «Mein Kampf» war Elementarlektüre des Nationalpolitischen Unterrichts, und dazu wurde das Parteiprogramm der NSDAP ebenso Punkt für Punkt durchgearbeitet wie Alfred Rosenbergs «Mythus des zwanzigsten Jahrhunderts».

Täglich erfolgte überdies die Erläuterung des Wehrmachtberichts durch ausgewählte Schüler. Das indirekte Kriegserlebnis wurde im ruhigen Hinterland zum prägenden Element der Gemeinschaftsbildung: Eine permanente Simulation des Frontlebens setzte ein, die ihren Ausdruck in einer noch wachsenden Militarisierung der regelmäßigen Geländespiele fand und schließlich Ende 1944 zur konsequenten Ausbildung der Schüler an der Waffe führte. Das allerdings unterschied sich nicht vom Usus in allen nationalsozialistischen Jugendorganisationen im Reich, denn auch in der Hitlerjugend wurden die damals Vierzehnjährigen mit Panzerfäusten und Gewehren vertraut gemacht, um im Winter 1945 ihren Platz im Volkssturm oder als Flakhelfer einnehmen zu können.

War der Krieg also virtuell längst in Feldafing eingezogen, so dauerte es konkret bis in die letzten Kriegstage, ehe man hier mit dem Feind tatsächlich anders als durch Fliegerangriffe in Berührung kam. Im Winter 1944/45 wurden die militärisch frisch ausgebildeten Schüler, darunter auch Herrhausen, zum Ausheben von Panzergräben in der Umgebung von Feldafing eingesetzt – als prophylaktische Maßnahme, die allerdings den Ernst der Lage erkennen ließ. Die im Jahr 1944 weiterhin in großem Stil betriebene Kinderlandverschickung stand für die ohnehin meist abseits urbaner Zentren eingerichteten Napolas und Reichsschulen nicht zur Debatte. Erst im allerletzten Moment, als die alliierten Truppen sich bereits der jeweiligen Region näherten, wurden auch die Eliteschulen geräumt.

So wurde die gesamte Belegschaft von Feldafing am 20. April 1945 mit der Eisenbahn in Richtung Süden evakuiert, doch nach drei Tagen mühsamer Fahrt unter ständigen Tieffliegerangriffen war man erst kurz vor dem Brenner angelangt. Dort ging es nicht mehr weiter, weil die Gleise zerstört waren, so daß die Schülerschar samt der wenigen sie begleitenden Lehrer im Hotel «Post» in der kleinen Marktgemeinde Steinach in Sicherheit gebracht wurde, wo Rektor Goerlitz sich bemühte, den Unterricht noch weiter aufrechtzuerhalten. Es zeigt die Verantwortungslosigkeit des verbliebenen Lehrkollegiums, daß der Schulleiter im Angesicht der bevorstehenden Niederlage nichts Besseres zu tun wußte, als seine Eleven am 30. April dann einfach nach Hause zu schicken. Immerhin bekamen sie Geld und Lebensmittelkarten mit auf den Weg, und in den Papieren wurden sie als Angehörige eines imaginären «Kinderlandverschickungslagers 39» ausgewiesen, um die Zugehörigkeit zur Reichsschule zu verschleiern.

Nun waren tatsächlich einige der in Feldafing vermittelten Fähigkeiten gefragt, denn die Schüler waren auf sich allein gestellt, und das in einem Gebiet, das ihnen zum überwiegenden Teil unbekannt war. Für Alfred Herrhausen galt es, von den Alpen wieder ins Ruhrgebiet zu gelangen – eine große Herausforderung angesichts der zerstörten Transportwege im Deutschen Reich, geringer finanzieller Mittel und mangelnden Wissens darum, wie es überhaupt daheim aussehen würde. In den letzten Tagen der Reichsschule hatte man am neuen provisorischen Standort vollkommen isoliert gelebt. Gemeinsam mit einem gleichaltrigen Mitschüler, der aus Tirol stammte, machte Alfred sich auf den Weg, um zunächst in dem Ort Wörgl unterzuschlüpfen, wo der Kamerad als Sohn des ehemaligen Bürgermeisters auf die Verschwiegenheit der Kleinstadt rechnen durfte. Im Haus dieser Familie Avanzini und in der Hütte eines Bergbauern am Hintersteiner See verbrachte Herrhausen mehr als zwei Monate, immer in der Furcht, als ehemaliger Nazi-Eliteschüler verhaftet zu werden. In einem späteren Brief an einen ehemaligen Schulkameraden, mit dem er noch zwei Jahre lang eine regelmäßige Korrespondenz unterhalten sollte, berichtete er im Februar 1946, man habe ihm im Jahr zuvor in Tirol die Lebensmittelkarten verweigert (was kein Wunder gewesen ist, wenn Herrhausen in Wörgl nicht ordnungsgemäß angemeldet war, was er mit Sicherheit vermieden haben wird) und ihn in ein Lager stecken wollen, aus dem er aber bei erster Gelegenheit wieder geflüchtet sei.

Tatsache ist, daß die Besatzer jeden Deutschen im Alter von fünfzehn bis zwanzig Jahren, der nicht zur Schule ging, zum Arbeitsdienst heranziehen konnten. Herrhausen wäre spätestens nach Ende der Sommerferien unter diese Regelung gefallen, und im Grunde drohte ihm dieses Schicksal auch schon früher, denn seine Schule hatte sich aufgelöst, und an einer neuen konnte er sich als Minderjähriger nicht selbst anmelden.

Am 17. Juli 1945 trat er deshalb den Heimweg an, weil nach seinem Eindruck die einheimische Bevölkerung von Wörgl immer mehr Ressentiments gegenüber den hier gestrandeten «Reichsdeutschen» entwickelte. Es spricht für eine große Organisationsgabe, daß es dem Fünfzehnjährigen gelang, sich in nur fünf Tagen bis ins rund achthundert Kilometer entfernte Ruhrgebiet durchzuschlagen. Als er dort am 22. Juli eintraf, fand er das Haus seiner Familie in der Saarbrücker Straße äußerlich beinahe unversehrt vor – die Stadt Essen war ansonsten zu mehr als zwei Dritteln zerstört. Alfred selbst hatte aus Feldafing nur die dort obligatorische Lederhose gerettet. Die Schwester Anne war schon einige Wochen früher gemeinsam mit Hella Herrhausen aus Leipzig zurückgekehrt, und der Vater hatte seine Arbeit bei der Ruhrgas behalten können. Als Vermessungsingenieur, den durch seinen sehr späten Eintritt in die NSDAP ein weitgehend problemloses Entnazifizierungsverfahren erwartete, war ihm angesichts der Notwendigkeit des Wiederaufbaus eine weitere Beschäftigung sicher, denn die Versorgungsleitungen mußten dringend wieder instand gesetzt werden. Allerdings sollten ihm die Besatzungsmächte doch noch Schwierigkeiten machen, weil ihm überraschenderweise gerade die späte Mitgliedschaft in der Partei zum Nachteil ausgelegt wurde: 1942, so hielt man Karl Herrhausen vor, hätte er doch längst wissen müssen, daß man es mit einem verbrecherischen Regime zu tun hatte.[33] Dennoch wurde er letztlich als unbelastet eingestuft.

Alfred Herrhausen trat im November 1945 in das neusprachliche Essener Carl-Humann-Gymnasium ein. An seine alte Oberrealschule kehrte er nicht zurück, weil die Wohnungen über der Fleischerei in der Saarbrücker Straße sich als doch zu schwer beschädigt erwiesen – vor einer Ausbesserung der Schäden hätten sie von der ganzen wiedervereinten Großfamilie nicht weiterbewohnt werden können. Deshalb zog Karl Herrhausen bis zum Ende der notwendigen Arbeiten mit seiner Frau und den Zwillingen in das Haus einer Tante nach Essen-Steelen um, und von dort aus wäre der Weg zur alten Schule für Alfred zu weit geworden. Die Unterbrechung seiner Schulzeit betrug nur zwei Monate mehr als die regulären Sommerferien, denn er hatte ja das Glück gehabt, daß er im Gegensatz zu den meisten seiner neuen Mitschüler nicht mehr zum Abwehrkampf eingezogen wurde. So besaß der ehemalige NS-Eliteschüler neben der fundierten Feldafinger Ausbildung auch einen zeitlichen Vorteil. Allerdings wurde er in der Obertertia eingeschult, also eine Klasse tiefer als bisher.

Obwohl die Familie von Karl Herrhausens fortgesetzter Beschäftigung bei der Ruhrgas profitierte, litt auch sie im Winter 1947 unter der schlechten Versorgungslage. Die Zwillinge sammelten Holz, um die Wohnung heizen zu können, und sogar die Fleischerei der Großeltern konnte nicht mehr zuverlässig die Hungerwochen überbrücken.[34] Auch durch diese Erfahrung wurden Anne und Alfred rasch wieder zu dem unzertrennlichen Gespann, das sie schon vor dem Weggang des Bruders nach Feldafing gewesen waren. Gemeinsam traten sie auf Anregung der Mutter in den Traditionsclub Schwarzweiß Essen ein, um Hockey zu spielen, und gemeinsam betrieben sie auch den damals noch elitären Tennissport (wobei Alfred jeweils von seinem Feldafinger Training profitierte). Es mangelte, wie diese Aktivitäten belegen, der Familie nicht an Geld, und so war es kein Problem, auch Anne auf dem Gymnasium unterzubringen, wo sie das Abitur ablegen sollte.

Alfred Herrhausen trat seine zweite Gymnasiastenlaufbahn indes mit der Sorge an, aus der neuen Schule rasch wieder entlassen zu werden, sofern seine Vergangenheit in Feldafing ruchbar würde. In den Fragebögen der Alliierten wurde zwar nicht nach dem Besuch von nationalsozialistischen Eliteschulen gefragt, doch tatsächlich haben zahlreiche Absolventen ihre späteren Ausbildungen an anderen Schulen oder Universitäten abbrechen müssen, wenn etwas über ihre früheren Lehranstalten bekannt wurde. Noch in dem Lebenslauf, den Herrhausen seiner Dissertation beifügte, wurde die Reichsschule schlicht als «Oberschule Feldafing am Starnbergersee» bezeichnet.

Natürlich war seine schulische Vergangenheit der Essener Schulleitung bekannt, denn Herrhausen hatte seine früheren Zeugnisse bei der Anmeldung vorlegen müssen, aber sie meldete diese Angaben nicht weiter. Trotzdem tat die in Feldafing eingepaukte Überzeugung, das deutsche Volk habe in einem von der Gegenseite gnadenlos geführten Krieg um sein Überleben gekämpft, weiterhin Wirkung: Alfred Herrhausen rechnete fest mit persönlicher Verfolgung und stand deshalb den Besatzungsmächten mit ebenso großem Mißtrauen gegenüber wie denjenigen Deutschen, die sich mit den neuen Machthabern arrangiert hatten.

Damals empfand der Gymnasiast das Kriegsende keinesfalls als Befreiung, sondern als eine bittere Niederlage, und an das politische System der Demokratie knüpfte er keine Hoffnungen – zu sehr unterschied es sich in seinem egalitären, aber auf Eigeninitiative gegründeten Anspruch vom Hierarchiedenken innerhalb einer verschworenen Gemeinschaft, wie es in Feldafing vermittelt worden war. In den schon erwähnten Briefen an seinen ehemaligen Mitschüler wird diese Reserviertheit überdeutlich, wenn Herrhausen etwa am 26. März 1946 schreibt: «Leider aber lassen sich die meisten durch hohle Versprechungen und Reden ihren klaren Gesichtskreis verschleiern. ‹Massensuggestion› nennt man das ja wohl im modernen Leben.» Und dreieinhalb Monate später heißt es in einer eigentümlichen Mischung aus biblischen und sozialevolutionären Motiven: «Meiner Meinung nach ist die große Frage unserer Zeit: Parlament oder zentral regierter Staat. Sicher, das Letztere ist gescheitert, aber kommt denn immer der Erfolg als notwendige Konsequenz des Guten überhaupt? Braucht nicht alles und jedes eine Zeit? Warum also sofort nach dem ersten Rückschlag etwas verwerfen, was auch nur der Natur und ihren Gesetzen unterworfen ist?»[35]

Das «moderne Leben» – das war für Herrhausen immer noch das nationalsozialistische Staatssystem, denn der Begriff der «Massensuggestion» stammt aus der NS-Propaganda. Mit deren Kategorien bewertete er die Erscheinungen der Nachkriegszeit. Wie hätte es auch anders sein können, wenn man als Jugendlicher nach fast drei Jahren Internatsleben in einer nationalsozialistischen Eliteschule plötzlich mit dem Scheitern aller dort vermittelten Ideale konfrontiert wird? Der Ablösungsprozeß von den eigenen Überzeugungen war langwierig, zumal Herrhausen von der Furcht getrieben war, daß nach der etwaigen Relegation vom Gymnasium die Zwangsarbeit in den Kohlebergwerken drohte – übrigens eine Tätigkeit, die er zur selben Zeit freiwillig aufnehmen sollte, um sich in den Schulferien ein Zubrot zu verdienen. Doch der junge Herrhausen unterwarf sich schließlich dem Besatzungsregime, das er (kurz nur) als Feind empfunden hatte. Um seinen Verbleib auf dem Gymnasium zu rechtfertigen, trieb er sich selbst zu Höchstleistungen an. Derweil zog er sich in die kameradschaftliche Vertrautheit der Korrespondenz mit einem Gesinnungsgenossen zurück, in der er frei aussprechen konnte, was er aus Vorsicht zu Hause und noch mehr in der Schule verschwieg.

Es ist bezeichnend, daß dieser Briefwechsel abbricht, als Herrhausen durch seine reibungslose Schullaufbahn einen Beweis dafür erhielt, daß ihm die eigene Biographie unter den Nachkriegsbedingungen nicht zum Nachteil gereichte. Von diesem Moment an war er für das neue politische System gewonnen, und mehr als das: Er sollte zu einem seiner glühendsten Verfechter werden. Im März 1949 machte er mit neunzehn Jahren sein Abitur, nachdem er 1948 die Unterprima übersprungen hatte.

Der Weg, den Herrhausen danach einschlug, war zu seiner eigenen Überraschung ohne Hindernisse, und gerade weil er anfangs so sicher geglaubt hatte, man werde ihm aus seiner Vergangenheit einen Strick drehen, wirkte der Beweis des Gegenteils auf ihn wie die Bestätigung der von der neuen Demokratie erhobenen Behauptung, von nun an herrsche Chancengleichheit für alle. Weil Herrhausen sich nach der Rückkehr nach Essen zunächst nicht als ein vom Schicksal Begünstigter, sondern als ein Benachteiligter verstanden hatte, wirkte diese Lektion jetzt so intensiv und dauerhaft. Dabei übersah er, daß es gerade die Werte und Kenntnisse seiner nationalsozialistischen Erziehung waren, die ihn besonders gut auf das Leben in der wenig festgelegten Nachkriegsgesellschaft vorbereitet hatten. Es war, wie es der gleichaltrige Historiker Hans-Ulrich Wehler für seine Generation festgestellt hat: «Wir brauchten nur eine Entnazifizierung, und schon ging es los.»[36] Das NS-System hatte durch die Vermittlung von gemeinschaftlichen Idealen an die Jugend zum erfolgreichen Start der Bundesrepublik entscheidend beigetragen. Es hinterließ eine leistungsbereite junge Elite, die nicht mehr dazu gekommen war, sich im Krieg zu bewähren, und deshalb nun um so mehr danach strebte, ihre Befähigungen unter Beweis zu stellen.

Das Thema des Übergangs vom Nationalsozialismus in die demokratische Gesellschaft der Bundesrepublik hat Herrhausen zeit seines Lebens fasziniert. Zu den besonders sorgfältig annotierten Texten in seiner privaten Bibliothek zählt das Kapitel «Nachkriegserfahrung und Denkstrukturen des Wiederaufbaus» in Karl Dietrich Brachers 1982 erschienener Studie «Zeit der Ideologien». Gleich vierfach hatte Herrhausen jene Stelle angestrichen, an der der Bonner Historiker nach einer Erklärung für den Wandel nach 1945 sucht und ausführt: «Der Entfremdung des Geistes von der politischen Realität nach dem Ersten Weltkrieg stand nun die Überzeugung von der politischen Verantwortung des Intellektuellen gegenüber, und an die Stelle der tiefen Skepsis der Demokratiekritik und des Kulturpessimismus trat angesichts der tatsächlichen Zerstörungen und Bedrohungen des Abendlandes eine konkreter begründete Skepsis gegen alles Ideologische und Totalitäre, gegen die Versuchungen und Verführungen utopistischen Denkens wie auch gegen die selbstzerstörerische Toleranz der Demokratie ihren Feinden gegenüber.»[37] Dies traf genau Herrhausens Überzeugung, die sich in den fünfziger und sechziger Jahren bilden sollte. Er sah keine direkten Kontinuitäten zwischen den beiden Systemen von nationalsozialistischem und demokratischem Deutschland, doch ihn faszinierten die ähnlichen Strukturen des Denkens, das sich nun indes andere Gegner gesucht hatte. Auch die Bundesrepublik brauchte ihre Feindbilder, die das politische System stabilisierten, und gerade die Gefahr, die aus dem Staatskörper selbst heraus drohte, wurde besonders hervorgehoben: Der Radikalenerlaß von 1972 war nur der Höhepunkt einer ideologisch geschürten Kampagne, die den außenpolitischen Systemkampf zwischen den beiden Machtblöcken auf das Innere der Bundesrepublik projizierte – was den Ansichten des hier dominierenden Bürgertums durchaus entsprach. Herrhausen selbst ist ein hervorragendes Beispiel dafür:

Prägend für seine Überzeugungen waren der schon früh entwikkelte Abscheu vor dem Sozialismus und, seit den siebziger Jahren, auch die Unnachgiebigkeit gegen jeden terroristischen Erpressungsversuch gegenüber dem Staat.

Gleichzeitig sah er eine bestimmte Entwicklung mit besonderer Sorge: die Pflichtvergessenheit, die nach seiner Auffassung in der Bundesrepublik aus einer Überreaktion auf das bedingungslose nationalsozialistische Treue- und Opferprinzip entstanden war.[38] Es war kein Zufall, daß Herrhausen später, wenn man ihn in Interviews nach seiner Schulzeit in der Eliteanstalt fragte, so sehr betonen sollte, daß ihm aus seiner Feldafinger Zeit vor allem positive Werte geblieben seien. Wie es in den Briefen des Knaben an die Eltern und die Schwester kein einziges explizites Bekenntnis zum Nationalsozialismus gibt, so gibt es auch später keine Distanzierung des Erwachsenen von einer Schule, die ihm nach seiner Überzeugung eine gute Vorbereitung aufs Leben verschafft hatte.

Das war aber kein Versuch der Relativierung, ja, nicht einmal eine subjektive Rechtfertigung dreier Jahre unter ideologischer Beeinflussung. Herrhausen war selbstbewußt genug, um das eigene Beispiel gegen jede Behauptung zu setzen, in Feldafing habe man den Charakter der Schüler dauerhaft umformen können. Und mit seinem Lob für die Qualität des Unterrichts an der Reichsschule wollte er auch an Werte erinnern, die in Deutschland Tradition besessen hatten und die der Nationalsozialismus in Herrhausens Augen trotz seinem totalitären Charakter nicht hatte zurückdrängen können. An diese voreilig preisgegebenen Tugenden wollte der erfolgreiche Bankier anknüpfen, und was er damit im Sinn hatte, war ein Plädoyer an die bundesdeutsche Gesellschaft, nicht ein Persilschein für sich selbst.

Alfred Herrhausen hat diese Überzeugung 1982 im Geschäftsbericht der Deutschen Bank unter der Überschrift «Brauchen wir Eliten?» so ausgedrückt: «Jede Gemeinschaft kann auf Dauer nur so intelligent, leistungsfähig und erfolgreich sein wie die Menschen, aus denen sie besteht. Es kommt deshalb darauf an, immer wieder Bedingungen zu schaffen, die es erlauben, alle in ihr vorhandenen

Fähigkeiten und Talente voll zu entfalten und auszuschöpfen. Dazu gehört zweierlei: daß alle Menschen die Möglichkeit bekommen, sich zu bilden – die Chancen also gleich sind; daß die besonders Begabten und Fähigen besser sein dürfen, ja besser sein sollen – die Ergebnisse des Bildungsprozesses also verschieden ausfallen.»[39] Diese Rahmenbedingungen für Eliten immerhin hatte das «Dritte Reich» geschaffen, und Herrhausen hatte davon profitiert.

Doch er fügte der Beschreibung eine Bemerkung hinzu, die beweist, daß in ihm nichts mehr vom ideologischen Gift der Nationalsozialisten überdauert hatte: «Freiräume für hervorragende Leistungen auf den verschiedenen Gebieten menschlichen Denkens, Forschens, Handelns und Gestaltens nur passiv offenzuhalten, genügt nicht. Wir müssen dazu anregen, daß man sie nutzt, und wir müssen jeden Versuch, dies zu tun, aktiv unterstützen. Dazu ist es nötig, Leistung zu fördern und sie anzuerkennen. Zugegeben – in einer Demokratie ist das nicht immer einfach: Die Existenz einer zwangsläufig kleinen Schicht besonders Begabter scheint weder mit dem Prinzip der Gleichheit noch mit einem politischen System vereinbar, das sich auf Mehrheiten stützt. Andererseits aber ist die Demokratie zugleich in ihrem Wesen pluralistisch, auf freie Entfaltung der Menschen in Familie, Schule, Universität, Wirtschaft, Kunst und Politik, auf Interessen- und Meinungsvielfalt ausgerichtet.» Das ist wie eine Beschreibung des genauen Gegenteils aller ideologischen Grundsätze, die Herrhausen in Feldafing hatte verinnerlichen sollen.

Zweites Kapitel
«Wirtschaft ist eine Veranstaltung von Menschen»: Der Weg zum richtigen Denken

Der längste Text, den Alfred Herrhausen je verfaßt hat, ist seine Dissertation, die er 1954 einreichte: hundertachtzig anderthalbzeilig getippte Manuskriptseiten mit dem Titel «Der Grenznutzen als Bestandteil des Marginalprinzips». Doch kein anderer Text von ihm ist weniger bekannt, ein einziges Exemplar ist öffentlich zugänglich – im Bestand der Kölner Universitäts- und Stadtbibliothek.[1] Dabei sind in diesen hundertachtzig Seiten die Überzeugungen, die Herrhausen später zur Leitschnur seines Wirkens als Spitzenmanager machen sollte, sein Redestil und sein Selbstbewußtsein bereits aufzufinden. Schon auf der ersten Textseite, im nur knapp halbseitigen Vorwort, kündigt der Doktorand der Betriebswirtschaftslehre an, mit dieser Arbeit «einen bescheidenen Beitrag zu all den Regeln zu leisten, die es ermöglichen, über eine Art von Gegenständen und Beobachtungen richtig zu denken», und «das richtig Gedachte auch richtig, d.h. ohne Verfälschung durch die verbale Vermittlung darzustellen»[2].

Aus dieser Beschreibung wird ein Rhetorik-Ideal abgeleitet: Herrhausen fordert, daß durch die verbale Vermittlung «in demjenigen, dem man das Bild und damit die Wirklichkeit erklärt, kein anderes als eben *dieses* Bild wieder entstehen [darf]. Die Sprache muß in dem zunächst Unwissenden für den speziellen Fall das gleiche Maß des Verstehens wachrufen können, wie es der Wissende bereits besitzt, und zwar gleich in Ausmaß und Tiefe. Demnach kommt es darauf an, ‹richtig› zu sprechen, um ein mit der Realität übereinstimmendes Bild unverfälscht weiterzugeben.»[3]

In der Forderung nach richtigem, also wahrheitsgemäßem, Denken und Sprechen ist aber die große Maxime bereits angelegt, die Herrhausen dreißig Jahre später zum Angelpunkt des eigenen Handelns wie dem der gesamten Deutschen Bank erklären sollte: «Wir müssen sagen, was wir denken, wir müssen tun, was wir sagen, und wir müssen sein, was wir tun.»[4] Die synthetische Betrachtungsweise – also der Denkweg vom Besonderen zum Allgemeinen – als einzige Möglichkeit, der Welt gerecht zu werden und nicht nur richtig zu denken, sondern auch richtig zu handeln – das ist das Praxis-Ideal, dem Herrhausen sich seit seiner Studienzeit verschrieben hat. «Es hat mir immer Spaß gemacht, Dinge gründlich zu untersuchen und daraus die richtigen Schlußfolgerungen zu ziehen», erklärte Herrhausen 1989 in seinem letzten großen Fernsehinterview.[5]

Die Dissertation ist deshalb von großer Bedeutung für das Verständnis von Herrhausens Karriere, weil hier zum ersten Mal die Formulierung vom «richtigen Denken» auftaucht, aus der sich ein Leitmotiv seines Schaffens entwickeln sollte. «Richtig denken» hieß für den Doktoranden wie für den späteren Bankier, «die wahren, d.h. die wirklichen Zusammenhänge aufzudecken»[6]. Darin bestand für ihn die Faszination der Wissenschaft: «Stets strebt der wissenschaftliche Geist nach numerischer und logischer Reduktion, nach der Entwicklung ‹ein›-facher, durchschaubarer Ordnungen. In ihnen allein können die Bedingungszusammenhänge der Realität aufgezeigt und dem Verständnis und Begriffsvermögen der Menschen erschlossen werden.»[7]

Die Dissertation gibt aber auch Aufschluß über die Persönlichkeit Alfred Herrhausens. Nicht, weil der akademische Titel für ihn so wichtig gewesen wäre – das war er auch –, sondern vor allem, weil in diesem Buch jene spezielle Überzeugung vom «richtigen Denken» bereits ausformuliert wird, die seine Verhandlungspartner später so irritieren sollte. Edzard Reuter, der ehemalige Vorstandsvorsitzende von Daimler-Benz, beschreibt Herrhausens Auftreten in Diskussionen: «Er ließ keinen Zweifel daran aufkommen, daß er von der Richtigkeit seiner Ausführungen vollkommen überzeugt war. Wozu, das fragte man sich dann, sollte man dann aber noch diskutieren? Aus dieser Verwunderung über die Selbstsicherheit eines immer jugendlich wirkenden Managers entstand häufig das Gefühl, daß Herrhausen arrogant sei. Wer ihn aber wirklich kannte oder einfach nur den Mut hatte, ihm Contra zu geben, der merkte, daß er durchaus mit Widerspruch umgehen konnte, ja, ihn sogar schätzte. ‹Richtiges Denken› als sein Zentralbegriff umschloß auch die Bereitschaft, auf fremde Argumente einzugehen. Seine bestimmte Art des Vortrags lud nur nicht dazu ein.»[8] In der Doktorarbeit ist diese Tendenz bereits erkennbar; aus ihr erwächst das Selbstverständnis von Alfred Herrhausen. Deshalb lohnt sich der genaue Blick auf den Text. Dies soll später in diesem Kapitel geschehen.

Der in der Dissertation angestimmte Lobgesang auf die Wissenschaft zeigt eine neue Leidenschaft in Alfred Herrhausens Denken. Aus dem skeptischen Schüler der unmittelbaren Nachkriegszeit war in den Jahren von 1949 bis 1952 an der Kölner Universität ein begeisterter Student geworden, der nicht nur die Feldafinger Indoktrination hinter sich gelassen hatte, sondern auch die intellektuellen Beschränkungen des Elternhauses. Dabei kam ihm zugute, daß er dem neuen Mittelstand entstammte – Herrhausens Familie hatte sich erst vor einer Generation aus dem Handwerk gelöst. Dieser soziale Aufstieg vermehrte den Ehrgeiz der Familie und prädestinierte den einzigen Sohn fürs Studium, gerade weil seinem Vater der Weg an eine ordentliche Universität aus finanziellen Gründen noch verschlossen geblieben war. Es war ausgemacht, daß Alfred vollenden sollte, was Karl Herrhausen begonnen hatte: den Ausbruch aus dem eigenen Familienmilieu. Die soziale Mobilität hatte in Deutschland seit dem Sturz des Kaiserreiches 1918 ein nie gekanntes Maß erreicht, und es war eine der langwirkenden Folgen des «Dritten Reichs», daß diese Entwicklung sich bis in die Zeit der Bundesrepublik hinein eher noch beschleunigte.

Denn nicht nur die Vernichtung von Eigentum durch den Krieg hatte die bestehenden gesellschaftlichen Strukturen in beide Richtungen durchlässiger gemacht, sondern auch die Begünstigung der unteren sozialen Schichten durch die NSDAP und andere Institutionen des nationalsozialistischen Staates. Das Selbstbewußtsein des Mittelstands war in den zwölf Jahren der Diktatur gewachsen, weil die etablierten Eliten hatten zurückstecken müssen. Und nach 1945 zeigte das Demokratisierungsmodell der Besatzungsmächte Wirkung, das sich vornehmlich gegen den als «preußisch» gebrandmarkten Traditionsstrang in Deutschland richtete und damit jene Tendenzen noch verstärkte, die bereits unter den Nationalsozialisten zu beobachten gewesen waren.

Daß die junge Bundesrepublik davon profitiert hat, ist unbestritten. Plötzlich waren die ideologischen Schranken des NS-Staates beseitigt, die die freie Entfaltung der Talente und Fähigkeiten noch begrenzt hatten. Jetzt sollte die Illusion von Gleichheit, die unter den Nationalsozialisten genährt wurde, aber angesichts der Rassenpolitik des Regimes reiner Hohn war, durch wirkliche Egalität ersetzt werden – demokratische wie ökonomische. Mit dieser Strategie haben die Alliierten mehr zum Wiederaufstieg Deutschlands beigetragen als mit der Marshall-Hilfe, denn erst die Aussicht auf freie Entfaltung der Persönlichkeit setzte das Wirtschaftswunder in Gang. Indem die Besatzungsbehörden das deutsche Volk zur Demokratie erzogen und dazu die Gleichheit vor dem Gesetz und den Wert jedes individuellen Lebens betonten, weckten sie in der Bevölkerung die Hoffnung auf Chancengleichheit. Diese Perspektive, verstärkt durch die schiere materielle Not vieler Deutscher, schuf günstige Voraussetzungen für freiwilliges Engagement, wirtschaftlicher wie sozialer Art. Und als sich erste Erfolge einstellten (vor allem nach der Währungsreform), ließ die Angst vor dem neuen gesellschaftlichen System nach. Die Wandlung, die Alfred Herrhausen erlebte – vom tief gedemütigten Eliteschüler zum begeisterten Befürworter der sozialen Marktwirtschaft –, ist dafür symptomatisch.

Das Abitur, das er im März 1949 am neusprachlich ausgerichteten Carl-Humann-Gymnasium abgelegt hatte, erbrachte ein exzellentes Ergebnis. In Religion, Deutsch und Physik schloß Herrhausen jeweils mit «sehr gut» ab, in Geschichte, Kunstgeschichte, Erdkunde, Lateinisch, Englisch, Französisch, Chemie und Biologie wurde er jeweils mit «gut» bewertet, nur in Mathematik erhielt er ein «genügend». In der bei damaligen Abiturzeugnissen noch üblichen Rubrik, die das Berufsziel des Absolventen nennt, ist vermerkt: «Herrhausen will Philologe werden.»

Unmittelbar nach seinem Schulabschluß bemühte er sich um die Zulassung zu einem Lehramtsstudium. Doch die Kapazitäten an den Universitäten waren beschränkt, und an eine freie Wahl des Studienortes war angesichts der Teilung Deutschlands in Besatzungszonen ohnehin nicht zu denken. Das Hochschulangebot in dem neuen Land Nordrhein-Westfalen, das die Alliierten 1946 aus den westlichen Provinzen des zerschlagenen Preußen gebildet hatten, war noch nicht im entferntesten mit dem heutigen zu vergleichen: Im Ruhrgebiet gab es keine einzige Universität, und ansonsten existierten nur die Hochschulen in Aachen, Bonn, Köln und Münster. Zudem wurden im Sommersemester 1949, als Herrhausen sein Studium aufnehmen wollte, bevorzugt heimkehrende Soldaten immatrikuliert. Anderen Bewerbern wurde im Regelfall eine Wartezeit auferlegt, in der sie Aufbauarbeit leisten mußten, um sich für das Privileg, eine Hochschule besuchen zu dürfen, zu qualifizieren. Für Philologie war kein Studienplatz verfügbar.

Kurzfristig spielte der neunzehnjährige Abiturient deshalb mit dem Gedanken, Medizin zu studieren, doch auch das war angesichts des noch knapperen Angebots an Studienplätzen aussichtslos. Seine Überlegungen, statt dessen ein Lehramtsstudium der Geschichte und Philosophie aufzunehmen, redeten ihm die Eltern aus. Sie fürchteten eine Verschwendung seines Talents, auf das sie all ihre Bemühungen konzentriert hatten – Anne Herrhausen hatte nach dem Abitur zwar auch erwogen, Medizin zu studieren, war jedoch wie ihr Bruder an den Zugangsbeschränkungen gescheitert und begann dann eine Ausbildung zur Zahntechnikerin.[9]

So bewarb sich Alfred Herrhausen für das Studium der Betriebswirtschaftslehre in Köln. Doch auch hier hätte er zurückstecken müssen, wäre er nicht durch die Ausbildung in Feldafing und die Mitgliedschaft bei Schwarzweiß Essen ein exzellenter Hockeyspieler geworden – die Kölner Universitätsmannschaft suchte dringend Verstärkung, und das Sportbüro der Hochschule setzte sich deshalb für die sofortige Zulassung Herrhausens zum Studium ein, ohne daß er Aufbauarbeit hätte nachweisen müssen: «So bin ich Wirtschaftler geworden, was ich damals nicht wollte», erinnerte sich Herrhausen später, «aber dann hat es mich sehr interessiert.» Und auch für den Hochschulsport sollte sich diese Entscheidung auszahlen: Herrhausen spielte während der sieben Semester seiner Studienzeit kontinuierlich in der ersten Mannschaft der Universität und schaffte es bis in die westdeutsche Auswahlmannschaft, die vor der Wiederaufnahme von Länderspielen durch eine deutsche Nationalmannschaft sogar einige internationale Begegnungen austrug. Noch in den Nachrufen einiger englischer Zeitungen war 1989 deshalb die Rede davon, er habe es seinerzeit bis zum Hockey-Nationalspieler gebracht.

An der Universität, wo Herrhausen sich am 5. Mai 1949 an der Betriebswirtschaftlichen Fakultät mit dem Studienziel Diplomvolkswirt immatrikulierte, kamen ihm die in Feldafing vermittelten Fertigkeiten aber nicht nur auf dem Hockeyfeld zugute. Der Journalistin Sibylle Krause-Burger erzählte er 1987, das Preußische in seinem Wesen sei durch die Zeit auf der Reichsschule geprägt worden. Dort habe er gelernt, fleißig, pünktlich und verläßlich zu sein.[10] Herrhausen absolvierte sein Studium mit dem Schwerpunkt Industriebetriebslehre bis zum Beginn der Diplomarbeit, die ihn ein weiteres halbes Jahr kosten sollte, in gerade einmal sechs Semestern, eine auch damals schon auffällig kurze Dauer. Sie wurde allerdings dadurch begünstigt, daß viele seiner Kommilitonen, die etliche Jahre im Krieg verbracht hatten, gleichfalls aufs Tempo drückten, um den Einstieg ins Berufsleben zu beschleunigen. So waren die deutschen Hochschulen darauf ausgerichtet, ihren Studenten einen raschen Abschluß zu ermöglichen. Die Aussichten für Hochschulabsolventen waren im Land des beginnenden Wirtschaftswunders blendend, es gab praktisch keine arbeitslosen Akademiker.

In den Semesterferien verdingte sich Herrhausen als Werkstudent. Bei der Ruhrgas vermittelte sein Vater, der dort mittlerweile zum Abteilungsleiter aufgestiegen war, ihm zweimal Praktika, die er zur Diplomanmeldung brauchte: im Sommer 1950 in der kaufmännischen Abteilung und ein Jahr später in der Rechnungsführung des Unternehmens. Um das Studium zu finanzieren, nahm er auch andere Beschäftigungen an. Immerhin dauerte die Fahrt von Essen nach Köln zu lange, als daß Herrhausen sie täglich hätte absolvieren können, weshalb er in Köln in der Jülicher Straße zur Untermiete wohnte.

Dieses Zimmer teilte er sich mit dem sechs Jahre älteren Kommilitonen Karl August Koch, der als Kriegsheimkehrer zunächst ein Maschinenbaustudium begonnen hatte, bevor er auf Betriebswirtschaft umsattelte. Kennengelernt hatten sich die beiden jungen Männer im Verbindungshaus der Hansea-Berlin, der Alfred Herrhausen gleich nach Aufnahme seines Studiums beigetreten war. Er zählte damit zum ersten Jahrgang, der dieser katholischen Verbindung nach deren Republikation, also der Wiederbegründung, 1949 beitrat. 1936 hatte sich die Aktivitas – die aktiv in der Verbindung engagierten Studenten – der damals noch in Berlin angesiedelten Hansea unter dem Druck der nationalsozialistischen Hochschulpolitik aufgelöst, und nach dem Zweiten Weltkrieg hatte man es vorgezogen, die Verbindung in Köln neu ins Leben zu rufen. Der Wiederbegründungskonvent fand am 16. Juli 1949 statt, kurz nachdem sich Herrhausen an der Universität immatrikuliert hatte. Bei einer Korporation, die sich erst am neuen Ort etablieren mußte, glaubte er sich besser aufgehoben als bei einer der Kölner Traditionsverbindungen, in die vor allem Studenten eintraten, deren Väter bereits zur jeweiligen Aktivitas gezählt hatten. Da die Hansea-Berlin eine schlagende Verbindung war, zahlte sich die Feldafinger Ausbildung, die auch Fechttraining umfaßt hatte, hier ein weiteres Mal aus. Über ein eigenes Verbindungshaus, in dem die Mitglieder wohnen konnten, sollte die Hansea-Berlin allerdings erst 1953 verfügen, als Herrhausen sein Studium schon abgeschlossen hatte. So behielten er und Koch weiterhin ihr Domizil in der Jülicher Straße.

Mit der in Essen verbliebenen Schwester Anne bildeten die beiden Zimmergenossen ein unzertrennliches Trio, das an den Wochenenden Ausflüge und auch sonstige gesellschaftliche Aktivitäten zu dritt unternahm. Das Vertrauensverhältnis zwischen den Geschwistern hatte noch immer Bestand, und seit der gemeinsamen Tanzstunde im Jahr 1948 tauschte man sich auch über die jeweiligen amourösen Affären aus.[11] Als sich Anne Herrhausen allerdings 1950 mit Karl August Koch verlobte, fand das nicht den Beifall ihres Bruders. Er sperrte sich gegen jede feste Bindung und wechselte in der Anfangszeit seines Studiums häufig die Freundinnen. Seine Schwester und Kommilitone Koch heirateten schließlich 1954 und zogen danach ins westfälische Unna um, das aber nahe genug bei Köln und Essen lag, damit die Geschwister ihren intensiven Kontakt zunächst weiter pflegen konnten.

Im letzten Jahr seines Studiums arbeitete Alfred Herrhausen als wissenschaftliche Hilfskraft am Energiewissenschaftlichen Institut der Universität Köln, das von seinem späteren Doktorvater Theodor Wessels geleitet wurde. Da war bereits absehbar, daß er nach dem Examen bei der Ruhrgas Aktiengesellschaft eine Anstellung als Direktionsassistent finden würde. Bei seinen Praktika war er dem für die Finanzen zuständigen Direktor Fritz Gummert aufgefallen. Die Wahl der Hilfskraftstelle am Energiewissenschaftlichen Institut diente dem Zweck, sich zuvor noch etwas speziellere Kenntnisse für diese Aufgabe zu verschaffen.

Der Einstieg in dasselbe Unternehmen, in dem auch der Vater arbeitete, war damals durchaus keine Seltenheit. Doch für Herrhausen eröffnete sich mittelfristig noch eine weitere berufliche Option in der Energieversorgungswirtschaft. Im Studium hatte er die Bekanntschaft von Ulla Sattler gemacht, einer Kommilitonin, deren Vater Generaldirektor bei den Vereinigten Elektrizitätswerken Westfalen (VEW) in Dortmund war. 1946 war Paul Sattler auch in deren Vorstand aufgenommen worden, und seit 1952 fungierte er zusätzlich als Vorstandsvorsitzender des Tochterunternehmens, das die Zechen der VEW betrieb. Als kommunale Einrichtung unterlag es starker politischer Einflußnahme, und die Karriere Paul Sattlers verdankte sich nicht zuletzt der Tatsache, daß er einer alten SPD-Familie entstammte.

Herrhausen verlobte sich 1951 noch als Student mit Ulla Sattler – ein Bruch seiner noch im Vorjahr geäußerten Überzeugungen, der den Spott seiner Schwester Anne provozierte. Ulla Sattler wurde täglich von einem Chauffeur zur Universität gebracht, was eine gelegentlich durchaus willkommene Mitfahrgelegenheit aus dem Ruhrgebiet bot. Und es war zu erwarten, daß der zukünftige Schwiegervater es gerne sähe, wenn Herrhausen nach der Heirat zu den VEW wechseln würde. Doch vor der Hochzeit wollte er sein Studium beenden und sich zunächst bei der Ruhrgas etablieren. Deshalb erfolgte die Eheschließung erst 1953. Sie fand nach protestantischem Ritus statt, was mehr als zwei Jahrzehnte später für Herrhausen noch Folgen haben sollte.

Der Kontrast zwischen der verwöhnten Ulla Sattler und dem früh selbständigen Alfred Herrhausen hätte kaum größer sein können. Für sie waren Familie und Freundeskreis in ihrer Heimatstadt Dortmund das Wichtigste, und das Studium bildete offenbar nur eine Übergangsphase auf dem Weg zur Hausfrau und Mutter; Herrhausen dagegen verfolgte einen klaren Berufsplan, der sich nicht um persönliche Bindungen scherte, wenn er auch ein geselliger Charakter war. Der Tochter aus reichem Hause stand zudem ein bescheiden lebender junger Mann gegenüber, der im Studium immer noch seine Lederhose aus Feldafinger Tagen trug, allerdings auch die dort erlernten gesellschaftlichen Umgangsformen geschickt einzusetzen wußte. Unter seinen Kommilitonen fiel die bisweilen als übertrieben empfundene Höflichkeit gegenüber Studentinnen auf, für die Herrhausen jederzeit seinen Sitzplatz in den meist überfüllten Hörsälen räumte.

Doch außer solcher Courtoisie konnte er Ulla Sattler nicht viel bieten. Das Geld, mit dem ihn die Eltern unterstützten, und seine Entlohnung für die Arbeit als Werkstudent oder im Institut wurden durch Miete, Studiengebühren und Bücherbeschaffung rasch wieder aufgezehrt. Selbst die hundert D-Mark, die 1952 als Prüfungsgebühr fällig wurden, mußte er sich bei Freunden leihen, weil er seine Eltern mit dem vorzeitigen Abschluß überraschen wollte. Immerhin war es Herrhausen gelungen, zweimal mit seiner Braut zu verreisen, in die Schweiz und nach England, aber dabei kam die Unterstützung durch die Familie Sattler sehr gelegen.

Die Diplomprüfung legte er am 11. Juni 1952 ab. Seine Prüfungsfächer waren Allgemeine Betriebswirtschaftslehre, Besondere Industriebetriebswirtschaftslehre, Volkswirtschaftslehre, Rechtswissenschaft, Statistik und Besondere Betriebswirtschaftslehre des Handels. Nur die juristischen Bestandteile seines Studiums hatten ihm leichte Schwierigkeiten gemacht, alle anderen Scheine weisen Herrhausen als überdurchschnittlich guten Studenten aus, und diese Leistungen bestätigten sich auch in den Prüfungen.[12]

Zugleich zeigte er auch Interessen, die nicht unmittelbar dem Studium nutzten. So las er in den frühen fünfziger Jahren Thomas Manns «Zauberberg», dessen Ausführungen zur unterschiedlichen Wahrnehmung von Zeit ihn besonders faszinierten, wie eine spätere Kommentierung der Vorlesungen Robert Havemanns von Herrhausens Hand belegt, in der er an einer ihn besonders beeindruckenden Stelle («Das ganze Leben der Menschheit ist von einem ständigen Wechsel des Zeittempos begleitet»[13]) auf den Roman verweist.

Sein Eifer beim Studium, aber auch seine Neugier auf eher philosophisch-gesellschaftliche Aspekte, die sich an der Begeisterung für Thomas Mann ebenso zeigen läßt wie an der zeitgleichen Lektüre von José Ortega y Gasset oder Romano Guardini, hatte den Studenten nach den ersten zwei Semestern in einen Kreis geführt, der sich um Theodor Wessels scharte, bei dem Herrhausen zunächst Vorlesungen zur Volkswirtschaft gehört hatte und später auch Mittel- und Hauptseminare belegte. Wessels hatte den Ruf an das Staatswissenschaftliche Seminar der Universität zu Köln zwar schon 1940 erhalten, doch im Krieg gehörte er dem seit 1938 bestehenden «Freiburger Kreis» um den ordoliberalen Wirtschaftswissenschaftler Walter Eucken an, der einzigen universitären Gruppierung, die als institutionell etablierte akademische Opposition im «Dritten Reich» gelten kann. Dort wurden Wirtschaftsmodelle für die Zeit nach Hitlers Ende debattiert, und die dabei entwickelten Konzeptionen hatten großen Einfluß auf den Weg der sozialen Marktwirtschaft, den die Bundesrepublik nach ihrer Gründung 1949 nehmen sollte.

Wessels, Jahrgang 1902, zählte zu den jüngeren Vertretern des Freiburger Kreises, und er betonte den Vorrang der Marktwirtschaft gegenüber dem Sozialen, weil nach seiner Meinung allgemeiner Wohlstand auf Dauer nur unter Wettbewerbsbedingungen zu schaffen war. Als Direktor des von ihm selbst 1943 gegründeten Energiewirtschaftlichen Instituts an der Universität zu Köln setzte er sich nach dem Krieg vor allem für die Liberalisierung auf diesem Sektor ein – eine Haltung, die bei seinem Schüler Herrhausen Früchte tragen sollte, als dieser in den sechziger Jahren die Teilprivatisierung seines damaligen Arbeitgebers VEW vorantrieb.

Wessels und Herrhausen pflegten auch nach dem Studium einen engen Kontakt – zunächst übernahm der Volkswirt die Betreuung von Herrhausens Dissertation, und im Jahr 1952 wurde er zum Direktor des Rheinisch-Westfälischen Instituts für Wirtschaftsforschung gewählt. Diese Einrichtung hatte ihren Sitz in Essen, und da auch Alfred Herrhausen nach dem Studium wieder in seine Heimatstadt zurückkehrte, um dort seine erste Stelle anzutreten, blieb das Verhältnis zwischen Wessels und seinem Doktoranden vertraut, ohne daß Herrhausen häufiger nach Köln hätte fahren müssen. Beide einte ihr spezifisches Interesse am Ruhrgebiet, das bei Wessels allerdings allein fachbezogen war. Immerhin sollte sich der Ordinarius in den sechziger Jahren federführend am Aufbau der Ruhr-Universität Bochum beteiligen.

Der Student Herrhausen war Wessels in dessen Seminaren aufgefallen. Beide verstanden Wirtschaftstheorie und Wirtschaftspolitik als Einheit, doch damit stieß Wessels bei den meist traditionell ausgerichteten Betriebswirtschaftsstudenten auf wenig Gegenliebe. Gemeinsam mit seinen Professorenkollegen Gerhard Weisser und Erich Gutenberg – bei letzterem belegte Herrhausen betriebswirtschaftliche Vorlesungen – versammelte Wessels deshalb besonders interessierte Studenten zu privaten Zusammenkünften, in deren Verlauf ökonomische Fragen debattiert wurden, die über das übliche Pensum des Wirtschaftsstudiums weit hinausgingen. Hier kam Herrhausen nach seinem Privatstudium katholisch-konservativer Philosophen erstmals mit dem Werk von Karl Raimund Popper in Berührung, dessen streng rational begründeter Positivismus auf den jungen Studenten großen Eindruck machte. Auch wenn in der späteren Dissertation Herrhausens keine Werke von Popper zitiert werden, ist die ganze Art der Behandlung, die er darin seinem Gegenstand, dem Grenznutzprinzip, widmet, an den wissenschaftstheoretischen Vorstellungen des in Wien geborenen, aber 1937 nach England emigrierten Popper orientiert. Dieser hatte sich bemüht, die ökonomische Grenznutzenlehre zu verallgemeinern, um daraus eine Situationsanalyse der Sozialwissenschaften zu gewinnen.[14]

Popper wurde zur zentralen und lebenslangen intellektuellen Autorität für Herrhausen, und er widmete sich dessen Werk mit nie nachlassendem Interesse und einer Begeisterung, die er bis zuletzt nicht verhehlte. Der damalige hessische Ministerpräsident Walter Wallmann erinnerte sich in einer Reminiszenz nach der Ermordung Herrhausens, wie er den Bankier am Flughafen getroffen habe und dieser mit ihm nicht nur kenntnisreich über Poppers Theorie gesprochen, sondern voller Stolz auch von einem persönlichen Treffen mit dem Philosophen berichtet hatte. Das Interesse beruhte auf Gegenseitigkeit, wie eine persönliche Widmung des Philosophen in seinem autobiographischen Werk «Ausgangspunkte» beweist, das sich in Herrhausens Bibliothek befindet. Poppers Lehre von der Unmöglichkeit, eine endgültig wahre Aussage zu treffen, und die daraus resultierende These, daß eine Aussage deshalb nur so lange Geltung beanspruchen darf, wie sie nicht falsifiziert worden ist, dürfte entscheidend dazu beigetragen haben, daß Herrhausen in seinen letzten Lebensjahren die Rede vom «richtigen» in eine vom «fehlerfreien Denken» wandelte.[15]

Das exzellente Examen seines Schülers und die privaten Kontakte im Gesprächskreis machten es Wessels leicht, Herrhausen als externen Doktoranden zu akzeptieren. Dem gerade als Direktionsassistent eingestellten Diplomkaufmann war klar, daß eine Promotion seine Karrierechancen noch deutlich verbessern würde, zumal dann, wenn er irgendwann zu den VEW wechseln würde, wo er zwar mit der Protektion durch seinen Schwiegervater in spe rechnen durfte, aber sich auch gegen eine ungleich größere Zahl von Konkurrenten würde durchsetzen müssen als im überschaubaren Verwaltungsapparat der Ruhrgas AG. Deshalb nahm Herrhausen trotz seinem Berufseinstieg und der bevorstehenden Eheschließung die Belastung auf sich, zusätzlich noch an seiner Dissertation zu arbeiten. Ihm kam dabei zugute, daß er als Direktionsassistent bei der Ruhrgas deren Vorstandsmitglied Fritz Gummert zugeordnet wurde, der das Talent seines neuen Mitarbeiters erkannt hatte und ihn deshalb nach Kräften förderte.

Der frischgebackene Diplombetriebswirt hatte seinem Chef zuzuarbeiten – und erhielt dennoch von Gummert immer wieder die notwendigen Freiräume zugestanden, die es ihm ermöglichten, neben der Berufstätigkeit die Doktorarbeit fertigzustellen. Immerhin war jetzt die Prüfungsgebühr kein Problem mehr. Herrhausen beglich die in Köln bei Promotionsprüfungen fälligen zweihundert D-Mark diesmal aus eigener Tasche und in bar, was angesichts der damals bedeutenden Summe so ungewöhnlich war, daß man es handschriftlich auf der Quittung vermerken mußte, weil nur Formulare zur Verfügung standen, die den Empfang einer ersten Teilzahlung auf die Gebühr bestätigten.[16]

Selbst Herrhausen mit seiner immensen Disziplin brauchte für die Anfertigung der Dissertation insgesamt zwei Jahre, und wäre für 1955 nicht der seit längerem vorbereitete Wechsel von der Ruhrgas zu den VEW geplant gewesen, darf man bezweifeln, ob er sich dieser Mühe unterzogen hätte. Für eine Position im Management, die ihm sein Schwiegervater in Aussicht stellte, konnte ein Doktortitel jedoch nur nützen – auch um dem Risiko zu begegnen, daß man ihm Protektion vorhalten würde. Dabei spielte nicht zuletzt auch eine Rolle, daß Karl Herrhausen gerade aus diesem Grund seinem Sohn dringend vom Wechsel zu den VEW abriet. Bei seinem Talent habe er es nicht nötig, als Günstling betrachtet zu werden.[17] Die Dissertation war also auch als Beweis für den Vater gedacht, daß Alfred Herrhausen sich nicht auf die Hilfe seines Schwiegervaters allein verlassen würde. Die Arbeit hatte Herrhausen bis Anfang August 1954 abzuschließen, um den verabredeten Termin für das Rigorosum im Wintersemester 1954/1955 halten zu können; der Tag der Promotion fiel schließlich auf den 26. Februar 1955.

Die Arbeit widmet sich dem Thema «Der Grenznutzen als Bestandteil des Marginalprinzips». Dieses Sujet setzte die Überlegungen fort, die Herrhausen bereits in seiner am 1. April 1952 eingereichten Diplomarbeit behandelt hatte, die «Grenzkostenprobleme in der Energiewirtschaft» zum Gegenstand wählte. Herrhausen bewegte sich damit in gut vorbereiteten Bahnen, denn die Grenznutzenschule war seit dem neunzehnten Jahrhundert eine deutsche Domäne. Ihre Lehre unternimmt den Versuch, das reale Wirtschaftsgeschehen mathematisch nachzuvollziehen: Sie beschäftigt sich mit der Bestimmung jenes Nutzenzuwachses – des Grenznutzens –, den eine zusätzliche Einheit eines bestimmten Gutes oder eines Produktionsfaktors dessen Besitzer beziehungsweise dem Produzenten verschafft. Das Marginalprinzip wiederum besagt, daß rationale Menschen Entscheidungen durch den Vergleich von Kosten und Nutzen zusätzlicher Handlungen treffen – es sucht zudem nach jener Gütereinheit, bei deren Erwerb noch ein Nutzenzuwachs erfolgt. Seit den Arbeiten von Hermann Heinrich Gossen (1810 bis 1858) kennt die Ökonomie das sogenannte Gesetz vom abnehmenden Grenznutzen. Gossen erläuterte es am Beispiel der Landwirtschaft: Der Einsatz zusätzlicher Arbeitskräfte auf einem bestimmten Acker führt zunächst zu Ertragssteigerungen. Doch je mehr Menschen auf dem Feld arbeiten, desto geringer fällt der Zuwachs aus, bis er sich schließlich ins Negative verkehrt, wenn der Boden ausgelaugt oder überbeansprucht ist. So ist auch der Nutzen, den man als Konsument von der ersten Einheit eines Gutes, etwa einem Schluck Wasser, hat, meist größer als der Nutzen, den der zweite Schluck verschafft, und irgendwann ist der Durst gestillt und jede weitere Menge Wasser sinnlos.

Die Themenwahl für Herrhausens Dissertation verrät deutlich den Einfluß von Wessels. Doch auch der Zweitgutachter von Herrhausens Dissertation verdient Beachtung. Es war Alfred Müller-Armack, ein weiterer prominenter Vertreter des Freiburger Kreises, der 1950 einen Ruf der Kölner Universität auf einen wirtschaftswissenschaftlichen Lehrstuhl angenommen hatte, schon 1952 aber auf Bitten Ludwig Erhards als Ministerialdirigent ins Wirtschaftsministerium gewechselt war. Herrhausen hatte nicht bei ihm gehört, doch ihn faszinierte die Wirkung Müller-Armacks.

Der 1901 geborene Wirtschaftswissenschaftler war in der Frühzeit der Bundesrepublik einer der theoretisch wie politisch einflußreichsten Ökonomen. Obwohl er aus Karrieregründen der NSDAP angehört hatte, war es ihm gelungen, Distanz zum Regime zu wahren. Seine erste Professur hatte er wie sein Kollege Wessels im Jahr 1940 angetreten, und im Jahr darauf war seine Studie «Genealogie der Wirtschaftsstile» erschienen, eine Untersuchung zur Herausbildung der Staatsformen bis zum achtzehnten Jahrhundert. Darin vertrat Müller-Armack die These, daß jede wirtschaftliche Organisation notwendigerweise auf die jeweils herrschende Weltanschauung Rücksicht nehme. Das war scheinbar eine Apologie des nationalsozialistischen Totalitarismus. Dennoch wurde die Arbeit im Freiburger Kreis als Plädoyer für eine ökonomische Reform nach dem Ende des Krieges verstanden, die nichts mehr mit den Nazi-Idealen zu tun haben würde. 1947 verwendete Müller-Armack als erster Theoretiker in einem Bericht an die Industrie- und Handelskammer den Begriff «soziale Marktwirtschaft», der von Erhard sofort übernommen und schließlich Bestandteil des Wahlprogramms der CDU zur ersten Bundestagswahl 1949 wurde.

Über Müller-Armacks Konzeption kam Herrhausen in Berührung mit dem Denken der – neben Popper – zweiten Persönlichkeit, die zu seinem lebenslangen intellektuellen Vorbild werden sollte: Friedrich August von Hayek. Der gebürtige Österreicher, der schon 1931 nach London übergesiedelt und auch britischer Staatsbürger geworden war, hatte 1947 die «Gruppe von Mont-Pèlerin» gegründet, einen internationalen Zusammenschluß liberaler Wirtschaftswissenschaftler, dem neben Ludwig von Mises oder Milton Friedman auch Alfred Müller-Armack angehörte. Hayek hatte seine wissenschaftliche Laufbahn nach der frühen Berufung auf den Lehrstuhl der London School of Economics mit Publikationen zur österreichischen Konjunktur- und Kapitaltheorie begonnen, bevor er sich 1937 in dem Aufsatz «Economics and Knowledge» erstmals dem Problem mangelnden Wissens widmete, das auch für Herrhausen zu einer zentralen Frage werden sollte. Überdies war Hayek schon früh einer der konsequentesten Kritiker der sozialistischen Gesellschaft, eine Rolle, die Herrhausen später besonders gern betonen sollte: Stets war Hayek sein Kronzeuge, wenn er in seinen Reden die Auseinandersetzung mit dem Prinzip der Zentralverwaltungswirtschaft führte.

Wessels und Müller-Armack spannten also das intellektuelle Koordinatensystem auf, in dem sich Herrhausen fortan bewegen würde. Die Tatsache, daß sich Müller-Armack auch nach seinem Weggang von der Kölner Universität als Zweitgutachter für die Doktorarbeit des jungen Absolventen gewinnen ließ, zeigt aber auch das Interesse, das er seinerseits für Herrhausen entwickelt hatte.

In der Dissertation gelang es dem Doktoranden, auf jegliche Empirie, die ansonsten in ökonomischen Arbeiten üblich war, zu verzichten und sich mit der Grenznutzentheorie allein auf intellektueller Basis auseinanderzusetzen; Herrhausen selbst nennt seine Dissertation deshalb im Vorwort eine «theoretisch-methodologische Arbeit»[18]. Sie beginnt mit einer Analyse der mathematischen Darstellung des Grenznutzens, die fast die ganze erste Hälfte des Textes umfaßt und mit «Kritik an der mathematischen Grenznutzenlehre» überschrieben ist, wobei «Kritik» von Herrhausen im Kantischen Sinne verstanden wird, also als «Diskussion».

Herrhausen traut der rein mathematischen Modellierung nicht zu, das Grenznutzenphänomen realitätsnah abzubilden: «Deshalb hat hier unsere Spezialuntersuchung einzusetzen und zu fragen, ob die mathematische Theorie des Grenznutzens tatsächlich ‹gilt›, d.h. ob sie wirklich die Wirklichkeit unverfälscht erklärt und beschreibt.»[19] Der emphatische doppelte Gebrauch der «Wirklichkeit» in dieser Formulierung erhebt einen hohen Anspruch für die Wirtschaftswissenschaft: Sie hat das, was real geschieht, auch realistisch darzustellen, und an dieser Übereinstimmung muß sie sich messen lassen.

Um es vorwegzunehmen: Das Fazit zu diesem eher referierenden Teil stellt der mathematischen Grenznutzentheorie kein gutes Zeugnis aus. «Was im Verlaufe unserer kritischen Untersuchung als fragwürdig erkannt wurde, ist nicht das Marginalprinzip als solches, sondern seine mathematische Verkleidung, ist die Wahl einer Sprache, der es [...] nicht gelingen kann, in dem wißbegierigen Zuhörer ein wirklichkeitsgetreues Bild der bestehenden Zusammenhänge wachzurufen.»[20]

Diese Erkenntnis war nicht neu. Vor allem der Wiener Ökonom Leo Illy, der vor dem Krieg noch unter dem Namen Leo Schönfeld publizierte, hatte in seiner 1948 erschienenen Studie «Das Gesetz des Grenznutzens» vorgedacht, was Herrhausen nun nachvollzog. Der Doktorand fügte indes etwas hinzu: einen beinahe pathetischen Wirklichkeitsbegriff, einen Anspruch auf realwirtschaftliche Anwendbarkeit jeder ökonomischen Theorie – eine Forderung, die sich am Vorbild seines akademischen Lehrers Theodor Wessels orientierte.

Herrhausen sieht das grundsätzliche Problem seiner Disziplin in der «Tatsache, daß der wirtschaftswissenschaftliche Wahrheitsbegriff nicht oder nur sehr schwer von seinem soziologischen Bestandteil befreit und die unter seiner Dignität zusammengefaßte Erkenntnis nicht schnell genug revidiert werden kann: in der Wirtschaftswissenschaft ist es nämlich nur selten, und dann meistens nur mittels politischer Macht, möglich zu experimentieren und wie z. B. in der Physik die Gültigkeit theoretischer Hypothesen durch technische Übersetzung in der Praxis nachzuweisen.»[21] Konsequent also, daß Müller-Armack dem Ruf Erhards in die Politik gefolgt war. Konsequent auch, daß Herrhausen sich nach dem Studium auf einen Karriereweg in der freien Wirtschaft begab, der ihn auf eine Position führen sollte, wo er selbst die Macht – ökonomische wie politische – besitzen sollte, um im Sinne seiner Ausführungen von 1955 «zu experimentieren».

Was nach der damaligen Auffassung Herrhausens not tut, ist eine Beschreibung des ökonomischen Verhaltens, die nicht errechnet wird, sondern sich an den tatsächlichen Vorgängen des wirtschaftlichen Handelns orientiert. Allerdings sei dies mehr Aufgabe der Psychologen als der Wirtschaftswissenschaftler, doch letztere dürften die Ergebnisse der anderen Disziplin nicht vernachlässigen, wenn sie an wirklichkeitsgetreuen Aussagen interessiert seien. Der Grenznutzen werde dadurch als Bestimmungsgröße nicht unwichtig – im Gegenteil. Die heuristische Art, mit der Komplexität des Wirtschaftslebens zurechtzukommen, erfordert laut Herrhausen gerade die Berücksichtigung des Marginalprinzips, weil der entscheidende Moment des wirtschaftlichen Handelns, das Vergleichen der verschiedenen Optionen, durch die unterschiedlichen Grenzwerte bestimmt wird; Herrhausen bezeichnet dieses Verfahren als «Veranschlagen auf psycho-ökonomische Art»[22]: Für einen Konsumenten stehe natürlich weiterhin die Frage im Mittelpunkt, wie er den größtmöglichen Nutzen erzielen kann.

Ein größerer Nutzenzuwachs werde stets einem kleineren vorgezogen, doch es sei nicht die Mathematik, die diesen Vergleich ermögliche. Was Herrhausen am Beginn seiner Untersuchung als Ziel verkündet hatte – richtig zu denken und das Gedachte dann auch richtig darzustellen –, habe, so der Verfasser, die Theoriegeschichte im Falle des Marginalprinzips lange Zeit versäumt: Ihre Darstellung entsprach nicht der Wirklichkeit. Im letzten Abschnitt des ersten Teils von Herrhausens Dissertation wimmelt es dementsprechend von Begriffen wie «wahr», «wirklich» und «real». Sie alle meinen dasselbe, denn erst die praktische Anwendbarkeit von Theorie soll der Prüfstein sein, vor dem sich noch die schönste Modellierung zu bewähren hat. Diese Einstellung sollte Herrhausen auf seinem Karriereweg stets begleiten.

Da die Ökonomie von sich behauptet, eine Erfahrungswissenschaft zu sein, konnte für Herrhausen nur der Vergleich mit der Wirklichkeit als maßgebendes Kriterium für die Bewertung ihrer Ergebnisse gelten. Doch seinen Ausführungen zufolge waren nun nicht länger Fragen der Mathematik, sondern solche der Psychologie angesprochen, und in Konsequenz von Herrhausens Überlegungen wäre letztlich sogar eine Disziplin am Zuge, die ihn mehr und mehr faszinierte: «Die [...] Frage, warum denn ein Nutzen von dem Konsumenten für größer oder kleiner angesehen wird als ein anderer, führt an den Punkt, wo nun wirklich das letzte Wort den Philosophen überlassen werden muß.»[23]

Das aber konnte selbstverständlich nicht das letzte Wort einer wirtschaftswissenschaftlichen Dissertation sein. Deshalb widmete Herrhausen den zweiten Teil seiner Arbeit einer «Bereinigung und Neufassung der Grenznutzenlehre», denn an der prinzipiellen Richtigkeit des Konzepts vom Grenznutzen hatte er ja keinen Zweifel. «Wir müssen jetzt daran gehen, im wahrsten Sinne des Wortes konstruktiv zu folgern und eine Theorie aufzubauen, die den wirklichen Gegebenheiten entspricht und die in der Lage ist, diesen Bereich des Marginalprinzips in einem neuen, positiven Licht erscheinen zu lassen.»[24] Herrhausens eigener Anspruch an diesen Versuch kann nach dem bisher Gesagten nicht überraschen: Er wolle sich bemühen, «eine Synthese zu schaffen, die richtig erklärt»[25]. Was so banal klingt, ist die höchste Selbstverpflichtung, die der junge Mann sich auferlegen konnte.

Das richtige Erklären war aber wieder nur dadurch zu erreichen, daß zunächst richtig beobachtet wurde. Es ist ein seltsames Paradox der Dissertation, daß Herrhausen mehr Realitätsbezug in der Wirtschaftswissenschaft einklagt und selbst eine rein theoretische Arbeit schreibt. Der Doktorand nimmt sich zudem in seinen Ausführungen zurück, um eine höhere Instanz das Urteil über seinen Versuch sprechen zu lassen: «Überlassen wir deshalb wieder der Wirklichkeit das Wort.»[26] Diese theatralische Geste, mit der Herrhausen die Realität in den Zeugenstand ruft, ist jedoch ein rhetorischer Trick, denn natürlich ist es allein der Autor der Dissertation, der hier seine Schlüsse zieht.

Herrhausen fordert eine Normalisierung der Betrachtung, eine Veranschaulichung, die jegliche Abstraktion vermeiden soll. Konkret gesprochen: Niemand werde sich Mühe geben, ein Gut zu erwerben, das ihm keinen Nutzen mehr bringe, und niemand werde dessen Erwerb scheuen, wenn noch Nutzen zu erwarten sei und es kein anderes Gut gibt, das größeren Nutzen verspricht. Diese anthropologische Konstante rechtfertigt für Herrhausen die Beibehaltung der Grenznutzenkonzeption. Doch ihre zentrale Größe, der zusätzliche Nutzen, sei rein subjektiv, lasse sich also mathematisch nicht ausdrücken. Es gebe aber eine andere Möglichkeit, den Grenznutzen zu bestimmen: durch den Preis jener Einheit des Gutes, die als die letzte betrachtet werden könne, weil bei ihr der Grenznutzen gerade noch positiv sei.

Herrhausen begründet diese These wiederum anschaulich: Der Nutzen eines ersten Hemdes mag für einen nackten Menschen unendlich groß sein, doch zahlte er dafür einen unendlich hohen Preis, könnte er seinen Nutzen nicht maximieren; er würde gerade einmal mit allem ihm zur Verfügung stehenden Geld sein elementarstes Bedürfnis befriedigen. Zahlt er dagegen für jedes seiner Hemden nur jenen Preis, den er für das letzte zusätzliche Hemd in seinem Schrank zu zahlen bereit ist, so kann er für relativ wenig Geld sowohl das erste elementar wichtige Hemd als auch etwaige weitere Hemden erstehen und maximiert seinen Nutzen.

Allerdings setzt diese Beobachtung ein Überangebot an entsprechenden Gütern voraus, was Herrhausen durch die theoretische Annahme eines Gleichgewichts von Angebot und Nachfrage, das der Markt herstelle, gesichert hat. Es ist interessant, daß da, wo die Praxis an ihre Grenzen stoßen könnte, eine idealistische Konzeption zu greifen hat, so daß der Apologet der Wirklichkeitsbeobachtung doch wieder zu Modellen Zuflucht nehmen muß.

Andererseits dürfen Herrhausens Beobachtungen tatsächlich für einen Großteil der Güterproduktion in einem funktionierenden Markt Gültigkeit beanspruchen. Weil Menschen in der von Herrhausen beschriebenen Weise agieren, wird das garantiert, was jeden Beobachter des Wirtschaftens verblüffen muß: die Fähigkeit eines Marktteilnehmers, angesichts der ökonomischen Komplexität überhaupt Entscheidungen treffen zu können. Somit gelangt Herrhausen über seine Grenznutzenbetrachtung zu nichts weniger als einer Praktikabilitätsvoraussetzung der ökonomischen Tätigkeit. Und das wunschgemäß ganz ohne Mathematik, nur durch Heuristiken des alltäglichen Handelns.

Es ist dabei bezeichnend, daß für Herrhausen in der bundesrepublikanischen Welt der mittleren fünfziger Jahre eine entsprechende Elastizität nur auf der Nachfrageseite denkbar war und der Mensch auch nur als Konsument, nicht aber als Anbieter seiner eigenen Arbeitsleistung in den Blick geriet. Das entsprach natürlich dem Anspruch der Dissertation, die ja den Grenznutzen und damit jenen Grenzbegriff des Marginalprinzips in den Fokus nahm, an dem sich der Konsument zu orientieren hat. Doch die daraus resultierende Zielvorgabe eines «elastischen» – sprich: flexiblen – Konsumenten bildete später, als nicht länger Produkte, sondern Stellen das knappe Gut geworden waren, die Grundlage für Herrhausens Forderungen nach dem flexiblen Arbeitnehmer. Auch der Nachfrager nach Beschäftigung ist letztlich ein Konsument, wenn auch nicht im betriebswirtschaftlichen Sinne.

Die Dissertation ist in auffallend gestelztem Ton verfaßt. Da stehen altertümelnde Wendungen wie «vermag» oder «Dignität» neben scheinbar spontanen Ausrufen wie «Im Gegenteil!» oder syntaktischen Inversionen («Es bleibt die Hauptsache noch zu beobachten, zu denken und darzustellen»[27]), ein rhetorischer Effekt, auf den der Autor wiederholt zurückgreift. Diese für Ökonomen ungewöhnliche Sprachverliebtheit sollte sich Herrhausen bewahren, nur daß an die Stelle der Archaismen später Anglizismen treten werden. In seinen Reden indes bewährte sich dieser rhetorische Anspruch besser als in einer wissenschaftlichen Arbeit, in der das Bemühen um sprachliche Virtuosität das Prinzip des Aptums verletzte: Stilistisch sollte hier mehr geleistet werden, als es dem Gegenstand angemessen war.

Herrhausen verstieß gegen die eigene Maxime, die er in der Dissertation aufgestellt hatte: «Das Denken soll das Wort und nicht das Wort das Denken beherrschen.»[28] Zwar war diese Formulierung vor allem als Fortsetzung seiner Überlegungen zum richtigen Denken gemeint gewesen, doch als Rhetorik-Ideal gelesen setzte sie den Verfasser ins Unrecht. Die euphorische Diktion Herrhausens war bisweilen von einer derartigen Begeisterung für die eigene Leistung geprägt, daß dies von Theodor Wessels eigens in dessen schriftlichem Referat zur Dissertation vermerkt wurde: «Störend sind in der gut geschriebenen Arbeit gewisse fast naive Sätze, in denen der Kandidat seiner Freude über die gefundenen Resultate Ausdruck gibt. Der Wert der Arbeit wird aber dadurch nicht wesentlich berührt.»[29]

Am Schluß seiner Ausführungen zu «Bereinigung und Neufassung der Grenznutzenlehre» steht eine Erkenntnis, die bestätigt, was Herrhausen bereits im ersten Teil, der «Kritik an der mathematischen Grenznutzenlehre» festgestellt hatte: «Die grundsätzlichen Entscheidungen [jeder wirklichen Wirtschaft] werden in der Seele des Menschen getroffen, und was sich in seinem Innern abspielt – nun, das kann eben nicht ‹mathematisiert› werden.»[30] Stolz stellte Herrhausen fest, durch seine Arbeit werde «das Gesetz der Denkökonomie in einer Weise erwiesen, die auch hinter diesen Zusammenhängen noch einen weiteren, tieferen, als den ‹bloß› wirtschaftlichen Sinn vermuten läßt. Doch darüber reden zu wollen, würde den Rahmen dieser Arbeit weit überschreiten. Das mögen die Philosophen unter uns tun.»[31] Man darf wohl vermuten, daß Herrhausen sich ungeachtet seiner rhetorischen Bescheidenheitsgeste auch zu dieser Gruppe zählte.

Einen Schlag galt es noch zu führen: Im letzten, nur vierseitigen Schlußkapitel seiner Dissertation wendet sich Herrhausen dem italienischen Ökonomen Vilfredo Pareto zu, der die Eignung der traditionellen Grenznutzentheorie prinzipiell in Frage gestellt hatte – Pareto plädierte für eine Ökonomiekonzeption, die ohne die nicht modellierbaren psychologischen Einflüsse auszukommen habe. So sollte die bisherige Erfahrungswissenschaft in die Lage versetzt werden, eine exakte Wirtschaftstheorie hervorzubringen. Diese Ansicht erfreute sich zu jener Zeit in der Zunft großer Beliebtheit, doch in Theodor Geigers 1949 erschienener Studie über «Aufgaben und Stellung der Intelligenz in der Gesellschaft», die Herrhausen besaß und die zu den wenigen Büchern zählte, die ihn auf allen späteren Umzügen begleiteten, fand sich ein Satz, der Skepsis gegenüber der realitätsfernen Konzeption artikulierte: «Entgegen Pareto scheint mir aber, daß [...] meist der politische Täter über den Denker siegt.»[32] Herrhausen sah das genauso. Es gab keinen Weg, am Einfluß der Praxis vorbeizukommen.

Denn gerade die Ablehnung des psychologischen Faktors durch Pareto machte dessen Ausführungen unvereinbar mit einer elementaren Überzeugung Herrhausens, die er dann auch zeitlebens beibehalten sollte: «50 Prozent der Wirtschaft sind nun einmal Psychologie. Wirtschaft ist eine Veranstaltung von Menschen, nicht von Computern. Deswegen spielen Stimmungen, Seelenlagen, spielt die Psychologie eine außerordentlich große Rolle», sollte er noch in den achtziger Jahren erklären. Herrhausens Fazit seiner Dissertation lautet: «Aufbauend auf den Ergebnissen der neueren Forschung ist versucht worden, in dieser Arbeit ein mehr ‹reales Bild› vom Nutzenzusammenhang zu entwerfen, als es die mathematische Theorie vermocht hat. Ob dieser Versuch gelungen ist, das wird sich wiederum an den Zweifeln erweisen, die ein Vergleich der hier vorgetragenen Erkenntnisse mit der Wirklichkeit wachzurufen vermag.»[33] Hier ist der Einfluß Poppers unverkennbar.

Man muß nicht darüber streiten, ob die Dissertation ein großer Wurf gewesen ist. Das war sie nicht. Sie blieb unpubliziert, und nach dem Zustand des Kölner Manuskripts zu urteilen auch weitgehend unbeachtet. Herrhausen erhielt von beiden Gutachtern die Note «gut». Die Dissertation ist für die Würdigung seiner späteren Karriere dennoch bedeutsam, weil sich hierin ein Autor zeigt, der die Praxis in den Mittelpunkt seines theoretischen Interesses stellt und im Sinne wiederum Poppers das als wahr anzuerkennen bereit ist, was noch nicht widerlegt werden kann – ohne daß «Wahrheit» hier im metaphysischen Sinne verstanden würde. Alfred Herrhausen stilisiert sich in seinem umfangreichsten Text also bereits als der Praktiker, den er auch später in Selbstdarstellungen immer wieder beschwor: als einen Ökonomen, der seine Überlegungen ganz in den Dienst einer möglichst wirklichkeitsnahen Beschreibung stellt, zugunsten seines Arbeitgebers.

Seine eigene erste Anstellung als Direktionsassistent bei der Ruhrgas AG dürfte dem jungen Betriebswirt nur wenig Gelegenheit zur gedanklichen Durchdringung seiner Tätigkeit geboten haben. Es war die Abfassung der Doktorarbeit, die den Freiraum für das

Denken schuf, das die Grundlage für Herrhausens rasanten Aufstieg bildete.

In Arnold Gehlens Studie zur «Seele im technischen Zeitalter» fand er mehr als zehn Jahre nach seiner Promotion eine Charakterisierung der Universität, die genau seinen Erfahrungen entsprach: «Die Institutionen der Bildung haben, sofern sie noch nicht in bloße Pumpwerke des Aufstiegs verwandelt sind, noch eine Art Sonderstellung darin, daß sie etwas von einer Selbstwert-Suggestion ausstrahlen.»[34] Diese Leistung der Hochschule kann man gewiß an dem Stil von Herrhausens Dissertation ablesen.

Es ist kein Zufall, daß sich der Doktorand bis zum Rigorosum dem Werben seines Schwiegervaters, zu den VEW zu wechseln, verweigerte. Das Dortmunder Unternehmen war um das Vierfache größer als die Essener Ruhrgas AG, die in dem Jahr, als Herrhausen dort seine Stelle als Direktionsassistent angetreten hatte, 1145 Menschen beschäftigte. In Dortmund wartete ein Posten auf ihn, der weitaus mehr Verantwortung umfaßte, damit aber auch weitaus größeren zeitlichen Aufwand erfordern würde. Die Gelegenheit, während der relativ unaufwendigen Assistentenzeit bei der Ruhrgas den intellektuellen Rahmen zu bestimmen, in dem sich die eigene Arbeit und auch das eigene Selbstbewußtsein bewegen sollten, hat Herrhausen konsequent genutzt. Seine Bemühung um das richtige Denken, wie es die Dissertation dokumentiert, mündete danach in den Wechsel zu einem größeren Unternehmen und auf einen wichtigeren Posten. Die Lehrjahre waren vorbei; es war an der Zeit, selbst nicht mehr nur richtig nach-, sondern nun auch vorzudenken.

Drittes Kapitel
Der Elektriker: Aufstieg bis zur Deutschen Bank

Das zweite Buch von Alfred Herrhausen – wenn man die ungedruckte Dissertation als erstes gelten läßt – erschien 1959. Und diesmal wurde ihm alle Sorgfalt zuteil, die man sich als Autor nur wünschen kann: exzellente buchbinderische Verarbeitung, aufwendige Einbandgestaltung durch den Düsseldorfer Graphiker Hans Rompel, der im gleichen Jahr an der zweiten documenta in Kassel teilgenommen hatte, großes Format, reiche Bebilderung. Der Band wurde herausgegeben von der Vereinigte Elektrizitätswerke Westfalen AG, bei der Herrhausen seit 1955 als kaufmännischer Leiter angestellt war. Sein Titel lautet schlicht «Energie»[1], und er besteht vor allem aus ganz-, bisweilen gar doppelseitigen Aufnahmen der Dortmunder Fotografin Gisela Büse, die im Auftrag der VEW die verschiedensten Aspekte der Tätigkeit des Unternehmens in Bildern festgehalten hat. Es ist ein Buch, das sich in seiner Gestaltung ganz dem graphischen Ideal der späten fünfziger Jahre verschrieben hat, mit einer Bildsprache, die dem Fortschrittsglauben verpflichtet ist, ohne ihre kühle Sachlichkeit zu verleugnen.

Alfred Herrhausens Beitrag besteht in den kurzen Texten, die die Bilder begleiten, und diese Aufgabe teilte er sich mit zwei Management-Kollegen, die später gleichfalls große Karriere machen sollten: Klaus Knizia, der zum langjährigen Vorstandsvorsitzenden der VEW wurde, und Meinhard Schwarz, der danach als Leiter der Abteilung Information und Volkswirtschaft in der Dortmunder Konzernzentrale fungierte. Dennoch ist der Einfluß Herrhausens, der 1957 zum Handlungsbevollmächtigten der VEW ernannt worden war und 1959, als das Buch erschien, Prokura erhalten hatte, unverkennbar. Mit dem Schriftsteller Anton Zischka, der damals vor allem durch seine populären Sachbücher zur technischen Entwicklung bekannt geworden war, den Physikern Heinrich Hertz und Max Planck, dem Kunsthistoriker und Gastrosophen Karl von Rumohr, dem chinesischen Philosophen Konfuzius und dem französischen Schriftsteller Antoine de Saint-Exupéry war eine disparate Auswahl von prominenten Stimmen versammelt, die sich alle in aphoristischen Bemerkungen des Themas Energie annahmen, aber gleichwohl in ihrer Kombination ein Bildungsideal repräsentierten, das dem von Herrhausen entsprach. Als Vorstandssprecher der Deutschen Bank sollte er später immer einen Band von Konfuzius im Büro aufbewahren, aus dem er gerne vor Besuchern zitierte.[2] Und eine bildbegleitende Textpassage wie die folgende läßt schon jene Überzeugung vom gesellschaftlichen Auftrag und rationalen Aufbau der Wirtschaft spüren, die Herrhausen bei der Deutschen Bank vertreten sollte: «Jedes Unternehmen wirkt im Spannungsfeld der Wirtschaft. Es ist ein Teil des sozialen Lebens mit Rechten und Pflichten. Verträge regeln die Beziehungen zu seinen Partnern. Juristen, Ingenieure und Kaufleute setzen Form und Inhalt fest. Alles braucht seine Ordnung.»

Ruhm brachte das Buch Herrhausen nicht ein. Es diente als Geschenk des Unternehmens an seine Kunden und Zulieferer, und man muß bis zur vorletzten Seite blättern, um überhaupt Auskunft über die Verfasser zu erhalten. Doch die Tatsache, daß Herrhausen – der als Prokurist, dem die Hauptbuchhaltung unterstand, mittlerweile zur Führungsebene des Hauses zählte –, sich überhaupt an einer solchen Marketingmaßnahme beteiligte, zeigt sein Interesse an Außenwirkung: der des Konzerns wie auch der eigenen. Hier fand der kaufmännische Leiter ein Spielfeld, das über die Alltagsroutine hinausging, und Herrhausen ergriff diese Chance.

Sein sicheres Gespür für Möglichkeiten, die ihm nach außen Profil verschafften, war damals schon ausgeprägt. So ließ sich der frischgebackene Doktor der Betriebswirtschaft bereits 1956, ein Jahr nach seinem Wechsel zu den VEW, auf Vermittlung seines in der SPD aktiven Schwiegervaters von der landeseigenen Sozialakademie Dortmund als Lehrbeauftragter verpflichten. Dieses 1948 gegründete Weiterbildungsinstitut diente vor allem als Kaderschmiede für Gewerkschaftsfunktionäre, doch solange es um nützliche Kontakte ging, waren Herrhausen ideologische Vorbehalte fremd. Bis 1968, als er längst der engsten Führungsriege der VEW angehörte, nahm er sich die Zeit, um regelmäßig Lehrveranstaltungen in der Sozialakademie abzuhalten.

Diese neue Nebenaktivität diente aber auch dazu, die große Enttäuschung zu überwinden, die das Jahr 1956 Herrhausen bereitet hatte. Die VEW hatten ihren Nachwuchsmanager im Frühjahr im Rahmen einer Fortbildungsmaßnahme für ein Jahr nach New York geschickt, wo er sich beim Bankinstitut Empire Trust Company mit den Gepflogenheiten des internationalen Kapitalverkehrs vertraut machen sollte. Diese für die damalige Zeit ungewöhnlich frühe Entsendung ins Ausland war ein Beleg für die Hoffnungen, die das Unternehmen in Herrhausen setzte. Er war als Führungsnachwuchs vorgesehen. In New York arbeitete er als Kreditsachbearbeiter und fand dabei so schnell in seine Aufgabe, daß er sogar damit liebäugelte, den Beruf zu wechseln, wobei ihm seine Interessen als Student, der an der Universität Köln auch bankbetriebswirtschaftliche Vorlesungen gehört hatte, zugute kamen.

Besonders reizte ihn die Aussicht, dauerhaft in die Vereinigten Staaten umzuziehen. Die Weltbank hatte dem jungen Deutschen bereits ein Angebot gemacht[3], doch Herrhausens Frau Ulla, die ihn begleitete, drängte auf eine vorzeitige Rückkehr. Sie hatte ihr Studium der Betriebswirtschaftslehre unmittelbar nach der Heirat aufgegeben und mit dem Umzug in die Vereinigten Staaten ihren Bekanntenkreis verloren. Ulla Herrhausen war zwar ohnehin ganz auf die Familie konzentriert und konnte ihren Mann auch dazu bewegen, nach der Hochzeit seine eigenen freundschaftlichen Bindungen weitgehend aufzugeben, darunter auch die regelmäßigen gemeinsamen Aktivitäten mit seiner Schwester und deren Mann.[4] Aber in New York war sie auf sich allein gestellt, denn ihr Gatte bündelte alle Energie, um sich rasch in die neue Aufgabe einzuarbeiten und die dazu notwendigen englischen Sprachkenntnisse zu vervollkommnen. Erst die Drohung seiner Frau, sich von ihm zu trennen, brachte ihn dazu, seinen Aufenthalt in den Vereinigten Staaten vorzeitig zu beenden und nach Deutschland zurückzukehren. Seine vom Schwiegervater mitbetriebene Ernennung zum Handlungsbevollmächtigten der VEW im Jahr danach dürfte auch eine Kompensation für dieses Zurückstecken gewesen sein.

Der einstweilige Verzicht Herrhausens auf eine Karriere im Bankwesen erhielt dem Dortmunder Energieversorger einen überaus befähigten Kaufmann, doch der Stachel saß tief. Dies trug dazu bei, daß das spätere Werben von F. Wilhelm Christians, der Herrhausen 1969 einen Posten als Vorstand der Deutschen Bank schmackhaft machen wollte, schneller Erfolg hatte, als man gemeinhin bei einem Wechsel in ein so anderes Metier vermuten sollte. Doch zunächst arrangierte er sich nach der erzwungenen Rückkehr nach Deutschland mit seiner dortigen Existenz. Der persönliche Einsatz für die VEW stand seiner Arbeitswut in New York keineswegs nach, immerhin erhielt er Prokura im ungewöhnlich jungen Alter von neunundzwanzig Jahren. Im Juni desselben Jahres wurde die Tochter Bettina geboren, und 1960 erfolgte schon Herrhausens Ernennung zum Direktor, nachdem sein Schwiegervater zum Vorstandsvorsitzenden der VEW gewählt worden war.

Danach kamen sechs Routinejahre, in denen sich Herrhausen jedoch in der Energiebranche den Ruf eines exzellenten Strategen erwarb. Und das Image eines Managers, der bereit ist, auch Traditionen in Frage zu stellen. Kein Industriezweig verkörpert das korporatistische Gesellschaftsmodell der frühen Bundesrepublik besser als die Gruppe der großen Stromversorgungsunternehmen, und es sollte sich für sein späteres Wirken bei der Deutschen Bank als prophetisch erweisen, wie Herrhausen in der Stromversorgungsbranche an die Spitze gelangte: mit dem steten Willen zur Umwälzung des ganzen Metiers.

Das bedeutete nicht weniger, als die damals noch weitgehend in öffentlichem Besitz befindlichen, allemal aber von öffentlichem Wohlwollen abhängigen Energieversorger zu eigenständig wirtschaftenden Unternehmen zu machen, die nicht länger allein auf kommunale Interessen Rücksicht nehmen müßten. Die VEW hatten schwer mit ihrer Eigentümerstruktur zu kämpfen – zahlreiche Städte und Gemeinden bildeten die Anteilseigner. Herrhausens späteres hartnäckiges Beharren auf dem Primat privatwirtschaftlichen Engagements hat seine Wurzeln in den bitteren Erfahrungen, die er in der Dortmunder Konzernzentrale machen sollte.

Doch die fast anderthalb Jahrzehnte im Dienste der VEW ließen in ihm nicht nur diese Überzeugung reifen. Vor allem gelang es Herrhausen, auf einem der damals meistbeachteten Wirtschaftsfelder Profil zu gewinnen. Die Energieversorgungsbranche war der einzige industrielle Sektor, in dem man sich in den sechziger Jahren als Privatisierer einen Namen machen und so die Aufmerksamkeit der Großbanken auf sich ziehen konnte. Was noch im relativ kleinen Maßstab von der Mitte der sechziger Jahre an in diesem Bereich bei Privatisierungen erprobt wurde, sollte das Muster abgeben für die größeren Unternehmensverkäufe der Folgezeit, von der Lufthansa über Volkswagen bis zur Telekom und den heute immer noch geplanten Privatisierungen von Post und Deutscher Bahn.

An solch ambitionierte Projekte war damals noch gar nicht zu denken, aber es ist bezeichnend, daß Herrhausen maßgeblich an einer Pionierprivatisierung mitwirkte. Bei diesem Einsatz sollte er sich die Sporen verdienen, die ihn dazu prädestinierten, bei der Deutschen Bank in den Sattel zu kommen. Edzard Reuter, ehemaliger Vorstandsvorsitzender von Daimler-Benz und Freund Herrhausens, sieht darin heute noch eine besonders bemerkenswerte Leistung.[5]

Um sie richtig einzuschätzen, muß man sich die Lage in der bundesdeutschen Energiewirtschaft jener Zeit vor Augen führen. Herrhausens Arbeitgeber, die VEW, zählte zu den acht großen Verbundunternehmen, die den Strommarkt in der Bundesrepublik unter sich aufgeteilt hatten – ein Zustand, der noch bis 1997 anhalten sollte. Zu diesen Unternehmen gehörten neben den VEW noch Bayernwerk, Badenwerk, die Energie-Versorgung Schwaben (EVS), die Hamburgischen Elektrizitätswerke (HEW), die Berliner Elektrizitätswerke AG (Bewag), PreußenElektra und das Rheinisch-Westfälische Energiewerk (RWE). Letzterer Konzern erzielte von allen den größten Umsatz, doch die VEW standen in den fünfziger Jahren auf Platz zwei. 1957 beschäftigte man bei dem Dortmunder Unternehmen 4277 Mitarbeiter. Heute sind durch Zusammenschlüsse zwischen den acht Monopolisten nur noch die Konzerne Energie Baden-Württemberg (ENBW), E.ON und RWE übriggeblieben. Die VEW verloren ihre Selbständigkeit im Jahr 2000, als sie mit dem RWE verschmolzen wurden.

Die ursprüngliche regionale Gliederung der deutschen Stromversorger existierte seit den zwanziger Jahren, als auch die VEW gegründet wurden. 1925 hatten sich drei Energieunternehmen, die Ruhrgebiet, Münsterland und Sauerland mit Strom belieferten, unter Führung des seit 1898 bestehenden Städtischen Elektrizitätswerks Dortmund zu dem neuen Konzern zusammengeschlossen. In Dortmund reagierte man damit auf die Expansionsbestrebungen des in Essen angesiedelten RWE, das unter der Führung von Hugo Stinnes zum größten Stromversorger in Deutschland geworden war. Stinnes profitierte davon, daß das RWE zwar wie das Elektrizitätswerk Dortmund zur Versorgung einer einzelnen Großstadt gegründet worden war, sich aber nicht in kommunalem Besitz befand. Deshalb konnte er wiederum Kommunen, die sich an das Netz des RWE anschließen sollten, mit einer Kapitalbeteiligung locken, was dem Konkurrenten verwehrt blieb. Zwar wurde auch das RWE immer mehr von öffentlichen Interessen bestimmt, aber man konnte in der Essener Zentrale weiterhin viel flexibler agieren als in Dortmund, wo jede unternehmerische Entscheidung der Zustimmung des Stadtrates bedurfte.

Fast wäre es bereits unter der französisch-belgischen Ruhrbesetzung 1923 zu einem Zusammengehen der beiden Konkurrenten gekommen, denn die Kontrolle der Ruhrkohleförderung durch die Besatzer beraubte das Dortmunder Werk seiner wichtigsten Energiequellen, und das RWE verfügte im Rheinland über Braunkohleabbaugebiete, die als Ersatz für die Steinkohle von der Ruhr hätten dienen können. Doch die Rivalität war schon zu groß, und die sozialdemokratisch regierte Stadt Dortmund fürchtete den Einfluß von Stinnes, der als Inbegriff des Kapitalismus galt.

Allein konnte man aber auch nicht überleben. Deshalb suchte man andere Partner: Das Elektrizitätswerk Westfalen und das Westfälische Verbund-Elektrizitätswerk waren gleichfalls in rein kommunalem Besitz, was die Kooperation erleichterte. Der neue Unternehmensverbund VEW von 1925, der gegen das RWE gerichtet war, nahm diese Eigentümerstruktur als Ballast mit in die Zukunft, auch wenn die VEW im Jahr 1930 in eine Aktiengesellschaft umgewandelt wurden.

Vierzig Jahre später sollte sich Alfred Herrhausen mit diesem Problem befassen müssen, und er traf dabei auf heillos zerstrittene Parteien. Kommunale Eigentümer und Konzernspitze verfolgten gegensätzliche Ziele, und Herrhausen übernahm die schwierige Aufgabe, im Interesse der Unternehmensentwicklung einen Weg zu erarbeiten, der beide Seiten zufriedenstellte.

Kernpunkt der Auseinandersetzungen war der große Kapitalbedarf des Energieversorgers. Bereits 1956 hatte das Unternehmen eine Verdoppelung seines Stammkapitals auf 182 Millionen D-Mark beschlossen, wobei die Konzernführung damit rechnete, daß nicht alle kommunalen Altaktionäre ihre Bezugsrechte ausüben würden, so daß man die freibleibenden jungen Aktien neuen Interessenten hätte anbieten können. Dabei dachte man noch nicht an private Investoren – die Anteile der VEW wurden nicht an der Börse gehandelt, denn die Satzung schloß den Verkauf von Aktien an andere als kommunale Interessenten ohnehin aus –, sondern an die Möglichkeit, weitere Gemeinden oder öffentliche Körperschaften als Kunden zu gewinnen, denen man nach bewährtem Vorbild eine Kapitalbeteiligung am Unternehmen anbieten würde.

Der erfolglose, aber hartnäckige Widerstand, den die Gemeinde Marl 1956 gegen die Kapitalerhöhung leistete, hatte erstmals deutlich gemacht, daß dieses Eigentümermodell große Risiken für den Konzern barg. Der expandierende deutsche Strommarkt verlangte von den Energieversorgern hohe Investitionen. Dazu zählte insbesondere der für Ende der fünfziger Jahre ins Auge gefaßte deutsche Einstieg in die Atomenergie, an dem die VEW als größter Gesellschafter der Hannoveraner «Studiengesellschaft für Kernkraftwerke GmbH» entscheidend beteiligt waren – allerdings erst, nachdem die Konkurrenz beim RWE 1958 bereits damit begonnen hatte, bei Kahl am Main den ersten deutschen Versuchsreaktor zu errichten.

Aus der Initiative der VEW sollte von 1964 an gemeinsam mit der AEG und mittels staatlicher Förderung der Bau des Kernkraftwerks bei Lingen im nördlichen Münsterland hervorgehen.

Deshalb war von nun an auch alles, was bei den VEW geschah, in staatlichem Interesse, denn die Bundesregierung verstand das Atomenergieprogramm als nationale Aufgabe. An allen entsprechenden Verhandlungen und Beschlüssen war Herrhausen als Direktor entscheidend beteiligt, und er sollte später auch als Vorstandsmitglied der Deutschen Bank ein vehementer Verfechter der friedlichen Nutzung der Atomenergie bleiben.

Deshalb konnte es Herrhausen nicht gleichgültig sein, welchen Eindruck der Streit um die erforderlichen Kapitalerhöhungen machte. Besondere Schwierigkeiten bereitete ihm in den sechziger Jahren weniger die Debatte um die Nutzung der Kernenergie – damals gab es nur vereinzelt Widerstand gegen die neue Stromquelle –, sondern die spezifische Struktur seines Unternehmens.

Im Jahr 1961 umfaßte die Eigentümerversammlung der VEW insgesamt 135 kommunale Körperschaften, und es stand wieder eine Kapitalerhöhung auf dem Programm, diesmal um achtundneunzig auf 280 Millionen D-Mark. Es war überdies absehbar, daß durch weitere Investitionen in Anlagen und Netze schon wenige Jahre später abermals Eigenkapitalbedarf entstehen würde. Den Kommunen konnte man die Beteiligung an diesen Kapitalerhöhungen nur dadurch schmackhaft machen, daß man ihnen eine ratenweise Zeichnung unter Anrechnung ihrer Dividendenansprüche gestattete. Dadurch erfolgte der benötigte Mittelzufluß für die VEW aber teilweise viel später als erhofft. Die Verwaltung des Unternehmens machte deshalb keinen Hehl mehr aus ihrer Überzeugung, daß nur ein Börsengang Abhilfe schaffen könne. Den aber schloß die Satzung weiterhin aus. So mußte man sich mit Schuldscheindarlehen behelfen, um den privaten Kapitalmarkt ausnutzen zu können.

Die entsprechenden Bemühungen der VEW um frisches Kapital von außen waren für die Mitarbeiter im Rechnungswesen eine echte Herausforderung, und da Herrhausen in diesem Bereich besonders aktiv war, zahlten sich seine amerikanischen Erfahrungen nun doch noch aus, und sein Interesse für Kreditgeschäfte wuchs. Jetzt war sein Aufstieg nicht mehr von familiärer Protektion abhängig. Als sein Schwiegervater Paul Sattler als mittlerweile pensionierter Vorstandsvorsitzender der VEW am 27. Juli 1965 starb, hatte Herrhausen dessen Beistand längst nicht mehr nötig.

Schließlich trug die politische Entwicklung in Deutschland auf ihre Weise zur Überwindung des Eigentümerproblems der VEW bei. Mit dem Börsengang der staatseigenen Vereinigten Elektrizitäts- und Bergwerks AG (Veba) vom Mai 1965 wurde der Gedanke von «Volksaktien» erstmals wirklich populär. Sie sollten dafür sorgen, daß Industriebesitz in die Hände weiter Kreise der Bevölkerung gelangte. Bereits 1959 hatte der Bund Teile der Preussag privatisiert, und zwei Jahre später waren Aktien von Volkswagen an die Börse gebracht worden, die sich vorher in Staatsbesitz befunden hatten. Die teilweise Privatisierung der Veba hatte zwar kein größeres Volumen aufzuweisen als diese Vorläuferaktionen, aber sie wurde durch eine große Werbekampagne begleitet, die lange vor dem Börsengang der Telekom in den neunziger Jahren den Begriff der «Volksaktie» prägte.

Die aus CDU/CSU und FDP gebildete Regierung unter Ludwig Erhard sah damit ein weiteres Element ihres Ideals einer sozialen Marktwirtschaft verwirklicht, und bei der SPD-Opposition stieß diese Form der Umverteilung von Industrievermögen gleichfalls auf Sympathie. Immerhin sechzehntausend Privatanleger konnte man beim Börsengang der Veba erstmals als Aktionäre gewinnen. Mit dem Erlös aus dem Verkauf der Staatsanteile sollten überfällige Modernisierungen des Leitungsnetzes und der unternehmenseigenen Zechen finanziert werden.

Die guten Gewinnaussichten der Energieversorgungswirtschaft machten auch die anderen hier aktiven Konzerne zu aussichtsreichen Kandidaten für solche Transaktionen. Als nächstes entsprechendes Privatisierungsobjekt kamen die VEW in den Blick, denn in Bonn hatte man nicht übersehen, daß dort 1965 eine erneute Kapitalerhöhung um hundert Millionen D-Mark vorbereitet wurde, die aber die Kraft der am Unternehmen beteiligten Kommunen übersteigen würde. Auf Betreiben der Stadt Dortmund reduzierten die VEW ihren ursprünglichen Vorschlag bereits auf achtzig Millionen, die zudem von den Eigentümern nur als «genehmigtes Kapital» zu verabschieden sein würden, also dem Unternehmen innerhalb einer begrenzten Frist die Ausgabe neuer Aktien bis zum eingeräumten Gesamtnennwert ermöglicht hätte. Durch diese schrittweise Erhöhung des Stammkapitals auf dann 360 Millionen D-Mark wäre Dortmund der für eine Sperrminorität nötige Anteil von mehr als einem Viertel des Aktienbesitzes weiterhin gesichert worden. Im Gegenzug für dieses Zugeständnis der VEW stimmten die Kommunen zu, daß das genehmigte Kapital als Ganzes zu einem geeigneten Zeitpunkt an die Börse gebracht werden sollte – unter Ausschluß ihres eigenen Bezugsrechts. Damit schien das Unternehmen endlich geschafft zu haben, was es seit einem Jahrzehnt für nötig erachtete: die Plazierung eines nennenswerten Aktienpakets auf dem freien Markt. An der Ausarbeitung dieses Kompromisses mit der Stadt Dortmund war Alfred Herrhausen entscheidend beteiligt. Nun richtete er seine Aufmerksamkeit auf den bevorstehenden Börsengang der VEW.

Er sollte im Mai 1966 stattfinden, und als Konsortialführerin fungierte die Deutsche Bank. So kamen Herrhausen und sein späterer Arbeitgeber erstmals intensiv in Kontakt. Allerdings waren alle größeren Banken, die im Einzugsbereich der VEW aktiv waren, an der Emission beteiligt: von Dresdner und Commerzbank über die Landesbanken von Westfalen und Niedersachsen bis zu privaten Kreditinstituten wie C.G. Trinkaus, Sal. Oppenheim oder Merck, Fink & Co. Insgesamt wurden fünfundsiebzig Millionen D-Mark zur Zeichnung aufgelegt, als Emissionskurs wurden 225 D-Mark für die 100-Mark-Aktie verlangt. Das war weniger, als die Beobachter erwartet hatten, die einen gegenüber dem Nennwert dreifach höheren Ausgabepreis durchaus für durchsetzbar hielten.

Die Entscheidung der VEW für einen niedrigeren Emissionskurs schien auf den ersten Blick mit Rücksicht auf kleinere Anleger getroffen worden zu sein, doch der Börsenprospekt gibt da andere Auskunft. Denn von dem neuen Kapital waren nur zwanzig Millionen D-Mark in Aktien zu je hundert D-Mark angeboten worden, die anderen fünfundfünfzig Millionen waren in Aktien zu je tausend D-Mark verbrieft. Das Angebot solch teurer Papiere richtete sich naturgemäß nicht an Kleinsparer, und der Werbespruch, mit dem die VEW ihren Börsengang begleiteten – «ein neuer Wachstumswert an den deutschen Börsen» –, ließ keinen Zweifel daran, daß man auf ein langfristiges Engagement der Investoren setzte, also vor allem auf institutionelle Käufer.

Deshalb war das Interesse an den jungen Aktien geringer als zuvor angenommen. Eine Überzeichnung der Emission fand nicht statt, aber den Banken gelang es dennoch, das gesamte Volumen am Markt unterzubringen. Allerdings fiel der Kurs nach einer Woche, als die Papiere erstmals in den regulären Handel gingen, sofort um zehn D-Mark, was dafür spricht, daß doch einige Käufer auf einen schnellen Gewinn spekuliert hatten. Um so mehr wurde in Börsenkreisen bemängelt, daß das Unternehmen es versäumt hatte, der negativen Entwicklung seiner Aktien in Absprache mit den Bankenpartnern durch eine moderate Kurspflege zu begegnen, wie es sonst üblich war. Kleinere Aufkäufe hätten bereits genügt, um die Abwärtsbewegung zu stoppen.

Das sollte der einzige Fehler sein, der Herrhausen im Zusammenhang mit dem Börsengang der VEW unterlief. Sein Kompromißmodell einer Mittelbeschaffung über genehmigtes Kapital, mit der er die skeptischen kommunalen Anteilseigner überzeugt hatte, verschaffte ihm innerhalb des Unternehmens ein solches Maß an Respekt, daß er 1967 mit Wirkung zum 5. November in den Vorstand berufen wurde. Zuständig war er dort für die Bereiche Volkswirtschaft, Rechnungswesen sowie Finanzen und Steuern.

Das neue Amt hielt für den mittlerweile Siebenunddreißigjährigen gleich einen Paukenschlag bereit. Auf die unbefriedigende Kursentwicklung des Jahres 1966 hatte das Unternehmen mit einem geschickten Schachzug reagiert. Die Hauptversammlung vom 26. Juli 1967 beschloß, die neuen Aktionäre in vollem Umfang an der auf dreizehn Prozent erhöhten Dividende für das laufende Jahr zu beteiligen, obwohl sie erst seit Mai Miteigentümer der Gesellschaft waren. Aus Rücksicht auf die kommunalen Eigner wurde die längst geplante nächste Kapitalerhöhung noch nicht zur Abstimmung gestellt – die Entscheidung darüber wurde auf eine außerordentliche Hauptversammlung im Herbst verschoben. Dann aber sollten auf einen Schlag 120 Millionen D-Mark neues Kapital genehmigt werden. Acht Tage vor dem dafür vorgesehenen Termin des 29. November 1967 jedoch mußten die VEW die bereits einberufene Hauptversammlung wieder absagen, denn der SPD-dominierte Rat der Stadt Dortmund hatte beschlossen, dieser Kapitalerhöhung die Zustimmung zu verweigern. Durch die Dortmunder Sperrminorität mußte damit das Vorhaben scheitern.

Die Stadt Dortmund erwartete offenbar für ihre Zustimmung zum eigenen Machtverlust eine Kompensation. Da traf es sich gut, daß die VEW Interesse bekundet hatten, die im kommunalen Besitz befindlichen Dortmunder Gaswerke zu übernehmen. Dafür aber verlangte die Stadt einen Preis, der dem Unternehmen überteuert erschien, und aus diesem Streit resultierte die Verweigerung der Dortmunder Zustimmung. Die VEW, deren Ruf am Kapitalmarkt angesichts dieses Rückschlags großen Schaden nehmen mußte, gaben am 21. November 1967 eine Erklärung heraus, in der sie der Stadt Dortmund vorhielten, sie habe unangemessene Zugeständnisse verlangt: «Hierzu waren Vorstand und Aufsichtsrat der VEW nicht in der Lage, weil die Erfüllung dieser Voraussetzungen dem Unternehmen wirtschaftlichen Schaden zugefügt hätte und rechtlich nicht möglich gewesen wäre.»[6]

Im Vorfeld der geplanten Kapitalerhöhung hatte Herrhausen noch eigens ein ungewöhnliches Modell erarbeitet, mit dem er den finanzschwachen Kommunen einen Weg aus dem Dilemma ebnen wollte, einerseits ihr Bezugsrecht nicht mehr wahrnehmen zu können, andererseits aber ihren Einfluß wahren zu wollen. Dazu hatte er sich des Beistands mächtiger Partner versichert, darunter auch die Deutsche Bank. Der Kniff bestand darin, daß die Deutsche Bank gemeinsam mit der Allianz-Versicherungsgesellschaft, der Landesbank für Westfalen und der Deutschen Continental-Gas-Gesellschaft eine GmbH gründen sollte, die den kommunalen

VEW-Eigentümern zunächst zehn Prozent ihres bisherigen Aktienbesitzes zu einem leicht unter dem derzeitigen Durchschnittskurs liegenden Festpreis abkaufen würde – für insgesamt rund siebzig Millionen D-Mark. Außerdem hätte sie sämtliche bei diesen Altaktionären verbleibenden Bezugsrechte übernommen und dafür weitere dreiundsechzig Millionen D-Mark gezahlt. Dadurch hätten die Städte erhebliche Mittel erhalten, und die neue GmbH wäre durch die Ausübung des Bezugsrechts auf einen Gesamtbesitz von 25,3 Prozent am dann erhöhten Stammkapital der VEW gekommen. Die Dortmunder Sperrminorität wäre somit durch eine privatinstitutionelle abgelöst worden.

Diese für das Unternehmen zweifellos erwünschte Wandlung der Eigentümerstruktur mußte auf ideologischen Widerstand im links dominierten Dortmunder Stadtrat treffen. Am 2. April 1968 aber stimmte die Stadt dieser Lösung doch noch zu. Denn das von Herrhausen konzipierte Modell einer Beteiligungs-GmbH fand immer noch die Unterstützung der vier dafür vorgesehenen Investoren, und diese hatten den Städten nun eine Erhöhung des garantierten Kaufpreises für das zehnprozentige Aktienpaket am Kommunalbesitz von ursprünglich zweihundertfünfzig Prozent des Nennwertes auf dreihundert Prozent angeboten. Der VEW-Vorstand kündigte an, der Hauptversammlung am 20. Juni die längst geplante Kapitalerhöhung nun endgültig vorzuschlagen.

Doch Ende Mai wurden die Karten abermals neu gemischt. Der Aufsichtsrat der VEW nahm Verhandlungen mit der Veba über eine Beteiligung auf – das Düsseldorfer Unternehmen hatte Interesse daran bekundet, gemäß dem Modell der Beteiligungs-GmbH die dann entstehende neue Sperrminorität allein zu übernehmen. Inklusive des nunmehr auf dreihundert Prozent erhöhten Kaufpreises und des zu erwartenden Emissionspreises für die neuen Aktien, die zusätzlich über das Bezugsrecht zu erwerben wären, hätte die geplante GmbH mehr als 310 Millionen D-Mark für ihre Schachtelbeteiligung an den VEW aufwenden müssen. Die Veba bot den Kommunen nun einen noch höheren Kaufpreis von dreihundertfünfzig Prozent für deren Altaktien bei sonst gleichen Bedingungen an.

Eine Beteiligung des Konzerns an den VEW war naheliegend, denn als Steinkohleproduzent belieferte man seit langem die Kraftwerke des Dortmunder Unternehmens, und auf dem Feld der Nuklearenergietechnik waren beide Konzerne stark engagiert.

Dieser Plan alarmierte das RWE. Angesichts der drohenden ökonomischen Machtkonzentration in seiner unmittelbaren Nachbarschaft bot das Essener Unternehmen der geplanten Beteiligungs-GmbH an, anstelle der Landesbank Westfalen als Gesellschafter einzusteigen und das Angebot für den Aktienkauf auf das Niveau des Veba-Vorschlags zu erhöhen. Dem Vorstand der VEW und besonders Herrhausen konnte das nur recht sein, denn ihm war es unangenehm, daß die bereits fest verabredete Partnerschaft mit Deutscher Bank, Allianz und Deutscher Continental-Gas-Gesellschaft daran scheitern sollte, daß sich ein anderes Unternehmen einfach des von Herrhausen erarbeiteten Modells bediente.

Zudem bot die Kooperation mit dem RWE, die zuvor durch die kommunalen Rivalitäten zwischen Essen und Dortmund immer unmöglich gewesen war, eine interessante Option zur Angleichung der regional unterschiedlichen Strompreise. Da das RWE mit billigerer Braunkohle aus seinen rheinischen Fördergebieten Energie erzeugte, konnte es preiswerteren Strom liefern, was die kommunalen Eigner der VEW immer geärgert hatte. Hierin bestand der Reiz des RWE-Angebots für die Städte: Sie lockte die Aussicht auf billigen Strom. Außerdem hatte der Essener Konkurrent versichert, keine Mehrheit an den VEW anzustreben, eine Erklärung, die die Veba auf Nachfrage nicht hatte abgeben wollen.

Deshalb sprachen sich Vorstand wie Aufsichtsrat der VEW für das GmbH-Angebot unter Einschluß des RWE aus. Das Problem jedoch war wieder einmal Dortmund. Die alte Rivalität mit Essen, dem Sitz des RWE, ließ den Rat der Stadt sofort nach Bekanntwerden des neuen Angebots beschließen, daß Dortmund den anderen Aktionären die Veba-Lösung vorschlagen werde. Dabei spielte auch eine Rolle, daß für viele Ruhrgemeinden, die von der Steinkohleförderung lebten, die Aussicht auf den Bezug von preiswerterem Braunkohlestrom nicht gerade verlockend war.

Doch das RWE besserte sein Kooperationsangebot noch einmal nach und kündigte im Juni 1968, also kurz vor der entscheidenden Hauptversammlung, an, ein eigenes Kernkraftwerk mit mehr als tausend Megawatt Leistung in Auftrag zu geben. Der Großeinstieg in diese Form der Energiegewinnung machte das Essener Unternehmen als Partner für die hier mittlerweile weitaus aktiveren VEW noch attraktiver. Angesichts des Widerstands der VEW gegen die Veba-Initiative zog das Düsseldorfer Unternehmen einen Tag vor der Hauptversammlung sein Angebot zurück. Dadurch wurde eine Kampfabstimmung vermieden, und die Stadt Dortmund erhielt die Möglichkeit, vom eigenen Ratsbeschluß zurückzutreten und der Zusammenarbeit mit der GmbH doch noch ihre Zustimmung zu erteilen. Die dafür notwendige Kapitalerhöhung um die avisierten 120 Millionen D-Mark wurde für den Frühherbst angekündigt, und noch für das laufende Jahr wurden gleichfalls die ersten Strompreissenkungen im Versorgungsgebiet der VEW versprochen, mit denen man den Gemeinden die Zustimmung zum RWE-Plan schmackhaft gemacht hatte.

Vor allem Alfred Herrhausen durfte zufrieden sein. Denn das von ihm entwickelte revolutionäre Beteiligungskonstrukt war nicht nur durchgesetzt worden, sondern es hatte seinem Arbeitgeber mit dem RWE auch noch einen strategischen Partner eingebracht, der beim ehrgeizigen Plan der VEW, bis zur Mitte der siebziger Jahre die Hälfte ihres Stroms aus Kernkraftwerken zu beziehen, ein wichtiger Helfer zu werden versprach.

Noch jemand war gleichfalls hochzufrieden mit dem Einsatz, den der Finanzvorstand der VEW gezeigt hatte: F. Wilhelm Christians, damals im Vorstand der Deutschen Bank zuständig für das Börsengeschäft und Vertreter seines Instituts im Aufsichtsrat der VEW. Die Deutsche Bank war durch ihre Beteiligung an der GmbH, die nunmehr die Sperrminorität innehatte, faktisch zur Hausbank der VEW geworden (zumal ja die Landesbank Westfalen durch das Engagement des RWE aus dem Gesellschafterkreis herausgedrängt worden war). Christians wurde dadurch zu einer zentralen

Figur im Aufsichtsrat, und er hatte Herrhausen als vehementen Fürsprecher der Privatisierung der VEW kennen- und schätzengelernt. Den Banker beeindruckte die Geschicklichkeit, mit der der achtunddreißigjährige Industriemanager die finanztechnischen Schwierigkeiten der letzten Kapitalerhöhung gemeistert hatte.

Christians, selbst erst sechsundvierzig Jahre alt, galt schon seit längerem als Hoffnungsträger im Vorstand der Deutschen Bank, mit Aspirationen auf einen Sprecherposten in der Ära nach Franz Heinrich Ulrich, der 1967 gemeinsam mit Karl Klasen das Erbe von Hermann Josef Abs angetreten hatte. Da Abs als Vorstandssprecher der Deutschen Bank nicht nur in seinem Institut, sondern im gesamten Kreditgewerbe und politisch weit darüber hinaus eine Ausnahmerolle gespielt hatte, schien es praktisch ausgeschlossen zu sein, daß ein einziger Nachfolger dieser Rolle gerecht werden könnte. So kam die seltsame Regelung einer Doppelspitze zustande, die die Deutsche Bank noch bis zum Jahr 1988 beibehalten sollte. Allerdings wurde Klasen bereits im Frühjahr 1970 von der neuen sozialliberalen Regierung zum Bundesbankpräsidenten berufen, und Ulrich hatte deshalb bis zu seinem altersbedingten Ausscheiden den Sprecherposten sechs Jahre lang alleine inne, weil ihm niemand aus dem Vorstand an die Seite gestellt wurde.

Statt dessen baute er seinen Vorstandskollegen Christians zum Nachfolger auf, und der wiederum hatte bereits Ende der sechziger Jahre damit begonnen, sich eine eigene Hausmacht im zwölfköpfigen Vorstand zu sichern – und bereits, wie es in diesem auf größtmögliche Kontinuität setzenden Institut damals noch üblich war, für Jahrzehnte vorauszuplanen. So kam auch Alfred Herrhausen als «Führungsreserve für die achtziger Jahre», wie ihn Christians bezeichnete[7], 1970 zur Deutschen Bank. Dabei profitierte er davon, daß der Vorstand für die wenigen Monate bis zu Klasens bereits angekündigtem Ausscheiden ausnahmsweise mit dreizehn Personen besetzt wurde. Da es mit Robert Ehret noch einen weiteren Bewerber gab, der zudem aus der Deutschen Bank selbst stammte, wäre es für Christians ansonsten keinesfalls so leicht gewesen, für den branchenfremden Herrhausen sofort einen Vorstandsposten zu erringen.

Dieser Wechsel erfolgte kurzfristig und für alle Unbeteiligten überraschend. Am 16. Dezember 1969 meldeten die Zeitungen in einer knappen Notiz, daß Herrhausen zum Jahresende auf eigenen Wunsch aus dem Vorstand der VEW ausscheiden werde, um in gleicher Funktion zum 1. Januar 1970 bei der Deutschen Bank einzusteigen. Wenngleich der Abschied eines Vorstandsmitglieds der VEW per se kein besonderer Vorgang war, so zeigten sich die Beobachter sehr irritiert über dessen neuen Posten. Denn Herrhausen war kein Bankkaufmann. Zwar konnte er seine mehrmonatige Tätigkeit bei Empire Trust in New York anführen, doch die lag mittlerweile mehr als zehn Jahre zurück und war überdies vorzeitig abgebrochen worden. Manager, die in der Industrie ausgebildet wurden, waren in der Deutschen Bank, zumal in deren Vorstand, unüblich; man setzte auf den Nachwuchs aus dem eigenen Hause, und selbst die Angehörigen anderer großer Kreditinstitute hatten nur selten die Möglichkeit, in die höheren Führungspositionen der Deutschen Bank zu wechseln[8]. Bei Mitarbeitern von Privatbanken verhielt es sich gleichwohl anders, da diese sich als noch elitärer betrachteten. Das prominenteste Beispiel für solch einen Wechsel ist Abs, der im Jahr 1937 Teilhaber des Bankhauses Delbrück Schickler & Co. gewesen war, ehe er dort abgeworben wurde, um in den Vorstand der Deutschen Bank eintreten zu können.

Abs hatte sich damals seine Meriten im Bankmetier schon längst verdient, während Herrhausen bei seinem Eintritt in die Bank für seine neuen Kollegen ein Unbekannter war. Wilfried Guth, das einzige noch lebende Vorstandsmitglied jener Jahre, erinnert sich: «Niemand außer Christians hatte im Vorstand je von Herrhausen gehört. Aber seine Papierform war hervorragend, deshalb haben wir zugestimmt. Und als er kam, hat er uns durch sein Verhalten schnell davon überzeugt, daß er die richtige Wahl gewesen war. Da trat niemand an, der den Anspruch hatte, uns Mores zu lehren. Herrhausen war bescheiden, aber überaus kompetent.»[9]

Die Empfehlung von Christians war also gerechtfertigt. Den Ausschlag für dessen Überzeugung, daß Herrhausen für größere Aufgaben geeignet sei, hatte ein Kundenfrühstück der VEW im Frühsommer 1969 gegeben, das in Düsseldorf ausgerichtet wurde. Dazu war auch Christians als Aufsichtsratsmitglied geladen worden, zumal er ohnehin in der Landeshauptstadt residierte – die Deutsche Bank unterhielt damals noch zwei Zentralen, obwohl sich Frankfurt immer mehr als eigentlicher Standort der Unternehmensführung durchsetzte. Auf diesem Kundenfrühstück hielt Herrhausen einen Vortrag über die Zukunft der VEW, und das gewinnende Auftreten des Managers im Gespräch ergänzte den positiven Eindruck, den Christians schon zuvor durch die Sachkompetenz des Finanzvorstands gewonnen hatte. Im Anschluß an die Veranstaltung unterbreitete Christians sein Angebot, und Herrhausen ließ sich mit der Entscheidung nur wenige Tage Zeit. Er nahm an.

Das Angebot, zur Deutschen Bank zu wechseln, war auch zu verlockend, um abgelehnt zu werden. Besondere Freude löste es bei Herrhausens Vater aus, der nun endlich seinen Sohn von dem Makel befreit sah, nur durch Begünstigung seines mittlerweile verstorbenen Schwiegervaters die hohe Position bei den VEW erreicht zu haben. Doch Karl Herrhausen, der 1967, nachdem er sein ganzes Berufsleben bei der Ruhrgas verbracht hatte, in den Ruhestand getreten war, konnte sich am Erfolg seines Sohnes nicht mehr lange freuen. Er starb 1970 im Alter von achtundsechzig Jahren.

Für die Familie von Alfred Herrhausen bedeutete die neue Aufgabe eine zusätzliche Belastung, denn er sollte sein neues Amt an der Seite von Christians in Düsseldorf antreten. Ulla Herrhausen jedoch weigerte sich, die Wohnung in Dortmund und den dort etablierten Bekanntenkreis aufzugeben. Deshalb wurde ihr Mann vom Januar 1970 an täglich von einem Fahrer nach Düsseldorf und zurück chauffiert. Herrhausen verbrachte noch weniger Zeit mit seiner Familie. Hatte es zuvor zu einem gemeinsamen Mittagessen gereicht, zu dem er einfach aus der Konzernzentrale nach Hause gehen konnte, so mußte er nun frühmorgens aufbrechen, um zum offiziellen Dienstbeginn um halb neun in Düsseldorf zu sein. Abends verließ er sein Büro im Regelfall nicht vor zwanzig Uhr und nahm regelmäßig noch Unterlagen mit, um sich schneller in das ihm noch unvertraute Bankengeschäft einzuarbeiten. Die damals zehnjährige Tochter Bettina sah ihren Vater kaum noch, und das Ehepaar Herrhausen lebte sich mehr und mehr auseinander.

Dafür fand das junge Vorstandsmitglied zwei neue Vertraute im beruflichen Umfeld: seinen Fahrer Jakob Nix, der Herrhausen später nach Frankfurt folgen sollte und auch am Steuer jenes Wagens saß, in dem Herrhausen fast zwanzig Jahre nach der ersten gemeinsamen Fahrt ermordet wurde, und die Sekretärin Almut Pinckert, die seit seinem Dienstantritt bei der Deutschen Bank für Herrhausens Vorzimmer zuständig war. Sie war verblüfft über das Interesse, das ihr neuer Chef für seine Untergebenen zeigte; bereits am ersten Tag ließ er sie Blumen für die Mitarbeiterinnen in der Telefonzentrale besorgen, denen er sich dann persönlich vorstellte.[10] Diesen vertrauensvollen Umgang war man in der Bank von Vorgesetzten nicht gewöhnt, und Herrhausen gewann damit große Sympathien. Sein Talent, auf Menschen zuzugehen, konnte er hier voll zur Geltung bringen.

Allerdings beschränkte sich diese Offenheit auf eher unverbindliche Angelegenheiten. Edzard Reuter erinnert sich an seine ersten Gespräche mit Herrhausen in den siebziger Jahren – ihn überraschte damals der entschiedene Ton, den das junge Vorstandsmitglied der Deutschen Bank gebrauchte: «Herrhausen war immer davon überzeugt, daß man nur seine Sicht der Dinge haben konnte. Denn er hatte ja dieses Ideal vom richtigen Denken. Das führte zu Irritationen, nicht nur bei Außenstehenden, sondern auch im Bankvorstand selbst.»[11] Hilmar Kopper, Herrhausens späterer Nachfolger als Vorstandssprecher, war damals noch nicht Mitglied dieses Gremiums, aber er hat noch Jahre später die bleibende Befremdung empfunden, die von Herrhausen ausging: «Er war definitiv kein Banker, er war ein Kaufmann aus der Industrie. Sein Mentor Christians war ein Aktienmann. Herrhausen dagegen fühlte sich wohl, wenn er im Auslandsgeschäft agieren konnte. Da traf er nicht auf die seit Jahren etablierten Praktiker. Denen fühlte er sich nicht gewachsen.»[12] Und diese Scheu vor den klassischen Bankern sollte sich bei Herrhausen bis zum Ende erhalten. Sein Vorstandskollege Michael Endres beobachtete, daß er sich noch in den letzten Jahren bemühte, sowenig wie möglich mit den mächtigen Filialdirektoren der Deutschen Bank verhandeln zu müssen: «Die waren ihm als reine Praktiker unheimlich. Sie verstanden ihn nicht, und er fand keinen Zugang zu ihnen.»[13] Wilfried Guth dagegen kann sich nicht daran erinnern, daß man dem «Elektriker», wie Abs, der als Aufsichtsratsvorsitzender die Berufung Herrhausens hatte bestätigen müssen, den jungen Kollegen scherzhaft nannte, mit Zurückhaltung begegnet wäre.[14]

Wie es die Gepflogenheiten des Hauses wollten, war das neue Mitglied zunächst nur zum stellvertretenden Vorstand berufen worden, und normalerweise hätte Herrhausen drei Jahre warten müssen, eher er zum ordentlichen Mitglied des Gremiums ernannt worden wäre. Allerdings hatte ihm Christians bereits bei seinem Wechselangebot signalisiert, daß es möglich sei, diese Frist auf nur ein Jahr zu verkürzen. Herrhausens entschiedenes Auftreten und die Begünstigung, die er durch seinen Mentor erfuhr, sorgten tatsächlich für diese schnelle Beförderung: «Das war sehr ungewöhnlich. Ich glaube nicht, daß es eine solch rasche Bestätigung in unserem Haus vorher schon einmal gegeben hat», stellt Guth heute fest.[15] Allerdings hütete Herrhausen sich, diese Vergünstigung als persönliches Privileg zu betrachten: Auf seine Anregung hin wurde zum 1. Februar 1971 auch der gleichzeitig mit ihm als stellvertretender Vorstand angetretene Robert Ehret nach nur einem Jahr zum ordentlichen Mitglied ernannt, denn Herrhausen fürchtete, daß er sich den etwas älteren Kollegen zum Feind machen würde, wenn dieser die üblichen drei Jahre hätte warten müssen.[16]

Schnell erwies sich jedoch, wem von den beiden neuen Vollmitgliedern der Weg nach oben geebnet wurde. Schon im ersten Jahr bei der Deutschen Bank, also noch als stellvertretender Vorstand, hatte Herrhausen zwei wichtige Aufgaben übertragen bekommen: Als studierter Volkswirt sollte er dem Leitungsgremium des Kreditinstituts über die konjunkturelle Entwicklung berichten, und als im September 1970 der Deutsche-Bank-Vorstand Hans Janberg starb, der für das Kreditinstitut im Aufsichtsrat der sanierungsbedürftigen Kölner Schokoladenfabrik Stollwerck saß, erhielt Herrhausen als dessen Nachfolger in dieser Position sein erstes wichtiges Mandat. Nach seiner Bestellung zum ordentlichen Vorstandsmitglied bekam er darüber hinaus zwei besonders heikle Posten in ähnlich angeschlagenen Unternehmen: beim Hannoveraner Reifenfabrikanten Continental und beim Nordhorner Textilhersteller Nino.

Die letztere Position war Herrhausen eigentlich verwehrt, denn er hatte durch die übliche Zuteilung von Aufgaben bereits die seit 1965 vorgeschriebene Höchstzahl von fünfzehn Aufsichtsratsmandaten für Bankenvertreter erreicht. Der Vorstandsvorsitzende von Nino, Bernhard Niehues, saß jedoch seinerseits im Aufsichtsrat der Deutschen Bank und hatte an Herrhausen Gefallen gefunden, weil dieser über industrielle Erfahrung verfügte. Deshalb setzte die Nino AG eigens einen Beirat ein, der die Familiengesellschafter bei der notwendigen Umstrukturierung beraten sollte, und hier konnte Herrhausen tätig werden, ohne damit die Bestimmungen zu verletzen.[17] Die Erwartungen, die einer der ältesten Firmenkunden der Deutschen Bank an seine Person knüpfte, verschafften Herrhausen im Kreis seiner Vorstandskollegen Respekt.

Mit dem stark durch industrielle Kundschaft geprägten Hauptfilialbezirk Wuppertal bekam Herrhausen überdies eine besonders traditionsreiche «Kopfstelle» der Bank zugeordnet. Jedes der zwölf Vorstandsmitglieder hatte mindestens einen der insgesamt siebzehn Bezirke zu betreuen, in die die Deutsche Bank ihr deutsches Filialnetz aufgeteilt hatte. Herrhausen war einer von fünf Vorständen, die noch für eine zweite Kopfstelle verantwortlich waren; aufgrund seiner langjährigen Kenntnis des Ruhrgebiets sprach man ihm neben Wuppertal noch die Hauptfiliale Duisburg zu. Gleichfalls obligatorisch war für die Vorstandsmitglieder die Zuständigkeit für einen Teil des Auslandsgeschäfts der Bank; Herrhausen erhielt Südostasien und Australien.

Seine erste größere Auslandsreise seit dem Amerikaaufenthalt 1956 führte ihn 1971 in sein neues Berichtsgebiet. Dabei gewann er eine Überzeugung, die ihn sein Leben lang begleiten sollte: Dies war die künftige Wachstumsregion par excellence, und man mußte deshalb die Präsenz der Deutschen Bank in Südostasien und

Ozeanien ausbauen. Allerdings fand er damit im Vorstand kein Gehör. «Erst fünfzehn Jahre später konnte ich als Vorstandssprecher die Konsequenzen aus dem ziehen, was damals schon richtig war», klagte er 1989 über die verlorene Zeit.[18]

Die langfristig wichtigste Funktion jedoch erarbeitete Herrhausen sich selbst. Kaum als ordentlicher Vorstand bestätigt, setzte er im Leitungsgremium der Bank mit Unterstützung des Sprechers Ulrich gegen die Widerstände anderer Kollegen die Einrichtung einer neuen Abteilung durch: des Ressorts «Strategische Planung». Das war auf den ersten Blick nichts weiter als die konsequente Fortführung seiner Berichtspflicht zu konjunkturellen Entwicklungen. Doch Herrhausen verband die gesamtwirtschaftliche Konjunkturanalyse mit der mikroökonomischen Sicht auf die einzelnen Betriebe, womit er ein Element seiner ehemaligen Tätigkeit als Finanzvorstand in der Industrie in die Bank einführte. Die neue Institution wurde zunächst als Vorstandsausschuß ins Leben gerufen, der die Bezeichnung «Unternehmensplanung» trug. Neben Herrhausen, der aufgrund seiner praktischen Erfahrungen bei den VEW die Leitung dieses Ausschusses übertragen bekam, gehörten ihm mit Horst Burgard und Klaus Mertin lediglich jene beiden Vorstandskollegen an, die Herrhausen und Ehret als neue stellvertretende Mitglieder nachgefolgt waren. Dadurch versicherte sich Herrhausen der Loyalität des unmittelbaren Führungsnachwuchses, und er hatte gemäß der in der Bank üblichen klaren Hierarchie keine Konkurrenz in der Ausschußleitung zu fürchten.

Noch im gleichen Jahr 1971 nahm dann die Planungsabteilung ihre Arbeit auf. Auch sie war Herrhausen unterstellt, und ihre Leitung wurde dem eigens dazu aus der Direktion der Hauptfiliale München nach Frankfurt gerufenen Herbert Zapp übertragen, womit ein weiteres Vertrauensverhältnis entstand – es sollte Herrhausen noch nützen, als Zapp 1977 in den Vorstand berufen wurde. Bereits im ersten Jahr als ordentliches Vorstandsmitglied hatte Herrhausen sich damit eine Hausmacht geschaffen, von der er später profitieren würde, und die Zuständigkeit für die «Strategische Planung» war die einzige, die er bis zuletzt nie mehr abgeben sollte.

Viertes Kapitel
Stehvermögen: Herrhausen und die Kunst der Fusion

Alfred Herrhausen wurde zeit seines Lebens für seine Standhaftigkeit gelobt. Und das durchaus im wörtlichen Sinne, denn er hatte ein sicheres Gespür für die Inszenierung seiner Auftritte. Zwei davon haben entscheidend dazu beigetragen, den Mythos zu prägen, der Herrhausen bis heute umgibt. Zwischen den beiden Ereignissen liegen siebzehn Jahre; das erste fand 1972 statt, das zweite 1989, im Jahr seiner Ermordung.

Beginnen wir mit letzterem. Zwischen Weihnachten und Silvester 1988 unterzog sich Herrhausen in einer Hamburger Klinik einer überfälligen Hüftoperation, die er so lange hinausgezögert hatte, bis sich der Vorstandssprecher ein paar Fehltage leisten konnte. Doch schon vorher hatte er zugesagt, Anfang Januar 1989 den traditionellen Toast beim Neujahrsempfang der Frankfurter Gesellschaft für Handel, Industrie und Wissenschaft zu sprechen, und auf dieses Ziel arbeitete er hin, sobald er nach der Operation mit Gehversuchen beginnen konnte. An eine Absage hatte er keinen Gedanken verschwendet; vielmehr bot gerade die Verpflichtung gegenüber der einflußreichen Versammlung von Frankfurter Entscheidungsträgern einen Anreiz, sich noch zusätzlich in der Rehabilitation zu quälen.

Nur wenige Gäste des Neujahrsempfangs hatten von Herrhausens Operation gewußt, bis der Bankier sich per Hubschrauber aus Hamburg einfliegen ließ und auf Krücken gestützt die überfüllten Räume des Hauses der Gesellschaft in der Siesmayerstraße betrat. Die Selbstdisziplin, die aus diesem Auftritt sprach, war um so eindrucksvoller, als Herrhausen aus einer Not eine Tugend machte. Weil er besser stehen als sitzen konnte, absolvierte er auch seinen Toast stehend, und der eiserne Wille, mit dem er sich gegen das Handicap des geschwächten Körpers stemmte, prägte sich allen

Anwesenden ein. Dabei war dieser Eindruck durchaus ambivalent: Jürgen Jeske, Herausgeber der «Frankfurter Allgemeinen Zeitung», erinnert sich in seinem Nachruf auf Herrhausen[1] daran, wie sehr ihn der Anblick bedrückt habe, während der damalige hessische Ministerpräsident Walter Wallmann noch zehn Jahre später davon schwärmte, was für «ein Beispiel für Pflichtbewußtsein und Beherrschung»[2] der Vorstandssprecher damit gegeben habe.

Die erste Gelegenheit, bei der Herrhausen siebzehn Jahre zuvor sein Haltungsideal öffentlichkeitswirksam eingesetzt hatte, war für ihn weniger schmerzhaft und weitaus wichtiger gewesen. Die Deutsche Bank hatte ihn vor allem deshalb als Vorstand von den VEW abgeworben, weil man auf die Kompetenz setzte, die er sich auf dem Feld der Unternehmensführung und der Unternehmensfusion erworben hatte. Die frühen siebziger Jahre waren noch weit entfernt von den in den neunziger Jahren ausufernden *mergers & acquisitions*, also der mit tatkräftiger Hilfe der Banken durchgeführten Unternehmensübernahmen. Aber die Bedeutung der Kreditinstitute für die Expansionspläne der Konzerne trat in dem Maße immer deutlicher hervor, wie fortan die Märkte verteilt wurden. Wachstum konnte nicht mehr nur durch Produktinnovationen, sondern auch durch Betriebsvergrößerung erreicht werden, und je größer die entsprechenden Volumina ausfielen, desto dringlicher benötigte man die finanzielle Hilfe der Kreditinstitute. Herrhausen kannte aus seinen Verhandlungen bei den Privatisierungsprojekten der VEW beide Seiten. Also setzte ihn sein neuer Arbeitgeber auch bald in denjenigen Unternehmen ein, bei denen die Deutsche Bank eine Fusion für nützlich hielt und in den Aufsichtsgremien vertreten war.

Nachdem er am 27. Oktober 1970 noch als stellvertretender Vorstand der Deutschen Bank für den verstorbenen Kollegen Hans Janberg, den er schon bei Stollwerck beerbt hatte, auch zum Mitglied des Aufsichtsrats der Continental Gummi-Werke bestellt worden war, dauerte es nicht lange, bis Herrhausen sogar den Vorsitz des Gremiums übernahm. Diesen Posten konnte die Deutsche Bank erst seit dem Vorjahr beanspruchen, als sie einen zehnprozentigen

Anteil an dem Hannoveraner Unternehmen übernahm, den man erklärtermaßen zu einer Sperrminorität von mehr als fünfundzwanzig Prozent ausbauen wollte.

Continental befand sich damals in einer Schieflage, und die Deutsche Bank hatte seit ihrer Gründung im Jahr 1870 immer wieder auch unternehmerische Verantwortung bei langjährigen Kunden gezeigt, indem sie in schwierigen Zeiten Beteiligungen übernahm, womit das Institut zum einen den Kurs der entsprechenden Aktien stabilisierte und zum anderen die Geschäftsführung in seinem Sinne beeinflussen konnte. Allerdings sollte Herrhausen bereits der dritte Aufsichtsratsvorsitzende bei Continental werden, seit die Deutsche Bank sich dort eingekauft hatte, denn Vorstandssprecher Karl Klasen, der den Posten zuerst eingenommen hatte, war im Frühjahr 1970 zum Bundesbankpräsidenten berufen worden, und Janberg hatte das Amt nicht einmal ein Vierteljahr innegehabt, bevor er starb. Deshalb verband man auf seiten von Continental mit dem Antritt Herrhausens die Hoffnung auf neue Kontinuität, zumal mit der Hauptversammlung vom 4. Juli 1971 auch der bisherige Vorstandssprecher Georg Göbel ausscheiden würde. Auf dieser Hauptversammlung, die zudem ins hundertste Jahr des Bestehens von Continental fiel, trat Herrhausen das erste Mal als Aufsichtsratsvorsitzender auf, und er hielt bei der eigentlichen Jubiläumsfeier am 8. Oktober desselben Jahres auch die Festrede.

Doch sein größter Auftritt fand erst ein Jahr später statt. Mit der Hauptversammlung vom 26. Juli 1972 mußte Herrhausen eine überaus turbulente Veranstaltung leiten – und er tat es über die ganze Dauer von viereinhalb Stunden stehend. Solch ein Auftreten hatten die anwesenden Aktionäre noch nicht erlebt, und einer der Teilnehmer zollte dem Deutsche-Bank-Vorstand ausdrücklich Respekt für diese Leistung: «Wir bewundern Ihr Stehvermögen.» Das bezog sich nicht nur auf die rein physische Präsenz – Herrhausen hatte dort auch das höchst umstrittene Verhalten der Deutschen Bank im abgelaufenen Geschäftsjahr zu verteidigen.

Daß der Auftritt des Aufsichtsratsvorsitzenden das Gefühl vermittelte, hier stehe jemand in jeder Beziehung für seine Sache ein, erregte Aufsehen über die eigentliche Versammlung hinaus. Doch Herrhausens symbolische Geste bedeutete noch mehr. Das viereinhalbstündige Stehen war auch eine Machtdemonstration: Niemand in diesem Unternehmen, das war das Signal, würde an ihm vorbeikommen. Er dominierte die Versammlung, obwohl er ein relativer Neuling auf dem Posten des obersten Continental-Kontrolleurs war. Hatte er sich im Vorjahr bei seiner ersten Hauptversammlung als Aufsichtsratsvorsitzender noch zurückgehalten, zog er nun alle Aufmerksamkeit auf sich. Das «Handelsblatt» widmete dieser Leistung am Tag nach dem Ereignis einen Artikel unter der Überschrift «Das (Durch-)Stehvermögen des Alfred Herrhausen». Zum ersten Mal wurde der Bankvorstand einem größeren Publikum bekannt. Der Bericht war eine Art Psychogramm.[3] So hatten nicht nur die Aktionäre von Continental Herrhausens Botschaft vernommen, sondern das ganze Land.

Erstmals wurde ihm bescheinigt, druckreif zu sprechen – eine Beobachtung, die zu einem Topos in der Berichterstattung über den Bankier werden sollte. Und in der für ihn typischen Offenheit, sofern es um Fragen des eigenen Auftretens in der Öffentlichkeit ging, stand er nach Schluß der Veranstaltung dem «Handelsblatt»-Redakteur Dietrich Zwätz Rede und Antwort. Dieser schrieb in seinem Artikel: «Herrhausen selbst, auf sein ‹Stehvermögen› angesprochen, bekennt, daß für einen Versammlungsleiter, der mitunter Attacken von Aktionären zu parieren habe und dann in Gefahr stehe, zu scharf zu antworten, das Stehen eine Art ‹psychologischer Schwelle› sei, die verhindere, daß eine Replik schärfer ausfalle als erforderlich. Schließlich gibt Herrhausen zu, daß er mit dem Stehen auch Respekt vor seinen Aktionären bekunden will, deren Votum er sein AR-Mandat zu danken hat.»[4] Diese Antwort zeigt aber vor allem die Virtuosität, mit der der Bankier eine Strategie, die vornehmlich dazu diente, sich aus der üblichen Rolle eines Versammlungsleiters zu lösen, zu einem Ideal umdeutete. Herrhausen verfügte über immenses psychologisches Geschick – und über das notwendige Selbstbewußtsein, um sein Handeln zum Maßstab für eine ganze Zunft zu erklären, ohne kritische Nachfragen befürchten zu müssen. Dieses Phänomen würde man in den folgenden siebzehn Jahren noch häufig beobachten können.

Die ungewohnte Aufmerksamkeit, die Herrhausen mit seiner stehenden Moderation erregte, konnte zu keinem besseren Augenblick kommen, denn in seiner Funktion als Aufsichtsratsvorsitzender bei Continental hatte er im vergangenen Geschäftsjahr seine bislang größte Schlappe hinnehmen müssen. Die Deutsche Bank hatte sich nach dem Einstieg bei dem Hannoveraner Unternehmen auch bei dessen Hamburger Konkurrentin Phoenix engagiert: mit dem Kauf eines zehnprozentigen Aktienpakets im Dezember 1970. Den Vorsitz im Aufsichtsrat dieses Gummiwarenunternehmens hatte Hermann Josef Abs inne, und das Vorstandsmitglied Wilhelm Vallenthin war in dem Gremium seit 1971 zusätzlich für die Deutsche Bank vertreten. Somit durfte Herrhausen auf Unterstützung für einen Plan rechnen, den er im Bankvorstand vorgestellt hatte: Die beiden größten deutschen Reifenhersteller sollten fusionieren, um die Kräfte auf diesem umkämpften Sektor zu bündeln.

Dazu wollte Herrhausen gemeinsam mit der Münchener Rückversicherungsgesellschaft und dem Chemiekonzern Bayer nach dem im Falle der VEW bewährten Modell eine GmbH bilden, in die seine Bank und der Versicherungskonzern als Gesellschafterunternehmen ihre jeweiligen Anteile an Continental und Phoenix einbringen sollten. Dadurch würde die GmbH im Falle des Hannoveraner Unternehmens über eine weit über der Sperrminorität liegende Beteiligung von beinahe fünfunddreißig Prozent und bei Phoenix über mehr als sechzig Prozent des Aktienkapitals verfügen. Der dritte Gesellschafter, Bayer, wiederum sollte für 140 Millionen D-Mark ein Drittel dieser Anteile erwerben, ehe der endgültige Zusammenschluß erfolgte. Das Leverkusener Chemieunternehmen hatte als Eigentümerin des Synthetikkautschukherstellers Hüls ein elementares Interesse daran, daß die großen deutschen Gummiwerke nicht in ausländische Hände gerieten und dann andere Rohstoffzulieferer wählten.

Dieser Fusionsplan entsprach weitgehend den Überzeugungen von Abs, der schon in den sechziger Jahren für eine verstärkte

Zusammenarbeit der deutschen Hersteller auf dem international umkämpften Markt für Kautschukprodukte eingetreten war. Doch bei Phoenix regte sich Widerstand gegen Herrhausens Pläne, denn Continental war bei dem vorgesehenen Zusammenschluß mit 1,6 Milliarden D-Mark Umsatz gegenüber 527 Millionen bei Phoenix der deutlich größere Partner, so daß der Phoenix-Vorstand Nachteile für das eigene Unternehmen befürchtete. Zwar hatte die Hamburger Unternehmensspitze selbst schon vor dem Engagement der Deutschen Bank Gespräche mit Continental aufgenommen, um eine Zusammenarbeit auf dem schwierigen Reifensektor zu verabreden, doch die Idee einer Fusion wurde erst danach ins Spiel gebracht. Im Juni 1971 erklärte der Phoenix-Vorstandsvorsitzende Hans Werner Kolb aber unumwunden, daß sein Unternehmen keinen Zusammenschluß nötig habe, um zu überleben. Die Gespräche mit Continental, so Kolb, zielten nicht auf eine schnelle Fusion, sondern auf eine langfristige Weichenstellung ab, die zunächst nur in eine Kooperation münden werde. Die Entscheidung darüber sei Sache der Vorstände der beiden Unternehmen. Diese Äußerung durfte man getrost als Spitze gegen den Continental-Aufsichtsratsvorsitzenden Herrhausen verstehen.

Auf der ersten von ihm geleiteten Hauptversammlung des Hannoveraner Unternehmens am 4. Juli 1971 kam folgerichtig die Frage des Zusammenschlusses zur Sprache. In einer Erklärung, die er noch vor Behandlung der Tagesordnung verlas, teilte Herrhausen den Aktionären mit, daß «eine solche Verbindung [...] entsprechende Hauptversammlungsbeschlüsse voraus[setzt], denen jeweils vorbereitende Beschlüsse der Aufsichtsräte vorangehen müssen».[5] Mit anderen Worten: Die Vorstände hatten aus Herrhausens Sicht in der Sache noch am wenigsten zu entscheiden. Das war eine klare Antwort an Kolb.

Auf derselben Hauptversammlung betonte der scheidende Vorstandssprecher der Continental, Georg Göbel, daß man spätestens nach einem Jahr Klarheit über die genauen Pläne haben werde. Als sich dieser Zeitplan durch die Bedenken bei Phoenix zu verzögern drohte, zeigte sich zum ersten Mal, mit welchen harten Bandagen

Herrhausen hinter den Kulissen kämpfen konnte. Im September 1971 bat er Fritz Sonnenholzner, ein Vorstandsmitglied der Münchener Rückversicherung, als Vertreter dieses Phoenix-Großaktionärs ein Gespräch mit dem Phoenix-Chef zu führen und ihm anzudrohen, daß die Deutsche Bank Kolb durch einen anderen Vorsitzenden ersetzen werde, falls er sich weiter der Fusion verweigere.[6] Diese Drohung aber mußte auch Abs vor den Kopf stoßen, denn es wäre in einem solchen Fall an ihm als Aufsichtsratsvorsitzendem von Phoenix gewesen, Kolb den Laufpaß zu geben. Nachdem ihm Kolb von der Verärgerung des Phoenix-Vorstands über Herrhausens Verhalten berichtet hatte[7], intervenierte Abs bei seinem jungen Kollegen, und der rief kurz darauf bei Kolb an und stellte nun den Plan eines Zusammenschlusses vor, der die Belange von Phoenix intensiver berücksichtige.

Dieses Modell hatte Herrhausen gleichfalls dem Continental-Vorstand präsentiert und dort bereits Zustimmung erhalten. Doch die ungewohnte Initiative, die der eigene Aufsichtsratsvorsitzende zeigte, sorgte nun auch in Hannover für Irritationen, zumal ein Bestandteil der Zugeständnisse an die Hamburger Konkurrentin darin bestehen sollte, daß Kolb den Vorstandsvorsitz in der neuen Gesellschaft übernehmen würde. Überdies kursierten im Oktober an der Börse Gerüchte, daß die Fusion nur ein Zwischenspiel sein werde und die Deutsche Bank langfristig den Plan verfolge, den neu entstehenden Konzern an die Bayer AG anzuschließen, wofür die Beteiligung des Leverkusener Unternehmens an der vorgesehenen Beteiligungs-GmbH spreche. Schon im April 1971 hatte der Chemiekonzern mitgeteilt, daß man sich mit der Deutschen Bank verständigt habe, daß diese über ihre Aktienpakete an Continental und Phoenix nur in Absprache mit Bayer disponieren werde.

Das Continental-Jubiläumsjahr 1971 war für das Unternehmen katastrophal verlaufen. In der deutschen Reifenindustrie wurde Kurzarbeit beschlossen, wilde Streiks erschütterten die Handwerker- und Maschinenbauabteilungen. Da traf es sich gut, daß im Dezember eine gemeinsame Erklärung der Aufsichtsräte von Continental und Phoenix erfolgte, die ganz im Sinne des im Sommer erstellten Zeitplans verkündete, die Fusion werde schon im nächsten Jahr in den jeweiligen Hauptversammlungen zur Abstimmung gestellt, weshalb beide Gesellschaften die entsprechenden Versammlungstermine bereits auf Ende Juni festgelegt hätten. Die von der Deutschen Bank, Bayer und der Münchener Rückversicherung verabredete GmbH wurde gleichfalls im Dezember gegründet. Sitz dieser großspurig «Corona» genannten Beteiligungsgesellschaft war Frankfurt am Main, womit die entscheidende Rolle der Deutschen Bank noch einmal hervorgehoben wurde. Für das fusionierte Unternehmen sah man erwartungsgemäß Hannover als Sitz vor, während der Vorstandsvorsitz weiter für Kolb reserviert wurde. Diese Verabredungen teilte Abs am 31. Januar 1972 dem Aufsichtsrat von Phoenix mit. Zugleich entband der Vorsitzende seine Kollegen in diesem Gremium von der üblichen Schweigepflicht, so daß der Vertreter des Betriebsrats die Neuigkeit sofort in einem Flugblatt unter die Hamburger Belegschaft brachte.

Diese gezielte Indiskretion von Abs war für Herrhausens entsprechende Aufgabe in Hannover nicht gerade förderlich. Der neue Vorstandssprecher von Continental, Adolf D. Niemeyer, erklärte rasch, er werde auch in der fusionierten Gesellschaft seine Ämter behalten – was insofern stimmte, als daß er weiterhin im Vorstand, wenn auch nur als stellvertretender Vorsitzender, vertreten sein und die Zuständigkeit für das zentrale Reifengeschäft innehaben würde. Da bei Continental wie auch bei der Deutschen Bank im Vorstand das Kollegialprinzip herrschte, galt der Sprecher offiziell nicht als Vorsitzender des Gremiums, sondern lediglich als Primus inter pares. Dadurch war die Schlappe Niemeyers in den Verhandlungen über die Position des künftigen Vorstandsvorsitzenden der fusionierten Unternehmen etwas besser zu kaschieren. Doch auch diese rhetorische Volte half nichts. Denn gleichzeitig meldete Phoenix im Gegensatz zur Konkurrentin Continental, die eine massive Dividendenkürzung ankündigte, stabile Geschäftszahlen. Und es verstärkte sich die Kritik aus der Belegschaft beider Unternehmen, daß bei dem Zusammenschluß nur unzureichend auf die Belange der Beschäftigten Rücksicht genommen werde, weil allein

Rationalisierungsabsichten im Mittelpunkt der Verhandlungen stünden.

Alle diese Hemmnisse führten schließlich zu einem blamablen Scheitern des Fusionsplans. Im Hinblick auf die günstigere wirtschaftliche Lage von Phoenix hatte die Deutsche Bank ein Umtauschverhältnis von 1,7 Continental-Aktien für ein Phoenix-Papier vorgeschlagen. Dagegen wehrte sich das viel größere Haus in Hannover. Nun war plötzlich nicht mehr Abs als Aufsichtsrat in der Pflicht, den skeptischeren der beiden vorgesehenen Partner zu überzeugen, sondern Herrhausen, und dazu fehlte dem jungen Vorstand noch die nötige Autorität. Zunächst teilten beide Unternehmen im April 1972 mit, daß man die gemeinsamen Termine für die Hauptversammlungen um vier Wochen verschieben müsse, weil noch einige Voraussetzungen des Konzepts geklärt werden sollten. Fünf Wochen später wurden die Pläne dann ganz abgeblasen, weil man die Verhandlungen nicht zum Abschluß bringen konnte. Nicht einmal ein Kooperationsvertrag, den alle Beobachter zumindest erwartet hatten, sollte zustande kommen.

Dieser Kompromißlösung, die immerhin als Grundlage einer späteren Fusion hätte dienen können, verweigerte sich Herrhausen höchstpersönlich. Darin blieb der Bankier zeit seines Lebens konsequent: Eine von ihm als optimal eingeschätzte Lösung sollte nicht durch eine zweitbeste ersetzt werden. In einer Indiskretion teilte er damals der Wochenzeitung «Die Zeit» mit, daß die Deutsche Bank «offen gesagt nach wie vor daran arbeitet, die beiden zusammenzuführen»[8]. Drei Wochen später fiel ihm Abs jedoch in den Rücken. Auf der Hauptversammlung der Phoenix antwortete der Aufsichtsratsvorsitzende in für ihn typischer flapsiger Weise auf den Redebeitrag eines Aktionärsvertreters, der ohne die Fusion Gefahren für das Unternehmen heraufziehen sah: «Ich bewundere die Leichtfertigkeit Ihrer Äußerungen.»[9] Das wurde von allen Beobachtern als direkte Warnung an Herrhausen verstanden.

So war die Lage, als Herrhausen kurz darauf seinen stehenden Auftritt auf der Hauptversammlung vom 26. Juli absolvierte. Wie angesichts des Scheiterns der Fusionspläne und einer Bilanz, die Umsatzverluste und einen Gewinnrückgang um mehr als die Hälfte auswies, nicht anders zu erwarten war, gab es harsche Kritik an der Unternehmensführung, zumal Herrhausen in der Diskussion deutlich aussprach, was der Vorstandssprecher Niemeyer nur angedeutet hatte: In den ersten Monaten des Jahres 1972 hatte Continental sogar Verluste gemacht. Der Aufsichtsratsvorsitzende wählte von Beginn der Versammlung an die Vorwärtsverteidigung, um zu verhindern, daß man einen Keil zwischen ihn und den Vorstand treiben könnte: «Lassen Sie mich vorweg eines klarstellen, meine Damen und Herren: An der Idee eines Verbundes von Phoenix und Continental halten wir nach wie vor fest. [...] Nun kennen Sie die schwierige Lage, in der sich unser Unternehmen zur Zeit befindet. Wir können uns fusionsbedingte Kostenerhöhungen gegenwärtig einfach nicht leisten, sondern müssen eine ökonomisch breitere Startbasis abwarten.»[10] Die Begründung, die zu erwartenden Kosten hätten das Scheitern der Fusion erzwungen, war angesichts der schlechten Geschäftszahlen ein kluger Schachzug, denn so fiel kein Schatten auf das Konzept als solches, und die Verweigerung des Vorstands, Herrhausen zu folgen, erschien als ökonomische Notwendigkeit. So waren Aufsichtsratsvorsitzender wie Unternehmensführung nach außen rehabilitiert.

Herrhausen bemühte sich als Versammlungsleiter redlich, die massive Kritik vor allem der Belegschaftsaktionäre dadurch zu entkräften, daß er auf Einzelfragen einging und nur gelegentlich seine gesellschaftspolitische Skepsis an der geforderten Einführung der vollen Mitbestimmung durchblicken ließ, die gleichfalls auf der Hauptversammlung debattiert wurde. Die Aufmerksamkeit, die er den einzelnen Redebeiträgen entgegenbrachte, und sein rhetorisches Geschick zeigt sich an einem Detail seiner Antwort in der Aussprache, als er die beiläufige Formulierung eines Belegschaftsaktionärs aufnahm und durch metonymische Verschiebung in eine eingängige Floskel überführte: «Statt des mitleidigen Lächelns haben Sie aufmerksame Ohren am Tisch der Verwaltung gefunden.»[11]

Gleichzeitig war für alle Anwesenden, wenn sie ihrerseits offene Ohren hatten, die unterschiedliche Auffassung zwischen Vorstand und Aufsichtsratsvorsitzendem, was die Fusion betraf, klar zu vernehmen. Denn die Sorge, über das Schicksal der Hannoveraner und Hamburger Unternehmen werde in Frankfurt und München entschieden, bezeichnete Herrhausen zwar als unbegründet: Die Großaktionäre «denken nicht daran, eine Entscheidung zu erzwingen, wenn die Vorstände nicht der Auffassung sind, daß es sich um eine optimale Entscheidung im Sinne einer eigenen Verantwortung gegenüber dem Unternehmen, den Mitarbeitern und allen anderen Aktionären handelt»[12]. Dadurch jedoch, daß er zuvor betont hatte, an der Fusionsidee halte man fest, stand nun der Continental-Vorstand als Bremser da.

Der Riß in der Führungsebene von Continental war nicht mehr zu kitten, zumal Herrhausen in einer internen Besprechung im Oktober 1972 androhte, die Deutsche Bank werde sich als Aktionär ganz zurückziehen, falls die Fusion nicht zustande komme.[13] Diese Krise drohte auch den Vorstand der Bank zu ergreifen, sollte Herrhausen die Probleme bei Continental nicht in den Griff bekommen. Im Januar 1972, als alles noch rosig für die Fusion aussah, hatte Bank-Vorstandssprecher Franz Heinrich Ulrich auf den Versuch von Berthold Beitz, Herrhausen für den Vorstandsvorsitz bei Krupp abzuwerben, eine knappe Auskunft erteilt: Die Deutsche Bank habe mit dem jungen Kollegen noch viel vor. Nun hatte der derart gepriesene Hoffnungsträger Lehrgeld bezahlt.

Deshalb war es für ihn ein Befreiungsschlag, als er im Februar 1973 verkünden konnte, der Aufsichtsrat von Continental habe einen neuen Vorstandsvorsitzenden gefunden, der bereits zum 1. April sein Amt in Hannover antreten werde. Das bisher gepflegte Kollegialprinzip im Vorstand wurde damit obsolet, und dessen Sprecher Niemeyer mußte die Kröte schlucken, daß er nun im eigenen Hause das erhielt, was ihm auch bei einer Fusion mit Phoenix als Posten angeboten worden war: die Position des nur noch stellvertretenden Vorstandsvorsitzenden. Wenn es noch eines Beweises bedurft hätte, wer entgegen den Beteuerungen Herrhausens bei der letztjährigen Hauptversammlung das Sagen in Hannover hatte, so war er nun erbracht. Denn diese Personalentscheidung hatte Herrhausen zur Chefsache gemacht und mit der Vorstellung seines Kandidaten im Continental-Vorstand auch dort Verblüffung ausgelöst.

Die Abschaffung des bei Continental seit Jahrzehnten geltenden Kollegialprinzips wirft auch ein bezeichnendes Licht auf die späteren Ambitionen Herrhausens, alleiniger Sprecher des Vorstands der Deutschen Bank zu werden. Es gab nicht wenige seiner Kollegen in diesem Gremium, die sich 1987, als er diesen Anspruch durchsetzte, an die Hannoveraner Entscheidung von 1973 erinnerten. Sie prognostizierten, das gleiche, was Herrhausen bei Continental durchgesetzt habe, könne er mittelfristig auch für die Deutsche Bank planen: die Etablierung eines in der Firmenhierarchie allein an der Spitze residierenden Vorstandsvorsitzenden statt eines zumindest pro forma den Kollegen gleichgestellten Sprechers.

Herrhausens Kandidat für den Chefsessel bei Continental war der siebenundvierzigjährige Carl H. Hahn, also ein Vertreter seiner eigenen Generation. Das ehemalige Vorstandsmitglied der Volkswagen AG – 1981 sollte Hahn nach Wolfsburg zurückkehren und dort VW-Chef werden – war bei seinem alten Arbeitgeber durch die Forcierung des Amerika-Geschäftes und eine beeindruckende Marketing-Offensive aufgefallen. Für Continental konnte damit ein Experte gewonnen werden, der aus der Automobilbranche kam, wo die wichtigsten Kunden des Unternehmens zu finden waren, und der in diesem Metier bereits internationales Ansehen genoß. Damit war der Weg aus der Krise, die Continental im Geschäftsjahr 1972 zum ersten Mal überhaupt rote Zahlen beschert hatte, zumindest angedeutet, und Herrhausen konnte seine Hauptaufmerksamkeit wieder anderen Fragen zuwenden.

Eines aber bewahrte er aus seiner ersten Bewährungsprobe: die Angewohnheit, die Hauptversammlungen der Continental stehend zu leiten. Und auch sein Engagement als Aufsichtsratsvorsitzender in Hannover wurde nicht geringer, was sich 1981 erwies, als Herrhausen nach dem Weggang von Hahn auch dessen Nachfolger Helmut Werner persönlich auswählte. Doch obwohl Hahn bei seinem Amtsantritt sowohl von Herrhausen als auch von dessen Aufsichtsratskollegen Wilhelm Meyerheim, der die Bayer AG vertrat, fest auf das Ziel eines Zusammenschlusses mit Phoenix eingeschworen wurde, sollte die Fusion erst viel später zustande kommen: Continental kaufte 2004 die marode gewordene Hamburger Konkurrentin. Die Entwicklung hatte Herrhausen recht gegeben.

Die zweite große Aufgabe, die der Bankier als Aufsichtsrat zu lösen hatte, sollte sich als einfacher erweisen, obwohl der Fall schwieriger zu sein schien. Beim Kölner Süßwarenhersteller Stollwerck war das Defizit so hoch, daß gegen ein engagiertes Vorgehen Herrhausens, der im September 1970 den Vorsitz im Aufsichtsrat übernommen hatte, kein Widerstand zu erwarten war. Die Deutsche Bank besaß hier seit 1963 eine Sperrminorität, und angesichts der Absatzkrise des Unternehmens erhöhte sie ihren Anteil an Stollwerck auf Herrhausens Betreiben bis auf mehr als die Hälfte. Damit bekam sie 1972 die Möglichkeit, durch den Verkauf des größten Teils davon dem Interessenten eine Mehrheit zu verschaffen, der ihr genehm war: Hans Imhoff. Der Fabrikant von Handelsmarken für Supermärkte hatte aus seinem mittelständischen Familienbetrieb in Bullay an der Mosel einen der größten Süßwarenhersteller Deutschlands gemacht und hatte schon länger Interesse an der etablierten Marke Stollwerck.

Doch Herrhausens Vorgänger als Aufsichtsratsvorsitzender, Hans Janberg, hatte auf die entsprechenden Angebote des Unternehmers nicht einmal reagiert.[14] Herrhausen, der gegenüber der Industrie weitaus aufgeschlossener war, nahm dagegen sofort Gespräche mit Imhoff auf und signalisierte dem Bankvorstand, daß er den geeigneten Kopf für eine Sanierung von Stollwerck gefunden hatte. Nachdem das Kreditinstitut das dafür notwendige Aktienpaket an Imhoff verkauft hatte, machte dieser einen radikalen Schnitt, indem er 1300 Stellen strich und die traditionsreiche Schokoladenfabrik in der Kölner Südstadt schloß, was in der Domstadt Empörung auslöste. Aber bereits 1975 verzeichnete Stollwerck wieder Gewinne.

Diese ungewöhnlich schnelle Sanierung festigte Herrhausens Position im eigenen Hause wieder, zumal er sich mit der Berufung von Hahn in den Augen seiner Vorstandskollegen bei der Deutschen Bank auch im Falle von Continental achtbar aus der Affäre gezogen hatte. Seine Bemühungen dort sollten dennoch für sechzehn Jahre, bis zur Planung des Zusammenschlusses von Daimler-Benz und Messerschmitt-Bölkow-Blohm, die letzte große Fusionsinitiative sein, die Herrhausen aktiv mitbetrieb. Allerdings würde er schneller als gedacht die Möglichkeit bekommen, als Gutachter Fusionen zu fördern.

Während das Vorstandsmitglied im Berufsleben jede Anstrengung unternahm, Zusammenschlüsse zu begründen und sie vor allem auf Dauer zu stellen, war ihm privat dieses Glück versagt. Ausgerechnet als er im Begriff stand, sich auch in der Öffentlichkeit als eine der auffälligen Führungskräfte der deutschen Wirtschaft durchzusetzen, scheiterte seine Ehe. Seit dem Wechsel zur Deutschen Bank hatte er am Familienleben in Dortmund kaum noch Anteil. Doch das Ehepaar Herrhausen blieb zunächst noch zusammen.

Bis Herrhausen im April 1974 von einer Reise nach Texas zurückkehrte, auf die ihn eigentlich seine Frau hätte begleiten sollen. Da Ulla Herrhausen jedoch immer weniger Lust verspürte, als bloßes Anhängsel des vielgefragten Managers mitzureisen, hatte sie sich kurzfristig entschlossen, zu Hause zu bleiben. Herrhausen war von Otto Wolff von Amerongen, Eigentümer des Stahlunternehmens Otto Wolff und Aufsichtsratsmitglied der Deutschen Bank, auf dessen Diamond X Ranch in Johnson City zu einer privaten Feier eingeladen worden, und unter den Gästen befand sich auch die damals dreißigjährige österreichische Medizinstudentin Traudl Baumgartner, Tochter eines Ordinarius für Chirurgie an der Universität Innsbruck und gute Freundin von Wolff von Amerongens Frau Winnie.

Die erste Begegnung erfüllte nach den Erinnerungen der Beteiligten und Beobachter jedes Klischee von Liebe auf den ersten Blick. Traudl Baumgartner fragte ihre Freundin Winnie sofort, wer denn dieser fesche junge Mann sei. Und Herrhausen erkundigte sich bei der Gastgeberin wenig später nach Traudl Baumgartner und bat Frau Wolff von Amerongen um Rat, wie er der jungen Ärztin seine Gefühle eröffnen könne. Bereits nach dreitägiger Bekanntschaft machte Herrhausen noch auf der Ranch einen Heiratsantrag, obwohl beide noch beim «Sie» waren, wie sich Traudl Herrhausen erinnert: «Ich möchte Sie heiraten.» – «Sie spinnen ja. Sie sind doch verheiratet.» – «Das erkläre ich Ihnen alles, wenn wir wieder in Deutschland sind.»[15]

Ganz so einfach wurde es nicht. Nach der Rückkehr trafen sich beide trotz der Entfernung zwischen Innsbruck und Dortmund regelmäßig weiter. Allein Jakob Nix war als Fahrer in alles eingeweiht, und nachdem er Traudl Baumgartner zum ersten Mal gesehen und dabei die Faszination seines Chefs für die junge Frau gespürt hatte, erkannte er die Bedeutung der neuen Beziehung und bestärkte Herrhausen in Momenten des Zweifels in seinem Entschluß. In diesen schwierigen Monaten entwickelte sich zwischen Vorstandsmitglied und Chauffeur ein Vertrauensverhältnis, das bis zur Ermordung von Herrhausen ungetrübt blieb. Mit Herrn Nix, so meint Traudl Herrhausen, sei ihr Mann mehr zusammen gewesen als mit ihr. Die beiden seien gute Freunde geworden.

Ulla Herrhausen hatte einen Monat nach der Rückkehr ihres Mannes aus Amerika in dessen Aktentasche mehrere Fotos von Traudl Baumgartner gefunden. Ihr Gatte, der diesen Eklat inszeniert haben mag, kündigte daraufhin an, sich scheiden zu lassen. Doch Ulla Herrhausen weigerte sich. Sie wußte, daß das für ein Vorstandsmitglied der Deutschen Bank nicht leicht sein würde, denn das Unternehmen legte großen Wert auf sein konservatives Image, und dazu zählte auch familiäre Treue. Eine Scheidung im Vorstand hatte es während der mehr als hundertjährigen Bankgeschichte noch nie gegeben.

Trotzdem verließ Herrhausen die Dortmunder Wohnung und zog zunächst mit nur einem Koffer, in dem er ein paar wichtige Bücher und Kleidungsstücke verstaut hatte, nach Düsseldorf in ein bankeigenes Apartment um. Kurz danach erhielt Herrhausens

Schwester Anne Koch einen Anruf von ihrer Mutter: Ulla Herrhausen habe einen Selbstmordversuch unternommen.[16] Das war der letzte verzweifelte Versuch, ihren Mann zurückzugewinnen. Als sie ihn selbst dadurch nicht umzustimmen vermochte, brach Ulla Herrhausen den Kontakt mit ihrem Mann und seiner Familie ab. Auch die damals fünfzehnjährige Tochter Bettina wandte sich auf Jahre hinaus vom Vater ab. Erst nach der 1977 vollzogenen Scheidung normalisierte sich das Verhältnis wieder so weit, daß Herrhausen Besuche in Dortmund machte. Doch gerade das Mißtrauen von Bettina Herrhausen ließ sich nur sehr langsam überwinden.

Rolf Schmidt-Holz, der Chefredakteur des «Stern», sollte 1989 nach der Ermordung Herrhausens im Hinblick auf dessen damals erst zehnjährige zweite Tochter Anna schreiben: «Welche Schuld, Kind eines erfolgreichen Bankiers zu sein!» Diese Bürde lastete aber auch auf Bettina Herrhausen im Jahr 1977. Die junge Frau hatte das Talent ihres Vaters geerbt und galt in der Schule als Überfliegerin. Nach dem Abitur, kurz nach der Scheidung ihrer Eltern, nahm sie ein Biologiestudium auf, das sie zwar erwartungsgemäß rasch zu Ende führte, doch die Promotion, die für eine Karriere in diesem Beruf notwendig war, brach sie ab. Diese neue Erfahrung des Scheiterns verunsicherte Bettina Herrhausen noch mehr – fortan war sie permanent auf der Suche nach dem richtigen Weg. Sie arbeitete zunächst in einem Verlag, nahm dann ein Studium der evangelischen Theologie auf, das sie aber nach vier Semestern wieder aufgab, und vermied jede engere persönliche Bindung. Die Trennung der Eltern war ein Einschnitt, der ihr weiteres Leben bestimmen sollte.

Mit dem Auszug aus der Dortmunder Wohnung war die familiäre Krise der Herrhausens bereits kurz nach der Bekanntschaft mit Traudl Baumgartner öffentlich gemacht worden. Otto Wolff von Amerongen stellte Herrhausen wenig später das Kölner Gästehaus seines Unternehmens als Domizil zur Verfügung, und als Traudl Baumgartner 1975 ihr Physikum absolviert hatte, wechselte sie zum Abschluß ihres Medizinstudiums nach Düsseldorf und zog mit Herrhausen in eine gemeinsame Wohnung. Sie mieteten sich dazu im Kutscherhaus des kleinen Wasserschlosses Caspersbroich im Solinger Stadtteil Ohligs ein, von wo aus Herrhausen sein Düsseldorfer Büro schnell erreichen konnte. Das neue Heim gehörte zu einer im Tal des kleinen Flusses Itter gelegenen Fachwerkanlage, deren Kern auf das Jahr 1492 zurückgeht und für die Solinger Bürger ein beliebtes Ausflugsziel ist – erst recht, seit in dieser Kulisse 1955 die Märchenverfilmung des «Gestiefelten Katers» gedreht worden war. Hier fand das Paar Abstand vom großstädtischen Trubel und vor allem vom Gerede in der Bank. Mit den anderen Mietern der Anlage bildete man eine Gemeinschaft, die manchen ausgelassenen Abend zusammen verbrachte. Hier lernte Herrhausen ein anderes Leben kennen, als er es bislang geführt hatte. Kam er nun aus Düsseldorf ins nahe Caspersbroich, warteten dort Gespräche mit Menschen aus anderen Berufsfeldern, so daß nicht er derjenige war, der stets von seinen Erlebnissen oder Problemen berichten mußte.

Seine Liebe zu Traudl Baumgartner verschaffte Herrhausen darüber hinaus Zugang zu Kreisen, die selbst ihm bislang verschlossen geblieben waren. Nicht nur ihr Vater war als Chirurg eine Berühmtheit, auch die Mutter stammte aus einer alteingesessenen Industriellenfamilie, die über beste Beziehungen in Österreich verfügte. Helmut Kohl erinnert sich daran, welchen Eindruck diese Kontakte bei Herrhausen hinterlassen haben: «Alfred schätzte die Atmosphäre, die Traudls Familie ihm eröffnete. So kam er auch in Kontakt zum Fürsten Karl Adam von Liechtenstein, mit dem die Baumgartners befreundet waren, und bald war er sowohl in der Bank von Liechtenstein als auch in der fürstlichen Stiftung engagiert.»[17] Doch auch seine Freundschaft mit Kohl selbst wurde durch das gesellschaftliche Umfeld von Traudl Baumgartner begründet. Die Familie Wolff von Amerongen besaß ein Ferienhaus am Wolfgangsee in St. Gilgen, direkt gegenüber der Wallfahrtskirche von St. Wolfgang. In der Nähe pflegte auch der damals noch rheinland-pfälzische Ministerpräsident Kohl seine Urlaube zu verbringen, und so wurde er von Wolff von Amerongen zu dessen Geburtstag eingeladen, wenn beide sich dann gleichzeitig in Österreich aufhielten. «Wann ich Alfred Herrhausen das erste Mal begegnet bin, weiß ich nicht mehr, aber es muß während seiner Zeit bei den VEW gewesen sein, in Dortmund. Doch richtig kennengelernt habe ich ihn erst 1976 bei Otto Wolff von Amerongen. Dessen Frau Winnie hatte einen sehr interessanten Freundeskreis, der sich in Wolffs Ferienhaus versammelte. Wir standen kurz vor der heißen Phase des Bundestagswahlkampfes von 1976, einige Mitarbeiter aus Bonn und anderswo waren mir an den Wolfgangsee gefolgt. In dieser interessanten Situation habe ich Alfred kennen- und schätzengelernt. Und mir fiel auf, daß er damals frisch verliebt war – man sah es ihm an.»[18]

Herrhausen blühte in der österreichischen Umgebung auf, und fortan sollte er dem Land als Urlaubsziel treu bleiben. Winters ging es mit Traudl regelmäßig zum Skilaufen, und auch im Sommer zogen sich beide gerne in das Ferienhaus der Baumgartners in Vorarlberg oberhalb des Bodensees zurück, sofern Herrhausens Wasserbegeisterung sie nicht zum Segeln und Surfen in die Ägäis verschlug. Der Manager hatte sich die Sportlichkeit seiner Jugend bewahrt, und er war stolz darauf. Am Wolfgangsee pflegte er 1976 vom Grundstück der Wolff von Amerongens bis zum «Weißen Rössl» am anderen Ufer und wieder zurück zu schwimmen. Und zu Hause, in den Wäldern um Solingen-Ohligs, nahm er nun regelmäßiges Laufen und Radfahren als Ausgleichssport auf, eine Gewohnheit, die er, wie alle seine Interessen, bis zum Extrem trieb. Selbst aufkommende Krankheiten bekämpfte Herrhausen mit ausgiebigen Waldläufen, und für seine ausgedehnten Wochenend-Radtouren, die er selbst als Vorstandssprecher noch absolvierte – dann allerdings in Begleitung von zwei Leibwächtern –, ließ er sich von einem Spezialausstatter in Bozen ein Fahrrad auf den Leib schneidern. Auch Besuche bei seiner Schwester in Unna fanden wieder regelmäßig statt, und deren Familie bemerkte einen gravierenden Wandel in seinem Naturell, den sie wie Helmut Kohl auf die frische Liebe zurückführten:[19] Plötzlich schien der unternehmungslustige Student der frühen fünfziger Jahre wieder zurückgekehrt. Zu Traudl Baumgartner entwickelte die Familie Herrhausen ein enges Vertrauensverhältnis.

Doch das Thema seiner bevorstehenden Scheidung war durch den privaten Rückzug ins Bergische Land nicht vom Tisch zu bringen. Der Aufsichtsratsvorsitzende Abs beauftragte F. Wilhelm Christians damit, seinen Schützling Herrhausen davon zu überzeugen, wieder zu seiner Frau zurückzukehren, zumindest aber die Ehe nicht auflösen zu lassen – er dürfe nicht riskieren, aus dem Vorstand ausgeschlossen zu werden. Herrhausen blieb stur. Über drei Jahre hinweg betrieb er die Scheidung, ehe seine Frau einwilligte. Am Tag der endgültigen Trennung im Frühjahr 1977 ließ er auf der gleichzeitig stattfindenden Vorstandssitzung der Deutschen Bank, der er des Termins wegen fernbleiben mußte, eine Erklärung verlesen, die die Kollegen von seiner Scheidung informierte und den eigenen Rücktritt ankündigte, falls man in dem Gremium zu dem Entschluß kommen sollte, daß dadurch eine weitere Zusammenarbeit nicht mehr möglich sei.

Herrhausen hatte hoch gepokert, aber er hatte in den drei Jahren seiner Ehekrise diverse Signale erhalten, daß die Bank – und vor allem der streng katholische Abs als deren oberster Moralwächter – nicht bis zum Äußersten gehen würde. War der endgültige Ritterschlag als Vorstand doch gerade in jener schwierigen Phase erfolgt: Herrhausen wurde im Juli 1976 auf Vorschlag der Deutschen Bank in den Aufsichtsrat von Daimler-Benz gewählt. Das Stuttgarter Unternehmen war traditionell mit dem Frankfurter Kreditunternehmen verbunden, und als Aufsichtsratsvorsitzender beim Automobilbauer fungierte jeweils ein Vorstandssprecher der Bank. Als Franz Heinrich Ulrich im Frühjahr 1976 als Sprecher seinen Abschied nehmen mußte, folgten ihm in diesem Amt wieder zwei Vorstandsmitglieder gleichberechtigt nach: Christians und Wilfried Guth. Da Guth im Vorgriff auf den Machtwechsel in seinem Institut bereits als einfaches Aufsichtsratsmitglied bei Daimler-Benz bestellt worden war, übernahm er nun auch den prestigeträchtigen und einflußreichen Posten als Aufsichtsratsvorsitzender in Stuttgart. Das damit frei werdende Mandat als einfaches Aufsichtsratsmitglied wurde Alfred Herrhausen zugesprochen.

Das war der erste eindeutige Hinweis, daß an der vier Jahre zuvor geäußerten Bemerkung Ulrichs, mit Herrhausen habe man im Vorstand noch viel vor, tatsächlich etwas dran war. Personalentscheidungen an der Spitze der Deutschen Bank wurden langfristig vorbereitet; Überraschungen waren nicht zu erwarten. Die Berufung als Daimler-Aufsichtsrat hatte nur dann einen strategischen Sinn, wenn Herrhausen als Nachfolger von Guth in diesem Gremium vorgesehen war – und damit auch als Sprecher des Deutsche-Bank-Vorstands. Allerdings würde dieser Wechsel erst neun Jahre später anstehen, und es spricht für die Verschwiegenheit des Bankenvorstands, daß es immerhin noch bis zum Oktober 1982 dauerte, ehe das Wirtschaftsmagazin «Capital» als erstes Presseorgan darüber berichtete, daß Herrhausen im Mai 1985 Wilfried Guth als Vorstandssprecher der Deutschen Bank beerben werde.[20]

Die umsichtige Planung aller Fragen von Sukzession im Vorstand verschafften Herrhausen früh Sicherheit – gerade auch in seinem Beharren auf der Scheidung. So konnte er es sich leisten, verlockende berufliche Angebote auszuschlagen. Schon 1973 hatte er es abgelehnt, als Vorstandsvorsitzender und persönlicher Gesellschafter zum Hamburger Tabakunternehmen Reemtsma zu wechseln, das der Deutschen Bank über jahrzehntelange Geschäftsbeziehungen eng verbunden war. Und als er doch noch einmal im Herbst 1977, nach der Auseinandersetzung um seine Ehescheidung, Abs davon informierte, daß er ungeachtet der Vertrauenserklärung durch den Vorstand überlege, das Unternehmen zu verlassen, weil ihm der hier gepflegte Führungsstil zu betulich sei, überzeugte ihn Abs, der im Vorjahr als Aufsichtsratsvorsitzender der Deutschen Bank zurückgetreten war, zu bleiben. Spätestens zu diesem Zeitpunkt wird Herrhausen die Versicherung des Grandseigneurs der Bank erhalten haben, daß er langfristig als Sprecher ausersehen war.

Mit der erneuten Heirat ließ sich Herrhausen nicht viel Zeit. Am 23. September 1977 erfolgte in Innsbruck die standesamtliche Trauung, einen Tag später die kirchliche Hochzeit in der dortigen Mariahilf-Kirche. Herrhausens enger Freund Augustinus Heinrich Graf Henckel von Donnersmarck, den er gemeinsam mit seiner neuen Frau im Jahr zuvor kennengelernt hatte und der damals das katholische Verbindungsbüro in der nordrhein-westfälischen Landeshauptstadt Düsseldorf leitete und als Domprediger im Essener Münster fungierte, wußte, daß die erste Ehe nach katholischem Kirchenrecht nicht regulär geschlossen worden war, weil Herrhausen 1955 ohne Dispens protestantisch geheiratet hatte. Deshalb stand trotz der Scheidung einer kirchlichen Trauung mit Traudl Baumgartner nichts im Wege. Für Herrhausen war die Zeremonie vor allem als symbolischer Akt wichtig, eine große Feier wurde daraus aber nicht gemacht. Nur enge Freunde und Familienangehörige des Paars waren anwesend, darunter natürlich auch Herrhausens Fahrer Nix, der sogar die Rolle des Trauzeugen übernahm, weil der eigentlich dafür vorgesehene Gast sich verspätet hatte. Für die kleine Gesellschaft veranstaltete das Brautpaar am Abend des 24. September noch ein Essen im Lanzer Restaurant «Wilder Mann». Mehr Aufwand wurde nicht betrieben.

Die Feier wurde allerdings überschattet durch ein tragisches Ereignis: Knapp drei Wochen zuvor, am 5. September 1977, war Arbeitgeberpräsident Hanns Martin Schleyer durch ein Terrorkommando der Rote-Armee-Fraktion entführt worden. Die vier Begleiter Schleyers, drei Polizisten und sein Fahrer, wurden dabei ermordet. Noch am selben Tag veröffentlichten die Terroristen eine Erklärung, die ankündigte, daß sie ihre Geisel erschießen würden, falls ihre Forderung nach Freilassung von neun namentlich genannten RAF-Inhaftierten, darunter die gesamte frühere Führungsspitze, nicht erfüllt werde. Das war der Auftakt jener sieben Wochen, die später den Namen «Deutscher Herbst» erhalten sollten.

Im Frühjahr 1977 war gerade der große Terroristenprozeß gegen die Gründer der Rote-Armee-Fraktion nach mehreren Jahren Verhandlungsdauer abgeschlossen worden: Andreas Baader, Gudrun Ensslin und Jan-Carl Raspe wurden jeweils zu mehrfach lebenslänglicher Haft verurteilt. Es schien ausgeschlossen, daß die Bundesrepublik Deutschland der Erpressung der Terroristen nachgeben und die frisch Verurteilten wieder freigeben würde. Denn das Zugeständnis, das man zwei Jahre zuvor bei der Entführung des Berliner CDU-Vorsitzenden Peter Lorenz für dessen Freilassung gemacht hatte, hatte dazu geführt, daß die damals freigepreßten Terroristen der zweiten Garnitur sich in den Nahen Osten absetzten, wo sie weitere Kampfausbildung erhielten, ehe sie wieder nach Deutschland zurückkehrten. Die Polizei vermutete zu Recht, daß die Schleyer-Entführung durch die Nachgiebigkeit von 1975 begünstigt worden war – personell wie strategisch, denn unter den Entführern waren einige der damals Freigelassenen, und das Schema der Aktion, die demütigenden Fotos der Geisel und die programmatischen Erklärungen der Terroristen inbegriffen, entsprach dem des Falles Lorenz.

Aber auch über die Entschlossenheit der Terroristen gab es keinen Zweifel. Erst im Sommer 1977 war Jürgen Ponto, der Vorstandsvorsitzende der Dresdner Bank, bei einem mißglückten Entführungsversuch ermordet worden – und bereits im Frühjahr starb Generalbundesanwalt Siegfried Buback mit zwei Begleitern im Kugelhagel. Das Jahr 1977 war der Höhepunkt des linksradikalen Terrors in der Bundesrepublik, und Herrhausen machte sich schon damals keine Illusionen darüber, daß auch er in höchstem Maße gefährdet war. Er galt längst als einer der exponierten Vertreter seiner Branche, zumal seit er vom Bundesfinanzministerium 1974 in die Studienkommission «Grundfragen der Kreditwirtschaft», die sogenannte Banken-Strukturkommission, berufen worden war. Dies dokumentierte noch einmal seine Bedeutung. Alle Vorstandsmitglieder der Großbanken wurden nach dem Mord an Ponto als hochgefährdet eingestuft, und mit der nun absehbaren Übernahme eines der beiden Sprecherposten der Deutschen Bank durch Herrhausen würde diese Bedrohung weiter steigen. Bereits am 11. September 1977 schrieb er deshalb in der Solinger Wohnung eine kurze Notiz, die er in einem verschlossenen Briefumschlag in seinem Nachttisch deponierte. Auf dem Kuvert war vermerkt: «Für Traudl für den Fall meiner Entführung». Als seine Frau diesen Brief zwölf Jahre später, nach der Ermordung ihres Mannes am 30. November 1989, öffnete, fand sich darin folgender Text: «Ich, der unterzeichnende Alfred Herrhausen, Solingen, Schloß Caspersbroich, erkläre: Für den Fall meiner Entführung bitte ich auf unverantwortliche Erpressungen, die sich gegen den demokratischen Rechtsstaat der Bundesrepublik Deutschland richten, nicht einzugehen. Solingen, den 11. September 1977.»

Diese knappe Mitteilung läßt einmal mehr den Stolz Herrhausens auf das deutsche politische Modell erkennen – er wollte keinen Zweifel daran lassen, daß ihm das Land und dessen Staatsform mehr bedeuteten als das eigene Leben. Zudem zeigt der Brief Herrhausens Bemühen, der Politik jenes Dilemma zu ersparen, in dem sich Bundeskanzler Helmut Schmidt in den Monaten der Schleyer-Entführung befand. Es galt, die Staatsräson gegen die Verantwortung für das Leben eines einzelnen Bürgers abzuwägen. Herrhausens Brief ließ aber immerhin noch eine Hintertür offen, indem er zwar staatliche Zugeständnisse ablehnte, das Eingehen auf etwaige finanzielle Forderungen von Entführern aber offen ließ. Doch der Verfasser wußte nur zu genau, daß die Zeit, da sich der deutsche Linksterrorismus vorrangig mit der Geldbeschaffung für den von ihm ausgerufenen «bewaffneten Kampf» befaßt hatte, mittlerweile Geschichte war. Die Rote-Armee-Fraktion hatte längst die Freipressung ihrer inhaftierten Führungsspitze und damit die Demütigung des ihr verhaßten Staates zum vorrangigen Ziel erklärt.

Seit 1974 war Helmut Schmidt deutscher Regierungschef: Er war nicht bereit, gegenüber Terroristen Nachgiebigkeit zu zeigen. Auch das wußte Herrhausen. Beide Männer hielten große Stücke aufeinander, wenn sich auch Schmidt, wie sich Edzard Reuter erinnert, nach Herrhausens Mitwirken in der Banken-Strukturreform spöttisch über den Bankier geäußert hatte, weil er ihn für einen Träumer hielt.[21] Das hinderte den Bundeskanzler aber nicht daran, das Deutsche-Bank-Vorstandsmitglied 1977 mit einer delikaten Aufgabe zu betrauen. Herrhausen sollte einen Vorschlag erarbeiten, wie man die deutsche Luft- und Raumfahrtindustrie neu ordnen könne. Die Kapitalintensität dieser Branche und die sehr langen Entwicklungszyklen erforderten aus Sicht der Bundesregierung eine Konzentration, wie sie in anderen Ländern bereits vollzogen worden war, um die deutschen Anbieter international wettbewerbsfähig zu halten. Konkret sollte der in München angesiedelte Flugzeugkonzern Messerschmitt-Bölkow-Blohm mit den im gleichen Segment tätigen Vereinigten Flugtechnischen Werken (VFW) in Bremen zusammengeführt werden.

Nun stand Herrhausen – wenn auch nur als Berater und ohne daß seine Bank involviert war – wieder an vorderster Front eines Fusionsplans. Doch die VFW gehörten zum niederländischen Fokker-Konzern, und der ließ sich erst nach drei Jahren auf die Herauslösung des deutschen Unternehmensbestandteils ein – auch dabei gab erst eine Vermittlung durch Hermann Josef Abs den Ausschlag. Der ehemalige Vorstandssprecher unterhielt seit dem Beginn seiner Bankierskarriere enge Kontakte in die Niederlande und galt deshalb als bester Vermittler in wirtschaftlichen Fragen, die beide Länder berührten.[22] Dennoch hatte Herrhausen durch die verbissenen Verhandlungen einen intimen Einblick in die Struktur des 1980 daraus hervorgegangenen deutschen Luft- und Raumfahrtkonzerns erhalten. Diese Kenntnisse sollten ihm, als dieses Unternehmen acht Jahre später – erneut auf staatliche Anregung – mit Daimler-Benz fusionierte, noch sehr nützlich sein.

Daimler-Benz selbst war für eine kurze Zeit im Jahr 1979 eine ernste Option für Alfred Herrhausen. Als Aufsichtsrat hatte er den Konzern in den vergangenen drei Jahren gut kennengelernt, und nun trat zum Ende des Jahres der langjährige Vorstandsvorsitzende Joachim Zahn planmäßig in den Ruhestand. Das Vorschlagsrecht für dessen Nachfolger lag beim Aufsichtsratsvorsitzenden von Daimler-Benz, also bei Herrhausens Vorstandskollegen Wilfried Guth. Zudem hatte die Führung der Deutschen Bank gegen den in Stuttgart favorisierten Kandidaten Gerhard Prinz, der im Konzern als Vorstand für Materialwirtschaft zuständig war, zunächst Einwände, denn man wünschte sich einen Manager mit unternehmerischer Vision, der Daimler-Benz auch auf neue Betätigungsfelder führen könnte. Prinz, der bei VW großgeworden war, ehe er nach Stuttgart wechselte, zeigte in den Augen der Bank zuwenig Interesse an Aktivitäten außerhalb des klassischen Automobilgeschäfts.

Für die Deutsche Bank war ihre langjährige Beteiligung an

Daimler-Benz so etwas wie das Kronjuwel ihres industriellen Anlagevermögens. Dabei war der Anteil, den das Kreditinstitut an dem Automobilkonzern hielt, mit weniger als fünf Prozent gering, doch seit 1954 besaß die Bank das Vorkaufsrecht auf ein Aktienpaket von neununddreißig Prozent, das sich im Besitz des Industriellen Friedrich Flick befand. Dieser hatte sich in den frühen fünfziger Jahren bemüht, heimlich die Mehrheit an Daimler-Benz zu erwerben, hatte damit jedoch ein Hilfegesuch des Vorstands an Abs als Vorstandssprecher der Süddeutschen Bank (die Deutsche Bank war damals auf Verlangen der alliierten Siegermächte noch in drei selbständige Institute geteilt, die erst 1957 formal zusammengeführt wurden) ausgelöst, weil man in Stuttgart eine ausländische Übernahme fürchtete. Flick sah keine Möglichkeit mehr, seinen Plan gegen den Einfluß der Bank zu verwirklichen, und deshalb nahm nun er mit Abs Kontakt auf, weil er aus steuerrechtlichen Gründen bis zum Jahresende 1954 daran interessiert war, zumindest eine Sperrminorität (fünfundzwanzig Prozent) zusammenzukaufen, um in den Genuß des sogenannten Schachtelprivilegs zu kommen, mit dem damals Minderheitenbeteiligungen von mehr als einem Viertel des Stammkapitals begünstigt wurden.[23]

Abs trat daraufhin aus dem Besitz seines Instituts (und der beiden weiteren Teile der ehemaligen Deutschen Bank, der von Düsseldorf aus geleiteten Rheinisch-Westfälischen Bank und der mit ihrer Zentrale in Hamburg angesiedelten Norddeutschen Bank) die Flick noch fehlenden Anteile ab und erhielt im Gegenzug das Vorkaufsrecht auf dessen gesamten Daimler-Benz-Besitz. Und die Zusage Flicks, niemals den Posten des Aufsichtsratsvorsitzenden zu beanspruchen. So hatte Abs beide Seiten zufriedengestellt: Bei Daimler-Benz hatte sich sein Kreditinstitut die Rolle des wichtigsten Beraters und den Aufsichtsratsvorsitz gesichert, und mit Flick bestand fortan eine einträgliche Geschäftsbeziehung, deren Früchte mehr als drei Jahrzehnte später vor allem Herrhausen ernten sollte.

Seine mittlerweile auf neununddreißig Prozent angewachsene Beteiligung an Daimler-Benz sollte Flick jedoch bereits 1975 der Deutschen Bank anbieten. Im Jahr zuvor hatte ein anderes großes

Aktienpaket des Automobilkonzerns den Besitzer gewechselt: Die Familie Quandt hatte ihre vierzehn Prozent nach Kuwait verkauft. Es war die Zeit der Ölkrise, und die deutsche Öffentlichkeit war über den Verkauf entsetzt. Als Flick daraufhin durchblicken ließ, daß er mit Iran über den Kauf seiner Daimler-Beteiligung verhandele, hatte die Deutsche Bank leichtes Spiel – inwieweit die Verhandlungen Flicks mit Iran tatsächlich ernsthaft geführt wurden, blieb unbekannt. Wie dem auch sei: Die Übernahme des gewichtigen Anteils von neunundzwanzig Prozent (zehn Prozent verblieben bei Flick) wurde allgemein als nationale Tat gefeiert. Doch vor allem sicherte sich das Kreditinstitut bestimmenden Einfluß auf einen der größten deutschen Konzerne, dessen Zukunft zu den schönsten Hoffnungen Anlaß gab. Auch mit Daimler-Benz hatte die Deutsche Bank viel vor. Und in dieses wohlbereitete Bett wollte nun Alfred Herrhausen steigen.

Sein Interesse am Stuttgarter Vorstandsvorsitz war verständlich. Hier winkte ein Posten mit gewaltigen Gestaltungsmöglichkeiten, der sofort zu besetzen war, während er auf die Übernahme der Rolle als Vorstandssprecher der Deutschen Bank noch sechs Jahre würde warten müssen, um sie dann mit Christians zu teilen, der in diesem Gespann als Senior fungieren würde.

Allerdings stieß Herrhausen auf gleich zwei Hindernisse: Die Führungsspitze des Stuttgarter Autobauers fühlte sich durch die von Herrhausen offen vorgetragene Bewerbung brüskiert. Als der Bankier gegenüber dem Daimler-Vorstandsmitglied Edzard Reuter seine Absichten äußerte, sagte dieser Herrhausen auf den Kopf zu, daß er keine Chance auf den Chefposten habe.[24] Das Führungsgremium von Daimler-Benz habe genug geeignete Kandidaten in den eigenen Reihen. Und gleichermaßen verständlich war auch die Reserviertheit, mit der Wilfried Guth den Ambitionen Herrhausens gegenüberstand. Er kannte den Ehrgeiz seines Kollegen und wollte ihn lieber für die Deutsche Bank selbst nutzen. Zudem hätte dieser Wechsel vermutlich die Debatte über die Macht der Banken in Deutschland weiter angeheizt. Persönliche Ressentiments Guths kann man ausschließen, denn er wußte ja ohnehin, daß die Konstellation, die er bei Daimler-Benz nun verhinderte – Herrhausen als Vorstandschef, er selbst als Aufsichtsratsvorsitzender – wenige Jahre später genauso bei der Deutschen Bank eintreten würde, sobald er selbst aus Altersgründen den Sprecherposten niederlegte und in das Kontrollgremium der Bank wechselte. Dann hätte sein Nachfolger Herrhausen auch alle Chancen auf den Aufsichtsratsvorsitz bei Daimler-Benz.

Herrhausen begrub seine Ambitionen allerdings erst nach einem vertraulichen Gespräch mit den beiden Vorstandssprechern der Deutschen Bank, Guth und Christians.[25] Darin rieten ihm die beiden Kollegen dringend ab, weil er in Stuttgart nicht willkommen sei. Außerdem stehe ihm weiterhin der längst zugesicherte Weg an die Spitze der Bank offen. Doch das tröstete Herrhausen wenig, zumal Guth sich schließlich auch noch für den zuvor umstrittenen Gerhard Prinz als neuen Daimler-Chef entschied. Etwas gemildert wurde Herrhausens Enttäuschung dadurch, daß er zu den wenigen Freunden von Prinz im Deutsche-Bank-Vorstand zählte. Als Aufsichtsrat bei Daimler-Benz hatte er persönlich eine enge Beziehung zu dem Materialwirtschafts-Vorstand entwickelt, und Prinz war 1977 einer der wenigen Gäste auf Herrhausens Hochzeit gewesen, deren Freundschaft mit dem Bräutigam auf beruflichen Kontakten beruhte.

Doch die Umstände von Guths Entscheidung waren in Herrhausens Augen unglücklich. Der Beschluß hatte ungebührlich lange Zeit in Anspruch genommen, und die Debatte um die eigene Kandidatur Herrhausens hatte auch die Öffentlichkeit erreicht. Herrhausens Befähigung zur Leitung eines großen Industrieunternehmens war dank seiner Vergangenheit bei den VEW unbestritten. Aber auch im Vorstand der Deutschen Bank hatte man ihm seine als «Kapriolen» ausgelegte Scheidung und das damit verbundene forsche Rücktrittsangebot von 1977 noch nicht vergessen. Hilmar Kopper erinnert sich an das Unverständnis seiner Kollegen, das von Herrhausens wiederholten Abwanderungsgelüsten ausgelöst wurde: «Das haben wir alten Deutschbanker nicht verstanden. Es konnte doch nicht sein, daß man aus diesem Vorstand woandershin wechseln wollte. Was hätte es da geben sollen? Wir waren sehr irritiert, daß es für Herrhausen offenbar ein Shangri-La jenseits der Deutschen Bank geben sollte.»[26] Nun konnte man dem ehrgeizigen Aufsteiger einen Denkzettel verpassen. Es sollte der letzte in seiner Karriere bleiben, und die Erfahrungen von 1979 spielten eine wichtige Rolle sowohl bei Herrhausens späterer Amtsführung als Daimler-Aufsichtsratsvorsitzender als auch bei seinem Poker um die Durchsetzung eines einzigen Vorstandssprechers für die Deutsche Bank im Jahr 1987.

Das Interesse von Herrhausen an industriellen Fragen war es auch, das ihm am 17. November 1982, kurz nach dem Regierungswechsel von Helmut Schmidt zu Helmut Kohl, einen weiteren Regierungsauftrag einbrachte. Noch unter der sozialliberalen Koalition war Herrhausen 1979 als Vertreter der Kreditwirtschaft in die Enquete-Kommission zur Bankenstrukturreform berufen worden. Nun bat ihn der neue Bundeswirtschaftsminister Otto Graf Lambsdorff gemeinsam mit dem Allianz-Finanzvorstand Marcus Bierich sowie dem früheren Krupp-Vorstandsvorsitzenden und damaligen Veba-Aufsichtsratschef Günter Vogelsang um Mitwirkung in einem Gremium, dessen Mitglieder schnell auf den Namen «Stahlmoderatoren» getauft wurden. Die drei Manager sollten für die Bundesregierung ein Konzept zur effizienteren Zusammenarbeit in der deutschen Hüttenindustrie ausarbeiten, die wie alle europäischen Stahlproduzenten unter der wachsenden Konkurrenz des Weltmarkts gelitten hatte.

Der Auftrag wirft ein bezeichnendes Licht auf das politischökonomische Selbstverständnis der Bundesrepublik in den achtziger Jahren. Die institutionelle Verzahnung von Regierung und Industrie war in keinem anderen marktwirtschaftlich geführten Staat – mit der Ausnahme Frankreichs – so groß wie in Deutschland. Herrhausen profitierte als überzeugter Verfechter des freien Konkurrenzprinzips gerade von dessen Ausschaltung: Die Deutsche Bank unterhielt enge Verbindungen mit der Politik, und ihre Führungsspitze war über Mitgliedschaften in Kommissionen und Ausschüssen an zahlreichen wirtschaftspolitischen Entscheidungen beteiligt. Eines der wichtigsten Probleme, die es dabei zu lösen galt, war die Bewältigung der Krise in der deutschen Stahlindustrie. Nach Herrhausens liberalem Wirtschaftsverständnis hätte die Produktionssteuerung und damit die Angebotsregulierung dem Markt überlassen bleiben müssen. Doch auch für ihn, gerade als Kind des Ruhrgebiets, war das Fortbestehen der deutschen Schwerindustrie eine Angelegenheit von nationaler Bedeutung, zumal die Existenz der Stahlwerke Hunderttausende Arbeitsplätze sicherte. Deren Ende hätte auch in den Augen der frisch etablierten christlich-liberalen Regierung die Grundlagen der sozialen Marktwirtschaft in Frage gestellt.

Deshalb nahm Herrhausen die ihm angetragene Funktion eines Stahlmoderators an. Das Dreiergremium legte ein beeindruckendes Tempo vor und konnte bereits am 24. Januar 1983 seine Vorschläge unterbreiten. Es konnte aufmerksame Kenner der Herrhausenschen Karriere nicht überraschen, daß am Ende ein ausgefeilter Fusionsplan stand. Er ließ alle vorherigen Spekulationen über eine Elefantenhochzeit zwischen den beiden größten Stahlproduzenten, Hoesch und Krupp, die von der nordrhein-westfälischen Landesregierung präferiert wurde, gegenstandslos werden. Statt dessen schlugen die Stahlmoderatoren eine noch rigidere Lösung vor: die Konzentration der größten Stahlerzeuger auf zwei regional sortierte Gruppen, die vereinfachend mit «Rhein» und «Ruhr» bezeichnet wurden. In der ersten sollten die Produktionen von Thyssen und Krupp, in der zweiten die von Hoesch, Klöckner und Peine-Salzgitter zusammengefaßt werden.

Durch die Schaffung zweier annähernd gleich starker Gruppen sollte das Konkurrenzprinzip bestehen bleiben, das bei einer Vereinigung von Hoesch und Krupp zu einer «Ruhrstahl AG» durch die schiere Übermacht dieses neuen Konzerns ausgehebelt worden wäre. Innerhalb der Gruppen würde eine breitere Produktpalette geschaffen, die ein flexibleres Agieren am Markt ermöglichen sollte. So konnte Herrhausen den Staatsauftrag zur Industrieumgestaltung mit den eigenen Überzeugungen in Einklang bringen. Doch er ließ keinen Zweifel daran, daß nur mit Unterstützung der

Bundesregierung die Durchsetzung des Planes zu erreichen sei. Denn die angeschlagenen Unternehmen würden eine öffentliche Soforthilfe für die in Aussicht genommenen Umstrukturierungen benötigen, die nach Schätzung der drei Moderatoren drei Milliarden D-Mark betrüge.[27] Durch die Umsetzung der vorgeschlagenen Maßnahmen sollten die beteiligten Unternehmen ihr Ergebnis um gleichfalls bis zu drei Milliarden D-Mark verbessern. Dies hätte den Preis für eine Tonne deutschen Rohstahls um bis zu hundert D-Mark gesenkt, womit man wieder international wettbewerbsfähig geworden wäre. Trotzdem fürchteten die Stahlmoderatoren, daß angesichts der staatlichen Subventionen für die ausländische Stahlproduktion diese Kostensenkung allein nicht ausreichen werde. Sie regten deshalb an, über Importquoten nach amerikanischem Vorbild nachzudenken, was allerdings einen drastischen Verstoß gegen jedes Ideal von Wettbewerb bedeutet hätte. Aber im Zweifel erschien Herrhausen das nationale Interesse bedeutender als das ideologische.

Vogelsang, der das Stahlmoderatoren-Konzept der Presse präsentierte, forderte nun eine rasche Umsetzung des Plans. Zunächst sollte man mit der Gründung von gemeinsamen Verkaufsgesellschaften für die Produkte der vorgeschlagenen Gruppen beginnen. In diese würden dann auch mit den Stahlwerken Bochum, den Stahlwerken Rasselstein und Theodor Wuppermann (für die Rhein-Gruppe) und mit Maxhütte und Saarstahl (für den Ruhr-Zusammenschluß) Unternehmen aufgenommen werden, die vorerst nicht für die geplanten Fusionen vorgesehen waren. Damit hatte man auf Ländergrenzen keine Rücksichten mehr genommen, betroffen waren Unternehmen aus Nordrhein-Westfalen, Niedersachsen, dem Saarland, Hamburg und Bremen. Der diesen Bundesländern abverlangte Verzicht auf eigene Industriepolitik im prestigeträchtigen Stahlsektor sollte dadurch erkauft werden, daß die Bundesregierung die Kosten der Umsetzung des Plans tragen würde.

Doch hier ließ Bonn die eigens beauftragten Stahlmoderatoren im Stich. Nach der gewonnenen Bundestagswahl vom 6. März 1983 war die Sanierung der Schwerindustrie plötzlich nicht mehr vordringliches Ziel der Regierungskoalition. Vordergründig wurde argumentiert, daß der Preis dafür zu hoch sei, mehr als eine halbe Milliarde Starthilfe könne nicht erübrigt werden, und die Länder müßten sich zur Hälfte an den entstehenden Kosten beteiligen. Dadurch waren die divergierenden Interessen der Bundesländer wieder mit im Spiel, während die Moderatoren gehofft hatten, dieses Problem durch die Verlagerung der Frage von Beihilfen auf die Bundesebene außen vor halten zu können. Außerdem regte sich in den Unternehmen unerwarteter Widerstand, vor allem bei Hoesch, dessen Vorstandsvorsitzender Detlev Karsten Rohwedder als treibende Kraft bei der Umsetzung des Konzepts ausersehen war. Er aber verweigerte sich selbst dann, als ihm von den Stahlmoderatoren bei einem gemeinsamen Abendessen die Führung der Ruhr-Gruppe angetragen wurde.

Daraus entstand eine pikante Situation, denn Aufsichtsratschef bei Hoesch war damals Andreas Kleffel, Vorstandskollege Herrhausens bei der Deutschen Bank, während Herrhausen selbst den stellvertretenden Aufsichtsratsvorsitz bei der Klöckner AG innehatte, die nach seinen Plänen mit Hoesch fusioniert werden sollte. Beide Deutsche-Bank-Vertreter konnten ihren Einfluß aber nur vorsichtig geltend machen, sollte die neutrale Rolle der Stahlmoderatoren nicht gefährdet werden. Denn schon waren Stimmen zu hören, daß Herrhausen bei seinen Vorstellungen vor allem die Interessen der Bank im Blick gehabt habe, bei der alle für die Konzentration vorgesehenen Unternehmen hoch verschuldet waren. Eine Sanierung auf Staatskosten, so wurde behauptet, würde deshalb vorrangig der Deutschen Bank nützen. Herrhausen hat diese Behauptung stets zurückgewiesen, aber der unterstellte Interessenkonflikt machte ihn nachdenklich und beeinflußte wenige Jahre später seine Strategie bei den Bemühungen um einen Schuldenerlaß für die Entwicklungsländer. Um dabei dem Vorwurf zu entgehen, auch hier wolle er nur die drohenden Verluste seines Instituts durch staatliche Zugeständnisse ausgleichen lassen, sollte Herrhausen gerade den Verzicht der Gläubigerbanken zur Vorbedingung für weitere Hilfen erklären.

1983 war er auf solche Raffinessen nicht vorbereitet, und er war auch hierarchisch noch nicht in der Position, um für die ganze Bank sprechen zu können. Es ist unwahrscheinlich, daß man die Stahlmoderatoren so hängengelassen hätte, wie es schließlich geschah, wenn unter ihnen der Vorstandschef eines der wichtigsten deutschen Konzerne gewesen wäre. Als die Bundesregierung nach dem 24. Januar 1983 noch während der nur auf wenige Wochen festgelegten Verhandlungen zwischen den Unternehmen der Hüttenindustrie durchblicken ließ, daß sie keinen Beteiligten zwingen werde, an den vorgesehenen Fusionen teilzunehmen, und überdies nicht einmal das bundeseigene Stahlwerk Peine-Salzgitter kompromißlos in die Planungen einbrachte, war die Idee bereits so gut wie gescheitert.

Unter den drei von ihrem eigenen Auftraggeber desavouierten Stahlmoderatoren konzentrierte sich vor allem Herrhausen in den Folgemonaten immerhin noch darauf, so viel wie möglich von den ausgearbeiteten Vorschlägen zu erhalten. In einem Interview, das ein Jahr nach der Vorstellung des Plans geführt wurde[28], zeigte sich Herrhausen aber bitter enttäuscht über die Unterstellungen, er habe allein im Interesse der Deutschen Bank gehandelt, und über die mangelnde Unterstützung durch das Bundeswirtschaftsministerium. Es war mittlerweile absehbar, daß von der ursprünglichen Konzeption nichts übrigbleiben würde. Dabei betrachtete der Bankier das Prinzip der unabhängigen Moderatoren sogar als ein Modell, nach dem man auch andere krisengeschüttelte Branchen wie etwa die deutsche Werftenindustrie hätte sanieren können.

Es mag zum Scheitern der Initiative beigetragen haben, daß Herrhausen in Bonn zeitweise als ernsthafter Anwärter auf einen Posten im Kabinett gehandelt worden war. Nach der Wahl Helmut Kohls zum Bundeskanzler durch das konstruktive Mißtrauensvotum vom 1. Oktober 1982 hatte das enge Vertrauensverhältnis zwischen dem neuen Regierungschef und dem Deutsche-Bank-Vorstand – Herrhausen nahm sogar an der kleinen Feier von Kohls engsten Mitarbeitern und Freunden am Abend des 1. Oktober teil, die der neugewählte Kanzler ausrichtete[29] – Gerüchte ausgelöst, der Regierungschef werde ihm ein Ministeramt anbieten. Kohl beteuert zwar, es habe nie derartige Pläne gegeben, weil sowohl Otto Graf Lambsdorff als auch Gerhard Stoltenberg Herrhausen vom Wesen her allzu fremd waren, um mit ihm gegebenenfalls als Wirtschafts- und Finanzminister auszukommen[30], aber vor allem Lambsdorff mußte in dem einflußreichen Bankier, der stets bei Kohl ein offenes Ohr fand, auch nach erfolgter Kabinettsbildung weiterhin einen potentiellen Konkurrenten sehen. Zumal Herrhausen noch im März 1983 trotz seiner Beteuerung, er habe nie die Absicht gehabt, Minister zu werden, deutlich signalisierte, daß er einen Wechsel in die Politik auch nicht generell ausschließen würde: «Vorstand der Deutschen Bank zu sein, ist durchaus reizvoll. Aber auch als Minister kann man eine ganze Menge bewegen. Es ist die Frage des persönlichen Lebensziels. Mein Ziel hat nie darin bestanden, Minister zu werden. Es hat aber auch nicht darin bestanden, Vorstandsmitglied der Deutschen Bank zu werden. Das Leben hat sich so entwickelt. Und ich bin in dieser Position hier sehr glücklich.»[31]

Herrhausen wußte indes auch, wie wichtig für einen Bankmanager die Kontakte zur Politik waren. Unter seinen Gesprächspartnern sollten sich in den achtziger Jahren nicht nur Vertreter der christlich-liberalen Regierung wie Kohl, Lambsdorff oder Helmut Haussmann finden, sondern auch die SPD-Politiker Hans-Jochen Vogel und Oskar Lafontaine. Es gehörte zu seinem Verständnis von Liberalismus, daß man auch diejenigen anhören sollte, deren Meinung man nicht teilte. Damit beeindruckte er später als Vorstandssprecher den Stellvertretenden SPD-Fraktionsvorsitzenden im Bundestag, Wolfgang Roth, der sich bei Herrhausen beklagt hatte, daß Führungskräfte mit SPD-Parteibuch in der Deutschen Bank benachteiligt würden. «Andere hätten mich hinausgeworfen», erinnerte sich Roth[32], aber Herrhausen habe ihm gegenüber bankinterne Konsequenzen angekündigt, falls sich diese Behauptung bestätigen würde. Im Falle des SPD-Mitglieds Edzard Reuter sollte Herrhausen später beweisen, daß ihm das Parteibuch tatsächlich egal war, wenn es um die Förderung eines Managers ging, von dessen Fähigkeiten er überzeugt war: Er verschaffte Reuter den Vorstandsvorsitz im Daimler-Benz-Konzern.

Trotz seinen vielfältigen Beziehungen nach Bonn pflegte er mit keinem anderen Politiker einen so intensiven Austausch wie mit Helmut Kohl. Dabei spielte die große Hoffnung auf jene «geistig-moralische Wende», die der neue Bundeskanzler im Herbst 1982 versprach, eine weniger große Rolle, denn Herrhausen mußte schnell erkennen, daß die praktischen Resultate weit hinter dieser Ankündigung zurückblieben. Für ihn war der Maßstab für eine «geistig-moralische Wende» das Vertrauen der Politiker in die Eigenverantwortlichkeit der Bürger, und gerade da erkannte er keinen Unterschied zur sozialliberalen Vorgängerregierung. In einem Vortrag, den er 1986 und 1987 mehrfach hielt, zog er noch vor Ende der ersten Legislaturperiode unter Bundeskanzler Kohl Bilanz: «Ich bin weit davon entfernt, der Regierung, die wir seit 1982 haben, nur Positives zu bescheinigen. Sie ist ja angetreten mit dem Anspruch, sich auf die tragenden Prinzipien der Sozialen Marktwirtschaft eines Ludwig Erhard rückzubesinnen und ihnen neu zum Durchbruch zu verhelfen. An diesem Anspruch muß man sie messen. Sagen wir es offen: gänzlich eingelöst ist dieses Selbstverständnis noch längst nicht. Die Praxis der letzten vier Jahre erinnert einen manchmal an das Wort Adlai Stevensons, es sei einfacher, für ein Prinzip zu kämpfen, als ihm gerecht zu werden.»[33]

Herrhausen hatte vor allem die Erwartung, man würde wieder zum Verständnis eines Sozialstaats gelangen, der nicht mehr in der Versorgung, sondern in der Eröffnung von Möglichkeiten sein Ziel fand. Es war Friedrich August von Hayek, der in seinem Festvortrag zum fünfundzwanzigjährigen Bestehen des Freiburger Walter Eucken Instituts, dem Herrhausen eng verbunden war, im Februar 1979 ausgeführt hatte, woran auch Herrhausen glaubte: «Die neue Moral des Sozialen, wenn wir das Wort sozial wörtlich als ‹das Gefüge einer Gesellschaft fördernd› nehmen, ist das Gegenteil dessen, was sie vorgibt. Sie ist im wesentlichen ein willkommener Vorwand für den Politiker geworden, Sonderinteressen zu befriedigen. Das Soziale bezeichnet kein definierbares Ideal, sondern dient heute nur mehr dazu, die Regeln der freien Gesellschaft, der wir unseren Wohlstand verdanken, ihres Inhalts zu berauben.»[34] Doch zugleich blieb Herrhausen ein überzeugter Verteidiger des Grundgedankens der sozialen Marktwirtschaft, wie Ludwig Erhard sie begründet hatte. Der Rekurs auf den ersten Wirtschaftsminister der Bundesrepublik, den Herrhausen immer wieder als Ideal hinstellte, diente dem Bankier vor allem als Mahnung an Erhards Partei, die CDU, die zwar jetzt wieder Regierungsverantwortung trug, aber nicht daran dachte, jene Änderungen in der Sozialpolitik durchzuführen, die der Deutsche-Bank-Vorstand für unentbehrlich hielt.

In derselben Rede, in der er seiner Enttäuschung über die mangelnde Konsequenz der Kohlschen Reformen Ausdruck verliehen hatte, wurde Herrhausen vor allem in einem brisanten Punkt konkret, der damals noch lange nicht die gleiche Beachtung fand wie heute: «Wir stehen [...] von der Arbeitslosigkeit bis zur Rentenversicherung in der Tat in ‹tiefem Wasser›, und wir sollten nicht darauf vertrauen, daß sich dies mit dem Fortgang der Jahre von selbst ändert. [...] Diese Rechnung kann angesichts der demographischen Entwicklung nicht aufgehen, es sei denn, die von uns heute unterlassene Kapitalbildung – das Sparen – wird später von unseren Kindern nachgeholt – entweder mit höheren Beitragssätzen oder höheren Steuern, die dann zur Finanzierung der erforderlichen Staatszuschüsse notwendig werden.»[35] Herrhausen zählte zu den ersten, die in den achtziger Jahren öffentlich auf diese Probleme hinwiesen, doch in dieser Frage fand er bei seinem Freund Helmut Kohl kein Gehör.

Privat dagegen bedeuteten diese Jahre eine Zeit ungetrübten Glücks. Seine zweite Heirat verschaffte ihm jenen familiären Rückhalt, den er in seiner ersten Ehe seit dem Wechsel zur Deutschen Bank so vermißt hatte. Im Februar 1978 war die Tochter Anna geboren worden, und durch Traudl Herrhausens österreichische Herkunft fand der Bankmanager neue Rückzugsmöglichkeiten. Im Gegensatz zu seiner ersten Frau Ulla konzentrierte sich Traudl Herrhausen nicht vollständig auf die Familie, sondern sie brachte ihre medizinische Ausbildung zum Abschluß und sollte nach dem späteren Umzug nach Bad Homburg, als Anna alt genug war, um die Mutter entbehren zu können, ihren Beruf auch praktisch ausüben. Die Freunde Herrhausens bewunderten die «schöne Ärztin» an seiner Seite, die so viel selbständiger agierte als die Frauen anderer Spitzenmanager, und das Vorstandsmitglied genoß die intellektuelle Herausforderung durch seine Frau.

Diese Konstellation entsprach seiner idealen Vorstellung von Familienleben. In den sechziger Jahren hatte ihn eine Passage aus Arnold Gehlens Buch «Die Seele im technischen Zeitalter» besonders beeindruckt: «Die Familie [...] bleibt als einzige ‹symbiotische› Sozialform zurück, sie verdankt dieser Monopolstellung ihre außerordentliche Stabilität selbst in einer so mobilen Kultur und sie erscheint als der eigentliche Gegenspieler aller Öffentlichkeit, als Asyl der Privatheit.»[36] So verstand auch Herrhausen deren Funktion, doch das hieß für ihn nicht Abschottung, sondern bewußte Auswahl jener Freunde und Kollegen, die in dieses Refugium eingelassen wurden. Eine Einladung in das Herrhausensche Haus war ein Privileg, denn der Bankier bemühte sich vermehrt, berufliche und private Sphäre strikt zu trennen. Nur der Umstand, daß ihm weiterhin nur selten längere Zeit blieb, die er ganz der Familie hätte widmen können, war ein Wermutstropfen. Als er seiner Frau im Herbst 1980 eine Reise mit der kleinen Anna auf jene texanische Ranch schenkte, wo sich das Ehepaar sechs Jahre zuvor kennengelernt hatte, mußte Herrhausen aus beruflichen Gründen in Deutschland bleiben. Doch zu Hause in Schloß Caspersbroich bemühte er sich um ausreichend Zeit für Frau und Kind, gerade auch um nachzuholen, was er zwanzig Jahre zuvor versäumt hatte: Anteil zu nehmen daran, wie seine Tochter aufwuchs.

Fünftes Kapitel
Manager der Bundesrepublik: Gestalten, nicht verwalten!

Was Herrhausens bisherige Karriere ausgezeichnet hatte, war die Tatsache, daß ihre Facetten die bundesdeutsche Wirtschaftsgeschichte geradezu perfekt abbildeten. Vom kometengleichen Aufstieg in den fünfziger Jahren über die Festigung der eigenen Rolle in den Sechzigern, dem Krisenmanagement in den frühen siebziger Jahren, der Konzentration auf strukturelle Fragen bis hin zum neuen Aufbruch in den Achtzigern – stets agierte Herrhausen auf Feldern, die als bedeutende und vor allem typische ihrer jeweiligen Zeit verstanden werden können.

Die VEW stehen exemplarisch für das korporatistische Ideal, das die Wirtschaftspraxis der jungen Bundesrepublik prägte und das bis heute nicht ganz überwunden werden konnte (wenn auch seit den Privatisierungen von öffentlich dominierten Unternehmen, die in den sechziger Jahren begannen – woran Herrhausen ja entscheidend beteiligt war –, etliche Fortschritte erreicht wurden, wie die Beispiele der Telekom und des geplanten Börsengangs der Post beweisen). Und das große Engagement, das das neue Vorstandsmitglied der Deutschen Bank bei den Sanierungen wichtiger Großkunden des Kreditinstituts zeigte, war eine Reaktion auf die erste Krisenerscheinung in der bis dahin ungebrochenen ökonomischen Erfolgsgeschichte der jungen Republik: Bis zum Ende der sechziger Jahre hatte die Konjunktur geboomt, und diese lange Phase wirtschaftlicher Prosperität hatte die Unternehmen unvorsichtig werden lassen. Entsprechend gravierend waren die Probleme für einige von ihnen in den Folgejahren – zumal, als Anfang der siebziger Jahre die erste Ölkrise nicht nur Deutschland, sondern die ganze westliche Welt erschütterte.

Herrhausen betrieb tatsächlich eine Art Management dessen, was später als «Deutschland AG» bezeichnet werden sollte. Zwar nur aus der zweiten Reihe heraus, wie es seinem Verantwortungsbereich noch entsprach, aber dabei nicht weniger wirkungsvoll. Er war ein Vertreter jenes Typs des Homo faber, der die ihm zugeteilte Rolle mit ganzer Kraft ausfüllt. Zudem gestattete eine Institution wie die Deutsche Bank damals noch eine festgelegte Karriereplanung: Wenn Herrhausen sich bewährte, war ihm das Amt eines Vorstandssprechers langfristig nicht vorzuenthalten. Diese Sicherheit in einer eigentlich auf dem Konkurrenzprinzip und freier unternehmerischer Entscheidung gegründeten Marktwirtschaft war gleichfalls typisch für das deutsche Wirtschaftssystem – zumindest in den großen Konzernen. Und die Deutsche Bank war außerdem so etwas wie die Schaltzentrale im deutschen Wirtschaftsleben. Ihre Führungskräfte wurden zwangsläufig als Repräsentanten des gesamten Systems wahrgenommen. Herrhausens späterer Vorstandskollege Michael Endres meint deshalb, man hätte, statt von der «Deutschland AG» zu sprechen, damals besser das ganze Land «Deutsche Bank AG» genannt.[1]

Bei Herrhausen kam hinzu, daß er sich selbst als Patrioten betrachtete und keinen Hehl aus seiner Liebe zu Deutschland machte. Helmut Kohl erinnert sich an einen gemeinsamen Auftritt bei einer Veranstaltung der Deutschen Bank in der Jahrhunderthalle Hoechst, als Herrhausen schon Vorstandssprecher geworden war: «Da saßen acht- oder neunhundert junge Leute aus der Bank. Das waren ‹seine Leute›, diejenigen, die er mit seinem Elan begeisterte. Ich war etwas früher gekommen, und Alfred lud mich ein, schon mit ihm auf die Bühne zu kommen, doch ich setzte mich hinten in die letzte Reihe, um ihm zuzuhören. In seiner Rede sagte er dann: ‹Wann immer ich aus dem Ausland zurückkomme und im Flugzeug die Durchsage höre, daß man nun bald in Frankfurt landen werde, dann denke ich, ich kehre heim ins schönste Land der Welt. Dabei weiß ich, daß es noch schönere gibt. Aber eines hat Deutschland allen anderen voraus: Es ist unser Heimatland.› Ein paar Augenblicke herrschte in der riesigen Halle völlige Stille, dann brach der Jubel los. Das war zu einer Zeit, als sich nur ganz wenige öffentlich zu ihrer Liebe zu Deutschland bekannten.»[2]

Herrhausens Verbundenheit mit Bundeskanzler Kohl sollte im Laufe der Zeit immer enger werden. Dies führte jedoch, wie bereits gesehen, nicht dazu, daß der Bankier den Politiker mit Kritik verschonte. In seinen Augen hatte dessen Vorgänger Helmut Schmidt weitaus mehr ökonomischen Sachverstand bewiesen, und Kohls Schlagwort von der «geistig-moralischen Wende» sah er als ein uneingelöstes Versprechen: «Seine Verantwortungsethik ist nicht sehr ausgeprägt», urteilte Herrhausen über Kohl. «Es ist beispielsweise ein schlechtes Stück, die geistige Wende zu fordern und sie dann nicht einzuleiten.»[3] Doch Kohl schätzte gerade die Meinungsfreude des Bankiers: «Er liebte Diskussionen und Widerspruch. Wir haben uns nach der Zeit am Wolfgangsee häufiger gesehen. Weihnachten 1976 habe ich das Amt des rheinland-pfälzischen Ministerpräsidenten niedergelegt, um als Oppositionsführer nach Bonn zu wechseln. Dort haben wir uns oft getroffen. Und als Kanzler habe ich ihn erst recht in Anspruch genommen. Vor allem im Jahr 1989, als die Umwälzungen in Osteuropa seinen ökonomischen Sachverstand erforderten. Es wäre großartig gewesen, ihn auch 1990 noch als Berater für die Probleme in den Neuen Ländern zur Seite zu haben. Er war ein sehr ernsthafter Mensch und hat gleichzeitig so gerne gelacht. Er hatte diesen lausbübischen Zug, der gar nicht ins Bankgeschäft paßte. Und ich bin sicher, die Deutsche Bank hat sich von dem Verlust dieses einzigartigen Mannes nicht erholt.»[4]

Zu Herrhausens Managertalent zählte auch die Fähigkeit zum Management des eigenen Lebens. Nur einmal, im Moment seiner Ehekrise, drohte die heikle Balance von privater und professioneller Existenz, die Verbindung von Berufs- und Familienleben, die für seine erste Frau zu einer schweren Belastung geworden war, zerstört zu werden. Es war allein seiner Entschiedenheit zu danken, daß er aus dieser persönlichen Krise beruflich weitgehend unbeschädigt hervorging. In der zweiten Ehe mit Traudl Baumgartner achtete Herrhausen nun auf eine strikte Trennung der beiden Sphären. In seinem Freundeskreis fanden sich nur wenige Kollegen aus der Kreditbranche, dafür bemühte er sich, die neuen über seine Frau vermittelten Bekanntschaften zu pflegen. Überdies hatte er durch sein Interesse für Philosophie ein intellektuelles Rückzugsgebiet gefunden, das ihn davor bewahrte, bloß zum Erfüllungsgehilfen in einer Leitungsposition zu werden: Herrhausen hatte immer den Anspruch, nicht zu verwalten, sondern zu gestalten.

Das zeigte sich auch in seinen künstlerischen Neigungen. Unter Bankführungskräften ist es weniger üblich als unter Industriellen, Kunstsammlungen aufzubauen, und Herrhausen ragte durch sein spezielles Interesse an deutscher Gegenwartskunst auch hier besonders hervor. Er hatte den Anspruch, die eigene Zeit in Gedanken zu fassen und danach zu handeln, und diesen Anspruch erhob er auch für sein ganzes Unternehmen. «Ich möchte ein gebildeter Mensch sein und bleiben», erklärte er in einem Interview aus dem Jahr 1988, «und möchte gern, daß die Bank, die Unternehmen, in denen ich tätig bin, ein menschliches Gesicht bewahren.»[5] Diesem Ideal entsprach der Ausbau der Kunstsammlung der Deutschen Bank, die unter dem Vorstandssprecher Hermann Josef Abs als eine Kollektion der Klassischen Moderne begonnen worden war. Doch erst unter Herrhausens kunstbegeistertem Vorstandskollegen Herbert Zapp wurde sie kontinuierlich weiterentwickelt und vor allem in ihrer Ausrichtung auf die Zeit nach 1945 verlagert. Zapp, 1977 in den Kreis des Vorstands aufgenommen, legte in der 1979 offiziell begründeten «Sammlung Deutsche Bank» unter dem Motto «Kunst am Arbeitsplatz» sein besonderes Augenmerk auf den Erwerb ganzer Werkgruppen und schuf einen speziellen Schwerpunkt bei Arbeiten auf Papier. Über seine vielfältigen Kontakte kamen auch Zapps Vorstandskollegen in Kontakt mit Galeristen, und vor allem Herrhausen nutzte diese Möglichkeiten zur persönlichen Weiterbildung, wie er sich auch stets bemühte, auf seinen Geschäftsreisen wenigstens ein paar Minuten für den Besuch bedeutender Museen abzuzweigen.

So konnte es nicht überraschen, daß in den Jahren nach dem Antritt Herrhausens als Vorstandssprecher dieses Engagement noch forciert wurde: Nun wurden neben deutschen auch internationale Künstler gesammelt, und der Akzent der Sammlung verschob sich immer mehr in Richtung Gegenwartskunst. Das Büro des Sprechers im dreißigsten Stock der neuen Frankfurter Bankzentrale wurde durch Arbeiten von Joseph Beuys und A. R. Penck geschmückt, und in Herrhausens Vorzimmer stand die Plastik «Lebensalter» von Horst Antes. Wie wichtig ihm die Sammlertätigkeit seines Unternehmens war und welch einen sensiblen Bereich sie zugleich berührte, zeigt sich in einem Leserbrief, der in der «Frankfurter Allgemeinen Zeitung» vom 18. November 1988 abgedruckt wurde. Herrhausen hatte sich in einem Moment höchster persönlicher Aktivität, als er dabei war, ein Konzept für die grundlegende Umgestaltung der Deutschen Bank zu entwickeln, noch die Zeit genommen, einen kritischen Bericht des Blattes zur Ausleihpolitik der «Sammlung Deutsche Bank», der am 1. November erschienen war, richtigzustellen. Darin war behauptet worden, das Institut habe 1984, nach dem Umzug in seine neue Konzernzentrale an der Mainzer Landstraße, aus dem Städelschen Kunstinstitut, der traditionsreichen bürgerlichen Museumsgründung in Frankfurt, mehrere Dauerleihgaben abgezogen, um damit die Chefetagen auszustaffieren. Dieser Vorwurf traf Herrhausen an empfindlicher Stelle. Denn er betrachtete die Kunstsammlung nicht als Luxus, den die Bank sich auf Kosten ihrer Aktionäre leistete, sondern als eine Verpflichtung zur öffentlichen Präsentation der Bestände, um die Aufwendungen zu rechtfertigen. So selbstverständlich, wie er es für sich persönlich und sein Kreditinstitut als Pflicht empfand, mäzenatisch tätig zu sein, so selbstverständlich mußte dabei geprüft werden, daß man einen Gegenwert erwarb, der für die Gesellschaft von Nutzen war.

In Abs hatte er freilich einen Vorläufer gehabt, der diesbezüglich andere, sorglosere Maßstäbe gesetzt hatte – gerade in der Frankfurter Museumsszene. Abs war ein versierter Kunstkenner, der aber gerade dadurch den Rat anderer in solchen Fragen unterschätzte. Und er verstand das Kunstmäzenatentum der Deutschen Bank als seine angestammte Domäne – auch noch zu Herrhausens Zeiten. Obwohl 1967 mit Erreichen der Altersgrenze als Vorstandssprecher ausgeschieden, blieb Abs bis zu seinem Tod 1994 die graue Eminenz der Deutschen Bank und der einzige, der an Einfluß wie persönlichem Ansehen dem alleinigen Vorstandssprecher Herrhausen im Konzern noch etwas entgegenzusetzen hatte. Als besonders aktiver Förderer der Frankfurter Kulturpolitik mußte er die von der F.A.Z. erhobene Behauptung vom Abzug der Kunstwerke als Affront gegen sein eigenes Engagement werten. Deshalb reagierte sein Nachfolger im Vorstandssprecheramt auch so prompt und wies darauf hin, daß einerseits einige der genannten Kunstwerke sich immer noch im Städel befanden, andererseits andere, die die Deutsche Bank gezielt für ihren Neubau erworben hatte, nur während der Bauzeit der Frankfurter Türme an das Museum ausgeliehen worden seien.

Herrhausen nutzte die Gelegenheit aber vor allem für eine kurze Beschreibung der Sammel-Aktivitäten der Deutschen Bank. In ihnen sah er sein soziales Engagement mit der Fortsetzung des durch Abs begründeten Mäzenatentums verbunden: «Im übrigen ist festzustellen, daß wir die Türme in Frankfurt überwiegend mit Werken zeitgenössischer Künstler ausgestattet haben, um in erster Linie unseren Mitarbeitern am Arbeitsplatz die Begegnung mit moderner Kunst zu ermöglichen. Mit diesem Konzept fördern wir außerdem junge Künstler und engagierte Galeristen.» Von 1980 an veranstaltete Herbert Zapp jährliche Ausstellungen und lud Künstler, deren Werke er erworben hatte, zu Besuchen in die verschiedenen Filialen ein. 1985 wurde eine Ankaufskommission gebildet, die neben Zapp aus den ehemaligen Museumsdirektoren Peter Beye von der Stuttgarter Staatsgalerie und Klaus Gallwitz vom Städel sowie dem beratenden Galeristen Wolfgang Wittstock bestand. In den neubezogenen Türmen der Frankfurter Zentrale wurden «Kunst-Etagen» eingerichtet, und die Namen der dort jeweils vertretenen Künstler dienten statt der Abteilungsbezeichnungen als Kennzeichen auf den Fahrstuhlanzeigetafeln.

Derzeit umfaßt die Sammlung Deutsche Bank mehr als fünfzigtausend Arbeiten, doch die ursprüngliche Forderung Herrhausens, diesen Schatz der Öffentlichkeit zugänglich zu machen, ist nur eingeschränkt erfüllt worden. Immerhin wurden eine Zeitlang regelmäßig Kunstwerke aus dem Bestand der Bank in Filialausstellungen vorgestellt und an Museen überall auf der Welt ausgeliehen. Ein spezielles Verhältnis – besonders wichtig im Hinblick auf Abs – bestand dabei auch in Herrhausens Ägide weiterhin zum Frankfurter Städel. Herrhausen betonte deshalb in seinem Brief: «Unser Haus steht dem Städel seit Jahrzehnten nicht nur finanziell, sondern auch mit Rat und Tat zur Seite und hilft als Mäzen bei wichtigen Neuerwerbungen.»

Beschränkte sich die Deutsche Bank als Sammlerin seit Herrhausens Zeit weitgehend auf die unmittelbaren Zeitgenossen, hatte ihr Vorstandssprecher privat konventionellere Interessen. Eine große Leidenschaft Herrhausens galt den Zeichnungen der Wiener Moderne, und er hatte nach der Heirat mit Traudl Baumgartner einige Blätter von Klimt und Schiele erworben – als Hommage an die österreichische Herkunft seiner Frau. Zuvor hatte er seit seiner Zeit im Management der VEW alte böhmische und Nürnberger Glasobjekte gesammelt – eine Leidenschaft, die nicht von systematischem Eifer durchdrungen war, aber von der Begeisterung für die Sorgfalt bei der Herstellung der fragilen Objekte zehrte.

Sein 1984 bezogenes Haus in Bad Homburg dagegen wurde unter dem Einfluß seiner zweiten Frau konsequent mit moderner Kunst ausgestattet. Herrhausen entwickelte dabei vor allem eine persönliche Vorliebe für die Maler und Bildhauer der «Stuttgarter Schule», einer Kunstrichtung, die seit den fünfziger Jahren eine eher sachliche und kleinformatige Kunst hervorgebracht hat. Hier schloß sich wieder der Kreis zum Werk von Hans Rompel, dessen konstruktivistische Kunst ein Vierteljahrhundert zuvor den Bildband «Energie» zierte, den Herrhausen im Auftrag der VEW zusammengestellt hatte.

Doch im Gegensatz zu Abs betrachtete Herrhausen sich selbst nicht als großen Kunstkenner. Sein besonderes mäzenatisches Engagement galt einem anderen Feld, dessen Nutzen der Gesellschaft unmittelbar dienen sollte: der Elitenförderung. Das zeigte sich an zahlreichen Ehrenämtern und Initiativen, die aus dem Rahmen des für ranghohe Bankenvertreter üblichen Engagements fielen. So war Herrhausen als Vertreter seiner Bank 1980 Mitbegründer des Historischen Kollegs in München, einer Forschungseinrichtung, die durch die Vergabe von Stipendien und Preisen an internationale Spitzenforscher im Bereich der Geschichtswissenschaft hervortritt. Herrhausen ließ bei der seit 1976 vorbereiteten Gründung des Historischen Kollegs ein besonders großes persönliches Interesse erkennen, und er war es auch, der in der Bank dessen Finanzierung durch den Stiftungsfonds des Kreditinstituts durchsetzte. Er hatte sich auch schon früh als Vorstandsmitglied seines Unternehmens im Stifterverband für die Deutsche Wissenschaft engagiert, der wiederum entscheidend an den Vorgesprächen zum Historischen Kolleg beteiligt war.

Um welche finanziellen Volumina es dabei ging, zeigt ein Blick auf das letzte Geschäftsjahr, über das Herrhausen als Vorstandssprecher der Deutschen Bank berichten konnte: 1988 spendete das Unternehmen insgesamt 9,1 Millionen D-Mark für kulturelle Aktivitäten, ein damals, vor der Epoche des Sponsoring, ungewöhnlich hoher Betrag für ein deutsches Unternehmen. Allein 3,9 Millionen davon gingen an den Stifterverband für die Deutsche Wissenschaft; an Parteispenden wurden dagegen für denselben Zeitraum nur etwas mehr als 400 000 Mark ausgewiesen. Der Historiker Knut Borchardt erinnerte in seiner Gedenkrede an Alfred Herrhausen anläßlich des zehnjährigen Bestehens des Historischen Kollegs daran, daß das seinerzeit vereinbarte Konzept für die Arbeit des Stiftungsfonds der Deutschen Bank «so sehr spezifischen Erfahrungen und Überzeugungen Herrhausens [entsprach], daß er die Betreuung des Kollegs trotz sich rasch mehrender Verantwortlichkeiten im Vorstand der Bank, dessen Sprecher er schließlich wurde, keinem seiner Kollegen übergeben hat und daß er sich weiter sehr persönlich um die Realisierung großer und kleiner Vorhaben im Prozeß des Ausbaus bis hin zur Inbesitznahme und Einrichtung der Kaulbach-Villa kümmerte»[6].

Ein noch größeres Engagement bewies Herrhausen wenige Jahre später bei der Gründung der Universität Witten/Herdecke, der ersten privaten Hochschule der Bundesrepublik. In diesem Fall kamen gleich zwei elementare Interessen des Bankiers zusammen: seine Liebe zu seiner Heimat, dem Ruhrgebiet, und der Wille zur

Elitenförderung, die er in einer Hochschule, die ihr eigenes Auswahlverfahren durchführen konnte und nicht an die zufällige Zuteilung von Studenten durch die Institution der Zentralstelle für die Vergabe von Studienplätzen gebunden war, viel eher verwirklicht sah als an den meist schwerfälligen staatlichen Universitäten. Das zeigte sich schon beim Gründungsjahrgang, als für den ersten in Witten/Herdecke angebotenen Studiengang der Medizin aus mehr als sechstausend Bewerbern nur sechsundzwanzig Studenten ausgewählt wurden. Gemeinsam mit dem Bertelsmann-Chef Reinhard Mohn, dem Krupp-Aufsichtsratschef Berthold Beitz, Jörn Kreke als Chef der Douglas-Holding und August Oetker zählte Herrhausen zu den Wirtschaftsvertretern im Direktorium der neuen Universität, wie er auch schon dem 1980 ins Leben gerufenen Universitätsverein angehört hatte, der die Gründung unterstützte. Deshalb hielt er am 30. April 1983 bei der Gründungsfeier der Universität Witten/Herdecke in der Wittener Stadthalle auch selbst einen Vortrag. Die Deutsche Bank, die auf seine Initiative hin die private Hochschule unterstützte, gehört noch heute zu deren wichtigsten Förderern.

Weitere Ehrenämter bekleidete Herrhausen als Schatzmeister der Max-Planck-Gesellschaft, deren Senat und Verwaltungsrat er angehörte, und als Vorstandsmitglied der Düsseldorfer List-Gesellschaft, die sich der Umsetzung wirtschafts- und sozialpolitischer Forschungsergebnisse in die Praxis widmete («Was die Wissenschaft erkennt, wendet die Technik an. Sorgfalt verhilft zum Erfolg», hatte Herrhausen im VEW-Band «Energie» zur Maxime erhoben). 1984 wurde er Mitglied im Kuratorium der Alfried Krupp von Bohlen und Halbach-Stiftung, er gehörte aus freundschaftlicher Verbundenheit zum Fürstenhaus dem Stiftungsrat der «Prince of Liechtenstein Foundation» an und engagierte sich in zahlreichen Institutionen von Unternehmern, die sich der europäischen Einigung im Wirtschaftsbereich verschrieben hatten, etwa der «Association for the Monetary Union of Europe» und der deutschen Industriellenvereinigung «Aktionskomitee für Europa», die für die im Jahr 2000 geplante Währungsunion warb. Der Höhepunkt von Herrhausens mäzenatischem Einsatz folgte im Jahr 1987, als die

Deutsche Bank auf sein Betreiben hin die Stiftung «Hilfe zur Selbsthilfe» ins Leben rief, die mit einem Stiftungskapital von hundert Millionen D-Mark, einer bis dahin unerhörten Summe, ausgestattet wurde und Unterstützung für Menschen bieten soll, die durch das soziale Netz zu fallen drohen. Nach seiner Ermordung wurde sie in «Deutsche Bank Stiftung Alfred Herrhausen ‹Hilfe zur Selbsthilfe›» umbenannt, um an dieses Engagement des ehemaligen Vorstandssprechers zu erinnern.

Den zeitlichen Aufwand, den solche Verpflichtungen bedeuteten, nahm Herrhausen bewußt in Kauf. Für ihn, der ansonsten wenig Sinn für gesellschaftliche Ereignisse besaß und weder die Ehemaligentreffen der Feldafinger Reichsschüler noch die Stiftungsfeste seiner alten Verbindung besuchte, war es selbstverständlich, daß man die Demokratie und jene Institutionen, die ihren Bestand sicherten, durch eigenen aktiven Einsatz zu fördern hatte. Das entsprach seiner Vorstellung vom «richtigen Denken» im politischen wie gesellschaftlichen Leben, und Herrhausen gehörte deshalb auch zu den eifrigsten Werbern um neue Unterstützer für jene Einrichtungen, in deren Beiräten oder Förderkreisen er selbst schon Mitglied war.

Das «richtige Denken» war auch für ihn zum Prüfstand geworden, auf dem sich jegliche Theorie zu bewähren hatte. Dabei kam Herrhausen aus dem schon in seiner Dissertation erkannten Dilemma, selbst die Wahrheitskriterien festlegen zu müssen, anhand deren er den Vergleich zwischen der Wirklichkeit und deren theoretischer Modellierung durchführen konnte, natürlich erst recht nicht heraus, aber das focht ihn als Manager nicht mehr an. Er war ja nun kein Wissenschaftler mehr, sondern ein Praktiker, und nun konnte er durch sein Tun Fakten schaffen, die durch simple Nützlichkeitsanalysen auf ihre «Richtigkeit» überprüft werden konnten.

Das Ideal der Übereinstimmung von Aussagen mit der Realität blieb dadurch eine Konstante in seinen Überzeugungen. Fehlte diese Übereinstimmung, lag «fehlerhaftes Denken» vor: «Als solches bezeichne ich ein Denken, das im Widerspruch steht zu der jeweiligen Realität, mit der es sich befaßt», hatte er 1954 geschrieben.[7]

Folgerichtig galt seine Verachtung jenen Weltanschauungen,

deren praktische Hervorbringungen einem simplen empirischen Vergleich mit denen konkurrierender politischer Konzepte nicht standhalten konnten. Besonders galt das für die marxistische Theorie, deren reale Ausprägungen für Herrhausen schon ausreichten, um das gesamte Denkgebäude für absurd zu erklären. Den Weg dahin wies ihm sein Konzept der Praxis: «Ich bin kein Anhänger deterministischer Geschichtsbetrachtungen, für mich ist Geschichte das, was wir machen», sagte er in einem «Spiegel»-Gespräch zehn Tage vor seinem Tod.[8]

Diese Erkenntnis verdankte er indes einer Lektüre während seiner Studienzeit. In seinem Handexemplar von Romano Guardinis Essay «Die Macht», erschienen 1952, ist eine Passage mit vielfachen Ausrufezeichen markiert, die das formuliert, was Herrhausen in den achtziger Jahren immer wieder betonen sollte: «Nichts ist wirklichkeitsferner», schreibt Guardini, «als der Begriff eines mit Notwendigkeit verlaufenden Geschichtsprozesses. Hinter ihm steht keine Erkenntnis, sondern ein Wille. Das dürfte wohl jedem klar geworden sein, der fähig ist, aus Geschehnissen zu lernen; denn dieser Wille hat sich in einer Weise gezeigt, welche metaphysische Ruchlosigkeit ist.»[9] Diese auf den Nationalsozialismus gemünzte Bemerkung des katholischen Philosophen kam Herrhausen in seiner Wandlung vom zweifelnden Beobachter der Demokratie in Deutschland zu deren begeistertem Verfechter entgegen: Das, was für ihn anfangs so schwer zu akzeptieren war – der radikale Bruch mit den Überzeugungen des «Dritten Reichs» –, wurde hier moralphilosophisch statt politisch begründet. Die Lösung von den alten Werten war keine Frage mehr des Siegerwillens der Alliierten, sondern ein Erfordernis der Vernunft. Und sie legitimierte eine aktive Umgestaltung: «Die Geschichte fängt in jedem Augenblick neu an, sofern sie in der Freiheit jedes Menschen immerfort neu entschieden wird.»[10] Die individuelle Lebensführung im Sinne einer offenen Zukunftsgestaltung war nicht weniger als ein Leistungsnachweis.

Herrhausens darauf beruhendes Selbstverständnis als Homo faber gab auch die Leitlinie für sein soziales Verständnis vor. Im Geschäftsbericht der Deutschen Bank für das Jahr 1984 widmete er seine jährliche Stellungnahme einer von ihm favorisierten gesellschaftlichen Gruppe: dem Mittelstand. Bereits der Einstieg in diese Ausführungen war dabei symptomatisch für den Verfasser: «Nach Karl Marx dürfte es ihn eigentlich nicht mehr geben.» Gemeint war damit eben der Mittelstand, und dessen Existenz wurde dem Bankier zum empirischen Beleg für die Wirklichkeitsferne des Marxismus. In den achtziger Jahren ahnte Herrhausen den Zusammenbruch der kommunistischen Ideologie bereits voraus, und um so vehementer ging er nun in seinen Aufsätzen und Reden mit deren Begründer und dessen Adepten ins Gericht. Angesichts der mangelnden Bereitschaft sozialistischer Theoretiker, die Offenheit der Geschichte im Sinne Guardinis zu akzeptieren, hatte Herrhausen bereits 1983 lapidar festgestellt: «Dies begründet und rechtfertigt die Macht derjenigen, die das Gesetz der Geschichte zu kennen glauben, über diejenigen, die es nicht kennen oder nicht anerkennen. Es ‹legitimiert› Diktatur und entlarvt alle tatsächlichen oder vermeintlichen Abweichungen als geschichtliche Verirrung. Wir haben das alles erlebt und erleben es noch: Unter faschistisch-rassistischen Vorzeichen im tausendjährigen Reich bis 1945, unter marxistisch-kommunistischen fortwährend, wenige Kilometer nach Osten. Es bedarf keiner Beschreibung.»[11]

Doch Herrhausen hielt sich in den Folgejahren immer wieder mit Analysen der Zentralverwaltungswirtschaft auf, weil er hier ein Modell am Werk sah, das allem widersprach, wovon er intellektuell und ökonomisch überzeugt war. In den siebziger Jahren war er sich des Triumphs des liberalen Wertesystems noch nicht sicher gewesen. Deshalb galt es zu kämpfen. In einem der ersten öffentlichen Vorträge, die er als Vorstandsmitglied der Deutschen Bank hielt, widmete er sich am 8. Oktober 1971 bei der Feier zum hundertjährigen Jubiläum des Reifenherstellers Continental, dessen Aufsichtsratsvorsitz er im selben Jahr übernommen hatte, den «Risiken und Chancen der Demokratie».

Hier war erstmals jener Alfred Herrhausen zu hören, der anderthalb Jahrzehnte später und nunmehr als Vorstandschef seines Kreditinstituts zum schlechten Gewissen der Marktwirtschaft stilisiert werden sollte, weil er, wie es seinem Verständnis von Ehrlichkeit entsprach, auch die Schattenseiten des Kapitalismus anzusprechen pflegte – allerdings nicht, um dessen Existenzberechtigung in Frage zu stellen, sondern um eine größere Reinheit der Lehre einzufordern: richtiges Denken im Sinne seiner mittlerweile drei Jahrzehnte zurückliegenden Dissertation. Nach seiner Ermordung 1989 wurde er, angesichts seiner Forderungen nach Schuldenerlaß für die Dritte Welt und vermehrter Rücksichtnahme auf die Umwelt, durch Antiimperialisten und Umweltschützer vereinnahmt. Noch heute ist der Bankier in Flugblättern und Kampfschriften linker Provenienz ein gern zitierter Kronzeuge gegen die eigene Branche. Dabei wird jedoch geflissentlich übersehen, daß der Deutsche-Bank-Sprecher im Zenit seiner Karriere ein weitaus konsequenterer Marktwirtschaftler geworden war als zuvor. Zwar mahnte er noch am 25. September 1989 in einem Pressegespräch: «Denken wir nur an die Urwaldgebiete oder die afrikanische Savanne. Wäre hier nicht eine Sichtweise angebracht, wonach solche Großbiotope den Ländern, auf deren Territorium sie liegen, gleichsam als Treuhandgut der ganzen Menschheit überantwortet sind, weil die gegenseitige Abhängigkeit aller auf dem Raumschiff Erde, auf dem wir leben, gerade in der ökologischen Herausforderung in nicht zu überbietender Weise sichtbar gemacht wird?»[12] Doch im Auge hatte er damit konkret einen weiteren Anreiz für seine Initiative zur Schuldenstreichung zugunsten der Entwicklungsländer, und der Umweltschutz war ihm deshalb hier trotz allem Pathos nur Mittel zum Zweck. Deshalb beeilte er sich festzustellen: «Es gibt keinen grundlegenden Konflikt zwischen Marktwirtschaft und Umweltschutz. Im Gegenteil: Effizienter Umweltschutz ist erst möglich durch den Einsatz marktwirtschaftlicher Instrumente, die den Preismechanismus und damit das Eigeninteresse des Verursachers zur Linderung der Umweltprobleme nutzen.»[13]

Die einzige Stelle, die er im Bericht des Club of Rome zur Lage der Menschheit, also jenem Buch, das wie kein anderes in den siebziger Jahren die allgemeine Überzeugung von den Segnungen des ökonomischen Fortschritts erschütterte, hervorgehoben hatte, lautet: «Wir vertreten in der Tat die Ansicht, daß soziale Innovation nicht mehr länger hinter der technischen zurückbleiben darf, daß die Zeit für eine radikale Reform institutioneller und politischer Prozesse auf allen Ebenen, einschließlich der höchsten, der Ebene der Weltpolitik, reif ist.»[14] Das glaubte auch Herrhausen. Aber als überzeugter Marktwirtschaftler sah er in der wirtschaftlichen Entwicklung den Königsweg zur Verbesserung der Lebensbedingungen, und gerade jene behaupteten Grenzen des Wachstums, die der Studie den Titel gaben, waren für ihn eher Ansporn als Menetekel. Herrhausen blieb dieser Überzeugung und damit auch denen seines Metiers bis zuletzt treu.

Deshalb taugt er nicht als linke Identifikationsfigur. Er hatte nicht einmal mit linker Politik kokettiert, als dies Mode war und mancher seiner Managerkollegen sich im Zuge der Ostpolitik von seinen konservativen Überzeugungen und Feindbildern verabschiedete, weil er plötzlich gute Geschäfte jenseits des Eisernen Vorhangs witterte. 1971 stand am Hannoveraner Rednerpult von Continental ein junger Manager, der kaum zwei Jahre zuvor aus der Industrie in die Spitze des Kreditgewerbes gewechselt war und sich durchaus Ansichten erlaubte, die in seiner Branche als ungewöhnlich gelten durften. Gleichfalls seit zwei Jahren regierte mit Willy Brandt ein Kanzler der SPD die Bundesrepublik, und an der Spitze des Staates stand mit Bundespräsident Gustav Heinemann seit 1969 ebenfalls ein Sozialdemokrat. Es war kein Zufall gewesen, daß F. Wilhelm Christians unmittelbar nach dem Machtwechsel in Bonn mit Herrhausen einen neuen Vorstand für die Deutsche Bank gewonnen hatte, der gar nicht den traditionellen Vorstellungen entsprach, die man sich gemeinhin von den Mitgliedern dieses Gremiums machte. Bislang waren hier ausschließlich Männer vertreten gewesen, die in der Bank selbst groß geworden oder zumindest aus anderen Kreditinstituten herübergewechselt waren. Herrhausen aber war ein Branchenfremder, der vom hellsichtigen Christians wegen seiner intellektuellen Brillanz, die den Vorstand beim Kundengespräch der VEW beeindruckt hatte, aber auch gerade dank seiner Distanz zum neuen Gewerbe für die Bank gewonnen worden war.

Herrhausen reden zu hören – ich hatte leider nur ein einziges Mal unmittelbar Gelegenheit dazu –, ist in der Tat ein Vergnügen gewesen. Sein leichter Dialekt war nicht klar einzuordnen, der westfälische Zungenschlag des Ruhrgebiets jedenfalls hatte kaum Spuren hinterlassen. Wie kaum ein anderer beherrschte er die Betonung. Herrhausen konnte durch die Prägnanz seines dunklen Stimmklangs, der in auffallendem Kontrast zu seiner asketischen Gestalt stand, das Publikum in Bann schlagen und Gesprächsrunden dominieren, ohne daß dabei der Inhalt seiner Ausführungen eine große Rolle gespielt hätte. Doch auch diesbezüglich forderte er von sich selbst und seinem Mitarbeiterstab Höchstleistungen. Das permanente Selbststudium, das er in der heimischen Bibliothek betrieb, findet in den Aufsätzen und Reden seinen Niederschlag, und er verlangte von seinem Büro ständig neue Recherchen zu den in Vorbereitung befindlichen Redemanuskripten, um seine Thesen durch möglichst praxisnahe und aktuelle Beispiele untermauern zu können.

Diese Sorgfalt bei der Planung der eigenen Auftritte hatte Christians bestenfalls erahnen können, als er Herrhausen für die Deutsche Bank gewann. Ein weiterer wichtiger Grund für die Anwerbung war zweifellos die jugendliche Ausstrahlung des damals noch nicht Vierzigjährigen. Und vor allem sein industrieller Karriereweg. Neue Rahmenbedingungen im Politischen, wie sie die späten sechziger Jahre hervorbrachten, erforderten auch neue Maßnahmen im Geschäftlichen: Herrhausens Berufung war ein Signal, daß der mächtige und ehrwürdige Vorstand sich nun auch in Maßen zu öffnen bequemte, und damit akzeptierte das elitäre Gremium den Geist jener Jahre.

Dieser Hoffnungsträger gerade für die industriellen Großkunden der Bank, die endlich einen der Ihren im Kreise der Entscheidungsträger vertreten sahen, nahm kein Blatt vor den Mund. Daß er den Linksrutsch, den die Übernahme der Regierung durch die sozialliberale Koalition bedeutete, nicht begrüßte, war kein Geheimnis. Doch mehr noch mußte erstaunen, was Herrhausen auf der Continental-Jubiläumsfeier 1971 zur Systemkonkurrenz zwischen West und

Ost verlauten ließ – zu einem Zeitpunkt also, als die Auseinandersetzung um die Ostpolitik der Regierung Brandt nach Abschluß der Deutsch-Sowjetischen und Deutsch-Polnischen Verträge und vor Abschluß des Grundlagenvertrags mit der DDR auf dem Höhepunkt angekommen war. Herrhausen war der einzige Bankmanager, der in seine Reden dezidiert politische Stellungnahmen einbaute, die über die gängigen Ausführungen seiner Kollegen zur ökonomischen Situation hinausgingen. Er hatte keine Skrupel, sich zu exponieren, weil er aus der unbedingten Überzeugung heraus handelte, auch in außenpolitischen Fragen «richtig zu denken». Nach der Diagnose der «Lücken in unserem Wertesystem» warnte der Festredner vor den politischen Folgen der moralisch-ethischen Verunsicherung: «Das alles vor dem Hintergrund der weltweiten Auseinandersetzung mit einem Regime, dessen vorderster Posten in Sichtweite steht.»[15]

Der Rückgriff auf militärischen Jargon war für Herrhausen nicht eben typisch, der sonst seine Reden gemeinhin durch eine Zivilität des Ausdrucks adelte, ohne dabei auf Schärfe in der Argumentation zu verzichten. Doch hier sprach noch jemand, der die große öffentliche Bühne nicht gewohnt war und deshalb Vergleiche wählte, die er sich bei aller Anschaulichkeit später nicht mehr erlaubt hätte. Sie waren aber aus der damaligen Verunsicherung des Bankgewerbes angesichts der gesellschaftlichen Veränderungen zu verstehen: «Ebenso ernst muß die Gefahr beurteilt werden, daß die Forderung nach totaler Demokratisierung sich grenzenlos ausbreitet. Kein Zweifel – in der Politik ist Demokratie das beste Mittel, die Rechte des einzelnen zu gewährleisten. Für andere Bereiche unserer Gesellschaft aber müssen wir doch wohl andere Strukturen entwickeln, Strukturen, in denen es nicht um Gleichmacherei des natürlicherweise Ungleichen, sondern um sinnvolle gegenseitige Ergänzung der Verschiedenheiten geht. In der Armee, im Unternehmen, in der Universität, in der Familie gibt es nun einmal eine Kompetenzverteilung, die den einen, den jeweils Zuständigen, allen anderen gegenüberstellt, die eben für sein Gebiet nicht zuständig sind.»[16]

Von diesen vier Bereichen, die Herrhausen von allzuviel Demokratie freigehalten sehen möchte, kannte er nur einen nicht aus persönlicher Anschauung: die Armee. Als 1930 Geborener zählte er zu den «weißen Jahrgängen», die in der Frühzeit der Bundeswehr nicht mehr zum Wehrdienst herangezogen worden waren. Andererseits hatte seine Feldafinger Zeit in der Reichsschule der NSDAP und auch seine kurze Ausbildung an der Waffe im Winter 1944/1945 Herrhausen zweifellos einen Einblick in die totalitäre Funktionsweise einer militärisch organisierten Gemeinschaft verschafft. Gerade deshalb muß der Respekt für die hierarchische Organisation der Armee, der aus Herrhausens Äußerung spricht, überraschen. Doch sie wird verständlich, wenn man das Zitat des Kulturphilosophen Gerhard Szczesny beachtet, das Herrhausen in seiner Rede folgen läßt: «Die Egalität einer demokratischen Gesellschaftsverfassung besteht nicht darin, daß Rekruten die gleichen Entscheidungsbefugnisse haben wie Generäle und Arbeiter die gleichen wie Direktoren [...] Sie besteht darin, daß der General *nur* als Militärspezialist und der Direktor *nur* als Betriebsfachmann mehr zu sagen hat als seine Untergebenen.»[17] Wo der kulturkonservative Szczesny noch einen Dialog zwischen Vorgesetztem und Untergebenen andeutet, wenn er davon spricht, daß ersterer «mehr» zu sagen habe als letztere, da etabliert Herrhausen durch die von ihm vorangestellte Unterscheidung von Zuständigen und Nichtzuständigen eine gesellschaftliche Arbeitsteilung, die trotz der betonten Einschränkung auf die jeweiligen Spezialgebiete für ebendiese eine unbeschränkte Entscheidungsgewalt postuliert: Demokratie findet ihre Grenzen auch an den Werktoren. Die Geschäftsführung von Continental wird es gerne gehört haben, die Belegschaft weniger.

Hier sprach noch der gelehrige Schüler von Arnold Gehlen. Dessen Buch «Die Seele im technischen Zeitalter» hatte Herrhausen in der Mitte der sechziger Jahre aufmerksam durchgearbeitet. Was ihn am Denken des konservativen Soziologen beeindruckte, war dessen Beharren auf einer sozialen Klassengesellschaft, die nicht gleichbedeutend war mit Starrheit des Systems. Gehlen vermißte «selbstverständlich hingenommene soziale Ränge, bei deren Vorhandensein eine individuelle Selbstwertproblematik gar nicht möglich wäre, weil die ‹Qualifikation› des einzelnen dann eine objektive Geltung, also kein subjektives Problem ist».[18] Erst wenn die gesellschaftliche Hierarchie anerkannt wird, kann sich das Individuum entfalten, weil es dann nicht darum bemüht ist, die Strukturen zu verändern, sondern sie zu durchwandern – in dieser Überzeugung liegt die Keimzelle von Herrhausens Ansichten zur Ungleichheit, die im sozialen Rahmen festgeschrieben ist, aber nicht als allumfassend verstanden werden darf. Vor der Continental-Festversammlung hatte er 1971 seine Überzeugung deutlich gemacht: Es gibt einen Raum in der Gesellschaft für Demokratie, und es gibt andere Räume darin, wo dieses Prinzip an seine Grenzen stößt.

Dreizehn Jahre später war Herrhausen vorsichtiger geworden. In seiner Stellungnahme im Geschäftsbericht der Deutschen Bank von 1984 resümierte er: «Nach dem Zweiten Weltkrieg haben wir gleichsam im Zeitraffer den industriewirtschaftlichen Aufbau einer Demokratie noch einmal nachvollzogen. Dabei wurde die gegliederte Leistungsgesellschaft auf fester Wohlstandsgrundlage als politisches Programm angestrebt. Sie war gewollt, und so ist sie durch politisches Handeln auch entstanden. Ein anderer Mehrheitswille hätte ein anderes Gesellschaftsmodell verwirklicht.»[19] Immer noch bewahrte Herrhausen hier seine Überzeugung vom Ungleichheitsprinzip innerhalb der Wirtschaft, das er in das subtile Bild der «gegliederten Leistungsgesellschaft» kleidete, doch diese Organisationsform ist nun nicht mehr Grenzfall der Demokratie, sondern deren Grundlage. Und auch deren Resultat, denn im wirtschaftlichen System der Bundesrepublik sah Herrhausen den Mehrheitswillen der Wähler repräsentiert. Dieser Mehrheit hatte er seine Ausführungen gewidmet, die eben «Vom Mittelstand» überschrieben sind. Das war wieder ein Gebiet, für das Herrhausen eigene Anschauung geltend machen konnte, denn seine Karriere darf als gleichsam ideale Verwirklichung der Möglichkeiten verstanden werden, die der deutsche Mittelstand sich nach dem Krieg erschlossen hat.

Sechstes Kapitel
Der Solist im Duett: Zu zweit an der Spitze
der Deutschen Bank

Das Jahr 1985 war für Alfred Herrhausen durch zwei bedeutsame Daten geprägt. Seine Wahl zum Vorstandssprecher der Deutschen Bank erfolgte am 29. Januar. Das Votum hatte in dem Zwölfergremium wie bei allen Entscheidungen einstimmig zu erfolgen, und um sich Überraschungen zu ersparen, war die Nachfolgeregelung für Wilfried Guth bereits seit Jahren vorbereitet worden. Der Beschluß des Vorstands genau wie dessen Bestätigung durch die Hauptversammlung am 14. Mai hatte somit nur noch formalen Charakter. Als neue Zuständigkeiten wurden Herrhausen die Verantwortung für das Nordamerika- und das Südafrikageschäft der Bank übertragen, er hatte das Außenhandelsgeschäft in gleichfalls direkter Nachfolge von Guth unter sich, war für volkswirtschaftliche Fragen zuständig und bekam den Filialbezirk Ruhrgebiet als Kopfstelle zugesprochen. Die Ressortverteilung entsprach damit genau seinen Wünschen: Zu alter Verbundenheit mit dem Ruhrgebiet und seinem Interesse für Volkswirtschaft kam seine immer stärkere Begeisterung für eine globale Expansion der Deutschen Bank. Einige der dafür notwendigen Schlüsselpositionen hatte er sich nun gesichert.

Die Arbeitsteilung mit Christians entsprach den bereits zuvor bekannten Interessen: Herrhausen, so drückt es Hilmar Kopper aus, übernahm neben seinem auf Aktien spezialisierten Co-Sprecher die Funktion eines «Außenministers der Deutschen Bank», wobei ihm zugute kam, daß er von Wilfried Guth auch die Zuständigkeit für das Investment-Banking geerbt hatte, das damals zwar noch keine große Rolle spielte, aber fast ausschließlich außerhalb der deutschen Grenzen betrieben wurde.

Das zweite wichtige Ereignis des Jahres fiel auf den 6. Dezember, denn niemand erhielt an diesem Nikolaustag ein größeres

Geschenk als Herrhausen. Gemeinsam mit seinem Sprecherkollegen Christians verkündete er in Frankfurt die Übernahme des Flick-Konzerns durch die Deutsche Bank – ein Coup, der in der deutschen Wirtschaftsgeschichte bisher ohne Beispiel war. Johann Wieland hatte ihn seit acht Monaten vorbereitet, ohne daß ein Wort davon nach außen gedrungen wäre. Wieland leitete die 1977 gegründete Abteilung für Konzernentwicklung, eine dem Vorstand direkt unterstellte Stabsstelle, deren fünfundzwanzig Mitarbeiter fast ausschließlich aus der freien Wirtschaft oder direkt von den Universitäten gekommen waren, also nicht die banktypische Karriere im eigenen Institut durchlaufen hatten. Ihre Aufgabe war die Erstellung von Konzepten, um den Beteiligungsbesitz der Deutschen Bank optimal zu nutzen.

Herrhausen war überzeugt, daß diese Abteilung entscheidende Bedeutung für die Zukunft der Bank haben würde, und deshalb hatte er ihre Gründung forciert und war als Vorstandsmitglied auch persönlich für sie verantwortlich. Diese Zuständigkeit gab er selbst dann nicht auf, als mit seiner Bestimmung zum alleinigen Vorstandssprecher im Jahr 1988 die Kompetenzen im Leitungsgremium der Bank neu geordnet wurden. Der Expansionskurs, den Herrhausen für unabdingbar hielt, verschaffte der seit 1989 von seinem Vertrauten Hans-Peter Ferslev geleiteten Abteilung eine zentrale Position im Machtgefüge der Bank. Der Kauf des Flick-Konzerns 1985 aber war die erste Transaktion gewesen, mit der die Abteilung für Konzernentwicklung ihre strategische Kompetenz für alle sichtbar beweisen konnte.

Auf der Pressekonferenz vom 6. Dezember 1985 holten sich Herrhausen und Christians demonstrativ Wieland an ihre Seite, um dessen Bedeutung für das zustandegekommene Geschäft zu würdigen. Dies entsprach Herrhausens Überzeugung, daß man Erfolge des Kreditinstituts nicht mehr anonym darstellen sollte, sondern als Leistungen der Mitarbeiter. Er hoffte, daß dadurch das öffentliche Bild von der Deutschen Bank als anonymes, kalt agierendes Großunternehmen korrigiert und die Motivation der Beschäftigten wachsen würde. Im eigenen Haus konnte er sogar durchsetzen, daß alle Mitarbeiter nach Abschluß des Flick-Geschäfts eine Erfolgsbeteiligung erhielten. Dennoch war es Herrhausen unangenehm, darüber zu reden, weil nach seiner Ansicht auch die Krupp-Mitarbeiter an den aus dem Verkauf ihres Unternehmens erzielten Gewinnen hätten beteiligt werden müssen.[1]

Es ging in der Tat um eine unerhörte Summe. Als Kaufpreis wurden mit Friedrich Flick 5,3 Milliarden D-Mark ausgehandelt, und die Deutsche Bank erhoffte sich durch die Aufspaltung des Konzerns und den Weiterverkauf der einzelnen Unternehmensteile einen Gewinn von einer Milliarde D-Mark. Damals war dieses Vorgehen noch unüblich; hier agierte die Deutsche Bank als Aufkäuferin in einer Weise, die erst ein Jahrzehnt später alltäglich sein würde. Die Ankündigung dieses Geschäfts schlug wie eine Bombe ein und bestätigte die einsame Führungsrolle, die das Institut in der Branche innehatte. Ihre langfristig ausgelegte Strategie, zu den wichtigsten Kunden möglichst enge Beziehungen zu pflegen, hatte sich offenbar bewährt, denn das Vertrauen, das Friedrich Flick in die Deutsche Bank als Käuferin setzte, beruhte auf seinen Kontakten zu Hermann Josef Abs, der ihm 1954 bei der Abrundung des Daimler-Benz-Aktienpakets geholfen hatte. Zudem gehörte Flick seit 1971 dem Aufsichtsrat des Kreditinstituts an. Aber auch die besten Freundschafts- und Geschäftsbeziehungen hätten nichts genützt, wenn die Bank kein überzeugendes Konzept für die rasche Verwertung des Flickschen Industriebesitzes vorgelegt hätte – was zum einen den stolzen Kaufpreis überhaupt erst ermöglichte und zum anderen das Risiko beschränkte, das darin bestand, sich mit Unternehmensbeteiligungen zu belasten, die keinen finanzstrategischen Zweck erfüllten.

Denn soviel war klar: Hier wurden keine Anteile aufgekauft, um Kurspflege zu betreiben oder eine Sanierung vorzubereiten. Hier wurde investiert, um mittelfristig Gewinne durch Weiterverkauf zu erzielen. Die ehemalige Holding, die das Flicksche Industrievermögen verwaltete, sollte in einem ersten Schritt von einer Kommanditgesellschaft auf Aktien in eine reine Aktiengesellschaft umgewandelt werden. Diese Maßnahme verkündeten Herrhausen und Christians schon auf ihrer Pressekonferenz vom 6. Dezember. Die Aktien der neuen AG würde die Deutsche Bank dann zum bevorstehenden Jahreswechsel erwerben, um dann wiederum aus dem Anteilvermögen die Beteiligungspakete an Daimler-Benz, dem Versicherungskonzern Gerling und dem amerikanischen Chemieunternehmen Grace herauszulösen, damit man diese separat verkaufen könne. Den Gerling-Anteil sollte Flick selbst wieder zurückkaufen, während die anderen beiden Pakete an der Börse plaziert werden sollten. Das war auch das Ziel für den Kern der Flick-Gruppe, also die drei Unternehmen Buderus, Dynamit Nobel und Feldmühle, die mit den Erlösen aus dem Verkauf der drei großen Minderheitsbeteiligungen so gestärkt werden sollten, daß man sie zu einem neuen börsennotierten Konzern zusammenschließen könnte, der dann den Namen Feldmühle-Nobel tragen sollte. Vom Börsengang dieser Gruppe erhoffte die Deutsche Bank sich ihren angekündigten Milliarden-Gewinn.

Noch wenige Jahre zuvor, das betonte Christians bei der Vorstellung dieser Pläne, wäre solch ein Vorhaben nicht umzusetzen gewesen, weil der deutsche Aktienmarkt nicht genug Volumen für eine Plazierung dieser Größe bereitgehalten hätte. Doch inzwischen seien die internationalen Märkte so gestärkt, daß man das Risiko wagen könne, zumal mittlerweile auch die nationalen Grenzen bei vielversprechenden Emissionen keine Rolle mehr spielten. Diese optimistische Prognose spiegelte den allgemeinen Aufwärtstrend des Wertpapiergeschäfts in den mittleren achtziger Jahren wider, und mit dem für das Börsengeschäft der Bank zuständigen Christians und seinem Sprecherkollegen Herrhausen, der sich dem Ausbau der internationalen Stellung der Bank verschrieben hatte, standen jene beiden Protagonisten auf der Bühne, die von dieser Entwicklung besonders profitieren wollten. Die Börse etablierte sich auch im risikoscheuen Deutschland erstmals als Breitenphänomen (die Zahl der Aktienbesitzer wuchs binnen fünfzehn Jahren von knapp über drei Prozent der Bevölkerung auf beinahe sieben Prozent), und besonders beliebt waren Neuplazierungen, denn erstmals gab es bei den Käufern die Erwartung von deutlichen Emissionsgewinnen, also Kurssteigerungen am ersten Handelstag, so daß diejenigen, die junge Aktien gezeichnet hatten, ihre Papiere sofort wieder lukrativ verkaufen konnten.

Dadurch wurde dem Aktienmarkt ein neues Publikum erschlossen: der Kleinspekulant, der nicht an sicheren Wertentwicklungen seiner Anteile interessiert ist, sondern an schnellen Kurssteigerungen. Diese neue Schicht von Aktionären sollte in den nächsten fünfzehn Jahren die internationalen Wertpapiermärkte verändern. Die Rede vom «Shareholder value», die heute jedem Unternehmenssprecher so leicht aus dem Munde kommt, wäre damals mit dem Selbstverständnis der großen Aktiengesellschaften kaum in Übereinstimmung zu bringen gewesen. Sie fühlten sich institutionellen Anlegern verpflichtet, die mit ihren Beteiligungen langfristige Ziele verfolgten. Sicherheit der Kursentwicklung, nicht kurzfristiger Erfolg, war dabei das zentrale Kriterium. Der Kauf der Flick-Anteile durch die Deutsche Bank war insofern ein Novum, weil er bereits ahnen ließ, wie Unternehmenskäufe in der Zukunft aussehen würden: Man zerschlug den Konzern und verkaufte die profitablen Teile separat, um den Gewinn zu maximieren.

Der Deutschen Bank gelang es, die Aktien von Feldmühle-Nobel zu plazieren, bevor am 13. Oktober 1986 ein Börseneinbruch die Wall Street erschütterte, der trotz seines moderaten Ausmaßes sofort Erinnerungen an den sogenannten Schwarzen Freitag vom Oktober 1929 heraufbeschwor, weil auch hier eine ungewohnt lange Hausse vorausgegangen war. Nominell waren die Verluste diesmal sogar größer, doch prozentual hielten sich die Kurseinbrüche im Rahmen. Dennoch rief Bundeskanzler Kohl am 16. Oktober bei Herrhausen persönlich an, um sich über die Ursachen für diesen Kurssturz informieren zu lassen. Der Bankier war längst zu einem der wichtigsten externen Berater des Regierungschefs geworden, und beide telefonierten regelmäßig miteinander. Das Interesse des Vorstandssprechers an der Gestaltung des internationalen Wirtschaftsgeschehens wollte Kohl sich zunutze machen, zumal beide Männer überzeugt waren, daß die europäische Einigung als oberstes Ziel ihrer politischen Ambitionen nur durch eine Zusammenarbeit auf ökonomischem Gebiete gelingen würde.

Deshalb hatte Herrhausen mit Unterstützung des Bundeskanzlers im Juni 1986 die Initiative zur Gründung des «Eureka Financial Round Table» ergriffen, einer Versammlung von Bankenvertretern aus den sogenannten Eureka-Partnerländern Deutschland, Frankreich, Großbritannien, Italien, Spanien, der Schweiz, den Niederlanden, Österreich und Schweden, die zum Ziel hatte, europäische Forschungs- und Entwicklungsprojekte im Bereich der Hochtechnologie durch Bereitstellung von privatem Kapital zu födern. Das war ein Schritt hin zu einer Finanzierungsform, die man später mit «Risikokapital» bezeichnen sollte, und als solche eine wirkliche Innovation, wenn auch die breite Basis dieses Fördermittels sich durch die große Zahl der beteiligten Partner bei der Evaluierung von vorgeschlagenen Projekten und bei deren angestrebter Offenlegung für interessierte Investoren als eher hemmend erwies.

Diese Erfahrungen bestärkten Herrhausen in seiner Überzeugung, daß der sicherste Weg zum internationalen Erfolg nicht in Kooperationen mit anderen Banken, sondern in der Expansion des eigenen Instituts bestehen würde. Er selbst ging mit gutem Beispiel voran und engagierte sich in diversen international besetzten Gremien von Spitzenmanagern, etwa in der «Group of 30», einer Zusammenkunft von Wirtschaftsführern und Politikern, in der Herrhausens Freund Henry Kissinger eine zentrale Rolle spielte, oder bei der «International Monetary Conference», die im Juni 1987 in Hamburg veranstaltet wurde, wo der Vorstandssprecher für seine Vorschläge zur Lösung der weltweiten Verschuldungskrise warb.

Doch wenn es um die Expansion der Deutschen Bank selbst ging, mußte man aktiv handeln. Herrhausens Mann dafür war seit Beginn der achtziger Jahre sein Vorstandskollege Hilmar Kopper, der sich besonders im Investment-Banking engagierte und sich nun gezielt um Zukäufe im europäischen Ausland kümmerte. Resultat war der Kauf der in Mailand residierenden Banca d'America e d'Italia Ende 1986. Dieses italienische Filialnetz der finanziell angeschlagenen amerikanischen Gruppe Bank America war der erste große Zukauf, den die Deutsche Bank vornahm, und er kostete sie mit 1,2 Milliarden D-Mark nur unwesentlich mehr als die erwarteten Gewinne aus dem Flick-Geschäft. Trotzdem war es die bis dahin größte Einzelinvestition in die eigene Branche, die das Kreditinstitut jemals getätigt hatte. Diese internationale Expansion innerhalb des Bankwesens wurde im nächsten Jahr fortgesetzt, als die Deutsche Bank die Mehrheit an der portugiesischen Handelsbank MDM Sociedade de Investimento S. A. in Lissabon erwarb, die sie 1990 vollständig in ihren Besitz bringen sollte. Herrhausen ließ fortan durchblicken, daß die Bank auch auf der Suche nach Übernahmekandidaten in anderen europäischen Staaten, besonders in Frankreich und Großbritannien, war, um sich auf die erwartete wirtschaftliche Integration der Europäischen Gemeinschaft vorzubereiten. Dafür, so erinnert sich Michael Endres, sollte vor allem Italien das Sprungbrett abgeben, weshalb der Kauf der Banca d'America e d'Italia für Herrhausen so wichtig war.[2] Für den aufstrebenden Bereich des Investment-Banking war außerdem 1985 die Tochtergesellschaft Deutsche Bank Capital Markets mit Sitz in London gegründet worden, und unter gleichem Namen mit dem Zusatz «Asia» eine weitere Gesellschaft in Hongkong. Die Deutsche Bank errichtete zudem bis 1987 neue Filialen in New York, Tokio und Sydney, und im gleichen Jahr kaufte sie sich bei der Unternehmensberatung Roland Berger ein.

Herrhausen erklärte diese vielfältigen Engagements mehr und mehr zur Chefsache und zog sich damit bisweilen auch Ärger zu. Die Kompetenzen im Vorstand waren nicht so klar voneinander getrennt, daß Entscheidungen über die Expansion des Kreditinstituts nicht auch Zuständigkeiten der Kollegen berührt hätten. Firmenkundengeschäft oder Börsenhandel waren meist mitbetroffen, wenn es um Unternehmensaufkäufe ging, und das Investment-Banking, das etwa die Deutsche Bank Capital Markets betrieb, lag ohnehin nicht im Kompetenzbereich Herrhausens. Dennoch griff er in die Führungsstruktur dieser Tochtergesellschaft ein und verhinderte gleich nach Übernahme des Sprecherpostens und der Zuständigkeit fürs Auslandsgeschäft, daß der in London gerade erst zum Managing Director berufene Karl Miesel im dreiköpfigen Leitungsgremium der Deutsche Bank Capital Markets eine Ausnahmestellung und größere Unabhängigkeit gegenüber Frankfurt zugesprochen bekam.[3] Miesel, ein Veteran im Auslandsgeschäft der Deutschen Bank und enger Vertrauter von Herrhausens Vorgänger Wilfried Guth, kündigte aus Verärgerung über das Mißtrauen des neuen Vorstandssprechers und wechselte zur Konkurrenz von Crédit Suisse First Boston. Diese harte Linie verschaffte Herrhausen aber auch Respekt innerhalb der Bank, weil er klar zu erkennen gab, daß er auf Erbhöfe keine Rücksicht nehmen würde.

Doch die Deutsche Bank Capital Markets bescherte dem neuen Vorstandssprecher auch die erste Blamage, als 1986 deren Bemühungen scheiterten, ein größeres Paket Fiat-Aktien auf dem Markt unterzubringen. Die dem libyschen Staat – und somit faktisch Präsident Muammar al Gaddafi – gehörende Beteiligungsgesellschaft Libyan Arab Foreign Investment wollte mehr als fünfzehn Prozent der Grundkapitals von Fiat veräußern und übertrug diese Aufgabe einem Bankenkonsortium unter Führung der Deutsche Bank Capital Markets. Als diese größte Plazierung in der jungen Geschichte der Tochter zu scheitern drohte, übernahm die Deutsche Bank selbst 2,53 Prozent des Fiat-Aktienkapitals, was allerdings einen Streit zwischen den am Konsortium beteiligten Häusern nicht verhindern konnte, weil der Gewinn aus der Veräußerung bei fallenden Kursen nicht so groß ausfiel wie erhofft. Die Deutsche Bank mußte ihre unfreiwillige Fiat-Beteiligung sogar zu weitaus niedrigerem Wert als bei der Übernahme bilanzieren.

Es war klar, daß man diesen Mißerfolg Herrhausen zuschrieb, der Miesel vergrault hatte. Und da ebenfalls 1986 die Plazierung von Puma-Aktien durch die Deutsche Bank große Kritik hervorgerufen hatte, weil der Sportartikelhersteller im Jahr der Emission plötzlich hohe Verluste auswies, war der Ruf des Kreditinstituts nicht nur als Partner bei Börsengängen lädiert. Auch die Beraterfunktion, die die Bank bei ihr eng verbundenen Geschäftskunden wahrnahm, stand angesichts der schlechten Entwicklung im Hause Puma plötzlich im Zwielicht.

Der Kauf von Roland Berger war eine Konsequenz aus dieser Entwicklung, zugleich aber auch ein Beleg dafür, daß Herrhausen parallel zum international betriebenen vertikalen Ausbau der Deutschen Bank auf dem heimischen Markt eine horizontale Expansion in Gang setzen wollte. Im März 1987 gab die Bank überraschend die Gründung eines eigenen Bausparinstituts bekannt, womit die Breite ihres Angebotes entscheidend vergrößert wurde. Nunmehr war zum ersten Mal die Rede vom «Allfinanzkonzern», womit die ohnehin im internationalen Vergleich auf erstaunlich vielen Feldern agierenden deutschen Großbanken auch die letzten Bereiche im Anlagegeschäft für sich erschließen wollten. Dresdner und Commerzbank entwickelten unter dem Druck der Konkurrentin eigene Pläne zum Einstieg ins lukrative Bauspargeschäft; gleichzeitig wurde der Deutschen Bank von den Bausparkassen vorgehalten, sie kündige das jahrzehntealte ungeschriebene Abkommen, daß auf diesem Feld nur Spezialanbieter agieren sollten. Das bislang von den Bausparkassen unter sich aufgeteilte Geschäft der Ansparung von staatlich begünstigten Bausparverträgen war jedoch vom Volumen her zu verlockend geworden, zumal die Deutsche Bank im Hypothekengeschäft besonders aktiv war und somit nun ein Komplettangebot für langfristige Baufinanzierung anbieten konnte.

Und noch existierte ein Markt für Geldanlagen, den die Banken bislang ganz vernachlässigt hatten, weil auch hier traditionell andere Unternehmen tätig waren: das Versicherungsgeschäft, das vor allem über die Beleihung von Lebensversicherungen finanziell längst aufs engste mit dem Kreditgewerbe verknüpft war, ohne daß dies institutionell Folgen gehabt hätte. Doch diesen Schritt, der das deutsche Finanzsystem noch stärker durcheinanderwirbeln und mutmaßlich größte Widerstände seitens der Versicherungskonzerne hervorrufen würde, sollte sich Herrhausen noch für die Zeit aufsparen, wenn er alleiniger Vorstandssprecher sein würde – ein Ziel, auf das er 1987 bereits konsequent hinarbeitete.

Er hatte nie ein Hehl aus seiner Überzeugung gemacht, daß ihm die Teilung der Spitzenposition im Vorstand der Deutschen Bank nicht einleuchtete. Um aber zunächst selbst an einen der beiden

Sprecherposten zu kommen, bemühte er sich bis zum Ausscheiden von Wilfried Guth nicht um eine Änderung des entsprechenden Procederes. Allerdings würde für einen Beschluß über die Änderung der bestehenden Sprecherteilung die Zustimmung aller seiner Vorstandskollegen erforderlich sein, und Herrhausen galt bei manchen von ihnen immer noch als eine Art Außenseiter, dem man dadurch allerdings auch seine Ambitionen, zum Prinzip eines einzigen Vorstandssprechers zurückzukehren, nachsah.

Im Leitungsgremium der Bank hatte er sich seit seinem Wechsel von Düsseldorf nach Frankfurt über die rein berufliche Beziehung hinaus nicht besonders um persönliche Kontakte bemüht, aber der Umzug nach Hessen war ein tiefer Einschnitt gewesen. Herrhausen hatte sich bereits im Herbst 1982 auf Wohnungssuche im Rhein-Main-Gebiet begeben, doch der endgültige Umzug von Solingen nach Bad Homburg sollte erst Anfang 1984 erfolgen. Im Ellerhöhweg wurde der Familie ein Haus angeboten, das der bekannte Architekt Sepp Ruf, der auch den Bonner Kanzlerbungalow errichtet hat, für den ehemaligen Chef der BHF-Bank, Klaus Dohrn, gebaut hatte. Dohrn, der nun das frankfurtnahe Bad Homburg verließ, wurde sich mit Herrhausen schnell handelseinig. Wie üblich (und wie bezeichnend für den Vorstandsvorsitzenden eines Kreditinstituts) tätigte Herrhausen den Kauf aus dem eigenen Vermögen; er vermied es zeit seines Lebens, selbst Schulden zu machen.

Von ihrem Freund, dem Züricher Architekten Fritz Keller, ließen die Herrhausens das Haus nach ihren Vorstellungen leicht umbauen und modernisieren. Dennoch tat sich Alfred Herrhausen schwer mit dem Umzug aus der vertrauten rheinisch-westfälischen Umgebung ins Umland von Frankfurt. Die Mentalität der Menschen war ihm trotz seines kurzen Schulaufenthaltes in Bad Nauheim nicht vertraut, und in der Konzernzentrale der Bank suchte Herrhausen keine engeren Bekanntschaften. Als er das neubezogene Haus im Ellerhöhweg mit einer Feier einweihte, lud er lediglich zwölf Gäste ein, und darunter war kein Angehöriger der Deutschen Bank. Im eigenen Unternehmen vertraute er nach den Auseinandersetzungen um sein Privatleben auf Dauer nur noch einer einzigen Person:

Alfred Herrhausen übernahm früh das Steuer: Im Winter 1932 hatte er seine Schwester Anne bereits auf den Rücksitz des Holz-Automobils verdrängt, das sie gemeinsam zu Weihnachten geschenkt bekommen hatten.

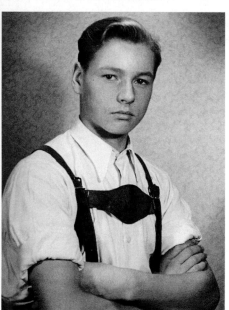

In Feldafing wurden regelmäßig Porträtfotos der Schüler angefertigt, um der meist weit entfernt wohnenden Verwandtschaft die Entwicklung ihrer Kinder vorzuführen. Diese Aufnahme entstand vermutlich 1944 und zeigt Alfred Herrhausen in der typischen Feldafinger Lederhose, die die Knaben in den Sommermonaten trugen. Ein Jahr später sollte er sich darin aus Österreich, wohin die «Reichsschule» ausgelagert worden war, auf den Weg zurück nach Hause ins Ruhrgebiet machen.

Auf einem Rheinausflug, den die Betriebswirtschaftliche Fakultät der Universität Köln 1951 unternahm, entstanden diese Fotos. Das rechte zeigt die Zwillinge Anne und Alfred Herrhausen. Beide verbrachten in diesen Jahren ihre Freizeit meist gemeinsam, und Anne Herrhausen, die ihre Lehre als Zahntechnikerin begonnen hatte, nahm regelmäßig auch an den studentischen Aktivitäten ihres Bruders teil.

Nach seinem Eintritt als Vorstandsmitglied in die Deutsche Bank 1971 machte Herrhausen schnell das internationale Kreditgeschäft zu einer seiner Domänen. Daraus sollte später sein besonderes Interesse am Schuldenerlaß für die Entwicklungsländer erwachsen. Am 8. November 1977 schloß ein multinationales Bankenkonsortium von insgesamt 113 Instituten seine Verhandlungen mit Mexiko ab, die dem mittelamerikanischen Land neue Mittel in Höhe von 1,2 Milliarden US-Dollar verschafften. Unterzeichnet wurde der Kreditvertrag in der Frankfurter Zentrale der Deutschen Bank. Es war der erste große Auftritt Herrhausens auf internationalem Parkett. Neben ihm sitzen der mexikanische Finanzminister Rodolfo Moctezuma Cid (Mitte) und Jackson Gilbert, Vizepräsident der Morgan Guaranty Trust Company in New York (links).

In der Zeit der Ministerpräsidentschaft von Lothar Späth richtete das Land Baden-Württemberg mehrfach einen sogenannten «Internationalen Manager-Gipfel» aus. Herrhausen war als Vorstandssprecher dort ein gerngesehener Gast. Am 21. April 1989 unterhielt er sich in einer Konferenzpause mit Herbert Henzler von der Unternehmensberatung McKinsey (links) und Hans-Olaf Henkel, der damals bei IBM Deutschland beschäftigt war.

Mit Edzard Reuter, dem 1987 eingesetzten Vorstandsvorsitzenden der Daimler-Benz AG, verband Herrhausen der Wille, aktiv Industriepolitik zu gestalten. Reuters Pläne, sein Unternehmen durch den Zusammenschluß mit Messerschmitt-Bölkow-Blohm zum «integrierten Technologiekonzern» zu machen, waren wegen der daraus entstehenden Konzentration der deutschen Rüstungsproduktion höchst umstritten. Herrhausen, der damals Aufsichtsratsvorsitzender von Daimler-Benz war, befürchtete, daß die Diskussion auch negative Auswirkungen auf die Deutsche Bank haben könnte. Die Aufnahme der beiden Manager entstand am 21. Dezember 1988 anläßlich einer Daimler-Aufsichtsratssitzung in Stuttgart.

Wurde Herrhausen von seinem Freund Helmut Kohl zu Empfängen der Bundesregierung eingeladen, kam der Vorstandssprecher der Deutschen Bank meist in Begleitung seiner Frau Traudl. Hier wird das Ehepaar Herrhausen von Michail Gorbatschow begrüßt. Der sowjetische Parteichef besuchte vom 12. bis 14. Juni 1989 die Bundesrepublik. Ganz links steht der damalige deutsche Postminister Christian Schwarz-Schilling.

Am 30. November 1989 kurz nach halb neun Uhr morgens fuhr die Dienstlimousine von Alfred Herrhausen in eine Sprengfalle. Das Bild zeigt den von Polizei abgesperrten Tatort im Seedammweg von Bad Homburg am späteren Vormittag. Der Deutsche-Bank-Chef starb im Fond des querstehenden Wagens, der Mercedes davor gehörte zu seiner Eskorte von Personenschützern. Die Bombe war an einem Fahrrad angebracht, das an einen der am rechten Straßenrand aufgestellten Begrenzungspfähle gelehnt war.

Beim Requiem für Alfred Herrhausen im Frankfurter Dom versammelten sich am 6. Dezember 1989 die Spitzen aus Politik, Wirtschaft und Kultur. Das Bild entstand nach Ende der Messe: Der deutsche Außenminister und FDP-Vorsitzende Hans-Dietrich Genscher begrüßt den ehemaligen amerikanischen Außenminister Henry Kissinger, der auch ein enger Freund Herrhausens gewesen war. Links hinter Kissinger steht der damalige schleswig-holsteinische Ministerpräsident Björn Engholm, hinter Genscher ist Bundesverteidigungsminister Gerhard Stoltenberg zu sehen.

Jakob Nix. Der Unternehmensberater Manfred Ehmcke, einer der Gäste bei der Hauseinweihung, erinnerte sich nach Herrhausens Ermordung an die Feier in Bad Homburg: «Er hielt eine Rede auf jeden, zuletzt war ich an der Reihe. ‹Du bist mein bester Freund – ein sehr kritischer Freund.› Ich fiel ihm ins Wort und sagte: ‹Nein, dein Fahrer Nix ist dein bester Freund.› – ‹Ja, vielleicht hast du recht, aber ein anderer Freund.»[4] Entgegen allen bankinternen Gepflogenheiten hatte der Chauffeur seinen Chef bei dessen Wechsel von Düsseldorf nach Frankfurt begleitet, obwohl er eine erste diesbezügliche Bitte Herrhausens abgelehnt hatte. Doch Traudl Herrhausen, die um den Wert dieses Vertrauensverhältnisses wußte, bestärkte ihren Mann darin, Nix erneut darum zu bitten, als der Umzug näher rückte – und der dadurch geschmeichelte Fahrer stimmte diesmal zu.

Herrhausens Wagen war für ihn ein rollendes Büro. Seine Sekretärin Almut Pinckert packte ihm für jede Fahrt mehrere schwarze Aktentaschen, die dann im Kofferraum deponiert und systematisch abgearbeitet wurden. Auch bei den täglichen Fahrten von Bad Homburg ins Frankfurter Büro und zurück, die selten länger als eine halbe Stunde dauerten, begann Herrhausen im Moment seines Einsteigens mit dem Zeitungs- oder Aktenstudium, das er bis zum Erreichen des Fahrtziels nicht mehr unterbrach. Der fünf Jahre ältere Nix erwies sich dabei als ideale Ergänzung, denn sein stoisches Naturell erleichterte die Anpassung an diese Arbeitsweise seines Chefs. Zudem kam Nix in den wenigen Momenten, in denen Herrhausen Ablenkung suchte, sein Humor zupaß. Dadurch wuchs die gegenseitige Freundschaft, auch wenn es undenkbar war, daß man vom formellen «Sie» abgekommen wäre. Aber Nix entwickelte sich immer mehr zum unentbehrlichen Assistenten Herrhausens, der auch private Erledigungen übernahm und bisweilen seinen Chef sogar dazu bewegen konnte, gemeinsam Fußballspiele zu besuchen.

Sonst gab es in der Bad Homburger Zeit im Gegensatz zum Leben in Solingen-Ohligs wenig Möglichkeiten für Geselligkeit, denn Herrhausen richtete nun all seinen Ehrgeiz auf die Umsetzung seines persönlichen Karriereziels, als alleiniger Vorstandssprecher eingesetzt zu werden. Diese Bemühung bedeutete nicht weniger, als sich neben den elf Kollegen im Vorstand, die das gültige Prinzip des Duos an ihrer Spitze wieder zugunsten eines echten Primus inter pares aufgeben sollten (was zwangsläufig eine Minderung ihrer jeweiligen öffentlichen Bedeutung mit sich bringen würde), auch noch mit der Grauen Eminenz Hermann Josef Abs anzulegen. Dessen Eitelkeit hatte es geschmeichelt, als man nach seinem Ausscheiden als Vorstandssprecher 1967 beschloß, daß die Nachfolge zwei Personen erfordere, weil man sonst die Leistung von Abs nicht auf gleichem Niveau werde fortsetzen können. Zwar war diese Überlegung bereits 1970 stillschweigend ad acta gelegt worden, als Karl Klasen von Willy Brandt zum Bundesbankpräsidenten berufen wurde und Franz Heinrich Ulrich sechs Jahre lang als einziger Sprecher agierte, ohne daß dies der Bank irgendwelche Nachteile gebracht hätte. Als er jedoch altersbedingt ausschied und von Abs den Posten des Aufsichtsratsvorsitzenden übernahm, waren 1976 mit Guth und Christians doch wieder zwei Nachfolger bestimmt worden, weil es das Reglement nun einmal so vorsah.

Die Nachteile dieser Regelung bestanden weniger in der direkten Konkurrenz beider Sprecher, denn dazu gab es in der Tat zu viele Geschäftsfelder, als daß man hier keine sinnvolle und jeweils auch prestigeträchtige Arbeitsteilung hätte finden können. Die Doppelspitze hatte vielmehr Auswirkungen auf die Führungsstrukturen des Unternehmens. In vielen großen deutschen Konzernen und ganz besonders bei der Deutschen Bank war es üblich, den Vorstandschefs ihr Ausscheiden durch den Wechsel in den Aufsichtsrat zu versüßen, doch bei einer Doppelspitze mußte man auch zwei Posten bereitstellen. Durch Klasens Wechsel zur Bundesbank hatte Ulrich bis 1985, als Guth das fünfundsechzigste Lebensjahr vollendete, noch den Aufsichtsratsvorsitz alleine inne. Doch schon 1988 würde auch Christians den Sprecherposten aufgeben, und von da an, so sah es die Vereinbarung mit ihm vor, hätten er und Guth sich den Aufsichtsratsvorsitz zu teilen, bis Herrhausen 1995

Guths Platz eingenommen hätte. So wäre in einem revolvierenden Verfahren immer weiter auch im Aufsichtsrat eine Doppelspitze etabliert worden.

Diese schiedlich-friedliche Lösung, die bemüht war, niemanden zu enttäuschen und dafür die verantwortungsvollsten Ämter im Unternehmen einfach zu teilen, war typisch für die Deutsche Bank. Die Karrierewege bei dem Institut glichen in den siebziger und achtziger Jahre Beamtenlaufbahnen: Man konnte, ordentliche Leistungen vorausgesetzt, eine sehr genaue Lebensplanung vornehmen, weil der Aufstieg vom Schalterbeamten zum Filialleiter, vom Sachbearbeiter zum Abteilungsleiter klaren Kriterien gehorchte, die neben der Persönlichkeit auch die Anciennität der Mitarbeiter berücksichtigte, also die bloße Dauer des Beschäftigungsverhältnisses.

Erst oberhalb dieser Ebene gehörte mehr dazu, befördert zu werden. Die Berufung in die Konzernzentralen in Düsseldorf oder besonders Frankfurt war der erste Schritt über den eigenen Filialbezirk eines Mitarbeiters hinaus, und nur, wer sich dort bewährte, hatte Aussichten auf einen Platz in den eigentlichen Führungskreisen des Unternehmens. Wobei neben den zwölf Vorstandsmitgliedern auch noch die Direktoren der siebzehn Kopfstellen, also der insgesamt vierzehn Hauptfilialbezirke und der durch die historische Entwicklung ehedem unabhängigen, nun aber als Kopfstellen geführten Töchter in Berlin, dem Saarland und Lübeck, zur engsten Spitze der Deutschen Bank zählten, so daß eine für deutsche Unternehmen ungewöhnlich große Zahl an Führungspositionen zu besetzen war. Dadurch konnte man auch hier, sofern man den Einstieg auf dieser Ebene geschafft hatte, relativ exakt die eigene Zukunft vorhersagen.

Der Ausleseprozeß auf dem Weg dorthin machte es unwahrscheinlich, daß ein Mitglied des Vorstands oder ein Hauptfilialleiter abgelöst werden mußte. Überraschend frei werdende Positionen waren somit nur möglich, wenn deren Inhaber frühzeitig verstarben oder sie aus freien Stücken wechselten – dies geschah aber recht selten, weil das deutsche Bankenwesen nicht viel zu bieten hatte, was einer Spitzenposition bei der Deutschen Bank adäquat gewesen wäre.

Diese Strukturen waren dem in der Industrie sozialisierten Manager Herrhausen suspekt. Deshalb genoß er seine Tätigkeiten in Aufsichtsräten von Unternehmen, wo man personell mehr gestalten konnte. Als Dorado erwies sich dabei die Übernahme des Aufsichtsratsvorsitzes bei Daimler-Benz, wo er im Juli 1985 ebenfalls die Nachfolge von Guth antrat. Was Herrhausen schon sechs Jahre früher gerne versucht hätte, als er auf die Stelle des Vorstandsvorsitzenden bei dem Stuttgarter Automobilkonzern spekulierte, konnte er nun mit in Gang setzen: eine Neuausrichtung des Unternehmens, das er wie kein anderes für geeignet hielt, analog zu den eigenen Plänen mit der Deutschen Bank auf dem industriellen Sektor zu einem Weltkonzern zu werden. Dieser sollte von einer breiten deutschen Basis aus international agieren, um die Herausforderungen einer immer größeren Konkurrenz und Konzentration zu meistern.

Daß er sich dabei nicht mit einer Statistenrolle begnügen würde, bekräftigte Herrhausens Auftritt bei der großen Show, die Daimler-Benz am 29. Januar 1986 zur Feier des hundertsten Geburtstags des Automobils in der Stuttgarter Hanns-Martin-Schleyer-Halle ausrichtete – ein denkbar prestigeträchtiges, zudem live im deutschen Fernsehen ausgestrahltes Ereignis, weil das Unternehmen die Namen der beiden Pioniere Gottlieb Daimler und Carl Benz im Namen führte und somit wie kein zweites berufen war, stellvertretend für die Branche zu feiern.

Doch nicht der Vorstandsvorsitzende, wie es sonst bei Jubiläumsveranstaltungen großer deutscher Konzerne üblich war, begrüßte die rund fünftausend Gäste in der Halle, sondern Herrhausen übernahm als Aufsichtsratsvorsitzender diese Rolle. Durch die Übernahme der Flick-Beteiligungen, die auch ein namhaftes Daimler-Paket enthielten, das Friedrich Flick nach dem Verkauf seiner ursprünglichen Sperrminorität an die Deutsche Bank 1975 wieder zusammengetragen hatte, war das Kreditinstitut zu einem noch wichtigeren Anteilseigner geworden, wenn auch die neu erworbenen Daimler-Benz-Aktien schnell wieder verkauft werden sollten. Herrhausen hatte ein Gespür für symbolträchtige Auftritte. Seine Rolle auf der Jubiläumsfeier machte deutlich, daß er im Namen der Bank Anspruch auf Mitgestaltung der kommenden Unternehmensentscheidungen erhob. Und das ließ bei einem derart auf industrielle Fragen fixierten Manager wie Herrhausen ein intensiveres persönliches Engagement erwarten, als Guth es in seinen neun Jahren als Aufsichtsratschef gepflegt hatte.

Dabei durfte sich Herrhausen um eine Möglichkeit zur Weichenstellung bei Daimler-Benz bereits betrogen fühlen, denn 1983 war der Vorstandsvorsitzende Gerhard Prinz, den Guth 1979 ihm vorgezogen hatte, im Alter von vierundfünfzig Jahren gestorben, und der Chefsessel ging an Werner Breitschwerdt, der zuvor im Vorstand für Entwicklungsfragen zuständig gewesen war. Diese Wahl eines Technikers konnte Herrhausen nicht überzeugen, da er selbst seine Ambitionen auf den Posten des Daimler-Chefs nicht aufgegeben hatte. Hilmar Kopper erinnert sich: «Er wollte mehrfach dort Vorstandsvorsitzender werden; eigentlich immer, wenn der Posten zu vergeben war.»[5] Da sich aber an der Ablehnung der Unternehmensführung gegen einen Außenstehenden nichts geändert hatte, kam Herrhausen wieder nicht zum Zuge. Aus dem Kreis der Daimler-Spitze hielt er den Stuttgarter Finanzvorstand Edzard Reuter für einen geeigneteren Kandidaten. Er und Reuter kamen gut miteinander aus, weil auch der Daimler-Manager ehrgeizige Expansionspläne für das eigene Haus hatte: Er entwickelte das Konzept des «integrierten Technologiekonzerns», das Daimler-Benz durch den Zukauf von anderen Unternehmen zu einem Anbieter machen sollte, der von der Forschung über die Entwicklung bis zu Herstellung und Absatz alle Produktionsschritte in der eigenen Hand hatte.

Reuter hatte sich allerdings mit dem Aufsichtsratsvorsitzenden Guth zerstritten, weil Prinz mit dessen Rückendeckung mehrmals versucht hatte, seinen Vorstandskollegen loszuwerden, indem er Reuter für Posten bei anderen Unternehmen ins Gespräch brachte. Da der Finanzvorstand als Mitglied der SPD ohnehin Exotenstatus unter den deutschen Spitzenmanagern besaß, durfte jedes derartige Unterfangen auf öffentliche Neugier rechnen, denn es war bekannt, daß speziell Guth das politische Engagement Reuters mit größtem Argwohn betrachtete. Dabei standen dessen Leistungen für Daimler-Benz nicht in Frage, und vor allem Alfred Herrhausen blieb das strategische Geschick Reuters nicht verborgen. Aber als es um die Regelung der Prinz-Nachfolge ging, konnte er im Daimler-Aufsichtsrat nicht gegen die Meinung von Guth argumentieren. Der Dissens über die eigene Kandidatur hatte 1979 bereits die Grenzen bei Meinungsunterschieden zwischen den beiden Vertretern der Deutschen Bank in diesem Gremium ausgelotet.

Doch auch Breitschwerdt leitete jene Expansion von Daimler-Benz ein, die Herrhausen für notwendig hielt, um einen Technologiekonzern zu schaffen, der auf dem Weltmarkt bestehen könnte – wobei Reuter als Finanzvorstand die Fäden zog. An der im Flugzeugbau engagierten Motoren- und Turbinen-Union (MTU) hatte Daimler-Benz bereits früher eine Beteiligung erworben; 1985 kaufte man dann das ganze Unternehmen. Dazu paßte, daß Reuter im gleichen Jahr die Übernahme der Mehrheit an dem Flugzeugbauer Dornier aushandelte, der damals zum niederländischen Flugzeugbauer Fokker gehörte. Beim Rückkauf des deutschen Unternehmens Dornier besaß Daimler-Benz die Unterstützung der Bundesregierung, wodurch Fokker zum Verzicht auf seine Anteile bewegt werden konnte. Die Sorge, daß unter dem Dach des Automobilkonzerns einer der größten Flugzeugbauer entstehen würde, war nur zu berechtigt; es sollte nur bis 1992 dauern, ehe Fokker selbst in den Besitz von Daimler-Benz überging.

Während sich diese Aufkäufe im Bereich des Flugzeugbaus indes noch weitgehend im Rahmen des üblichen Geschäftsfeldes eines Fahrzeugherstellers abspielten, kam das Stuttgarter Interesse an dem angeschlagenen Elektrokonzern AEG überraschend. Das als Allgemeine Electricitäts-Gesellschaft 1887 von Emil Rathenau in Berlin ins Leben gerufene Unternehmen unterhielt zu Beginn seiner Existenz engste Kontakte zur Deutschen Bank, deren Mitgründer Georg von Siemens bis 1896 als Aufsichtsratsvorsitzender

der AEG amtierte. Doch der Interessenkonflikt zwischen der AEG und dem in derselben Branche aktiven eigenen Familienunternehmen stellte den Deutsche-Bank-Vorstand Siemens vor die Entscheidung, bei welcher der beiden Gesellschaften sich das Kreditinstitut stärker engagieren sollte. Es war die Siemens AG, die in den Genuß der Vorzugsbehandlung kam, und darauf gründete sich nicht nur der Aufstieg beider Häuser in ihren jeweiligen Geschäftsfeldern, sondern auch eine geradezu symbiotische Beziehung der zwei Unternehmen, die bis 1985 intakt bleiben sollte.

Dann aber fühlte sich Siemens von der Deutschen Bank verraten, denn der Münchner Konzern nahm nicht zu Unrecht an, daß der Aufkauf von AEG durch Daimler-Benz mit Billigung, wenn nicht gar auf Veranlassung des Frankfurter Großaktionärs erfolgt sei. Der Preis von 1,6 Milliarden D-Mark war bis zur Übernahme des Flick-Konzerns durch die Deutsche Bank der teuerste Firmenkauf in der deutschen Wirtschaftsgeschichte, und selbstverständlich konnte eine solche Transaktion auch von Daimler-Benz nur mit Hilfe der Hausbank durchgeführt werden.

Dadurch wurde in den Augen von Siemens, bei der die Deutsche Bank dieselbe Rolle innehatte wie bei Daimler, der absehbare Zusammenbruch des Berliner Konkurrenzunternehmens verhindert. Schlimmer als das: Mit Daimler-Benz drohte nun ein Hochtechnologiekonzern zu entstehen, der über die unternehmerische Potenz verfügen würde, um der bislang unangefochtenen Siemens AG auf deren eigenem Feld Paroli bieten zu können. Als die Deutsche Bank ihre Hauptversammlung im Jahr 1986 auch noch demonstrativ nach Stuttgart verlegte, zog man in München die Konsequenzen und bedeutete Herrhausen, der bereits als neues Aufsichtsratsmitglied bei Siemens designiert war, er sei wegen der Rolle seines Kreditinstituts beim AEG-Kauf und der zu erwartenden Interessenkollision seiner jeweiligen Mandate bei Daimler-Benz und Siemens im Kontrollgremium der letzteren Aktiengesellschaft nicht erwünscht.

Angesichts der Fülle seiner Aufsichtsratsposten wird Herrhausen diesen Affront leichter verschmerzt haben als die Deutsche Bank die damit einhergehende Aufkündigung eines mehr als hundertjährigen Vertrauensverhältnisses. Herrhausen war bis 1986 neben den schon lange laufenden Mandaten bei Continental, Stollwerck, Nino, Klöckner und Daimler-Benz unter anderem noch auf Kontroll- oder Beraterposten bei der Deutschen Texaco, bei Pelikan, der Allianz-Lebensversicherung, Philipp Holzmann, der Brauerei Beck & Co., der Münchener Rückversicherungsgesellschaft, der Bergmann Elektrizitätswerke, der Veba, dem Pharmaunternehmen Merck & Co. sowie im Ausland bei den Chemiekonzernen Unilever und Akzo, bei Coca-Cola, Westinghouse und dem Büromaschinenhersteller Xerox berufen worden. 1988 sollte mit einem Mandat im Aufsichtsrat der Lufthansa noch eine weitere wichtige Aufgabe hinzukommen. Außerdem übernahm er aus alter Verbundenheit zu seiner Heimat Beiratsposten bei im Ruhrgebiet und im Bergischen Land ansässigen Unternehmen wie der Druckerei Busche, dem Kunststoffabrikanten Philippine, der Baufirma Heitkamp oder dem Maschinenhersteller Klingelnberg Söhne.

Den seit den Zeiten von Abs gängigen Vorwurf, die Bankenvorstände mißbrauchten ihren Einfluß zugunsten ihrer eigenen Institute, konterte Herrhausen im Gespräch mit dem «Manager Magazin»[6]: «Ich glaube, wir sind gefragt, weil wir kompetenten Sachverstand im Finanzbereich einbringen können. Und ich bin der Meinung, die Wirtschaft ist gut beraten, wenn sie kompetenten Sachverstand abruft.» Insgesamt nahmen er und seine zwölf Kollegen im Vorstand der Deutschen Bank rund hundertfünfzig Aufsichtsratsposten in börsennotierten Gesellschaften ein, wobei auf die verschiedenen Direktoren des Kreditinstituts noch einmal weitere zweihundertfünfzig entfielen. Diese Zahl von zusammen vierhundert Mandaten geisterte immer wieder durch die Debatte um das Ausmaß der Macht der Banken, und ihre symbolische Kraft ärgerte Herrhausen dermaßen, daß er sie wider besseres Wissen in seinem Gespräch mit dem «Manager Magazin» abstritt, als sie ihm auch dort vorgehalten wurde: «Im übrigen kann ich die Zahl von vierhundert nicht bestätigen; ich kenne sie nicht.» Drei Jahre später äußerte er gegenüber dem «Stern»: «Ich habe öffentlich gesagt, daß Vorstände und Direktoren der Deutschen Bank mit rund vierhundert Aufsichtsratsmandaten in der deutschen Wirtschaft vertreten sind.»[7] Herrhausen ließ in seinen Erklärungen zum Bankeneinfluß jeweils nur das durchblicken, was ihm strategisch geboten schien.

In seiner Funktion als Aufsichtsratsvorsitzender bei Daimler-Benz ging er nicht anders vor. Obwohl für Beobachter kein Zweifel daran bestand, daß er Reuter als Konkurrent Breitschwerdts in Stellung brachte, stritten Herrhausen wie auch Reuter selbst jegliche Überlegung dieser Art ab. Im Februar 1987 ließ der Bankier kurzerhand den gesamten Daimler-Vorstand nach Frankfurt kommen, um ihm seine Überlegungen zur Reform der Führungsstruktur bei dem Automobilbauer vorzustellen. Selbst als der Aufsichtsrat des Konzerns im März 1987 dieser Herrhausenschen Konzeption entsprechend das neue Amt eines Stellvertretenden Vorstandsvorsitzenden einrichtete und sofort mit Reuter besetzte, zudem noch nach dem Vorbild der Deutschen Bank einen Ausschuß für Konzernentwicklung schuf, den Reuter leitete und in dem Breitschwerdt nicht einmal Mitglied war, erklärte Herrhausen, daß damit keine schleichende Entmachtung des Daimler-Vorstandsvorsitzenden verbunden sei. Vielmehr, so Herrhausen, sollten der Vorstandsvorsitzende und dessen neuer Stellvertreter «mit ruhiger Führungshand» selbst festlegen, wie sie ihre Aufgaben- und Rollenverteilung betreiben wollten. Heinz Blüthmann, damals Wirtschaftsredakteur bei der Wochenzeitung «Die Zeit», fand für dieses Vorgehen den schönen Begriff des «Bypass-Managements»[8].

Im selben Artikel gab Herrhausen seine Meinung zu den Vorgängen bei Daimler-Benz kund: «Ein Unternehmen, das sich entwickelt, braucht alle fünfzehn bis zwanzig Jahre so etwas wie eine kleine Kulturrevolution.» Das konnte man gerne auch auf die Deutsche Bank beziehen, wo seit dem Rückzug Abs' vom Chefsessel gleichfalls zwanzig Jahre vergangen waren. Der Bruch mit den bisherigen Gepflogenheiten war nicht zu vermeiden, und mit Daimler-Benz hatte Herrhausen ein Experimentierfeld, um auszuprobieren, inwieweit er frühere Entscheidungen seiner Vorgänger auf dem Sprecherposten diskreditieren konnte, ohne im eigenen Hause Ärger zu bekommen. Denn Guth, der die Führungsfrage bei Daimler zweimal nicht in Herrhausens Sinne entschieden hatte, war ja Aufsichtsratsvorsitzender der Bank geworden und konnte somit durchaus noch großen Einfluß auf die Geschäftspolitik ausüben.

Die Auseinandersetzung zwischen Vorstandssprecher und Aufsichtsratschef von Daimler-Benz hat Guth heute als einzigen Streit während ihrer gemeinsamen Zeit bei der Deutschen Bank in Erinnerung: «Ansonsten verliefen unsere Diskussionen mit großem Respekt füreinander und ohne jede Schärfe. Aber hier wurde ein für Herrhausen wichtiger Punkt berührt. Er wollte immer voran, er wollte etwas gestalten, und bei Daimler-Benz sah er dazu jetzt eine große Gelegenheit; eine, die er bei der Deutschen Bank noch nicht besaß.»[9] Die Ablösung Breitschwerdts erfolgte auch deshalb so langsam, weil nicht der Verdacht erregt werden sollte, Daimler-Benz werde zum Schauplatz eines bankinternen Führungskampfes. Der Mut Herrhausens, die Absetzung überhaupt so konsequent zu betreiben, war bewundernswert, brach er doch mit allen Hierarchietraditionen der Deutschen Bank.

Edzard Reuter erinnert sich, daß Herrhausen im Frühsommer 1987 drei Gespräche mit Breitschwerdt führte, um dessen Bereitschaft zu erkunden, das Konzept vom integrierten Technologiekonzern mitzutragen.[10] Doch der Bankier traute dem Ingenieur auf dem Chefsessel von Daimler-Benz nicht zu, das Unternehmen in einer solch schwerwiegenden Umstrukturierung zu führen. Hinter den Kulissen wurde hart gerungen, und die Wunden, die der interne Machtkampf im Daimler-Konzern aufriß, sind bis heute nicht ganz verheilt: Immer noch kocht die Gerüchteküche, und Edzard Reuter mußte erst 2005 die Behauptung dementieren, Breitschwerdt sei noch innerhalb der eigenen Amtszeit ein Hausverbot angedroht worden, wenn er nicht zurücktrete.[11]

Am 13. Juli 1987 warf Breitschwerdt schließlich das Handtuch und bat Herrhausen als Aufsichtsratsvorsitzenden um Auflösung seines Vertrags zum 1. September. Gegen die gemeinsame Front von Reuter und Herrhausen konnte er nichts unternehmen. Als Auslöser des mehr oder minder freiwilligen Rücktritts diente ein Artikel im «Spiegel», der behauptet hatte, daß die Ablösung der

Vorstandschefs bereits beschlossene Sache sei. Herrhausen berief nach Breitschwerdts Mitteilung eine außerordentliche Sitzung des Aufsichtsrats von Daimler-Benz ein, die über die Annahme des Rücktrittsgesuchs entscheiden sollte. Über das Resultat der Sitzung bestand kein Zweifel, doch Herrhausen betonte zu Beginn noch einmal, daß die Führung des Konzerns von Stuttgart aus erfolge.

Zum Nachfolger von Breitschwerdt wurde Edzard Reuter bestellt. Der Aufsichtsratsvorsitzende kleidete die Begründung für diese Entscheidung in eine Formulierung, die ein diplomatisches Meisterstück war, weil sie seinem Vorgänger Guth die bittere Pille versüßte, die die Ernennung Reuters für ihn bedeuten mußte: «Zum Zeitpunkt der Berufung von Herrn Breitschwerdt war Daimler-Benz noch ein reines Kraftfahrzeugunternehmen. Folgerichtig wurde nach dem plötzlichen Tod von Herrn Prinz ein Automobilfachmann als Nachfolger bestellt.» Mit dem Erwerb von Dornier und AEG habe sich das Aufgabenfeld erweitert, und dieser Spezialist sei nicht mehr am richtigen Platz gewesen. Dadurch wurde jede Schuldzuweisung an Guth vermieden, denn der Generalist Reuter nahm ja genau rechtzeitig seine neue Aufgabe wahr.

Zu seinem Stellvertreter wurde mit Werner Niefer ein weiterer Vertrauter Herrhausens gewählt, und die Riege der mit ihm befreundeten Daimler-Manager wurde bald komplettiert, als auch noch Helmut Werner, den Herrhausen als Vorstandsvorsitzenden zu Continental geholt hatte, in den Vorstand des Stuttgarter Unternehmens wechselte. Die Hoffnungen, die mit dieser Palastrevolution von oben verbunden waren, belegt das Ergebnis der Wahl zum «Manager des Jahres», die das «Industriemagazin» traditionell zum Jahresende durchführte. Auf Platz eins setzte die Jury Edzard Reuter, nur knapp gefolgt von Alfred Herrhausen.[12]

Die Bekanntgabe des Ergebnisses dieser Wahl fiel zeitlich zusammen mit der Sitzung des Vorstands der Deutschen Bank am 1. Dezember 1987, auf der über die endgültige Frage der Nachfolge von F. Wilhelm Christians entschieden werden sollte. Beobachter hatten die Entscheidung angesichts des erwarteten Machtkampfes erst für den kommenden März erwartet, weil das Ausscheiden von

Christians im Mai 1988 erfolgen würde. Doch die Deutsche Bank konnte nicht daran interessiert sein, interne Konflikte zum Gegenstand öffentlicher Spekulationen werden zu lassen. Man wollte deshalb mit einer frühen Entscheidung jede Debatte verhindern. Herrhausen hatte aus seinen Ambitionen, als alleiniger Vorstandssprecher eingesetzt zu werden, bereits seit 1986 kein Geheimnis gemacht, ließ aber immer auch eine Hintertür für den Fall offen, daß er dafür keine Zustimmung finden würde: «Wenn man oben ist, muß man das Ziel seines persönlichen Ehrgeizes ändern», erklärte er im Sommer 1987.[13] «Das Ziel kann nicht mehr sein, weitere Positionen zu erklimmen, sondern es kann nur noch in dem Wunsch bestehen, optimale Sachlösungen zu realisieren. Darauf konzentriere ich mich. Und wenn mir dies gelingt, gibt es keinen Anlaß, weitergehende Pläne zu machen.»

Die Entscheidung, ob man wieder zum «natürlichen» Zustand mit einem einzigen Sprecher zurückgehen oder die Gespannlösung beibehalten würde, war völlig offen. Aufsichtsratschef Guth hat von den vorstandsinternen Diskussionen damals nicht viel mitbekommen, weil es allein dem Führungsgremium selbst oblag, die entsprechende Entscheidung zu treffen. Er macht aber auch keinen Hehl daraus, daß ihm aufgefallen war, daß die Situation angespannt wurde: «Die Ehe zwischen Christians und Herrhausen, wenn man das so nennen darf, lief nicht so reibungslos wie die Ehe zwischen Christians und mir in den Jahren davor. Das wird Herrhausen in seinem Bemühen, die alleinige Sprecherrolle zu übernehmen, bestärkt haben – und Christians in seinem Widerstand dagegen.»[14] Aber Christians würde als ausscheidender Sprecher kein Stimmrecht bei der Entscheidung haben, so daß er die Gegner einer Alleinlösung nur ideell unterstützen konnte.

Herrhausen wiederum ließ in dieser Frage keinen Zweifel daran, daß seine Bemühungen um «optimale Sachlösungen» im Falle der Deutschen Bank erleichtert würden, wenn er die alleinige Sprecherrolle zugestanden bekäme. Einen besonders wichtigen Verbündeten hatte er mittlerweile gewonnen: Die Unterstützung von Abs für seinen Plan beseitigte eines der größten potentiellen

Hindernisse. Der ehemalige Vorstandssprecher hatte in Herrhausen, dessen Gestaltungswillen er schon immer respektiert, wenn auch nicht immer gefördert hatte, den Ehrgeiz erblickt, der auch ihn angetrieben hatte. Diese Seelenverwandtschaft erleichterte die Entscheidung für eine Lösung, die die eigene Eitelkeit verletzen mochte, aber der Bank eine kontinuierliche Führung sicherte.

Im Jahr 1995, so war der Plan, sollte Herrhausen schließlich auch als Aufsichtsratsvorsitzender der Deutschen Bank ein Amt übernehmen, das Abs seinerseits zehn Jahre lang innegehabt hatte, und somit endgültig in die Fußstapfen des Grandseigneurs treten, der dann selbst bereits im fünfundneunzigsten Lebensjahr stehen und wohl kaum noch Einfluß auf die Entscheidungen des Unternehmens nehmen würde. Da war zum ersten Mal ein wirklicher Nachfolger genehm.

Doch die vorgeschriebene Einstimmigkeit der Entscheidung setzte immer noch viel Überzeugungsarbeit im Vorstand voraus. Herrhausen wußte jene Mitglieder auf seiner Seite, deren Karrieren er entscheidend gefördert hatte, doch in Hilmar Kopper, der den lupenreinen Deutsche-Bank-Aufstieg von der Lehrstelle bis an die Spitze verkörperte, hatte er mittlerweile einen ebenso gefährlichen Widersacher wie im Vorstandskollegen Eckart van Hooven. Dabei war Kopper ein Verfechter der Beschränkung auf einen Sprecher: «Im Ausland lachten sie über uns. Und das Duo Christians–Herrhausen hatte uns die Risiken klargemacht, wenn die beiden Sprecher nicht miteinander harmonierten. Wir waren durch das Guth-Christians-Gespann verwöhnt worden. Es lief damals sehr, sehr gut. Und dadurch hatten wir 1985 geglaubt, es könnte so weitergehen. Aber Christians und Herrhausen haben nicht zueinander gepaßt.»[15] Dennoch galt Kopper als einer der aussichtsreichsten Kandidaten für einen zweiten Sprecherposten. Neben ihm, der 1988 dreiundfünfzig Jahre alt werden würde, waren für eine etwaige Christians-Nachfolge auch der damals zweiundfünfzigjährige Ulrich Weiss und Herbert Zapp, Jahrgang 1928, im Gespräch. Van Hooven war mit dreiundsechzig Jahren zu alt für eine eigene Kandidatur, machte sich aber gleichfalls für die Beibehaltung der

Doppellösung stark. Allerdings war der siebenundfünfzigjährige Herrhausen mittlerweile das dienstälteste Vorstandsmitglied, wenn man von Christians absah, der ja auch ein Gegner von Herrhausens Konzept der Einzelspitze war, bei der Entscheidung über seine eigene Nachfolge jedoch wie erwähnt kein Stimmrecht besaß.

Das Ergebnis der Sitzung war also durchaus nicht ausgemacht, und Herrhausen hat nach Auskunft sowohl von persönlichen Freunden als auch von Vorstandskollegen mit seinem Rücktritt gedroht, wenn sein Verlangen nach der Bündelung der Sprecherkompetenzen auf ihn allein nicht erfüllt würde.[15] Eckart van Hooven will ihm darauf geantwortet haben, dann müsse er eben gehen. Doch solch eine direkte Drohung ist eher unwahrscheinlich, denn die Bank hätte mit einem Schlag ihre Spitze verloren und dabei zum ersten Mal einen internen Dissens über die Besetzung der Vorstandssprecherposten zugeben müssen. Jeder Nachfolger Herrhausens wäre mit dem Makel behaftet gewesen, zweite Wahl gewesen zu sein, denn an der herausragenden Eignung ihres bisherigen Sprechers bestand im Vorstand kein Zweifel.

Aber man wollte sich auch nicht einfach erpressen lassen. Außerdem fürchtete man um das traditionelle Verständnis vom Sprecher als Primus inter pares, das schon darin zum Ausdruck kam, daß alle Vorstandsmitglieder mit etwas mehr als 1,4 Millionen D-Mark das gleiche Gehalt bezogen. Zwar war der Anspruch auf formelle Gleichberechtigung im Leitungskreis auch schon unter Abs Makulatur gewesen, doch durch die Zweiteilung der höchsten Position 1967 wurde das Risiko individueller Macht stark beschränkt. Die übrigen Vorstandsmitglieder hatten fortan gegenüber ihren beiden Sprechern stärkere Positionen inne, weil es nicht selten zu Parteibildungen innerhalb des Vorstands kam, die aber mit Rücksicht auf das Prinzip der Einstimmigkeit bei Entscheidungen immer aufgelöst werden mußten. Dadurch hatten die beiden Sprecher diplomatisch vorzugehen und immer wieder Zugeständnisse zu machen, um die notwendige Einstimmigkeit zu erzielen. 1987 fürchtete der Vorstand, daß die ohnehin schon ungeduldige und bestimmte Art von Herrhausen bei einer Alleinstellung nach dem Ausscheiden von Christians noch stärker zur Geltung kommen würde.

Alfred Herrhausen setzte sich jedoch in den Gesprächen am Ende durch, weil es im Vorstand keine Mehrheit gegen sein Konzept gab und er sich bereit erklärte, einen Teil der Machtposition, die er 1985 bezogen hatte, wieder zu räumen. Er gab seine wichtigen Zuständigkeiten als Vorstandsmitglied im Außenhandelsgeschäft auf und erhielt dafür diejenige für den Beteiligungsbesitz der Deutschen Bank. Statt des Filialbezirks Ruhrgebiet bekam er jetzt München zugesprochen, was eine klare Aufwertung war, denn München war neben Frankfurt und Düsseldorf die wichtigste Hauptstelle des Konzerns. Presse- und Öffentlichkeitsarbeit waren ohnehin an das Amt des Sprechers gebunden, so daß er nun dafür alleine verantwortlich zeichnete, und auch die Zuständigkeit für die Abteilung für Konzernentwicklung konnte er bewahren.

Dieser neue Zuschnitt mit klarer Ausrichtung auf bankinterne Aufgaben sollte Herrhausen zwar die Durchsetzung seines Ideals von einer globalisierten Großbank erschweren, aber eine andere Aufgabe erleichtern, die er sich gestellt hatte: den Umbau der internen Struktur der Deutschen Bank. Dies sollte viel mehr Courage erfordern als das bloße Aufkaufen anderer Unternehmen. Doch mit Herrhausens Entschlossenheit, gravierende Veränderungen einzuleiten, hatten seine Gegner im Vorstand nicht gerechnet.

Siebtes Kapitel
«Die Zeit ist reif»: Das Plädoyer für einen globalen Schuldenerlaß

Im September 1987 hatte Alfred Herrhausen eine persönliche Einladung des mexikanischen Präsidenten Miguel de Madrid Hurtado angenommen. Unmittelbar nach Beginn der Jahrestagung von Internationalem Währungsfonds (IWF) und Weltbank in Washington D. C. reiste der deutsche Bankier für einen Tag nach Mexiko-Stadt, wo ihm der Präsident die hoffnungslose Lage seines Landes erläuterte, das damals zu den höchstverschuldeten Staaten der Erde zählte.

Die Situation Mexikos war leicht auf zahlreiche andere Dritte-Welt-Schuldner übertragbar, auch wenn die absolute Summe der mexikanischen Staatsverschuldung mit zweiundsechzig Milliarden Dollar höher lag als die Verpflichtung jedes anderen Entwicklungs- oder Schwellenlandes. Doch nicht nur diesen immensen Betrag hatte Mexiko zurückzuzahlen – es litt auch unter der Zinsbelastung, die in den Jahren zuvor immer weiter zugenommen hatte, weil die Zinszahlungen nicht festgelegt waren, sondern sich nach dem internationalen Marktniveau richteten. Dadurch mußte Mexiko einen immer größeren Teil seiner Staatsausgaben auf den Schuldendienst verwenden. Von Tilgung der ursprünglichen Schuld war schon keine Rede mehr. Im Gegenteil: Durch die nicht einmal vollständige Zahlung der Zinsen stieg die Summe der Verbindlichkeiten weiter an, und damit erhöhte sich auch die Zinslast.

Das Land war in eine Zwangslage geraten, aus der es keinen Ausweg zu geben schien. Es wurde immer stärker von den Kreditgebern abhängig, und der Graben zwischen Industrie- und Entwicklungsländern wurde – entgegen aller politischen Rhetorik – immer breiter. Der Präsident konfrontierte Herrhausen mit einer simplen, aber suggestiven Frage: «Was würde Ihrer Meinung nach in Ihrem

Land geschehen, wenn man die Bürger um den größeren Teil ihres Lebensstandards bringen würde?»[1]

Warum Hurtado von all den nach Washington geladenen Teilnehmern der Jahrestagung ausgerechnet Herrhausen zu seinem Hoffnungsträger erkoren hatte, ist leicht zu erklären. Der Deutsche dachte längst über die nationalen Grenzen hinaus. In seiner Stellungnahme im Geschäftsbericht der Deutschen Bank für das Jahr 1985 hatte er sich zwar mit der Situation in Deutschland befaßt, doch seine Beschreibung ließ sich unschwer auf die internationale Lage beziehen: «Seit einigen Jahren wissen wir: Der Staat ist als Steuer- und Kreditnehmer an seine Grenzen gestoßen.»[2] Wenn schon für den hochentwickelten Industriestaat Bundesrepublik eine ständig wachsende Verschuldung bei gleichfalls konstant steigenden Steuereinnahmen festgestellt wurde, wie würde diese Entwicklung dann erst bei einem Dritte-Welt-Land aussehen, bei dem mit Mehreinnahmen ohnehin nicht gerechnet werden konnte.

Herrhausen skizzierte also mit seinen Ausführungen – beabsichtigt oder nicht – weit mehr als nur die deutsche Situation, und es ist bezeichnend, daß er bereits hier den großen Schnitt forderte, der ihm allein als Ausweg aus dem zunächst nur deutschen Dilemma erschien. Sein Fazit lautete: «Die politischen Schritte zur Regelung der regelungsbedürftigen Sachverhalte auf dem Gebiet von Steuern und Staatsverschuldung zu unternehmen, erfordert Vision, Mut und Beharrlichkeit [...] Es besteht die Gefahr, daß wir bei dem Versuch, sie zu meistern, auf zu kurze Fristen, zu starke Interessengruppen und auf die am nächsten liegenden Probleme zurückfallen und dadurch lediglich Teilarbeit zu Lasten der Zukunft leisten, in der die Lösung der verbliebenen Aufgaben nur um so schwieriger werden muß: Wir sollten jetzt die Chance zu einer wirklichen und dauernden Vorverlegung der Grenzen unserer Handlungs- und Entscheidungsfreiheit nicht verspielen.»[3]

Herrhausen regte einen Befreiungsschlag an. Die kosmetischen Reparaturen hatten zu nichts geführt, also mußte man finanzpolitisch aufs Ganze gehen. Wurde diese Forderung 1986 noch als bittere Kritik an den ersten zwei Regierungsjahren seines Freundes Helmut Kohl gelesen, die es an den angekündigten steuerpolitischen Entlastungen ebenso hatten fehlen lassen wie an einer deutlichen Reduzierung der Schuldenlast des Staates, so enthielten diese Sätze im Kern bereits das Programm, mit dem Herrhausen in seinen verbleibenden drei Lebensjahren die Frage der internationalen Verschuldungskrise anging. Sein Programm wurde auch hier als Angriff auf das eigene Lager verstanden – diesmal nicht politisch, sondern wirtschaftlich. Die anderen Großbanken waren fassungslos, als Herrhausen nach seiner Rückkehr vom Tagesbesuch beim mexikanischen Präsidenten am 28. September 1987 in Washington für einen umfassenden Schuldenerlaß plädierte.

Niemand soll sagen, daß er kleinlich war. Er suchte eine umfassende Lösung für ein weltweites Problem. Und niemand konnte ihm in Washington vorhalten, daß er lediglich einer sentimentalen Stimmung folgte – Hurtado hatte einen Bankier eingeladen, der schon im Herbst 1986 das Thema der Schuldenreduktion konsequent zu seinem eigenen gemacht hatte. Seither war es wie kein anderes mit dem Namen Herrhausen verknüpft worden und hatte ihm im Kreise der Banker bereits den Ruf eines Enfant terrible eingebracht. Doch erst im September 1987 trat die ganze Radikalität seiner Überlegungen zutage.

Bereits die erste vorsichtige Initiative Herrhausens zur Lösung des Verschuldungsproblems, die er im November 1986 unter der Hand in Pressegesprächen entwickelt hatte, sah eine konzertierte Aktion aller Gläubiger vor. In den achtziger Jahren war sichtbar geworden, daß der Schuldendienst bei steigenden Zinsen nicht mehr zu einer Tilgung der Verbindlichkeiten, sondern über kumulierende Zins- und Zinseszinsrückstände zu einem weiteren Anwachsen der Schuld führte – ohne daß neue Gelder an die jeweiligen Staaten geflossen wären. Deshalb sollte ein Zinsausgleichsfonds zugunsten hochverschuldeter Entwicklungs- und Schwellenländer geschaffen werden, für den sowohl vom IWF, der Weltbank und den Regierungen der Industriestaaten als auch von den privaten Banken Mittel aufgebracht würden, um den Zinssatz für die vergebenen Kredite an die Dritte Welt konstant zu halten.

Die international aktiven Großbanken hatten sich bei der Gewährung von Krediten bis in die frühen achtziger Jahre überaus großzügig gezeigt, zumal sie damit ihr Geschäftsfeld erweitern konnten. Die Deutsche Bank war gleichfalls stark engagiert, erkannte jedoch früher als die Konkurrenz das Ausmaß der drohenden Schuldenkrise und beschränkte deshalb zum einen ihr weiteres Engagement. Zum anderen nahm sie nach dem Schock von 1982, als zunächst Mexiko und dann weitere Länder insolvent geworden waren, auf fragwürdig gewordene Kredite rasch Wertberichtigungen vor, um im Falle eines Ausfalls von Zahlungen die Bilanz zu schonen. Solche Voraussicht verdankte sich der konservativen Bewertungspolitik, die der ehemalige Vorstandssprecher Hermann Josef Abs schon in den fünfziger Jahren etabliert hatte, als er die Praxis der Bank, für Notfälle stille Reserven zu bilden, gegen die Kritik der Aktionäre verteidigte.[4]

Diese Maxime bewährte sich vor allem in der Schuldenkrise der achtziger Jahre. Mit ihrer Vorsicht stand die Deutsche Bank indes weitgehend allein. Herrhausen klang Anfang 1986 noch wie ein Rufer in der Wüste, als er dem «Manager Magazin» auf dessen Frage, warum sein Institut im internationalen Geschäft an Marktanteil verloren habe, antwortete: «Das internationale Umfeld ist durch die Schuldenkrise riskanter geworden, und man muß ein größeres Maß an Vorsicht walten lassen. Das haben wir getan. Wenn andere sich nicht gleichermaßen absichern, muß der Marktanteil des Vorsichtigeren zurückgehen.»[5] Besonders bei der mehrheitlich im Besitz der Deutschen Bank befindlichen Euras-Bank hatte man 1985 hohe Wertberichtigungen auf Kredite an die Philippinen vornehmen müssen, während man im Frankfurter Mutterhaus bei entsprechenden bilanziellen Absicherungen der eigenen Forderungen an Entwicklungsländer schon deutlich weiter war.

Als Herrhausen bei der Jahrestagung von IWF und Weltbank im September 1987 auf Schuldenstreichung drängte, hatte die Deutsche Bank bereits mehr als siebzig Prozent der entsprechenden Kredite abgeschrieben und nahm damit international klar die Spitzenposition ein: Keine andere Bank hatte so konsequent wertberichtigt. Keine andere hatte also so wenig zu verlieren, wenn die Kreditgeber in einer gemeinsamen Aktion tatsächlich auf Teile ihrer Forderungen verzichten würden.

Die einheimischen Konkurrenten der Deutschen Bank und mehr noch die ausländischen Gläubiger, denen teilweise die Gesetzgebung der jeweiligen Herkunftsländer nicht dieselben Möglichkeiten zur Wertberichtigung einräumte wie deutschen Kreditinstituten, beschuldigten Herrhausen deshalb, die gemeinsame ablehnende Linie gegenüber jeglicher Forderung auf Schuldenerlaß nur deshalb zu verraten, weil er sich im Falle eines tatsächlichen Forderungsverzichts für die Deutsche Bank einen Wettbewerbsvorteil gesichert hätte. Die bilanztechnischen Konsequenzen wurden damit zwar richtig erkannt – die Deutsche Bank hätte auch im Moment eines großen Forderungsausfalls ihre Jahresbilanz nicht über Gebühr mit Verlusten belasten müssen, weil sie diese Entwicklung antizipiert hatte. Doch die Argumentation von Herrhausens Kritikern übersieht, daß man in Frankfurt einfach früher auf die entstehende Krise reagiert hatte. Dadurch war die Deutsche Bank nicht gezwungen, ein verlorenes Spiel weiterzuführen. Der Vorwurf mangelnder Loyalität, den seine Kollegen gegenüber Herrhausen äußerten, sollte vor allem deren mangelnde Voraussicht kaschieren.

Zu seinen schärfsten damaligen Kritikern zählten die Vorstandschefs der beiden großen inländischen Konkurrenten: Wolfgang Röller von der Dresdner Bank und Walter Seipp von der Commerzbank. Sie gehörten beide derselben Generation wie Herrhausen an (Röller war 1929 geboren, Seipp 1925), doch sie hatten jeweils klassische Bankkarrieren hinter sich. Seipp hatte zudem mit der Deutschen Bank noch eine Rechnung offen.

Denn es war Seipp gewesen, der in den sechziger Jahren maßgeblich am Ausbau des internationalen Investment-Bankings in der Deutschen Bank beteiligt war. Als Achtundzwanzigjähriger war der Jurist in die Deutsche Bank eingetreten und hatte es dort schnell zum Prokuristen und schließlich zum leitenden Direktor der Hauptfiliale Frankfurt gebracht. 1974 wechselte er als Vorstandsmitglied zur Westdeutschen Landesbank, 1981 wurde er Vorstandsvorsitzender der Commerzbank, die damals in einer tiefen Ertragskrise steckte.

Seipp brachte sein Unternehmen binnen drei Jahren zurück in die Gewinnzone, doch in der nationalen wie internationalen Wahrnehmung stand das Institut weiterhin im Schatten der größeren Deutschen Bank. Daraus und aus seiner intimen Kenntnis der Konkurrentin resultierte manche scharfe Bemerkung von «Walter the tank», wie ihn die «Financial Times» getauft hatte[6] – vor allem in den Jahren, als Herrhausen den Sprecherposten innehatte. Der größte Streit zwischen beiden entstand, nachdem Herrhausen zum Schuldenverzicht aufgerufen hatte. Seipp erklärte dazu: «Ich nehme das Wort nicht in den Mund, das gibt es in meinem Wortschatz nicht. Wer auf Forderungen verzichten möchte, der soll nicht soviel darüber reden, sondern auf sein eigenes Konto handeln.»[7]

Wolfgang Röller hatte Volkswirtschaft studiert und sein ganzes Berufsleben bei der Dresdner Bank verbracht, deren Sprecher er 1985 geworden war. Zwei Jahre später wurde er Präsident des Bundesverbands deutscher Banken, was ihn bei den Auseinandersetzungen über Herrhausens Initiative in eine besonders exponierte Position brachte. Deshalb war es Röller, der am 29. September 1987 die offizielle Antwort der deutschen Kreditwirtschaft auf Herrhausens Erklärung vom Vortag abgab: «Die Bereitschaft der deutschen Banken zur Flexibilität bei den Umschuldungsbemühungen sollte nicht mißverstanden werden: Schuldenerlaß, Forderungsverzichte können die Banken aus gewichtigen Gründen nicht akzeptieren.»[8] Dabei wußte Röller Seipp an seiner Seite, der gleichfalls in Washington in gewohnt apodiktischer Weise feststellte, daß es «keinen deutschen Sonderweg bei den Umschuldungen gibt. Punkt.»[9] Mit diesem Schulterschluß der damals zweit- und drittgrößten Banken in Deutschland schien Herrhausen bereits im eigenen Lande gescheitert.

Dabei hatten sich Röller und Seipp zunächst davon blenden lassen, daß der Sprecher der Deutschen Bank ursprünglich noch weitgehend auf ihrer Linie argumentierte, obwohl dessen Institut schon beinahe drei Viertel der Wertberichtigungen durchgeführt hatte. Herrhausen vertrat noch Anfang 1986 die klare Absicht, die gewährten Kredite weiter von den Schuldnern bedienen zu lassen; auch er sah nicht das ganze Ausmaß der dramatischen Entwicklung voraus, die ihn in den folgenden drei Jahren zu einem immer entschiedeneren Verfechter eines wirklichen Forderungsverzichts werden ließ. Davon war etwa im Gespräch mit dem «Manager Magazin» noch keine Rede: «Ein Schuldenerlaß», so Herrhausen im Februar 1986, «wäre ein sehr gefährliches Präjudiz [...] Man sollte sich da nichts vormachen, man muß ehrlich sein sich selbst gegenüber. Unser ganzes Bestreben ist, eine unzweckmäßige und für die betroffenen Länder verhängnisvolle Fehlentwicklung durch Sanierungsmaßnahmen zu vermeiden.»[10]

Mit anderen Worten: Man sollte den hochverschuldeten Ländern helfen, ihren Haushalt zu sanieren, damit sie wieder Schuldendienst leisten konnten. Damit hatte sich der Sprecher der Deutschen Bank im Februar 1986 auf die Seite des amerikanischen Finanzministers James Baker geschlagen, der im Herbst des Vorjahres auf der Jahrestagung von IWF und Weltbank in Seoul den Vorschlag gemacht hatte, das immer dramatischer werdende Schuldenproblem durch die Bereitstellung zusätzlicher finanzieller Mittel zu bekämpfen. Durch dieses «fresh money», wie man die Gewährung neuer Kredite an bereits hochverschuldete Staaten bezeichnete, sollte das notwendige Wachstum angekurbelt werden, das es den Schuldnerländern ermöglichen würde, die Zahlungen an die Gläubiger wiederaufzunehmen. Allerdings wäre ihre Schuldenlast durch den frischen Mittelzufluß dann abermals gestiegen.

Was Baker zudem außer acht gelassen hatte, waren die gravierenden Zinserhöhungen der letzten Jahre, die seinen Plan obsolet machten, falls nicht eine Sicherung dagegen eingebaut werden würde. Denn der vom amerikanischen Finanzminister erwünschte Wohlstandstransfer von den hoch- in die unterentwickelten Staaten würde scheitern, wenn die Zinsen weiter stiegen, wodurch jede Rückzahlung der neuen Kredite genauso unmöglich gemacht würde wie die der alten.

Diesem Risiko setzte Herrhausen seine Idee eines Zinsausgleichsfonds entgegen, der in dem Moment, wo ein vorher festgelegter Zinshöchstsatz überschritten werden sollte, die Zahlungen der benötigten zusätzlichen Summen für die Schuldner übernähme. Das Fondsvermögen sollte gemäß ihrer Anteile am internationalen Kreditvolumen von den Banken gestellt werden, und zwar in Höhe der bereits erfolgten Wertberichtigungen. Damit setzte Herrhausen sein eigenes Institut unter Zugzwang, weil es, was die Höhe der Wertberichtigungen betraf, konkurrenzlos weit vorne lag. Wohl wäre durch die vom Fonds geleisteten Zinszahlungen ein Teil der von den Banken zur Verfügung gestellten Mittel ja direkt wieder an diese zurückgeflossen. Dennoch hätte die Umsetzung des Plans einen erheblichen Geldtransfer von Herrhausens Institut zu anderen Gläubigerbanken bedeutet, weil die Deutsche Bank aufgrund ihrer Vorsicht weniger stark bei der Kreditvergabe engagiert war, dafür aber um so mehr bereits abgeschrieben hatte.

Die Vorteile dieses Entwurfs, den Herrhausen erstmals im November 1986 im Gespräch mit der «Frankfurter Allgemeinen Zeitung»[11] vorstellte, sah der Initiator selbst darin, daß man Ländern, die davon profitieren wollten, abverlangen könne, bestimmte wirtschaftspolitische Auflagen zu erfüllen, und daß durch die Verlagerung des Zinsrisikos die Industriestaaten fortan ein elementares Interesse an möglichst niedrigen Zinsraten haben würden. So paßte sich der Vorschlag in Herrhausens marktwirtschaftliches Ideal ein: Man würde in den teilnehmenden Schuldnerländern dem kapitalistischen Modell zum Durchbruch verhelfen und gleichzeitig für konstant niedrige Zinsen sorgen, die wiederum die Investitionstätigkeit in den hochentwickelten Staaten beflügelt hätten.

Dennoch wußte Herrhausen, daß mit dieser einsamen Maßnahme die Finanzkrise nur zu lindern, nicht zu beseitigen war: «Das internationale Schuldenproblem schwelt weiter, eine prinzipielle Lösung zeichnet sich noch nicht ab»[12], stellte er kurz nach der Präsentation seiner Ideen fest. Das weitgehende Desinteresse seiner Fachkollegen hatte ihn bereits jeglicher Illusion beraubt: Er wußte nun, daß er keine Unterstützung zu erwarten hatte und daß einzelne Nadelstiche keine Reaktion herausforderten. Bis zu seiner großen Initiative, die er dann am 28. September 1987 auf der Jahrestagung von IWF und Weltbank in Washington D.C. machen sollte, verlegte sich Herrhausen dennoch weiterhin auf eine Strategie der kleinen Schritte, um das Problem wenigstens weiter im Bewußtsein der Öffentlichkeit zu halten.

Mit großem Interesse verfolgte er deshalb konkrete Lösungsansätze, die einzelne Kredite betrafen, und dadurch wandte sich seine Aufmerksamkeit auch erstmals speziell Mexiko zu. Dort hatten sich in den achtziger Jahren zahlreiche Automobilbauer aus den Industriestaaten angesiedelt, darunter auch die japanische Firma Nissan. Als sie einen Ausbau ihres Montagewerks plante, verfiel die Konzernspitze auf eine brillante Idee. Sie kaufte Forderungen gegen den mexikanischen Staat auf, die sie von den entsprechenden Gläubigern mit einem Abschlag erhielt, weil die Zahlungssicherheit der Kredite nicht mehr gewährleistet war. Insgesamt erwarb Nissan Forderungen über sechzig Millionen Dollar für vierzig Millionen Dollar. Diese Papiere präsentierte der Automobilbauer dem mexikanischen Staat und ließ sich auszahlen, allerdings in Landeswährung zum aktuellen offiziellen Umrechnungskurs.

Darin lag der Clou der Operation: Für ausländische Gläubiger wäre eine Begleichung der Schulden durch Zahlung in mexikanischen Pesos inakzeptabel gewesen, weil die Devisenmärkte die Währung niedriger bewerteten als die Regierung in Mexiko-Stadt. Nissan jedoch brauchte einheimisches Geld für den Ausbau des Werks und hätte durch die mexikanische Devisenbewirtschaftung keine andere Möglichkeit zum Tausch gehabt als den offiziellen Weg. Durch den Erwerb der Dollarforderungen ergaben sich für alle drei Seiten Vorteile. Die Gläubiger wurden zumindest zu zwei Dritteln in Dollar befriedigt, was seitens Mexikos auf absehbare Zeit nicht zu erwarten gewesen wäre, weil das Land keine Bonität mehr auf den internationalen Kapitalmärkten besaß. Mexiko selbst löste sechzig Millionen Dollar nominelle Schulden ab, und das durch Zahlung in einheimischer Währung, die zudem sofort in voller Höhe wieder im Lande investiert wurde. Zudem gewährte Nissan dem mexikanischen Staat seinerseits einen Abschlag von zehn Prozent auf die ursprünglichen Forderungen, so daß nur Pesos im Gegenwert von vierundfünfzig Millionen Dollar fällig wurden: soviel, wie der japanische Konzern für sein Erweiterungsprojekt benötigte. Und diese Pesosumme hatte Nissan wiederum nur vierzig Millionen Dollar gekostet.

Alfred Herrhausen sah in diesem «Debt-Equity-Swap», wie die Finanzmärkte eine solche Umwandlung von Krediten in Beteiligungskapital nennen, eine mustergültige Lösung für die Rückzahlung eines gewissen Teils der aufgelaufenen internationalen Schulden. Um solche Geschäfte zu ermöglichen, waren die Schuldnerländer gezwungen, eine investitionsfreundliche Politik zu betreiben, denn sonst wäre niemand am Aufkauf von Auslandsforderungen zum Zweck des Erwerbs inländischen Besitzes interessiert gewesen. Ähnliche Modelle wurden 1986 in mehreren Staaten Lateinamerikas erprobt, wobei vor allem die großen Märkte von Brasilien, Argentinien und Mexiko attraktiv für Investoren waren. Aber auch Chile, das sich unter der autokratischen Führung von Augusto Pinochet aus der Schuldenfalle zu befreien suchte, hatte einige Erfolge mit Debt-Equity-Swaps vorzuweisen: Für 1986 bezifferte man die derart abgelösten Forderungen auf einen Wert von einer Milliarde Dollar, immerhin fast fünf Prozent der damaligen Auslandsschulden des Landes.

Mexiko entwickelte dieses Finanzierungsinstrument sogar so weit fort, daß sich die Höhe des Abschlags, den man mit dem Aufkäufer der Forderungen aushandelte, nach dem volkswirtschaftlichen Nutzen der vorgesehenen Investitionen richtete. Staatspolitisch wünschenswerte Projekte konnten auf diese Weise zusätzlich begünstigt werden. Und da große Teile der mexikanischen Verschuldung auf staatliche Unternehmen zurückzuführen waren, die zwar keine Devisen, aber doch eine ausreichende Liquidität in einheimischer Währung erwirtschaften konnten, führte die Rückzahlung der aufgekauften Forderungen nicht einmal notwendig zu einer Inflation durch Betätigung der Notenpresse.

Allerdings öffnete sich dieser Ausweg nur einem kleinen Teil der

Schuldnerstaaten, weil er ein ökonomisches Interesse der Industrieländer an den jeweiligen Binnenmärkten voraussetzt. Viele Volkswirtschaften, vor allem die afrikanischen, waren jedoch einfach zu klein, um dort größere Investitionsprojekte lohnend erscheinen zu lassen, und die Ausbildung der dortigen Bevölkerung galt als zu schlecht, als daß man dort Produktionsstätten errichten könnte, die gemäß den üblichen Standards der westlichen Konzerne produzieren würden. Außerdem bestand für die Schuldnerländer das Risiko, daß sie Konkurrenz zur einheimischen Industrie duldeten, die sich überdies in Fremdbesitz befinden und somit die Gewinne außer Landes bringen würde. Das hätte die Ziele des Baker-Plans konterkariert, der auf eine wirtschaftliche Entwicklung in der Dritten Welt setzte, um die Rückzahlung der Schulden zu ermöglichen. Doch eine kluge Investitionssteuerung, die Rücksicht auf die binnenwirtschaftliche Struktur in den betroffenen Ländern genommen hätte, ließ das Debt-Equity-Swap-Verfahren als einen wichtigen Baustein bei der Eingrenzung der Schuldenkrise erscheinen.

Daß Alfred Herrhausen weniger als ein Jahr nach seinen moderaten Anregungen zur Schuldenbewältigung, die er im November und Dezember 1986 vorgestellt hatte, den Paukenschlag von Washington setzte, ist zweifellos nicht nur Folge seines unmittelbar zuvor absolvierten Mexikobesuchs gewesen. Doch Herrhausen war ein Mann, dem persönliche Gespräche und Loyalitäten viel bedeuteten, und das Vertrauen, das Miguel de Madrid Hurtado in ihn setzte, schmeichelte sowohl seiner Eitelkeit als auch seinem Ehrgeiz.

Herrhausen hat sich immer besonders intensiv für Menschen eingesetzt, die den direkten Kontakt zu ihm suchten. Dabei ist dieses Engagement nur in den seltensten Fällen bekannt geworden. So sorgte er nach einer Diskussion mit Schülern in Kempten, in deren Verlauf die Deutsche Bank wegen ihrer Niederlassungen in Südafrika angegriffen wurde, dafür, daß den Wortführern dieser Kritik, jungen Leuten aus örtlichen Bürgerinitiativen, ein Zuschuß für eine Reise in das damals noch von Apartheid bestimmte Land gezahlt wurde, damit sie sich ein eigenes Bild von den dortigen Verhältnissen und der Rolle der Deutschen Bank machen konnten.[13] Bei anderer Gelegenheit finanzierte er mit derselben Absicht den Flug einer Gruppe junger Leute nach Brasilien, dessen Sozial- wie Umweltpolitik seinerzeit in Deutschland harscher Kritik ausgesetzt war.

Herrhausen forderte und förderte die eigene Anschauung, weil er von seinen Gesprächspartnern auch ein eigenes Urteil erwartete. Und dieser Anspruch machte vor ihm selbst nicht halt. Nach seiner zweiten Heirat hatte der bisherige Richard-Wagner-Verächter eine Frau an seiner Seite, die gerade diese Musik besonders schätzte. Es fiel ihr nicht schwer, ihren Mann zu gemeinsamen Bayreuth-Besuchen zu überreden, denn sie mußte nur an die Überzeugung Herrhausens appellieren, das eigene Vorurteil zu überprüfen.

Dabei kam Traudl Herrhausen allerdings die immense Neugier ihres Mannes entgegen. Mit wachsender Beanspruchung durch die Deutsche Bank hatte er sein Privatleben immer weiter reduzieren müssen, und deshalb waren gemeinsame Besuche, die man als Wahrnehmung öffentlicher Termine betrachten konnte, ein probates Mittel, etwas Zeit für seine Frau herauszuschlagen. Dagegen wurde es zunehmend schwieriger, Bekanntschaften zu pflegen oder gar neue Freunde zu gewinnen. Der Kreis um Traudl Herrhausen eröffnete dem Bankier zum letzten Mal die Möglichkeit, seinen Freundeskreis zu erweitern, obwohl Alfred Herrhausen hungrig war nach Kontakten, die nicht auf das Bankgeschäft beschränkt blieben.

Deshalb nutzte er, sooft es möglich war, die Gelegenheit, für sein Institut auf Podiumsdiskussionen oder als Vortragender aufzutreten, und im Gegensatz zu seinen Vorstandskollegen opferte er auch Zeit zur persönlichen Beantwortung privater Anfragen, die ihn mit seiner Geschäftspost erreichten. So kam auch eine Bekanntschaft zustande, die noch fünfzehn Jahre nach seiner Ermordung, und zwar pünktlich zu deren Jahrestag, für ein moderates Blätterrauschen in der Presse geführt hat, weil sie angeblich das Bild von Herrhausen korrigierte. In einer Talkshow des ZDF hatte das Vorstandsmitglied der Deutschen Bank 1982 die Abiturientin Tanja Neumann kennengelernt, die ihn während der Sendung durch ihr Interesse für Fragen der Wirtschaft beeindruckte. Deshalb suchte er danach mit ihr ein kurzes Gespräch und forderte sie auf, ihm zu schreiben, um den Gedankenaustausch fortzusetzen.

Das Angebot wurde angenommen. Nach Auskunft der damaligen Abiturientin, die danach Philosophie studierte, heute Tanja Langer heißt und als Schriftstellerin in Berlin lebt, schrieb sie Herrhausen in den sieben Jahren bis zu seinem Tod mehrere hundert Briefe, die der Bankier durch regelmäßige Anrufe beantwortete. Das war typisch für ihn, denn Herrhausen fehlte es generell an Zeit und Geduld für eigene Korrespondenz. Das einzige Schreiben, das Tanja Langer erhielt, war der Begleitbrief zu einer Celan-Ausgabe, die sie von Herrhausen als Geschenk erhielt. Die paradoxe Verschwiegenheit aber, die dieser Verzicht auf schriftliche Mitteilung zu zeigen schien, führte nach Offenlegung der Bekanntschaft zu subtilen Unterstellungen, hier könne mehr im Spiel gewesen sein als bloßes intellektuelles Interesse.

Tanja Langer hat das stets bestritten, aber gegen Überschriften wie «Intimer Briefverkehr mit junger Studentin», die die «Bild-Zeitung» veröffentlichte[14], kann man nicht anreden. Dabei hatte Herrhausen aus dem regelmäßigen Meinungsaustausch von Anfang an kein Geheimnis gemacht; er war Teil seines Bemühens, Stimmen von außerhalb der Bank zu sammeln und andere Meinungen besser zu verstehen. Dabei paßte er sich den Gepflogenheiten seiner Gesprächspartner an, um eine größere Vertrautheit zu erreichen. In Tanja Neumanns erstem Brief hatte sie forsch behauptet, Herrhausen werde ja doch keine Zeit finden zu antworten. Er rief sofort an, und bald duzte man sich. Es zählte zu den erstaunlichsten Fähigkeiten des Bankiers, mit Menschen aus verschiedenen Kreisen zurechtzukommen, sobald man nur die übliche Distanz des öffentlichen Auftritts aufgeben konnte.

Diese Fähigkeit verstand Herrhausen virtuos einzusetzen. Und er nutzte sie auch für sein Unternehmen. So hatte er es in seiner Eigenschaft als Vorstand, der für weite Teile des internationalen

Geschäfts zuständig war, übernommen, in der Berliner Hauptversammlung der Deutschen Bank vom 14. Mai 1987 die Fragen der Aktionäre zum Engagement in der Dritten Welt zu beantworten. Das war die erste Hauptversammlung nach seinen Äußerungen zur Schuldenkrise, und Herrhausen mußte erkennen, daß er mit den Vorschlägen zu einem Zinsausgleichsfonds oder der Schuldenumwandlung in Beteiligungskapital jene Kritiker keineswegs besänftigen konnte, die die gängige Kreditvergabe an Entwicklungsländer schlichtweg als Ausbeutung verstanden.

Es war auch das erste Mal, daß Anteilseigner der Deutschen Bank, die sich selbst als «Kritische Aktionäre» bezeichneten, auf einer Hauptversammlung des Instituts auftraten, und sie hatten sich auf die Auseinandersetzung mit dem Vorstand gut vorbereitet. Wortführer des Protestes gegen die Geschäftspraktiken der Bank, der sich auf das Auskunftsrecht der Aktionäre stützte, war der Berliner Superintendent Gottfried Kraatz, der im Vorjahr aus Südafrika ausgewiesen worden war, nachdem er dort sechs Jahre lang eine schwarze Gemeinde betreut hatte und deshalb sogar im Gefängnis gelandet war. Der Abscheu vor der Apartheidpolitik der weißen Regierung Südafrikas war 1987 auf einem Höhepunkt angelangt, und die Deutsche Bank mußte sich des Vorwurfs erwehren, ihr Engagement am Kap mache sie mitverantwortlich für den Fortbestand des Regimes. Gegen diese These wandte Herrhausen ein, daß die Bank ihren Kunden gegenüber die Verpflichtung habe, auch für den Geschäftsverkehr mit Südafrika die üblichen Serviceleistungen anzubieten, was nun einmal dortige Niederlassungen voraussetze. Die wirtschaftliche Entwicklung des Landes sei die sicherste Gewähr für soziale Verbesserungen – nicht nur in Südafrika selbst, sondern über dessen Rolle als einzige afrikanische Wirtschaftsmacht auch auf dem gesamten Kontinent.

Das war eine Verteidigungslinie, die Herrhausen mit Überzeugung vertreten konnte, und sie galt auch für die generelle Frage nach dem Nutzen von Kreditgewährungen an Staaten der Dritten Welt. Die «Kritischen Aktionäre», unter ihnen der heutige Grünen-Politiker Ludger Volmer, warfen der Deutschen Bank vor, die Schuldenkrise durch neue Kreditvergaben weiter anzuheizen, wodurch nicht nur die soziale Lage in den hochverschuldeten Ländern immer prekärer, sondern auch die Stabilität des Weltfinanzsystems gefährdet werde. Herrhausen indes bezifferte auf Nachfrage die im Geschäftsjahr 1986 eingenommenen Zinsen aus Krediten an Entwicklungsländer auf zweihundert Millionen Mark, dem aber nur achtundvierzig Millionen Mark an neuvergebenen Krediten gegenüberstanden, die zu zwei Dritteln an deutsche Exportgeschäfte gebunden gewesen seien – die sinnvolle Verwendung der frischen Mittel sei also ebenso gesichert wie deren Nutzen auch für die deutsche Wirtschaft allgemein.

Doch der Sprecher der Deutschen Bank räumte ein, daß sein Institut die Lage des Weltfinanzsystems tatsächlich mit Sorge betrachte, und dieses Zugeständnis war immerhin mehr, als man jemals zuvor aus Kreisen der Bank zur Frage der Schuldenkrise gehört hatte. Allerdings blieb Herrhausen auch noch im Mai 1987 der gemeinsamen Linie der Gläubigerbanken treu, daß die Schuldenstreichung kein probates Mittel zur Lösung des Problems sein könne. Sein Kollege F. Wilhelm Christians hatte bei der Hauptversammlung den entsprechenden Tenor vorgegeben, als er in seinem Bericht zum Auftakt der Berliner Veranstaltung betonte, daß ein Forderungsverzicht niemals die notwendige gesunde Wirtschaftspolitik in den betroffenen Staaten ersetzen könne und zudem diejenigen Länder benachteilige, die bislang ihre Verpflichtungen aus Krediten erfüllt hätten. Dabei folgte Christians einer Linie, die Herrmann Josef Abs vorgegeben hatte, wie sich Hilmar Kopper erinnert: «Abs war immer der Ansicht, daß Staaten, die einmal Schulden erlassen bekämen, nie mehr die alte Kreditwürdigkeit zurückgewinnen würden. Er übertrug das Modell der privaten Kreditschuldner auf die Ebene der Länder.»[15]

Als Herrhausen die Fragen der «Kritischen Aktionäre» beantwortete, argumentierte auch er ganz in diesem Sinne. Doch ließ er keinen Zweifel daran, daß die Umstrukturierung und Industrialisierung in den Entwicklungsländern, die die Voraussetzung für großes Wachstum dort seien, auch Opfer erfordern würden – und Herrhausen nannte diesbezüglich ausschließlich «die Allgemeinheit, die Steuerzahler und die Aktionäre»[16]. Diese Beobachtung wäre selbst dann zutreffend gewesen, wenn er nur die von der Deutschen Bank durchgeführten Wertberichtigungen berücksichtigt hätte. Denn sie belasteten als Abschreibungen das Bilanzergebnis des Unternehmens und minderten folglich sowohl dessen Steueraufkommen als auch die Dividenden. Es kann aber kein Zweifel daran bestehen, daß Herrhausen längst weitergehende Pläne hegte als die meisten seiner Kollegen im Vorstand. Nur in Werner Blessing fand er ein anderes Mitglied des Gremiums, das die Entwicklung der Schuldenkrise mit ähnlich großer Sorge beobachtete und in der öffentlichen Debatte, etwa auf den Evangelischen Kirchentagen, eine Vorreiterrolle unter den internationalen Bankmanagern spielte.

Als Blessing im August 1987 starb, war Herrhausen auf sich allein gestellt, was ihn aber in seiner Überzeugung eher noch bestärkte. Noch auf der Trauerfeier am 28. August erklärte er einem Gesprächspartner, die Schuldenkrise vertrage nun kein Schweigen mehr.[17] Fortan forcierte er seine Bemühungen, zumal nun auch die firmeninterne Auseinandersetzung um die Nachfolge von Christians begann. Wenn Herrhausen sein Ideal des alleinigen Sprechers durchsetzen wollte, durfte es keinen Zweifel über seine Meinung in den wichtigsten Fragen des Bankgeschäftes geben, und er brauchte öffentlichen Rückhalt. Denn die singuläre Position der Deutschen Bank ließ das Publikum deren Unternehmensführung mit Argwohn betrachten, und jeder Versuch, die Macht dort zu konzentrieren, mußte zunächst einmal mit Widerstand in der Öffentlichkeit rechnen. Da konnte eine Initiative, die die Sympathie großer Teile der Bevölkerung wecken würde, sich nur als nützlich erweisen.

Es wäre jedoch verkehrt, Herrhausen bei seinem aufsehenerregenden Washingtoner Auftritt im September 1987 vor allem machtpolitisches Kalkül zu unterstellen. Vielmehr traf sich seine neuentwickelte Überzeugung von der Notwendigkeit eines radikalen Schnitts durch Schuldenerlaß mit dem Nutzen für seine Bemühungen um die Etablierung als einziger Sprecher. Die harsche

Kritik, die er seitens der Konkurrenz für seine Vorschläge zur Schuldenstreichung erntete, würde es den eigenen Vorstandskollegen erschweren, ihm seinen Wunsch nach Konzentration der Verantwortung abzuschlagen – jedes Votum dagegen wäre als Ausdruck des Mißtrauens gegen den Sprecher Herrhausen und vor allem dessen Position in der Schuldenkrise gewertet worden. Indem sich derart in einer Frage exponierte, die weit über Bankenkreise hinaus Interesse fand, eröffnete Herrhausen eine Auseinandersetzung, die keine Kompromisse gestattete. Entweder der Vorstand bestätigte seinen Plan mit allen Konsequenzen, oder er müßte ihm den Stuhl vor die Tür setzen, denn im letzten Amtsjahr von Christians als Sprecher agierte sein Kollege bereits oft so, als stehe er bald allein an der Spitze der Deutschen Bank. Die Abkehr vom Standpunkt Christians' zur Schuldenfrage war da nur der deutlichste Schritt.

Die Deutsche Bank hatte drei ihrer Vorstandsmitglieder nach Washington entsandt: Christians, Herrhausen und Rolf E. Breuer. Alle drei gemeinsam hatten auch zur obligatorischen Pressekonferenz ihres Instituts geladen, doch Herrhausen legte mit seinem Überraschungscoup einen Soloauftritt hin. Es hatte im Vorfeld keine der sonst üblichen Konsultationen mit den einheimischen Konkurrenten gegeben, ja nicht einmal im eigenen Vorstand. Deshalb kam Herrhausens Vorschlag für alle in Washington anwesenden Kollegen wie aus dem Nichts. Er war viel radikaler als die bisherigen Überlegungen, die der Deutsche-Bank-Sprecher angestellt hatte. Die entscheidende Passage seiner Stellungnahme zur Lage der hochverschuldeten Staaten stellte bezeichnenderweise schon im ersten Satz diesen Vorschlag als ganz persönlichen Entschluß dar: «Mir ist durch den Kopf gegangen, daß wir hier einen anderen Lösungsansatz wählen müssen. Und daß es wohl nicht zu vermeiden ist, daß Banken gewisse Opfer bringen, um diesen Ländern zu helfen. Von Anbeginn an gab es zwei mögliche Opfer der Krise: die Gläubigerbanken und die Schuldner. Die gibt es immer noch. Aber die Stärke der Banken ist größer, die der Schuldner geringer geworden.»[18] Und aus dieser Verschiebung der Balance folgerte

Herrhausen nicht etwa, daß nunmehr die Zahlungsmoral des Schwächeren zu steigen habe, sondern daß gerade die Gläubiger Verzicht zu leisten hätten, um die Weltwirtschaft wieder ins Gleichgewicht zu bringen. Es entsprach seiner Konsequenz des Denkens, ein Problem nicht zu vertagen; er wollte es lösen, und zu lösen war die Schuldenkrise in seinen Augen auf Dauer nur dadurch, die Ursache des Problems zu beseitigen, nicht dessen Folgen. Deshalb reichten die noch im Vorjahr von ihm favorisierten Methoden nun nicht mehr aus. Ein teilweiser Verzicht auf Kreditforderungen war notwendig.

Daß Christians selbst sich genötigt sah, noch in Washington die Äußerungen seines Sprecherkollegen zu relativieren, zeigte, daß Herrhausen einen Alleingang gewagt hatte, der innerhalb der Deutschen Bank nicht abgestimmt war: «Er wollte einen originären Triumph landen, der auf ihn allein zurückfällt», sollte sich Christians später erinnern.[19]

Immerhin hatte sich Herrhausen vor seiner Reise nach Washington mit dem Aufsichtsratsvorsitzenden Wilfried Guth über seinen Plan beraten. Guth stimmte ihm zu, die Frage jedoch, wie im Einzelfall ein Schuldenverzicht durchzuführen wäre, sah er noch als offen an. Dieses Vorabgespräch ersparte Herrhausen einen unangenehmen Auftritt des Ehrenvorsitzenden der Deutschen Bank, Hermann Josef Abs. Als die deutschen Rundfunksender über Herrhausens Äußerungen in Washington berichteten, rief Abs sofort bei Guth an und beklagte sich über das unangekündigte Vorpreschen des Sprechers. «Das geht doch nicht», hielt er Guth entgegen, «er präjudiziert unsere Entscheidungen.»[20] Doch sein Gesprächspartner konnte den erregten Grandseigneur beruhigen, indem er ihm von seinem Gespräch mit Herrhausen berichtete und einige Punkte aus Herrhausens Konzeption präzisierte. Abs beruhigte sich soweit, daß bei seinem ersten Treffen mit Herrhausen nach dessen Rückkehr aus Washington kein böses Wort mehr über den dortigen Auftritt des Sprechers fiel.

Unter den Kollegen auf der Tagung war der Unmut über das Vorpreschen Herrhausens jedoch unverkennbar, denn gerade standen

Umschuldungsverhandlungen mit Brasilien an. Bei einem Pressegespräch, das die Bertelsmann-Stiftung einige Monate später mit Herrhausen organisierte, schilderte er seinen Eindruck von der heftigen Reaktion: Am liebsten hätte er den nächsten Hubschrauber genommen und Washington verlassen, denn er habe das Gefühl gehabt, man wolle ihn dort abschießen.

Auch die Repräsentanten der anderen beiden deutschen Großbanken, Dresdner Bank und Commerzbank, waren nicht vorher informiert worden, wie es der Komment eigentlich verlangt hätte. Denn bei den Jahrestagungen von IWF und Weltbank sprachen die deutschen Vertreter in der Regel mit einer Stimme. So trat Christians gemeinsam mit den Vorstandsvorsitzenden von Dresdner Bank und Commerzbank, Wolfgang Röller und Walter Seipp, auf der am 29. September stattfindenden Pressekonferenz des deutschen Bankenverbandes auf, um auch für die Deutsche Bank festzustellen, daß Schuldenerlaß und Forderungsverzicht nicht akzeptiert würden. Und sogar Herrhausen selbst versicherte, kaum nach Deutschland zurückgekehrt, in einem Fernsehinterview, bei dem Wirbel um seine Äußerungen von Washington handele es sich um ein bedauernswertes Mißverständnis.[21] Aber damit dürfte er eher die Reaktion von Christians gemeint haben, der seinen einstigen Protegé öffentlich korrigiert hatte. Zumal gemeinsam mit jenen beiden Bankmanagern, die in den nächsten Monaten zu den hartnäckigsten Widersachern von Herrhausen in dieser Frage werden sollten.

Hatten vor allem amerikanische und japanische Banken 1987 noch so gut wie keine Wertberichtigungen auf unsicher gewordene Kredite an Entwicklungsländer vorgenommen, weil solche Korrekturen in ihren Bilanzen nur unter eingeschränkten Bedingungen als steuerlich abzugsfähige Aufwendungen angesetzt werden durften, verhielt es sich bei den europäischen Kreditinstituten anders. Die Konkurrenz in Übersee mußte im Falle eines Forderungsverzichts ihr Eigenkapital um den entsprechenden Betrag reduzieren, auch wenn sie diese Verluste dann – aber auch erst im Jahr des eigentlichen Forderungsausfalls – steuerlich geltend machen könnte. Die europäischen Banken dagegen konnten eine Risikovorsorge treffen, die durch die Berücksichtigung in der Gewinn- und Verlustrechnung desjenigen Jahres, in dem man die entsprechende Wertberichtigung vorgenommen hatte, bereits bilanziell verdaut war, wenn schließlich der Forderungsausfall anfiele. Dadurch konnten sie die absehbaren Verluste besser verteilen, indem in günstigen Geschäftsjahren die Gewinne durch Abschreibungen auf die heiklen Forderungen reduziert wurden. So trug der Steuerzahler seinen Teil zur Risikominderung bei, und es lag nur noch an der individuellen Einschätzung der jeweiligen Bank, bis zu welcher Höhe sie ihre Kredite wertberichtigen würde.

Die konservative Bewertungspolitik der Deutschen Bank hatte ihr dabei gegenüber den nationalen Konkurrenten einen Wettbewerbsvorteil verschafft, und außerdem wies sie unter den drei Großbanken die beste Ertragslage auf. Als Herrhausen am 11. Mai 1988 auf der Hauptversammlung der Deutschen Bank als nunmehr einziger Sprecher des Vorstands seinen früheren Kollegen Christians verabschiedete, hatte Deutschland erstmals seit mehr als zwei Jahrzehnten wieder drei Einzelpersonen an der Spitze seiner bedeutendsten Kreditinstitute – Röller und Seipp mußten sich nunmehr auf den Kollegen Herrhausen einschießen, wollten sie die Nachteile, die ein baldiger Schuldenverzicht für ihre Häuser gegenüber der Deutschen Bank bedeutet hätte, verhindern.

Dabei hatten sie einen konkreten Termin im Auge, der sich als besonders günstig für den Sprecher der Deutschen Bank erweisen würde: Die Jahrestagung von IWF und Weltbank sollte in diesem Jahr vom 26. bis zum 28. September in Berlin stattfinden, und dort würden die Chefs der heimischen Banken natürlich noch mehr im Fokus der internationalen Aufmerksamkeit stehen als üblich. Zumal Herrhausen gerade erst im Juli 1988 durch die Chefredakteure der führenden europäischen Wirtschaftsmagazine zum «Europa-Manager des Jahres» gewählt worden war. Es war also absehbar, daß nach einem Jahr Bedenkzeit und Gesprächen hinter den Kulissen die Auseinandersetzung über das Thema Schuldenverzicht auf dem Berliner Treffen voll ausbrechen würde.

Am Wochenende unmittelbar vor der Tagung äußerte sich Walter Seipp auf einer Pressekonferenz zu Herrhausens letztjährigen Anregungen, und er wählte scharfe Worte, auch wenn nur eine englische Zeitung die konkrete Formulierung «Schnapsidee» kolportierte. Zu dem «steinigen Weg einer langfristigen Umschuldung» gebe es keine Alternative, und damit hatte er Herrhausens Idee einer Schuldenstreichung erneut eine Absage erteilt; alle anderen Vorstellungen seien «simple und nur deshalb populäre Rezepte», ein Schuldenerlaß führe zu gar nichts.[22] Diese Ablehnung schlug unter den in Berlin Versammelten wie eine Bombe ein, denn sie widersprach in ihrer Heftigkeit allen Gewohnheiten im Umgang von Banken miteinander.

Die Wucht des Angriffs hatte allerdings einen guten Grund: Herrhausen war bereits vor der Jahrestagung in die Offensive gegangen und hatte bei mehreren Gelegenheiten für seine Vorstellungen zur Schuldenkrise geworben. Am 14. September 1988 stellte er in der Wochenzeitung «Die Zeit» ein Fünfjahresprogramm zur Lösung der Schuldenkrise vor, und kurz zuvor hatte er den für den Wirtschaftsteil der «Frankfurter Allgemeinen Zeitung» zuständigen Herausgeber Jürgen Jeske zu einem Gespräch empfangen, während dem er dieses «Konzept einer zeitlich gestaffelten Konditionalität», wie Herrhausen selbst es recht gespreizt bezeichnete, näher erläuterte.[23] Eine Zusammenfassung dieses Gesprächs veröffentlichte Jeske am 20. September in der Verlagsbeilage der F.A.Z. zur Berliner Jahrestagung von IWF und Weltbank, wodurch auch noch der letzte Teilnehmer des Treffens von Herrhausens Überzeugungen Kenntnis erhielt.

Bestimmt waren sie durch den Versuch, die eigenen früheren Konzeptionen zu einem schlüssigen Gesamtkonzept zu verbinden. Deshalb bezeichnete der Bankier Jeske gegenüber seine Washingtoner Forderung nach einem Schuldenerlaß wie auch sein vorausgegangenes Engagement für einen Zinsausgleichsfonds als Bausteine des neuen Konzepts.[24]

Es sollte geprägt sein durch einen «menu approach», wie Herrhausen es in seiner Vorliebe für englische Termini nannte – also eine Abfolge verschiedener Maßnahmen. Er wußte um die unterschiedliche Lage der internationalen Banken, die je nach gesetzlichen Möglichkeiten oder Voraussicht mehr oder weniger Vorsorge für den Fall eines Forderungsausfalls getroffen hatten. Daraus resultierte in der Branche der Widerstand gegen seine Überlegungen. Deshalb entwickelte er den Plan eines Lösungsansatzes, der es den internationalen Gläubigerbanken erlauben sollte, je nach ihrer individuellen Geschäftslage über die Höhe eines Verzichts zu entscheiden. Auf diese Weise dementierte Herrhausen alle Vermutungen, er lege es auf eine Regelung an, die im Grundzug dem Londoner Schuldenabkommen von 1953 gleiche. Damals war Deutschland von einem Großteil seiner internationalen Verbindlichkeiten befreit worden. Weil der entscheidende Verhandlungspartner in London Herrhausens Vorgänger Hermann Josef Abs gewesen war, wollten viele Beobachter eine historische Kontinuität im Vorgehen des neuen Vorstandssprechers der Deutschen Bank erkennen.

Doch Herrhausen hatte keine gemeinsame Konferenz aus Gläubigern und Schuldnern im Blick, die dem Londoner Vorbild entsprochen hätte. Im Gegensatz zu 1953 ging es diesmal nicht nur um einen einzelnen Schuldnerstaat, so daß solche Verhandlungen durch die divergierenden Interessen erschwert, wenn nicht gar unmöglich gemacht würden. Herrhausen war überzeugt, daß nur die Gläubiger sich untereinander über ein Programm zur Schuldenverminderung einigen könnten, wobei die Schuldner als Vorbedingung gewährleisten müßten, «ihr eigenes Haus in Ordnung zu bringen»[25]. Darin sah er das einzige Vorbild, das das Londoner Schuldenabkommen für den aktuellen Fall bereithielte, denn die deutsche Wirtschaftspolitik habe damals glaubhaft gemacht, daß sich der Verzicht auf einen Teil ihrer Forderungen für die Gläubiger lohnen würde, weil der Rest in den vereinbarten Fristen befriedigt werden konnte.

Allerdings nahm Herrhausen nicht nur Schuldner in die Pflicht, sondern auch die Industriestaaten. Sie müßten ihre Märkte für Importe aus den Entwicklungsländern öffnen. Dabei hatte der Bankier die damals laufende Uruguay-Runde der Organisation des

«Allgemeinen Zoll- und Handelsabkommens» (GATT) vor Augen, die sich bereits seit zwei Jahren bemühte, zu einem Abbau von Zoll- und Handelsschranken zu gelangen, aber immer wieder durch die Furcht der Europäer und Amerikaner vor der Konkurrenz durch billige Importe blockiert wurde. «Eine disziplinierte Währungs-, Steuer- und Handelspolitik der Industrieländer muß gewährleistet sein. Ohne diese Unterstützung würden die aufgeschlossenen Politiker in den Problemländern es nur noch schwerer haben, ihre Umstrukturierungspolitik im Hause zu verkaufen.»[26]

Herrhausens Fünfjahresplan trug der anspruchsvollen Bezeichnung seines «Konzepts einer zeitlich gestaffelten Konditionalität» Rechnung. Der Zeitraum von fünf Jahren sollte dazu genutzt werden, den Schuldnerländern einen Umbau ihrer Wirtschaft hin zur Marktwirtschaft zu gestatten. Deshalb müßten die Gläubiger innerhalb dieser Frist für Entlastung ihrer Schuldner sorgen: einerseits durch neue Kredite, andererseits durch teilweise Forderungsreduktion – je nachdem, wie es die Situation erfordere. Hierbei brachte Herrhausen seine ursprüngliche Anregung eines Zinsschnitts wieder ins Spiel, weil er für die Aushandlung einer solchen Regelung unter den Banken bessere Chancen sah als für eine wirkliche Schuldenentlastung durch Forderungsverzicht. Da es aber höchste Zeit zu handeln sei, müsse man jede sich bietende Möglichkeit nutzen. Nach den fünf Jahren sei dann die endgültige Schuldenregelung festzulegen: Weiterer Mittelbedarf wäre festzulegen, und vor allem, welche Gläubiger mit welchen Schuldnern in der Folge am besten zusammenarbeiten könnten.

Herrhausen sprach es nicht explizit aus, aber sein Ziel war eine Umschichtung der ausstehenden Forderungen unter den Banken, so daß sich einzelne Institute mit einzelnen Staaten befaßt hätten – ein wagemutiger Plan, der das Risiko vertiefter Abhängigkeit der Entwicklungsländer in sich trug und den Banken eine größere Freiheit verschafft hätte, weil dann nicht mehr alle Gläubiger durch ihre vielfältigen Engagements zu gemeinsamen Aktionen gezwungen würden. Seine größte Sorge aber hatte Herrhausen klar ausgesprochen: Jeder Versuch einer Lösung war auf Gläubigerseite immer vom schwächsten Glied der Kette abhängig. Das wäre bei der Verwirklichung seines Plans anders gewesen, obwohl es immer noch schwächere und stärkere Gläubiger gegeben hätte. Durch die wechselseitige Zuteilung von Schuldnerstaaten und Banken und die daraus resultierende Zusammenfassung der Verbindlichkeiten wäre dieses Problem aber im Idealfall auf ein unilaterales reduziert worden. Und selbst wenn es nur gelingen sollte, die Zahl der jeweiligen Gläubiger pro Land zu beschränken, wären die Verhandlungen um einiges erleichtert worden.

Natürlich hätte das auch bedeutet, daß einige Staaten es mit Gläubigern zu tun bekommen hätten, die zu mehr Zugeständnissen bereit gewesen wären als andere. Herrhausen hatte einen Trumpf ausgespielt, der sein Unternehmen in eine privilegierte Position zu bringen versprach. Da die Deutsche Bank ihre Kredite an hochverschuldete Länder bereits weitgehend abgeschrieben hatte, wären ihr vermutlich in entsprechenden Verhandlungen die heikelsten Kandidaten überlassen worden.

Das waren aber just diejenigen Volkswirtschaften, die in Herrhausens Augen das größte Potential für eine wirtschaftliche Erholung boten: die großen süd- und mittelamerikanischen Staaten, vielleicht noch Polen, die zusammengenommen für weit mehr als die Hälfte der internationalen Verschuldung geradezustehen hatten. Da andere Banken den notwendigen langen Atem nicht bieten konnten, den dieses «Konzept einer zeitlich gestaffelten Konditionalität» bei schwierigen Fällen erfordern würde, wären der Deutschen Bank die erhofften Wachstumsmärkte der Zukunft in den Schoß gefallen. Denn daß die jeweils mit den Einzelstaaten befaßten Gläubiger zu so etwas wie Hausbanken dieser Länder geworden wären, hätte gar nicht vermieden werden können.

Über diese Folgen schwieg sich Herrhausen aus. Er mahnte, strategisch geschickt so kurz vor der Berliner Jahrestagung, eine intensivere Kooperation von Währungsfonds und Weltbank an, damit endlich längerfristige Entwicklungsziele durch aufeinander abgestimmte Finanzierungsprogramme und Kontrollen möglich würden. Der Kern des ganzen Konzepts, die Umwandlung der

Weltwirtschaft in eine den Prinzipien des Marktes entsprechende Struktur, in der auch Staaten fortan wie Unternehmen behandelt werden würden, brauchte eine Institution, die über die Möglichkeiten von Sanktionen verfügt, wie es in normalen Volkswirtschaften durch den Staat der Fall ist. Das war die Vision einer Globalisierung à la Herrhausen.

Selbst wenn die Konsequenzen dieser Überlegungen von den Konkurrenten nicht verstanden wurden, so hatte die erneute Bestätigung, daß die Deutsche Bank eine Vorreiterrolle in der Debatte um die Verschuldungskrise zu spielen gedachte, für ausreichend Aufregung im Vorfeld der Jahrestagung von IWF und Weltbank gesorgt.

Herrhausen hatte die Pressekonferenz seines Instituts bewußt auf den ersten Tag des Berliner Treffens gelegt, um seine Ansichten, die nunmehr niemand aus dem eigenen Hause würde relativieren können, rechtzeitig in die Beratungen einzubringen. Doch er agierte vorsichtiger als in seinen zuvor publizierten Plänen und auch zurückhaltender als im Vorjahr in Washington: Der zum Schlagwort gewordene Begriff «Schuldenerlaß» fehlte in seiner einstündigen Erklärung. Statt dessen verlangte Herrhausen «Schuldenerleichterungen» und «Forderungsverzicht», was ebensogut auf die früheren Pläne einer Zinsbegrenzung oder einer Kreditumwandlung zu beziehen war. Erst die Nachfragen der Journalisten ließen Herrhausen deutlichere Worte wählen: In der Praxis seien längst Schulden erlassen worden, deshalb dürfe man hier kein Tabu errichten. Er verwies auf eine vom IWF initiierte Teillösung für die hohe mexikanische Staatsverschuldung, durch die vier Milliarden Dollar alte Kredite auf 2,5 Milliarden reduziert worden waren – gegen die Garantie, daß diese in zwanzig Jahren abgelöst sein würden.

Konkrete Pläne, wie man es erhofft hatte, stellte Herrhausen in Berlin nicht vor. Dazu war die Verstimmung bei den anderen deutschen Banken, deren Kooperation man zumindest für einen aussichtsreichen Vorschlag gebraucht hätte, zu groß. Bis zur Pressekonferenz des deutschen Bankenverbandes, auf der traditionell sämtliche Chefs der Großbanken gemeinsam auftraten, war ohnehin genug Vermittlungsarbeit zu leisten, um Herrhausens Ärger über die durchgesickerte Seipp-Äußerung von der «Schnapsidee» zu mindern. Dies gelang, wobei es eine günstige Fügung war, daß Röller als damaliger Vorsitzender des Verbandes die Hauptrolle bei der Pressekonferenz spielen mußte, so daß ein am aktuellen Streit Unbeteiligter die gemeinsame Position zu beschreiben hatte. Herrhausen nutzte gleich die erste Frage an ihn, die sich natürlich mit der Eskalation der vergangenen Tage beschäftigte, zu einer scherzhaften Bemerkung: Auch er halte es für eine Schnapsidee, Schuldnern entgegenzukommen, wenn dabei nicht gesichert sei, daß die aus etwaigen Erleichterungen – auch diesmal mied er den Ausdruck «Schuldenerlaß» – resultierenden freien Mittel nicht sinnvoll, also zur Stärkung der jeweiligen einheimischen Wirtschaft der Schuldnerstaaten eingesetzt würden. Als Seipp schließlich dementierte, überhaupt von einer Schnapsidee gesprochen zu haben, konnte Herrhausen nur schwer sein Lachen verbergen, aber der persönliche Streit war vom Tisch.

Was Röller als gemeinsame Position der drei Großbanken vorstellte, war erkennbar ein Kompromiß: Es sei das Ziel der deutschen Banken, den Schuldendienst zugunsten der Entwicklungsländer zu verringern, aber von einem «generellen Forderungsverzicht» könne keine Rede sein. Damit hatte Röller eine diplomatisch geschickte Formulierung gewählt, weil selbst Herrhausen nie die vollständige Streichung aller Schulden angeregt hatte, während die Rede vom «Schuldendienst» über die alten Programme einer Zinsfestschreibung oder -reduktion hinausging, weil damit auch die Tilgung der Kredite mit angesprochen war. Röller betonte allerdings abermals, daß solche Lösungen nur partiell erfolgen könnten, zudem länderspezifisch und marktkonform. Damit lag er ganz auf der Linie von Herrhausens Äußerungen auf der Pressekonferenz der Deutschen Bank.

Anders als Röller und Seipp erwartet hatten, wußte Herrhausen genau, daß er gerade in Berlin den Bogen nicht überspannen durfte. Denn die Deutsche Bank gedachte sich im Zuge ihrer Expansionsstrategie als besonders verläßliches Haus zu präsentieren, das auf die gemeinsamen Interessen der Branche Rücksicht nimmt. Darum, daß die Debatte über einen Schuldenverzicht nicht abreißen würde, kümmerten sich schon andere genug – Befürworter wie Gegner der Herrhausenschen Pläne.

Der Auslöser all dessen wollte – zumal nach der Aufregung um die Seipp-Äußerungen – lieber dafür sorgen, daß er in seiner neuen Rolle als alleiniger Sprecher einer der aktuell erfolgreichsten Banken der Welt gebührend zur Geltung kam. Deshalb mietete die Deutsche Bank während der Berliner Tagung die Deutsche Oper für einen Abend an und engagierte das Stuttgarter Ballett für eine zweiteilige Aufführung.

Nachdem die erste Hälfte des Abends mit Jacques Offenbachs «Gaîté Parisienne» absolviert und der Applaus für die Tänzer verklungen war, wurde ein einzelner Suchscheinwerfer im noch abgedunkelten Saal auf den geschlossenen Vorhang gerichtet, und heraus vor die 1800 geladenen Gäste aus Politik und Wirtschaft trat Alfred Herrhausen. In einer zehnminütigen Ansprache widmete er sich zum Erstaunen des Publikums nicht dem eigenen Institut, sondern drei grundlegenden Fragen: der Bedeutung Berlins als Symbol der politischen Freiheit, den Veränderungen der europäischen Wirtschaft durch die beginnende Liberalisierung in einigen Ostblockstaaten, namentlich in der Sowjetunion unter Gorbatschow (die Deutsche Bank verhandelte gerade auf Empfehlung von Bundeskanzler Helmut Kohl mit der sowjetischen Bank für Außenökonomie über die Gewährung eines Drei-Milliarden-Kredits an die devisenbedürftige Großmacht), und schließlich der politischen Verantwortung der Banken.

Die Ansprache in fließendem Englisch hinterließ tiefen Eindruck bei den Besuchern des Galaabends – gerade weil Herrhausen nicht die erwartete Werbung für das eigene Haus gemacht hatte. Um so mehr warb er mit diesem Auftritt für sich und damit auch für sein Konzept eines Schuldenerlasses. Denn natürlich war durch die Betonung der wichtigen Rolle, die Banken im Prozeß der Demokratisierung zu spielen hätten, ihre Verantwortung auch für die armen Länder angesprochen, wo demokratische – und das bedeutete für

Herrhausen immer auch marktwirtschaftliche – Reformen keine Chance haben, weil die ökonomische Entwicklung durch die hohe Verschuldung verhindert wird.

Im Verzicht auf die explizite Nennung der Verschuldungskrise bestand die wahre Größe von Herrhausens Auftritt, in der Subtilität, mit der er die Frage trotzdem einfließen ließ, seine Klugheit. Keine Spur von Belastung war dem Redner anzumerken, obwohl die Gäste des Abends den Weg in die Deutsche Oper durch ein Spalier von Demonstranten hatten nehmen müssen, denn gerade an diesem Nachmittag war eine Großdemonstration mit 80 000 Teilnehmern durch Westberlin gezogen, die gegen die Politik des IWF protestierten. Überdies versammelten sich zahlreiche Demonstranten im Anschluß noch auf dem Kaiserdamm, um dort jene Teilnehmer der Jahrestagung von IWF und Weltbank zu beschimpfen, die sich auf Einladung der Deutschen Bank zum Abendvergnügen eingefunden hatten.

Herrhausens Auftritt in der Deutschen Oper hatte ihn erstmals vor der Bankenwelt in einer Rolle präsentiert, die dem eigenen Verständnis entsprach: Die Deutsche Bank sollte unter ihm eine Führungsrolle im internationalen Bankengeschäft einnehmen. Letztlich diente auch das Engagement für eine Schuldenstreichung diesem mittelfristigen Plan. Daß Herrhausen in Berlin nicht mehr mit der gleichen Offenheit agiert hatte wie zuvor in seinem «Zeit»-Artikel oder im Gespräch mit Jürgen Jeske, konnte nicht überraschen.

Aber auch seine bescheideneren Vorstellungen von einer Lösung der Schuldenkrise waren ambitioniert genug. Was für Wettbewerbsvorteile eine gemeinsame Bankeninitiative zugunsten der verschuldeten Staaten dem eigenen Haus verschafft hätte, wurde schon erwähnt. Auch wenn von einer Aufteilung der verschuldeten Welt unter die einzelnen Gläubigerinstitute im Moment keine Rede mehr war, wäre doch auch das Ansehen, das sich die Deutsche Bank mit ihrer Vorreiterrolle weltweit verschafft hätte, immens gewesen. Und das konnte Herrhausen nur als Vorzug betrachten.

Er glaubte eben fest daran, daß sich der Mittelpunkt des ökonomischen Geschehens aus den traditionellen Industriestaaten auf neue Wachstumsmärkte verlagern würde: vor allem nach Ostasien, aber auch nach Lateinamerika. Dort aber waren gleich mehrere der höchstverschuldeten Staaten zu finden: die Philippinen, Brasilien, Argentinien, Mexiko, Venezuela. Und in Osteuropa, das durch Gorbatschows Perestroika als Handelspartner interessant zu werden versprach, kamen noch Polen und Ungarn dazu. Alle wären sie der Deutschen Bank zu Dank verpflichtet gewesen.

Den Weg nach Osteuropa ebnete Herrhausen durch den Abschluß des lange vorbereiteten Drei-Milliarden-Kredits an die Sowjetunion am 24. Oktober 1988. Und als im Sommer des folgenden Jahres die Auswirkungen der Gorbatschowschen Liberalisierung in den Satellitenstaaten spürbar wurden, war es Herrhausen, der im September, natürlich rechtzeitig vor der wieder in Washington stattfindenden Jahrestagung von IWF und Weltbank, seinen Plan einer nach dem Vorbild der deutschen Kreditanstalt für Wiederaufbau organisierten Bank vorstellte, die Polen bei dessen Bemühungen unterstützen sollte, Anschluß an den Weltmarkt zu finden.

Hier sah der Vorstandssprecher die Chance, an einem Modellfall seine Idee von Einzellösungen auszuprobieren, die sich an den individuellen Bedürfnissen der Schuldnerländer orientierten. Und das zudem in einem Land, in dem der Deutschen Bank kaum jemand die Führungsrolle bei der Initiative streitig machen würde – wegen der geographischen Nähe und auch ihres hohen Ansehens in der Sowjetunion seit dem Großkredit. Nach dem Fall der Mauer am 9. November 1989 verstärkte Herrhausen in den wenigen ihm verbliebenen Wochen sein Engagement für Osteuropa weiter.

Seine letzte große programmatische Stellungnahme zum Gesamtkomplex der internationalen Schuldenkrise aber war schon am 30. Juni 1989 erfolgt. Für das «Handelsblatt» hatte Herrhausen einen langen Beitrag verfaßt, der unter der Überschrift «Die Zeit ist reif – Schuldenkrise am Wendepunkt» abgedruckt wurde[27] und nach seinem Tod von Traudl Herrhausen und Kurt Weidemann in den Band «Denken, Ordnen, Gestalten» aufgenommen wurde.[28] Der Aufsatz stellt eine nochmals modifizierte, vor allem aber konkretisierte Version der verschiedenen Ideen vor, die Herrhausen zum Thema Verschuldung entwickelt hatte.

Seine Rechtfertigung bezog der neue Vorschlag aus dem ernüchternden Fazit, das Herrhausen darin nach vier Jahren Debatte um Schuldenerleichterungen zog: Trotz «außerordentlich engagierter pausenloser Bemühungen» sei man der Lösung der Krise nicht nähergekommen. Denn die Gläubiger hätten übersehen, daß aus der ursprünglichen Liquiditätskrise, die 1982 ihren Anfang nahm, als Mexiko in Zahlungsschwierigkeiten geraten war, eine Solvenzkrise geworden sei. Die Schuldnerländer waren demnach in Herrhausens Augen nicht mehr fähig, ihren Kreditverpflichtungen nachzukommen, und dieses Problem hatte nichts mit der augenblicklichen Lage zu tun, sondern würde weiterbestehen.

Deshalb erteilte Herrhausen auch den gängigen Vorstellungen seiner Kollegen, man müsse nur mit «fresh money» oder «neuem Geld» nachhelfen, um den Zahlungsengpaß zu überbrücken, eine Absage. Die Gewährung solcher neuen Kredite an bereits hochverschuldete Staaten habe deren Verbindlichkeiten seit Ausbruch der Krise um weitere zwanzig Milliarden Dollar auf aktuell 290 Milliarden anwachsen lassen.

Allerdings liege die Verantwortung für das mißlungene Krisenmanagement nicht allein bei den Gläubigern. Vor allem die Wirtschaftspolitik habe schwere Fehler begangen, sowohl seitens der Entwicklungs- oder Schwellenländer, wo man nicht die geeigneten Maßnahmen ergriffen habe, um dem heimischen Kapital Vertrauen in den eigenen Markt zu verschaffen, als auch von seiten der Industriestaaten, die ihre Märkte weiterhin abriegelten. Die nach einigen Jahren des Zinsrückgangs nun gerade wieder steigenden Belastungen durch den Schuldendienst verzehrten einen allzu großen Teil der Ressourcen der betroffenen Staaten, weshalb auch langfristig gar nicht damit gerechnet werden dürfe, daß sie aus eigener Kraft Reformen in Gang bringen könnten.

Herrhausen rief in seinem «Wendepunkt»-Artikel alle bereits ausprobierten Maßnahmen in Erinnerung. Erfolgreich erschienen ihm davon nur diejenigen, die unmittelbar zu effektiver Schuldenreduzierung führen, also die bereits 1986 von ihm begrüßten Umwandlungen von Schulden in Beteiligungen und ähnliche Modelle, die zumindest die Nennbeträge der Schulden verringerten. Als vielversprechend bezeichnete er auch eine neue Überlegung zur Streichung von Krediten im Austausch gegen die Verpflichtung der Schuldnerstaaten, den Naturschutz zu intensivieren, eine Idee, die vor allem angesichts der Abholzung der brasilianischen Regenwälder entwickelt worden war. Man müsse die individuelle Situation der Schuldnerstaaten stärker berücksichtigen, statt nach global gültigen Lösungen zu suchen. Das sei die erste von drei «Komplexitäten», also Problemfeldern, die das Geflecht der Schuldenkrise bestimmten.

Die übrigen beiden Komplexitäten seien die Rolle der Banken und die Rolle der Regierungen der westlichen Industriestaaten, die sowohl selbst als Gläubiger wie auch als Gesetzgeber für die großen Kreditinstitute Einfluß auf jede Regelung der Schuldenfrage besitzen. Dabei hielt Herrhausen den Einfluß der jeweiligen Aufsichtsbehörden auf das Verhalten der von ihnen kontrollierten Banken für weitaus wichtiger als die Höhe der Mittel, die die Industriestaaten den Entwicklungsländern gewährten. Denn die Vorschriften zur Bilanzierung von Krediten beträfen sämtliche ausgeliehenen Gelder, und solange sie je nach staatlicher Interessenlage unterschiedlich ausfielen, könne man keine Lösung erwarten.

Das zweite Problemfeld, das aus den unterschiedlichen Wertberichtigungen der Banken entstanden war, war gegenüber dem dritten, dem staatlich erzeugten, also von nachrangiger Bedeutung. Herrhausen sah die Möglichkeit, mit einer Initiative beide Probleme zu beseitigen. Zugleich artikulierte sich darin sein alter Wunsch, die Banken vom staatlichen Einfluß zu befreien oder ihn zumindest derart zu vereinheitlichen, daß ein weltweiter Wettbewerb allein auf ökonomischer und nicht mehr auf politischer Grundlage erfolgen könne. Die sensible Frage der Schuldenkrise schien ihm dabei ein geeigneter Hebel, denn er konnte sich des Beifalls in der Öffentlichkeit sicher sein.

Rückendeckung für die eigene Vorstellung hatte Herrhausen

vom neuen amerikanischen Finanzminister Brady erhalten, der kurz zuvor eine Initiative vorgestellt hatte, die mit den Zielen des 1985 vorgestellten Baker-Plans, der bislang Leitfaden der amerikanischen Regierung gewesen war, brach. Statt kurzfristiger Belebung der Wirtschaft in den Schuldnerstaaten rückte nun eine langfristige Verminderung von deren finanziellen Verpflichtungen in den Mittelpunkt. «Debt relief», Schuldenerleichterung, lautete der Schlüsselbegriff dieser Initiative, der Herrhausen elektrisiert hatte, weil sich hier die Regierung desjenigen Staates auf seine Seite zu schlagen schien, von dessen Banken bisher besonders massiver Widerstand gegen die Pläne des Deutsche-Bank-Chefs gekommen war. «Diese Erkenntnis», triumphierte Herrhausen im «Handelsblatt», «bedeutet einen hoffnungsvollen Durchbruch zu neuen Lösungskonzepten, nachdem lange Zeit allein der Gedanke an konzeptionelle Schuldenerleichterungen aus durchaus verständlichen Motiven tabuisiert worden war.»

Nun sah Herrhausen den «Wendepunkt» erreicht, denn die Initiative der Vereinigten Staaten eröffnete die Chance, jene zwei Problemfelder aufzulösen, die so eng miteinander verknüpft sind. Banken und Industriestaaten waren nun gleichermaßen gefordert, die von Herrhausen zuvor beschriebenen Unterschiede zwischen den Instituten auszugleichen. Dadurch würde jene Schwierigkeit beseitigt, die bisher alle Lösungsversuche der Schuldenkrise auf Gläubigerseite verhindert hatte: der Umstand, daß sich jeder Kompromiß an den Interessen des schwächsten Gliedes in der Kette ausrichten mußte, obwohl einzelne Institute durchaus bereit gewesen wären, weiterzugehen. Angesichts einer Stärkung der schwächeren Glieder – die Option, daß eine Vereinheitlichung der Bedingungen für internationale Kreditgeschäfte auch durch eine allgemeine Schwächung der Position der Banken bewirkt werden konnte, kam für Herrhausen naturgemäß nicht in Frage – könne man dann einen gemeinsamen Plan vorlegen.

Wie dieses Lösungsangebot aussehen sollte, skizzierte Herrhausen im zweiten Teil seines Artikels. Zunächst wiederholte er seinen Berliner Vorschlag aus dem Vorjahr, daß IWF und Weltbank als

Kontrollgremien für den ganzen Prozeß eingesetzt werden sollten. Nur nach erfolgreicher Prüfung durch diese Institutionen sollten die einzelnen Schuldnerstaaten in den Genuß des Programms kommen, und dabei war es für Herrhausen selbstverständlich, daß auch die Schuldner einen Plan vorlegen mußten, um zu rechtfertigen, daß man von Gläubigerseite Zugeständnisse machte: «Konditionalität bleibt als Voraussetzung für jedes Entgegenkommen der Kreditgeber unverzichtbar! Ihre Erfüllung ist der entscheidende Beitrag zur Lösung des Schuldenproblems. Sie muß ‹case by case› definiert und im Hinblick auf vereinbarungsgemäße Umsetzung von Fonds und Weltbank überwacht werden.» Ein Wirtschaftsprogramm, das die Mittel, die durch das Entgegenkommen der Banken frei werden, effizient einsetzen würde, war für die Schuldnerländer also Bedingung, und dessen konsequente Durchführung nach erfolgter Entlastung unterlag der Kontrolle von IWF und Weltbank.

In den ersten fünf Jahren des neuen Herrhausen-Programms sollte es noch keinen Schuldenerlaß geben, dafür aber eine generelle Herabsetzung des Zinssatzes auf bis zu fünfzig Prozent der ursprünglich vereinbarten Rate. Nach Ablauf der ersten Stufe des Plans sollte dann für die Zinssätze das zu diesem Zeitpunkt geltende Marktniveau gelten, um die Schuldner wieder in den Kapitalmarkt einzugliedern. Doch gleichzeitig würden die alten Forderungen entweder sofort oder in Stufen um diejenigen Beträge reduziert, die die Banken bis dahin hätten wertberichtigen können. Und schließlich sollte die Laufzeit sämtlicher bestehen bleibender Kredite vom Beginn des Programms an auf fünfundzwanzig bis dreißig Jahre festgeschrieben werden, womit eine Rückzahlung in einem für die Gläubiger absehbaren Zeitraum garantiert worden wäre. Die Kontrolle des Schuldendienstes würde dann wie vorgeschlagen von IWF und Weltbank übernommen.

Ein Zugeständnis machte Herrhausen an die Widersacher im eigenen Lager, und es dürfte ihm schwergefallen sein: Für diejenigen Banken, die sich außerstande erklärten, sich an diesem Plan zu beteiligen, sollte die Möglichkeit geschaffen werden, einen Beitrag in «neuem Geld» zu leisten, also den Schuldnerstaaten weitere

Kredite einzuräumen, um ihnen die Begleichung des Schuldendienstes zu ermöglichen.

Allerdings hatte Herrhausen genau diese Maßnahme zuvor noch als ineffizient kritisiert, und so war das Angebot als bloßer Kompromiß erkennbar, um möglichst viele Gläubiger einzubinden. Deshalb baute er auch erstmals strikte Sanktionen in den Plan ein, die sich gegen die Schuldner richteten: Bei Nichteinhaltung der Vereinbarungen sollten die erlassenen Forderungen wieder aufleben, und für den Fall einer unerwartet günstigen Entwicklung in einem der Schuldnerstaaten sollten Regelungen berücksichtigt werden, die dann gleichfalls eine Anhebung des Zinssatzes oder eine höhere Rückzahlung als vereinbart ermöglicht hätten.

Es ist indes leicht zu erkennen, daß eine solche Bestimmung für den ganzen Plan nur kontraproduktiv gewirkt hätte, weil dann Erfolge bei der wirtschaftlichen Entwicklung bestraft worden wären. Klug, wenn auch aus europäischer Sicht nicht uneigennützig, war dagegen Herrhausens Vorhaben, die Rückzahlung auch in anderen Währungen als dem im Regelfall vereinbarten Dollar zu gestatten.

Herrhausen fügte seinem Artikel eine Tabelle bei, die erkennen ließ, daß schon bei einer anfänglichen Zinsreduktion um ein Prozent (bezogen auf einen angenommenen Durchschnittssatz von zehn Prozent samt Zinseszinsen) die Entlastung für fünfzehn ausgewählte hochverschuldete Staaten während der fünfjährigen Anlaufphase des Programms mehr als fünfzehn Milliarden Dollar betragen würde. Beim Erreichen des höchsten Nachlasses summierte sich der Vorteil für die Schuldner auf 75,6 Milliarden Dollar. Das wäre ein höherer Betrag, als ihn diese Staaten in den letzten Jahren als «neues Geld» erbeten hatten. Und würde man ihnen danach auch die Hälfte der Bankschulden erlassen, würde das einen Verzicht auf mehr als 111 Milliarden Kreditsumme bedeuten. Dabei war unter den fünfzehn von Herrhausen genannten Ländern ein damaliger Großschuldner wie Polen noch nicht einmal eingeschlossen.

Den Schwarzen Peter hatte der Vorstandssprecher der Deutschen Bank nun aus dem Bankenlager den Regierungen der Industriestaaten zugeschoben. Ohne daß sie alsbald die notwendigen bilanz- und steuerrechtlichen Regelungen schaffen würden, konnte das Programm nicht starten. Gelänge dies jedoch, hätten die Banken die Möglichkeit erhalten, ihren Forderungsverzicht ohne Nachteile für die eigene Kapitalausstattung vorzunehmen. Die Kosten dafür wären durch steuerliche Abschreibung auf die Allgemeinheit umgewälzt worden, weil die zu versteuernden Erträge um die entsprechenden Beträge reduziert worden wären. Allerdings, so Herrhausen, «sollte man fairerweise zugeben, daß ja auch deren Gewinne sozialisiert werden und zwar immer, da der Fiskus unvermeidlicher- und berechtigterweise über die Ertragsteuern stets einer der Hauptempfänger von Teilen dieser Gewinne ist. Es ist das kennzeichnende Charakteristikum eines balancierten Steuersystems, daß man an beidem teilnimmt – an Gewinnen ebenso wie an Verlusten.»

Herrhausen erkannte wohl das Risiko, daß nach einem solchen Forderungsschnitt die Bereitschaft der Gläubiger, in der Zukunft wieder neue Kredite zu gewähren, sinken würde. Deshalb schlug er die Schaffung eines Fonds vor, dessen Mittel von den Industriestaaten, IWF und Weltbank aufgebracht werden müßten, von dem dann Kredite bereitgestellt werden könnten. Das war als weiteres Bonbon für die eigene Branche gedacht: Die risikoreiche Finanzierung der wirtschaftlichen Entwicklung sollte auf die Staatengemeinschaft und ihre Institutionen übergehen, während die Banken sich auf die kurzfristige Handelsfinanzierung beschränken und gegebenenfalls gegen Garantien als Helfer bei anderen Projekten einspringen könnten. Zudem sollten die Staaten, in denen die Gläubiger ihren Sitz haben, auch akzeptieren, daß auf die nach dem Schuldenerlaß verbleibenden Bankforderungen wieder Abschreibungen getätigt werden könnten, wenn die Lage des Schuldners es erfordere – ja, mehr als das: In Herrhausens Idealfall würden sie sogar für Forderungsausfälle geradestehen.

«In den Häusern von Weltbank und Währungsfonds wird dies praktisch zu einer internationalen Dauerwirtschaftskonferenz führen, deren Ergebnisse ganze Länderschicksale entscheiden.» Man hört aus dieser Voraussage Herrhausens einen wohligen Schauer heraus, denn mit der Umsetzung seines Modells wären alle Staaten dem Primat der Ökonomie untergeordnet. Wohlgemerkt nicht als praktische – das wäre ja nichts Neues –, sondern als theoretische Ökonomie. Nicht über Schulden werde dann noch verhandelt, freute sich Herrhausen, sondern über Wirtschaftssysteme. Er erwartete von den Schuldnerländern Privatisierungen in großem Stil und unternehmerfreundliche Gesetzgebungen. Sonst dürften sie nicht auf das Unbedenklichkeitszertifikat hoffen, das sie erst zur Teilnahme an den Wonnen des Herrhausenschen Programms qualifizieren sollte.

Auf der am 26. September 1989 beginnenden Jahrestagung jener Institutionen, die diese Kontrollfunktion übernehmen sollten, hielt sich Herrhausen dann zurück. Es war alles gesagt. In einem Pressegespräch am Tag vor der Eröffnung des Treffens verwies der Vorstandssprecher kühl darauf, daß die Schuldenproblematik nun bereits zum achten Mal auf der Tagesordnung stehe. Er paraphrasierte noch einmal sein Konzept aus dem «Handelsblatt» und nannte die Mitwirkung der Deutschen Bank am Bank Advisory Committee, einem euphemistisch betitelten «Beratergremium» für Mexiko, als konkretes Beispiel für vernünftige Initiativen. Die in diesem Rat zusammengefaßten Banken hatten Mexiko ultimativ drei verschiedene Möglichkeiten vorgeschlagen: Herabsetzung der mittel- und langfristigen Schulden um fünfunddreißig Prozent, Deckelung des Dollar-Zinssatzes für die mexikanischen Verbindlichkeiten bei 6,25 Prozent oder neue Kreditgewährung in Höhe von fünfundzwanzig Prozent aller bisherigen Forderungen.

Herrhausen ließ bei dem Pressegespräch keinen Zweifel daran, welchen Kurs er für richtig hielt – folgerichtig war dies auch der Kurs seines Unternehmens: «Die Deutsche Bank ist eine ‹debt reduction bank›, was – nach dem, was wir bisher zu dem Thema gesagt haben – niemanden überraschen wird.» Damit war jede andere Option ausgeschlossen: Mit Herrhausen wäre allenfalls eine Schuldenerleichterung möglich oder zumindest eine Kombination von Forderungsreduktionen und neuer Kreditgewährung, wie sie gerade mit den Philippinen auf freiwilliger Basis ausgehandelt werden sollte.

Dennoch war Herrhausen auf der Jahrestagung bei den Kollegen so gefragt wie nie zuvor. Er zählte durch seine Vorschläge mittlerweile zu den bekanntesten Bankiers der Welt, und für die obligaten Besuche von Kunstmuseen, die Herrhausen auf solchen Reisen gemeinsam mit seiner Frau unternahm, fehlte diesmal die Zeit. Der Terminkalender für die drei Tage von Washington im September 1989 war so gefüllt, daß Traudl Herrhausen ihren Mann nur mit Mühe überreden konnte, sie wenigstens für ein paar Minuten in die Phillips Collection zu begleiten. Dort gebe es drei Bilder, so kündigte sie ihm an, die er nicht mehr vergessen werde. Zu den drei Gemälden gehörte Pierre Bonnards «Offenes Fenster» von 1921, eines der Herzstücke der Sammlung von Duncan Phillips. In dieser Seitensicht auf einen weitgeöffneten Fensterflügel, der den Blick auf eine grüne Berglandschaft unter gewitterdunkelblauem Himmel freigibt, erkannte Herrhausen nichts weniger als ein Abbild seiner Bemühungen um einen offeneren Umgang mit der Schuldenproblematik.

Seinen Artikel im «Handelsblatt» hatte Alfred Herrhausen mit großem Pathos geschlossen: «Die Zeit ist reif für einen neuen Versuch. Für alle Beteiligten steht mehr auf dem Spiel als Kapital und Zinsen.»[29] Daß es trotzdem noch sechzehn Jahre gedauert hat, bis ein nicht unerheblicher Teil seines Entwurfs im Londoner Beschluß der G-8 umgesetzt wurde, setzt seine Einsicht, daß alle Seiten Zugeständnisse machen müßten, nicht ins Unrecht.

Im Juni 2005 war es dann soweit: Die G-8, die sieben größten Industriestaaten und Rußland, beschlossen, was Herrhausen als erster Vertreter einer der weltweit agierenden Großbanken gefordert hatte: einen vollständigen Verzicht auf Kreditforderungen, sofern die dadurch frei werdenden Mittel von den Schuldnern zur Festigung der Demokratie in ihren Staaten verwendet werden. Während im Konzern der Deutschen Bank heute nur wenig von dem überdauert hat, was ihr damaliger Sprecher an Veränderungen auf den Weg gebracht hatte, wirkte sein Engagement auf internationalem

Parkett in weitaus stärkerem Maße nach: Er hat die entscheidende Initiative zu einer Lösung der weltweiten Schuldenkrise ergriffen.

Wobei die lange Zeitspanne von fast achtzehn Jahren zwischen der rigiden Forderung Herrhausens nach einem Schuldenerlaß an jenem 28. September 1987 und dem entsprechenden Durchbruch von London am 11. Juni 2005 nicht bedeutet, daß man heute schon von einer endgültigen Lösung reden könnte. Der maßgeblich von Großbritannien und den Vereinigten Staaten durchgesetzte Beschluß bescherte aber immerhin achtzehn Staaten (vierzehn in Afrika, vier in Lateinamerika) eine vollständige Streichung ihrer Verbindlichkeiten gegenüber Weltbank, IWF und Afrikanischer Entwicklungsbank. Weiteren zwanzig Ländern wurde gleiches Entgegenkommen signalisiert, wenn sie die daran geknüpften politischen Bedingungen zu erfüllen bereit wären.

Die erlassenen Schulden stellten indes nur einen Teil jener Kredite dar, die an die betreffenden Staaten vergeben worden waren. Denn die G-8 konnten natürlich nur für diejenigen Institutionen sprechen, die als internationale Finanzorganisationen konzipiert sind und somit direkter staatlicher Beeinflussung unterliegen. Auf die Forderungen privater Banken hatte der Londoner Beschluß keinen Einfluß. So gesehen ist der Schuldenerlaß von 2005 doch deutlich hinter jenem Programm zurückgeblieben, über das Herrhausen erstmals 1986 nachgedacht hatte.

Er hatte sich am Ende für die einzige Variante entschieden, die ihm eine wirkliche Lösung zu versprechen schien: In einem Befreiungsschlag sollten sämtliche Verbindlichkeiten auf einmal reduziert werden – durch einen Verzicht staatlicher wie privater Gläubiger. Immerhin ein Umstand hätte dem Deutsche-Bank-Sprecher Genugtuung bereitet: 2005 sollten gerade jene Länder federführend den Beschluß der G-8 tragen, Amerika und Großbritannien nämlich, deren Banken sich zusammen mit ihren japanischen Kollegen damals besonders vehement gegen seine Vorschläge ausgesprochen hatten.

Achtes Kapitel
Revolutionsführer: Allein gegen den Rest der Welt

Wenn man Alfred Herrhausens Wirken als alleiniger Vorstandssprecher der Deutschen Bank auf einen Begriff bringen wollte, so müßte man den der Unrast wählen. «Herrhausen war immer besorgt über die mangelnde Größe und Profitabilität der Bank», wunderte sich sein Nachfolger Hilmar Kopper noch Jahre später.[1] «Es gelang uns nicht, ihn zu beruhigen. Dabei sah ich keinen Grund, die Lage der Bank so negativ zu sehen, wie er es tat.» Nun war es genau dieses Unverständnis im Vorstand, das Herrhausens selbstgestellte Aufgabe noch schwieriger machte. Er wollte die Bank auf ihre zukünftige Rolle vorbereiten, und eine starke Position auf dem deutschen Markt allein würde dazu nicht mehr ausreichen. Die Entwicklung seit seinem Tod hat ihm darin recht gegeben, und noch die jüngste Rentabilitätsoffensive, die Vorstandssprecher Josef Ackermann im Februar 2005 ausrief, hatte nichts anderes zum Ziel, als die frühere Forderung Herrhausens umzusetzen, damit auf dem inzwischen vollständig globalisierten Kapitalmarkt die Unabhängigkeit der Deutschen Bank gewahrt bleiben kann.

Allerdings gibt es einen wichtigen Unterschied zwischen Ackermann und Herrhausen. Bei allem Interesse am Gedeihen des Instituts wäre es für Herrhausen nicht vorstellbar gewesen, in schwierigen Zeiten die Unterstützung der Bundesregierung anzustreben, wie Ackermann es 2003 getan hatte, als er in diesem Krisenjahr der deutschen Kreditinstitute einen staatlichen Sicherungsfonds anregte, der einspringen sollte, falls eine der Großbanken in eine Schieflage geriete.

Für Herrhausen dagegen bedeutete Unabhängigkeit gerade auch Selbständigkeit in der Bewältigung von Krisen, und die Idee eines staatlichen Fonds zur etwaigen Stützung des eigenen Hauses wäre für ihn ein Albtraum gewesen. Auch er hatte bisweilen die Bundesregierung in die Pflicht nehmen wollen, aber dabei ging es nie um konkrete Hilfen für die Deutsche Bank, sondern um die Schaffung von günstigen nationalen Rahmenbedingungen für die Entwicklung des Kapitalmarkts, etwa bei der Verschuldungsproblematik. Der Staat hatte die Aufgabe, die Voraussetzungen für das Funktionieren der Marktwirtschaft zu garantieren, doch aus der Veranstaltung selbst hatte sich die Politik möglichst herauszuhalten.

Schwierigkeiten waren dazu da, überwunden zu werden. Sie bereiteten Alfred Herrhausen ein intellektuelles Vergnügen, doch damit stand er weitgehend allein da. Die mangelnde Bereitschaft in der Deutschen Bank, sich auf sein Tempo und seine Konzeptionen einzulassen, machten ihn bisweilen fassungslos. Für einen Manager, dessen Handlungsmaxime lautete: «Ich bin nicht daran interessiert, was nicht geht, sondern an dem, was geht», mußten geäußerte Bedenken wie Störmanöver wirken. Die «Bedenkenträger» waren sein Feindbild, das er immer wieder beschwor, wenn es um seine Probleme innerhalb der Bank ging. Es ist, als hätte Herrhausen geahnt, wie wenig Zeit ihm bleiben würde. Selbst, wenn er sein Mandat bis zum Erreichen der Altersgrenze hätte ausüben können, wäre das nur ein halbes Jahrzehnt mehr gewesen. Dabei hatte Herrhausen sich nicht weniger vorgenommen als die vollkommene Neuausrichtung der Deutschen Bank.

Da das Kreditinstitut seit Jahren auf der Erfolgsspur war, sahen die meisten seiner Vorstandskollegen – das Leitungsgremium bestand seit März 1988 neben Herrhausen aus Rolf-E. Breuer, Horst Burgard, Ulrich Cartellieri, Michael Endres, Eckart van Hooven, Hilmar Kopper, Jürgen Krumnow, Georg Krupp, Ellen-Ruth Schneider-Lenné, Ulrich Weiss und Herbert Zapp – die Notwendigkeit von radikalen Schnitten nicht ein. Herrhausen dachte dagegen an Herausforderungen, die sich erst in der Zukunft stellen würden. Zeit war für ihn die knappste Ressource, und dementsprechend sah sein Tagesablauf aus. Der Aufbruch von Bad Homburg ins Büro erfolgte im Regelfall um halb neun, und Herrhausen pflegte wie überall bereits etwas früher als verabredet bereitzustehen. Diese Disziplin sollte es für seine Mörder später so einfach machen, die tödliche Falle zu errichten, denn von seiten ihres Opfers war keine Verzögerung zu befürchten. Auf der knapp halbstündigen Fahrt ins Büro widmete sich Herrhausen der Lektüre seiner Akten und der wichtigsten Zeitungen, die ihm seine zuletzt vier Leibwächter, die in zwei eigenen Fahrzeugen den Dienst-Mercedes des Vorstandssprechers begleiteten, besorgt hatten. In Frankfurt angekommen, im dreißigsten Stockwerk von Turm A der Zentrale der Deutschen Bank, wo in den oberen Etagen der Vorstand residiert, wartete ein Tag, der keine Routine und keine feste Zeiteinteilung mehr zuließ, auch wenn natürlich Almut Pinckert, die wie Jakob Nix ihren Chef aus Düsseldorf nach Frankfurt begleitet hatte, eine minutiöse Planung vorgelegt hatte. Doch der Anspruch an seine Bank, global aktiv zu sein, begann schon bei Herrhausen selbst, und er reiste deutlich mehr als seine Vorgänger im Amt des Vorstandssprechers.

Das ausgeklügelte Koffersystem, das Abs mittels seiner Assistenten perfektioniert hatte, die ihm für jedes der zahlreichen von ihm mitverwalteten Unternehmen ein Dossier anzufertigen hatten, das dann im Büro jederzeit abholbereit in einem Koffer bereitstand[2], reichte in Herrhausens Tagen längst nicht mehr hin. Trotz deutlich verringerter Mandatszahl der Vorstandsmitglieder war die Führung der Bank bei wachsender Unternehmensgröße immer komplexer geworden – sie bedeutete weit mehr, als das eigene Unternehmen in Aufsichts- und Beiräten zu repräsentieren. Herrhausen hatte seinem eigenen Wahlspruch vom «Banking Around the Globe, Around the Clock» gerecht zu werden. Nina Grunenberg sollte es in ihrem Nachruf auf den Punkt bringen: «Die Deutsche Bank war sein Reich, er wollte ein Weltreich aus ihr machen.»[3] Dies aber verlangte von Herrhausen eine Art Wanderkönigtum. Regelmäßig besuchte er die Hauptfilialen, und auf den Zusammenkünften der internationalen Finanzwelt war er Stammgast. Er glaubte, überall präsent sein zu müssen, um die Dinge in seinem Sinne beeinflussen zu können.

Auch in den seltenen Tagen, in denen keine eiligen Reisen durch die Republik oder um die Welt anstanden, war sein Arbeitstag im Büro zwölf Stunden lang – Banking Around the Clock im buchstäblichen Sinne. Auf dem abendlichen Rückweg widmete sich

Herrhausen dann den von seiner Sekretärin dafür vorbereiteten Akten, deren Studium er auch zu Hause im Giebelzimmer des Ellerhöhwegs fortsetzte – an einem Platz, den er eigens zu diesem Zweck zum Wohnraum hin hatte offener gestalten lassen. Der Kontakt zu Frau und Kind sollte nicht abreißen, wenn er über seinen Unterlagen oder Manuskripten saß. Herrhausen wollte nicht noch einmal den Fehler begehen, sich bei der häuslichen Nachbereitung von der Familie abzusondern.

Immerhin gab es einen unumstößlichen Fixpunkt im Arbeitsleben des Alfred Herrhausen: Jeweils dienstags tagte der Vorstand. Der Ablauf der Sitzungen war festgelegt, er umfaßte stets fünfzehn Punkte, zu denen die jeweils zuständigen Mitglieder dem Gremium zu berichten hatten. Es begann um zehn Uhr mit Terminen und Dringlichem, setzte sich mit der Konjunkturbeurteilung fort, dann kamen die beiden Punkte Geschäftspolitik und Personalien. An fünfter Stelle folgten Status, Geldmarkt und Devisen, an sechster Konditionen, dann Firmen- und Privatkundengeschäft, Kredite, Vermögensanlagen und Kapitalmarkt, Betriebs- und Organisationsfragen, Beteiligungen, Werbung, Mandate, Spenden und schließlich Verschiedenes.[4] Die Anfertigung des Protokolls oblag dem jeweils jüngsten der drei stellvertretenden Vorstandsmitglieder, eine Aufgabe, die auch Herrhausen im ersten Jahr seiner Zugehörigkeit zu dem Gremium hatte erfüllen müssen.

Immer im Anschluß an die mehrstündigen Sitzungen, die sich bei Bedarf auch bis in den Abend erstreckten[5], erstattete Herrhausen nachmittags Wilfried Guth als Aufsichtsratsvorsitzendem der Deutschen Bank Bericht. Die Zusammenarbeit zwischen Vorstand und Aufsichtsrat war äußerst eng, was dadurch begünstigt wurde, daß letzterem seit der Ära Abs auch große Mitwirkung an der Konzernführung eingeräumt wurde. Bei der Deutschen Bank hatte der Aufsichtsratsvorsitzende durchaus auch Managementaufgaben, denn man nahm die Informations- und Kontrollvorschriften des Aktienrechts ernster, als es in den meisten Großunternehmen üblich war. Die Tatsache, daß der Vorsitz immer von einem ehemaligen Sprecher eingenommen wurde, sorgte dafür, daß beide Seiten sich bestens kannten. Die Gespräche verliefen dementsprechend offen. Guth erinnert sich an das typische Verhalten von Herrhausen, wenn er Kritik an den Absichten des Sprechers vorbrachte: «Herrhausen schrieb während meiner ganzen Ausführungen mit und antwortete mir dann Punkt für Punkt auf meine Bedenken. Er übereilte nie etwas, auch wenn er ständig mit einer gewissen persönlichen Ungeduld zu kämpfen hatte. Dadurch wurde er in Auseinandersetzungen auch niemals laut oder unsachlich. Er hielt sich streng an seine Notizen und damit an den Wortlaut seines Gegenübers. Wenn er dann alles einzeln zu widerlegen begann, mußte man schon von ihm beeindruckt sein.»[6]

Einmal im Monat war im Vorstand ein Treffen mit den sogenannten Koordinatoren der Deutschen Bank vorgesehen. Das waren insgesamt zwölf Direktoren des Hauses, die jeweils über Generalvollmacht verfügten, um den Vorstand operativ zu entlasten. Diese Diversifizierung der Macht erforderte allerdings ihrerseits eine genaue Koordination, weil bestimmte Geschäfte wie etwa die Bewilligung von Krediten, die bestimmte Höhen überschritten, doch wieder dem Vorstand vorbehalten waren.

Durch seine diversen Mandate in den Aufsichts- und Beiräten anderer Unternehmen, das vielfältige Engagement in Stiftungen und Gesprächsrunden gehörte das Zeitmanagement von Anfang an zu Herrhausens anspruchsvollsten Aufgaben. Dennoch entwickelte er gerade in seiner aktivsten Phase ein zunehmendes Interesse an philosophischen Fragen. Noch in den frühen achtziger Jahren nahm er sich die Muße, das voluminöse zweibändige Werk «Hauptströmungen der Gegenwarts-Philosophie» von Wolfgang Stegmüller durchzuarbeiten. Diejenigen Kapitel, die durch intensive Annotationen zeigen, daß sie seine besondere Aufmerksamkeit fanden, widmeten sich einerseits Denkern wie Karl Jaspers sowie den Vertretern des Wiener Kreises, die ihn schon lange beeindruckt hatten, und davon ausgehend auch Theoretikern, die diese Gedanken fortgesetzt haben, wie etwa dem amerikanischen Wissenschaftshistoriker Thomas S. Kuhn.

Andererseits scheinen Herrhausen auch Fragen fasziniert zu

haben, die für einen Manager ungewöhnlich waren: so die nach dem Gottesbeweis, die Franz Brentano gestellt hatte, oder nach der «Evolution des Kosmos». Stegmüller behauptete im entsprechenden Kapitel seines Buchs, daß im Werden des Kosmos «eine Konvergenz von Philosophie und Empirie»[7] am Werk sei, und er warnte seine Leser zugleich davor, den absoluten Wahrheitsanspruch einer philosophischen Tradition, die auf Offenbarung setzte, ebenso auf die Erkenntnisse der Erfahrungswissenschaft zu übertragen: Es liege in der Natur des erfahrungswissenschaftlichen Fortschritts, «daß er *hypothetisch* ist und daher *problematisch* bleibt; ebenso, daß die Anzahl der Rätsel, die er *erzeugt*, gewöhnlich viel größer ist als die Zahl der Rätsel, welche er *bewältigt*»[8].

Hier fand Herrhausen die Poppersche Konzeption der Unmöglichkeit einer Verifikation von Hypothesen wieder, und wenn selbst der Kosmos nach den Erkenntnissen der neuen astrophysikalischen Forschung nicht als konstante Größe gelten durfte, sondern einem steten Wandel unterworfen war, dann war doch die Notwendigkeit zur Veränderung das einzige, was man mit Gewißheit feststellen konnte. Diese Erkenntnis sollte ihn in seinem Vorhaben, die gesamte Deutsche Bank einer permanenten Fortentwicklung zu unterwerfen, bestärken.

Dabei war jedoch entscheidend, wie sehr die notwendigen Modifikationen die Struktur des Konzerns verändern würden. Herrhausen entwickelte deshalb eine besondere Neugier für die philosophische Erörterung des Evolutionsprinzips. Damit stand er auf seiten der Wirtschaftstheorie nicht allein. Die Einbeziehung des Konzepts der Evolution war zu einem prägenden Merkmal des ökonomischen Positivismus geworden – nicht zuletzt, weil die Vertreter dieser Denkrichtung glaubten, damit an die Klassiker anzuknüpfen. Was war denn Adam Smiths Rede von der «unsichtbaren Hand» anderes als eine Beschreibung einer übergeordneten, abstrakten Vernunft, die durch die Kombination der verschiedenen Handlungen einen Entwicklungsgang vollzog, der dem allgemeinen Nutzen diente?

Folglich übertrug man die biologisch als Gesetzmäßigkeit erkannte Evolution auf das Organisationsprinzip der Wirtschaft. Das war ein Konzept, das wiederum Autoren wie Thomas S. Kuhn, der prinzipiell an der Annahme zweifelte, daß Fortschritt mit Wachstum – welcher Art auch immer – gleichbedeutend sei, der Hannoveraner Philosoph Peter Koslowski[9] oder auch das ehemalige BASF-Vorstandsmitglied Wolfgang Heintzeler kritisierten. Heintzeler hatte ein populär gehaltenes Buch unter dem Titel «Der Mensch im Kosmos» veröffentlicht. In dessen Überlegungen zum Thema, aber auch im Denken Kuhns und Koslowskis fand Herrhausen eine Perspektive auf die Wirtschaft, die die moralische Verpflichtung des Homo oeconomicus in den Mittelpunkt stellte. Die Rede von ethischen Werten des Kapitalismus war in den siebziger und achtziger Jahren in dem Maße erstarkt, wie Krisenerscheinungen der Weltwirtschaft unabweisbar wurden. Die Verschuldungsfrage war da nur eines der drängenden Probleme; andere Legitimationsfragen betrafen den Umweltschutz, die Verteilungsgerechtigkeit innerhalb der einzelnen Volkswirtschaften oder die steigende Arbeitslosigkeit.

Mit Koslowski trat Herrhausen in direkten Austausch, weil er im Denken des Philosophen jenen Praxisbezug fand, den er selbst immer wieder einforderte. Dennoch war beiden klar, daß ökonomische Theorien, die aus einer bloß positivistischen Betrachtung der Wirtschaft ein Modell für die gesamte menschliche Entwicklung gewinnen wollten, zu den aktuellen Fragen nichts beizutragen hatten: «Indem [die Positivisten] glauben, auf Ethik und das Stellen der Wertfrage verzichten zu können, übersehen sie, daß der Kapitalismus als Gesellschaft freier Individuen enorme moralische Anforderungen an den Einzelnen stellt und moralische Einstellungen erfordert, welche die Ökonomie allein nicht hervorbringen kann», schrieb Koslowski.[10] Deshalb mußte sich die ökonomische Kompetenz eines Unternehmens an anderen Größen messen lassen als bloßen Bilanzergebnissen. Nun galt, was Koslowski als bestimmenden Zug des modernen Kapitalismus ausgemacht hatte: «Nicht die ‹pleonexia›, das Mehr-Haben-Wollen, ist der neue Zug des Kapitalismus, sondern die moralische Neutralisierung des Gewinnmotivs zu einem respektablen menschlichen Motiv und seine Anerkennung als Grundmotor der Wirtschaft.»[11]

Damit beschrieb der Philosoph eine Entwicklung, die Smiths Konzept der «unsichtbaren Hand», also jenes Phänomen, daß alle egoistischen Handlungen der einzelnen Marktteilnehmer zusammengenommen sich zum größten Nutzen aller ergänzten, umgedeutet hatte: Nun war es nicht mehr erforderlich, moralische Ansprüche gegenüber der Konkurrenzwirtschaft zu erheben, weil sie als Ganzes ja automatisch das Richtige tue. Koslowskis Resümee lautet: «Die Praxis des Wirtschaftenden findet immer in einer sozialen Totalität statt, in der sich die zusätzliche Berücksichtigung von Aspekten des wirtschaftlichen Handelns, die über das Homo oeconomicus-Modell hinausgehen, nicht nur als moralisch, sondern auch als profitabel erweisen kann und moralisches Handeln profitable ‹spill-overs› haben kann.»[12]

An dieser Profitabilität moralischen Handelns setzte auch Herrhausens Initiative zu mehr Offenheit und damit auch mehr Öffentlichkeitswirksamkeit an. Der Vortrag «Wirtschaft und Presse», den er am 23. Oktober 1989 anläßlich des vierzigjährigen Jubiläums der Wirtschaftspublizistischen Vereinigung in Düsseldorf hielt[13], erregte immenses Aufsehen, weil er zum ersten Mal das Schlagwort «Glasnost für den Kapitalismus» prägte. Das war ein typischer rhetorischer Geniestreich Herrhausens, der auf griffige Formulierungen Wert legte, wenn es um die Beschreibung der eigenen Aufgaben ging.

Die Beachtung, die Herrhausen in der öffentlichen Meinung durch seinen Einsatz für Schuldenstreichungen gefunden hatte, verschaffte auch der Deutschen Bank, die der Vorstandssprecher durch seine massive Präsenz mehr und mehr allein verkörperte, ein neues Image: «Wir verdienen viel Geld und tun es auch noch honorig» – so faßt Thomas R. Fischer, heutiger Vorstandsvorsitzender der Westdeutschen Landesbank, als einer der damals engsten Mitarbeiter Herrhausens das neue, ungewohnte Selbstverständnis der Bankmitarbeiter in den späten achtziger Jahren zusammen.[14] Zum ersten Mal bot sich die Möglichkeit, das Vorurteil von der arroganten Bank, die sich allein um die Interessen ihrer Großkunden scherte, aufzubrechen. Das war eine Entwicklung, die genau jene Folgen versprach, die Koslowski beschrieben hatte: Durch die Imageverbesserung wurde das Privatkundengeschäft gefördert und damit die Position der Deutschen Bank im Wettbewerb der Kreditinstitute gestärkt.

Gleichzeitig stellte sich für Herrhausen aber auch die Frage der Religion neu, und dabei fand bezeichnenderweise besonders das Problem der Zeitlichkeit des Menschen seine Aufmerksamkeit. Wolfgang Heintzeler hatte sich in «Der Mensch im Kosmos» darum bemüht, Naturwissenschaft und Religion zusammenzuführen. Die Steuerung der Entstehung von Leben, insbesondere durch genetische Manipulation, war ein Thema, das Herrhausen, der sich auf wirtschaftlichem Gebiet ganz dem Ideal von individueller Gestaltungsfreiheit verschrieben hatte, tief beunruhigte. Damit nahm er die Debatten unserer Tage vorweg: «Die Fähigkeit menschlichen Erkennens hat etwa in der Gentechnologie Schranken erreicht, die uns selbst als natürliche Einheit ‹Mensch› in Frage zu stellen drohen», erklärte er in seinem in den Jahren 1986 und 1987 mehrfach gehaltenen Vortrag «Konzepte für die Zukunft». Seine Überzeugung vom freien Spiel der Kräfte ließ zwar keine Tabuisierung dieser Debatte zu, aber Herrhausen mahnte eine moralische Prüfung an und ließ keinen Zweifel an seiner eigenen Position: «Ob wir diese Schranken überschreiten wollen, dafür gibt es kein äußeres Kriterium, sondern nur die Freiheit unserer Entscheidung. Wir sollten diese Entscheidung nicht leichtfertig treffen.»[15]

Sein Wirken zugunsten verschiedener wissenschaftlicher Stiftungen hatte Herrhausen also keinesfalls zu einem bedingungslosen Befürworter des Erkenntnisfortschritts gemacht. Er folgte einem seiner Lieblingsautoren, dem französischen Religionsphilosophen Teilhard de Chardin, und fand dadurch in der Konstruktion des Kosmos einen unerklärlichen Rest von gestaltender Kraft, der die Menschen zu einem Handeln ermutigen sollte, das metaphysische und naturwissenschaftliche Neugier in Einklang zu bringen hat. Und die gleiche Forderung mußte sich auch die Politik gefallen lassen, wobei er unter diesem Begriff die Gesamtheit der Bürger und nicht bloß die politische Klasse verstand.

In einer Zeit, die für ihn durch zunehmende Individualisierung gekennzeichnet war, zog Herrhausen Kant heran, um davor zu warnen, daß die Gesellschaft nicht bloßes Mittel zum Zweck sein dürfe, sondern als Ausdruck einer Gemeinschaftlichkeit begriffen werden müsse, die zwar das individuelle Streben ihrer Mitglieder begünstigen, aber zugleich auch dessen Ziel sein sollte: als Vervollkommnung eines demokratischen Miteinanders. «Eine Versittlichung der Politik statt einer Politisierung der Sitten» – das war Herrhausens Fazit seiner Ausführungen zu den Erfordernissen der Zukunft.[16]

Die Ethik begriff er als einen Bereich, der sich durch Evolution nicht erklären ließ. Und wenn Evolution nicht mehr weiterhalf, dann mußte eben eine Revolution vollzogen werden. Das hatte Herrhausen vor allem an Kant so fasziniert. In dem von ihm intensiv annotierten Kapitel zu dessen Lehre im Sammelband «Klassiker des politischen Denkens» ist eine Passage hervorgehoben, in der der Verfasser des Aufsatzes, Arno Baruzzi, ausführt: «Eine Änderung des Menschen und damit eine Veränderung der Welt kann nur durch eine Revolution des menschlichen Wesens oder, wie Kant sagt, durch eine ‹Revolution der Denkungsart› geschehen.»[17] Da war sie wieder, die Rede vom «richtigen Denken», nun aber nicht mehr bloß als Forderung verstanden, die Konsequenzen der Praxis anzuerkennen. Sondern vielmehr als Anspruch, die Praxis selbst richtig werden zu lassen, sie also auf den Weg zu bringen, der als vernünftig gelten darf.

So betrachtete Herrhausen seine neue Rolle als alleiniger Vorstandssprecher der Deutschen Bank, die für ihn nicht nur die Verantwortung gegenüber seinem Unternehmen, sondern gegenüber der ganzen Gesellschaft umfaßte. Was hier im argen lag, das mußte folglich benannt und dann auch geändert werden, und dazu hatten nur wenige Persönlichkeiten Einfluß und Mittel. Der Verweis auf Gorbatschows Politik, den Herrhausen in der Formulierung «Glasnost für den Kapitalismus» macht, hatte hier durchaus seinen

Sinn: Herrhausen sah sich in einer ähnlichen Position wie der Generalsekretär der KPDSU. Beide standen Institutionen vor, die den Wandel jahrzehntelang blockiert hatten und nun Gefahr liefen, von den Entwicklungen in der übrigen Welt überrollt zu werden.

Mit der Situation der Sowjetunion hatte sich Herrhausen besonders intensiv befaßt, seit durch Vermittlung der Bundesregierung von seiten der sowjetischen Bank für Außenökonomie die Anfrage an die Deutsche Bank ergangen war, der devisenschwachen Supermacht einen Kredit in Höhe von drei Milliarden D-Mark zu gewähren. Die Verhandlungen über die Konditionen dieses bis dahin größten jemals von der Deutschen Bank bereitgestellten Einzelkredits liefen über den Sommer 1988 hinweg, und der Abschluß des Vertrags zwischen dem Frankfurter Konzern und der sowjetischen Bank wurde am 25. Oktober mit einer Zeremonie im Moskauer Kreml gefeiert, an der Gorbatschow selbst ebenso teilnahm wie der deutsche Bundeskanzler Helmut Kohl und sein Außenminister Hans-Dietrich Genscher.

Der medienwirksam inszenierte Händedruck zwischen Herrhausen und seinem russischen Kollegen Jurij Maskowski bekräftigte die Vorreiterrolle der Deutschen Bank im Osteuropageschäft, das durch die Folgen der Perestroika interessant zu werden versprach. Die Anwesenheit der Spitzenpolitiker aus der Sowjetunion und Deutschland erhob das Kreditinstitut zudem quasi in den Rang einer Staatsbank. Gerade der Umbruch im Warschauer Pakt sollte die Zusammenarbeit zwischen Bundesregierung und Deutscher Bank auf eine Vertrauensbasis stellen, die seit der Zusammenarbeit von Konrad Adenauer und Hermann Josef Abs ohne Vorbild war.

Herrhausens Neugier auf die Vorgänge jenseits des Eisernen Vorhangs hatte aber noch andere als rein ökonomische Gründe. Dort spielte sich staatspolitisch ab, was er unternehmenspolitisch ins Auge gefaßt hatte. Auch Gorbatschow war, wie er selbst, Führer einer mächtigen, aber eher trägen Organisation, und so fühlte er, daß ihnen beiden eine besondere Verantwortung auferlegt war, die auch das Risiko des persönlichen Scheiterns mit einschloß. Eines aber stand für Herrhausen fest: Revolutionen waren durchaus möglich, wenn man nur die Möglichkeiten dazu nutzte. Das war keine Frage der Gunst des Schicksals, sondern eine des Willens zur Veränderung. Dennoch blieb ein letzter Rest an Aberglauben. Es ist ein schönes Paradox, daß Herrhausen zwischen die ersten Seiten des Kant-Aufsatzes in den «Klassikern des politischen Denkens» ein vierblättriges Kleeblatt einlegte.

Die Vorstandssitzung vom 2. Dezember 1987, auf der Herrhausen zum alleinigen Sprecher bestimmt worden war, brachte noch eine zweite Entscheidung hervor, die für die Deutsche Bank einen Traditionsbruch bedeutete. Mit Ellen-Ruth Schneider-Lenné wurde auf Herrhausens Vorschlag zum ersten Mal in der mehr als hundertzwanzigjährigen Geschichte des Unternehmens eine Frau in den Vorstand gewählt. Das war ein früher Hinweis darauf, daß unter seiner Ägide noch weitere Überraschungen zu erwarten waren. Auf diese Berufung hielt sich der Vorstandssprecher einiges zugute, wie Helmut Kohl sich erinnert, der ihn beim letzten privaten Treffen mit Herrhausen im Herbst 1989 damit aufzog: «Ich habe ihn damals auf den Arm genommen, indem ich ihn fragte, was für einem ‹Macho-Unternehmen› er denn vorstehe. Aber es war wirklich so: Außer Ellen-Ruth Schneider-Lenné gab es keine andere Frau in verantwortlicher Position, denn unter den Generalbevollmächtigten war sie die einzige Frau gewesen, und als sie in den Vorstand berufen wurde, rückte keine andere für sie nach.»[18]

Herrhausen hatte indes mehr vor als nur die Erhöhung des Frauenanteils an der Spitze der Deutschen Bank. Er versammelte auch Leute um sich, denen er vertraute. Deshalb ließ er zusätzlich Michael Endres aus London in den Vorstand holen. Er brauchte treue Helfer, denn noch ehe er endgültig allein als Sprecher amtierte, also vor der Hauptversammlung vom 10. Mai 1988, auf der Christians verabschiedet werden sollte, deutete Herrhausen bereits an, wo für ihn schleunigst Handlungsbedarf bestand: «Wir brauchen neue geschäftspolitische Ansätze, neue Strategien», erklärte er im Februar in einem Vortrag vor dem Institut für Kapitalmarktforschung in Frankfurt. «Solche neuen Strategien verlangen ihrerseits neue Strukturen, diese verlangen neue Steuerungsmechanismen, alles drei verlangt eine neue Kultur – Corporate Culture –, und sie endlich verlangt eine neue Art der Kommunikation, das heißt neue PR nach innen und außen.»[19] Herrhausen verstand sich selbst als Aushängeschild dieser öffentlichkeitswirksamen Kommunikation, und auch die Verpflichtung der in Paderborn lehrenden Literaturwissenschaftlerin Gertrud Höhler als Beraterin für Corporate Culture wurde, obwohl die Initiative dazu noch von Christians ausgegangen war, als Zeichen für den Wunsch nach größerer Außenwirkung gewertet. Dem Journalisten Dieter Balkhausen sagte Herrhausen nach seiner Wahl zum Vorstandssprecher: «Die Führungskraft, die Jasager will, müssen Sie auswechseln! Ein Erstklassiger holt sich immer Erstklassige, ein Zweitklassiger nur Drittklassige.»[20]

Speziell nach außen hatten Herrhausens Worte durchaus die von ihm gewünschte Wirkung. Schon im Juli 1988, gerade mal zwei Monate nachdem er alleiniger Vorstandssprecher der Deutschen Bank geworden war, wurde Herrhausen wie berichtet von den Chefredakteuren der führenden europäischen Wirtschaftsmagazine zum «Europa-Manager» des Jahres gewählt. Seine Visionen stießen außerhalb der Bank auf größte Sympathie – im Institut selbst aber machte das Wort von der «Kulturrevolution» die Runde. Zumal die kommenden Veränderungen nicht mehr innerhalb der Bank vorbereitet, sondern durch externe Berater angestoßen werden sollten. Herrhausen hatte nicht umsonst den Kauf der Beraterfirma Roland Berger vorangetrieben: An die Experten dieser Tochter und an die Unternehmensberater von McKinsey erging im Juni 1988 sein Auftrag, die Strukturen der Deutschen Bank zu analysieren und ihm Vorschläge zu unterbreiten, wie das Institut umgestaltet werden müßte, um die Vision von einer weltweit agierenden Investmentbank verwirklichen zu können.

Daß eine solche Neuausrichtung notwendig war, stand für Herrhausen außer Frage. Als die von ihm engagierten Berater gemäß den eigenen Usancen anregten, doch auch diese Zielvorgabe selbst zunächst einer strengen Prüfung zu unterziehen, lehnte der Vorstandssprecher das zu deren Verblüffung rundheraus ab.[21] Er hatte sich seine Meinung gebildet, hatte «richtig gedacht», und davon sollte ihn nun niemand mehr abbringen. Es war jedoch typisch, daß auch Herrhausen den kompletten Bruch mit der Tradition des Hauses vermied – dessen spezifisch deutsche Gestaltung als Universalbank, also als Komplettanbieter aller finanziellen Leistungen, sollte unangetastet bleiben. Herrhausen wollte lediglich den Schwerpunkt der Aktivitäten auf das im internationalen Vergleich weit unterdurchschnittlich repräsentierte Segment des Investment-Banking verlagern. Das war hellsichtig, denn in diesem Bereich wurden längst die größten Margen erzielt. Aber es bedeutete auch, daß Herrhausen sich mit dem deutschen Modell der Universalbank der weltweiten Konkurrenz im Bereich des Investment-Banking stellen wollte. Seine Gewißheit, das eigene Institut gerade dadurch zu einem ganz neuen Typ von Bank ausbauen zu können, der das Beste beider Welten vereinen würde, wenn es nur gelänge, im Sinne des Vorstandssprechers fehlerfrei zu denken und danach zu handeln, duldete keinen Widerspruch.

Herrhausen war dafür allerdings auf die massive Unterstützung durch seine Vorstandskollegen angewiesen, und die stete Notwendigkeit, elf durchaus selbstbewußte Menschen von der Richtigkeit der eigenen Konzeption zu überzeugen, drohte ihn zu zermürben. Die Entscheidungen des Vorstands brauchten ihre Zeit, und Zeit war genau das, was nach Meinung des Sprechers am wenigsten zur Verfügung stand, wollte man der internationalen Konkurrenz Paroli bieten.

Schon die acht Monate, die McKinsey und Roland Berger benötigten, um ihre Befragungen der Vorstandsmitglieder und ausgesuchter Direktoren der Deutschen Bank durchzuführen und auszuwerten, waren eine nervenzehrende Geduldsprobe für Herrhausen. Im Vorstand stützte er sich vor allem auf Jürgen Krumnow, der wie Frau Schneider-Lenné und Endres gerade erst in das Gremium aufgerückt war und auf Herrhausens Wunsch die Verantwortung für das Rechnungswesen zugewiesen bekommen hatte. Krumnow versorgte die externen Berater mit den benötigten Zahlen. Daß der Vorstandssprecher diese Untersuchung selbst als heikel betrachtete, zeigte sich darin, daß nur Bankvertreter aus der

Frankfurter Zentrale befragt werden sollten, denn er befürchtete Widerstände, wenn er die mächtigen Regionaldirektoren zu früh in seine Überlegungen mit einbezog. Sie stellten die eigentliche Gefahr für Herrhausens Pläne dar. Edzard Reuter erlebte die Direktoren der Hauptfilialen als «Provinzfürsten, die über die Beschlüsse, die von den Zentralen in Frankfurt und Düsseldorf gefaßt wurden, nur gelacht haben»[22]. Herrhausen wußte zwar um sein Charisma, aber gerade darum zog er zunächst nur seine engere Umgebung ins Vertrauen. Das Ziel war eine Revolution von oben.

Seine einzigen verläßlichen Verbündeten waren die fünfundzwanzig Mitarbeiter der Abteilung für Konzernentwicklung, die wie er selbst überwiegend aus bankfremden Wirtschaftsfeldern abgeworben worden waren. Sie halfen den externen Beraterfirmen bei ihren Untersuchungen, wobei noch während der Erhebung der Chef der Abteilung für Konzernentwicklung, Johann Wieland, ersetzt werden mußte, weil Herrhausen ihn auf einen wichtigeren Posten berufen hatte. Am 14. Dezember 1988 verkündete der Vorstandssprecher den Einstieg der Deutschen Bank ins Versicherungsgeschäft und gab die bevorstehende Gründung einer eigenen Tochterfirma bekannt, der «Deutsche Bank Lebensversicherung AG», an deren Spitze Wieland treten sollte. Sie war dazu ausersehen, dem Institut ein Feld zu erschließen, das zu den lukrativsten unter den Vermögensanlagen zählte, bisher aber von Banken vernachlässigt worden war, weil die Trennung zwischen ihnen und den klassischen Versicherungsgesellschaften in Deutschland traditionell scharf ausgeprägt war. Herrhausen betrachtete gerade Lebensversicherungen als überwiegend vermögensbildende Maßnahmen, die zudem noch steuerlich begünstigt waren, und hielt deshalb einen Einstieg des eigenen Hauses nur für konsequent.

Die Vertreter der Versicherungswirtschaft sahen das ganz anders. Die traditionell mit der Deutschen Bank eng verbundene Allianz hatte schon im Vorfeld allen Einfluß geltend gemacht, um diesen Schritt zu verhindern, denn es war klar, daß die anderen Großbanken dem Beispiel bald folgen würden. Der Allianz-Vorstandsvorsitzende Wolfgang Schieren gab sofort nach Bekanntwerden des neuen Engagements seinen Sitz im Beraterkreis der Gesamtbank auf. In diesem einflußreichen Kreis von Spitzenvertretern aus Unternehmen, die mit der Deutschen Bank besonders lange verbunden waren, hatte Schieren als stellvertretender Vorsitzender fungiert. Der Rückzug war also ein Schritt, der seine Wirkung nicht verfehlte. Fortan wurde neben den anderen Großbanken auch der Münchener Versicherungsgigant zum Rivalen der Deutschen Bank. Im Jahr 2000 sollte die Allianz schließlich die Dresdner Bank übernehmen, nachdem kurz vorher der Versuch einer Fusion zwischen Deutscher und Dresdner Bank gescheitert war. Herrhausen hat seinen Nachfolgern hier ein gravierendes Problem hinterlassen, denn durch sein Engagement waren die Grundlagen des deutschen Bankenwesens gründlich umgekrempelt worden. Schon der Einstieg ins Versicherungsgeschäft litt unter der mangelnden Erfahrung der Deutschen Bank. Michael Endres beschreibt den entscheidenden Fehler so: «Wir im Vorstand dachten, man könnte Versicherungen als weitere Finanzdienstleistung problemlos in unserem Produkt-Portefeuille unterbringen. Deshalb hatten wir auch keinen Gedanken daran verschwendet, einen Fachmann in unseren Kreis zu berufen. Das hat sich gerächt. Bei den Überlegungen, ob wir, statt ein eigenes Tochterunternehmen zu gründen, nicht lieber gleich eine Versicherung kaufen sollten, spielte auch eine Rolle, daß deren Chef dann notwendigerweise in den Bankvorstand aufgenommen worden wäre. Also haben wir lieber die Lösung aus eigener Kraft versucht, und deshalb beschränkte sich unser Angebot auch allein auf Lebensversicherungen. Mehr konnten wir nicht leisten, aber wir dachten trotzdem, wir verstünden von allem etwas.»[23]

Als neuer Leiter der Abteilung für Konzernentwicklung wurde Hans-Peter Ferslev eingesetzt, der sich bei der Abwicklung des Flick-Geschäfts als einer der kreativsten Mitarbeiter Wielands erwiesen hatte. Er setzte die Tätigkeit seines Vorgängers ganz im Sinne Herrhausens fort. Erste Zwischenergebnisse der Untersuchung durch McKinsey und Roland Berger wurden von Herrhausen zunächst nicht dem Gesamtvorstand präsentiert, sondern einem eigens eingesetzten Lenkungsausschuß, dem mit Ellen-Ruth Schneider-Lenné, Michael Endres und Ulrich Weiss drei jüngere Kollegen angehörten, deren Treue sich Herrhausen sicher sein konnte.

Das endgültige Konzept der Berater wurde dann im Februar 1989 fertiggestellt und wieder nur wenigen Führungskräften zugänglich gemacht, nun aber auch dem gesamten Vorstand. Unter dem Leitbegriff der Divisionalisierung sah es einen vollständigen Umbau der Deutschen Bank vor, um den Anforderungen des internationalen Wettbewerbs und der von Herrhausen vorgeschriebenen Ausrichtung auf das Investment-Banking gerecht zu werden.

Das Universalbankprinzip sollte zwar bestehenbleiben, aber die Zuständigkeiten wurden neu definiert: Statt wie bisher jede Hauptfiliale als selbständig bilanzierende Unternehmenseinheit zu führen, sollten nun jene Geschäftsfelder, deren Intensivierung Herrhausen vorsah, direkt im Vorstand verankert werden. Die Kopfstellen würden also nicht mehr aus eigener Verantwortung darüber entscheiden, wie sie im Bereich des Investment-Banking und des Privatkundengeschäfts agierten, sondern den entsprechenden Vorgaben der Zentrale folgen müssen – ein empfindlicher Machtverlust für die Direktoren der Hauptfilialen.

Das Konzept sah außerdem vor, die bisherige Zahl von siebzehn Kopfstellen auf nur noch sieben zu verringern, um einerseits die für die kurzfristig geplante internationale Expansion notwendigen Manager aus dem eigenen Haus zu rekrutieren und andererseits den langfristigen Prozeß der internen Umgestaltung zu erleichtern. Je weniger Pfründe Herrhausen und seine Berater antasten mußten, desto einfacher war die Aufgabe. Damit wurde allerdings nicht weniger in Frage gestellt als ein Organisationsprinzip, das seit der Gründung der Deutschen Bank bestand und nach dem Zweiten Weltkrieg mit der Aufteilung des Unternehmens in drei eigenständige Institute nochmals verfestigt worden war.

Bislang hatte man gerade auf die Eigenverantwortlichkeit der Regionaldirektoren gesetzt und damit unter dem Vorstand eine zweite Leitungsebene gebildet, von der nun schärfster Widerstand zu erwarten war. Es war ja eine der Hauptstärken der Deutschen Bank, daß die Hauptfilialen zu den in ihrem Bereich ansässigen

Unternehmen eine intensive persönliche Beziehung pflegten. Nicht umsonst wurde der größte Teil der insgesamt vierhundert Mandate des Kreditinstituts in Aufsichts- und Beiräten von den Direktoren eingenommen. Hier bestanden jahrzehntelange Vertrauensverhältnisse, die bei einer Zentralisierung bestimmter Geschäftssparten sich in ebenjene anonymen Kundenbeziehungen zu verwandeln drohten, die anderswo herrschten.

Dennoch gab es bereits Felder, in denen die Frankfurter Zentrale die alleinige Verantwortung trug. Dazu zählten vor allem Börsengänge und Unternehmenskäufe, also diejenigen Bereiche, die im internationalen Geschäft besonders wichtig und gewinnbringend waren. Sie mit verwandten Aufgaben zu einer neuen Großsparte Investment-Banking zusammenzufassen, die den gesamten Geld- und Devisen- sowie den Wertpapierhandel beinhalten sollte, war somit nur konsequent. Gemäß dem Konzept sollten in Zukunft die hierfür zuständigen Vorstandsmitglieder auch die Gewinnverantwortung tragen. Denn bislang galt in der Deutschen Bank zwar eine nach den verschiedenen Geschäften (wie Baufinanzierung, Wertpapiergeschäft, Firmenkundengeschäft oder Vermögensanlage) unterschiedene Zuständigkeit, und zwar sowohl auf regionaler Ebene, wo die jeweiligen Direktoren der Hauptfilialen diese Felder in ihren Filialbezirken unter sich aufgeteilt hatten, wie auch im Vorstand. Aber auf beiden Ebenen gab es keine individuelle Zurechenbarkeit des Erfolgs oder Mißerfolgs, weil sowohl die Kopfstellendirektionen als auch der Bankenvorstand nur als Gesamtheiten verantwortlich zeichneten. Also hatte man es in beiden Fällen mit Managern zu tun, denen niemand in ihre Geschäfte hineinreden durfte, die aber nicht individuell für deren Ergebnisse geradezustehen hatten. Das war der Fluch des bei der Deutschen Bank praktizierten Kollegialprinzips auf Leitungsebene.

Ärger hatte bereits 1986 die Etablierung der zwölf sogenannten Koordinatoren hervorgerufen – sie waren als Direktoren unmittelbar dem Vorstand unterstellt und mit Generalvollmacht ausgestattet. Herrhausen hatte diese Maßnahme damals mit der notwendigen Entlastung des Leitungsgremiums begründet. Jeder der zwölf neuen

Führungskräfte wurde eines der klassischen Geschäftssegmente zur Betreuung übergeben. Um dem Protest der Hauptfilialdirektoren zu begegnen, hatte Herrhausen damals versichert, man wolle keine zusätzliche Hierarchiestufe schaffen, die zwischen Vorstand und Direktoren angesiedelt wäre. Doch genau das vermuteten die Kopfstellenleiter, zumal die neuen Koordinatoren höhere Gehälter als sie bezahlt bekamen, was in der Deutschen Bank mit ihrem seinerzeit noch geradezu beamtenhaft geregelten Entlohnungs- und Aufstiegssystem als sicheres Zeichen für höhere Geltung gewertet werden mußte. Solange aber die klassischen Zuständigkeiten in den Folgejahren unverändert blieben, war es kein Problem, an den Koordinatoren vorbei zu agieren. Der jeweils regional zuständige Direktor mußte nur den direkten Kontakt zu dem ihm ja ohnehin vertrauten Vorstandsmitglied suchen, das für sein Geschäftsfeld zuständig war, und schon war der Koordinator aus dem Spiel.

Dieses gescheiterte Experiment hatte Herrhausen vor Augen, als es nun galt, das neue Konzept durchzusetzen. Ohne eindeutige Verantwortlichkeiten, die nicht nur das Handeln, sondern auch die Resultate betreffen, war eine Neuausrichtung der Deutschen Bank unmöglich. Dadurch würde auch die größte Sorge des Vorstandssprechers, nämlich die mangelnde Flexibilität und Geschwindigkeit bei der Entscheidungsfindung, beseitigt werden – aber gleichzeitig stellte sein Plan das heiligste Prinzip des Unternehmens in Frage, die Kollegialverantwortung im Vorstand. Natürlich mußten die anderen Mitglieder fürchten, daß dessen Aushebelung vor allem die Position des Sprechers stärken würde, der dann nicht länger nur Primus inter pares, sondern de facto ein Vorstandsvorsitzender sein würde.

McKinsey und Roland Berger wußten um die Brisanz ihrer Überlegungen, deshalb präsentierten sie vier verschiedene Möglichkeiten, wie die Deutsche Bank zu einer klareren Verantwortlichkeit gelangen könnte. Der am wenigsten radikale Vorschlag sah vor, daß fortan die Hauptverantwortung für die verschiedenen Geschäftsfelder bei dem dafür jeweils zuständigen Vorstandsmitglied liegen sollte und die Hauptfilialdirektoren erst in zweiter Linie kamen.

Das wäre eine Umkehrung der bisherigen Praxis gewesen, die aber in allen Segmenten den Kopfstellen weiterhin einen wichtigen Einfluß garantiert hätte. Der zweite Vorschlag gliederte Privatkundengeschäft und Investment-Banking aus und verankerte die alleinige Verantwortung dafür im Vorstand. Damit wäre immerhin noch die traditionell enge Beziehung zwischen Firmenkunden und Hauptfilialdirektion erhalten geblieben. Der dritte Vorschlag sah auch für dieses Geschäftsfeld die vollständige Zentralisierung vor, und das vierte Modell hatte zum Ziel, drei selbständige Banken zu gründen, jeweils eine für das Privatkunden-, für das Firmenkundengeschäft und für das Investment-Banking, die dann in einer Holding namens Deutsche Bank zusammengefaßt worden wären.

Die vierte Variante war allzu revolutionär; sie wurde deshalb von Herrhausen selbst sofort abgelehnt und seinen Kollegen gar nicht erst zur Prüfung vorgeschlagen. Über die anderen Optionen beriet der Lenkungsausschuß mehr als zwei Monate lang, bevor er sich am 29. April 1989 für die dritte, die radikalste der verbliebenen Möglichkeiten entschied. Herrhausen hatte sich zunächst durchgesetzt. Die entsprechende Neugliederung der Vorstandszuständigkeiten würde sich an vier Hauptsegmenten orientieren: Privatkundengeschäft, Firmenkundengeschäft, Investment-Banking und schließlich Logistik. Durch geschickte Unterteilung dieser vier Bereiche kamen elf Zuständigkeiten heraus, so daß jedes Vorstandsmitglied mit Ausnahme des Sprechers weiterhin sein eigenes Feld erhalten würde. Herrhausen selbst behielt sich weiterhin Konzernentwicklung und Kommunikation als persönliche Aufgaben vor.

Parallel zur Neuordnung der Hauptverantwortlichkeit sollte auch das Filialnetz neu strukturiert werden. Die Zahl von siebzehn Kopfstellen sollte nun tatsächlich auf sieben reduziert werden, was die Degradierung von zehn Haupt- zu Bezirksfilialen bedeutete. Damit standen den inländischen Niederlassungen besonders große Veränderungen bevor, die sämtlich deren Position schwächten. Gerade die Filialen aber hatten bisher den stärksten Anteil am Erfolg der Bank. Im Jahr 1988 hatten sie für zweiundsechzig Prozent des Umsatzes von dreihundert Milliarden D-Mark gesorgt und dabei dreiundachtzig Prozent des Gewinns erwirtschaftet.[24] Das Inlandsgeschäft war also weitaus profitabler als jene Segmente, die nun nach dem Willen Herrhausens in den Mittelpunkt der Bankaktivitäten rücken sollten. Seine Argumentation, daß es sich bei den ergebnisschwächeren gerade um die international aussichtsreichsten Bereiche handelte, die man deshalb viel konsequenter fördern müsse, konnte die Direktoren der Kopfstellen nicht überzeugen. Sie waren in dem Bewußtsein groß geworden, daß die Basis der Deutschen Bank immer das Inlandsgeschäft sein würde.

Das Beraterkonzept hätte zumindest im Falle des verstärkten ausländischen Engagements der Bank die Rückkehr zu einem Selbstverständnis bedeutet, wie es vor 1959 gegolten hatte. Damals war nämlich erst die seit der Gründung von 1870 in der Deutschen Bank geltende Regel, daß man sich im Geschäftsverkehr weitgehend auf Firmenkunden beschränkt, aufgehoben worden, um auch auf die Sparguthaben der Privatkundschaft zugreifen zu können, die für ein Bankhaus die billigste Form der Refinanzierung darstellen. Bis 1989 war deshalb die Zahl der Privatkunden von 250 000 auf 5,5 Millionen gestiegen, und die Erträge aus diesem Geschäftsfeld waren mittlerweile höher als die des Firmenkundengeschäfts. Zugleich aber stiegen die Kosten für die personalaufwendige Betreuung der Privatkunden, und man legte zu wenig Wert auf die Entwicklung innovativer Bankprodukte, mit denen man die internationale Kundschaft an das Haus hätte binden können. Die Stärke des Inlands- und Privatkundenbereichs bedingte die relative Schwäche der Deutschen Bank im Ausland.

Herrhausen war überzeugt, daß vor allem die mangelnde Größe der ausländischen Filialen und Töchter die Ursache für deren ausbleibenden Erfolg war. Deshalb sollte das geplante Umstrukturierungsprogramm viele Manager freisetzen, die man dann dort einsetzen konnte. Das unter Herrhausens Ägide, also seit 1985, verfolgte Konzept, an möglichst vielen Bankplätzen der Welt vertreten zu sein, hatte sich angesichts der wachsenden Globalisierung als unzureichend erwiesen: Präsenz allein reichte nicht mehr aus.

Man mußte weltweit agierenden Geschäftskunden auch jeweils den ganzen Service eines Bankhauses an jenem Ort bieten, wo sie ihre Investitionen und Abschlüsse tätigten. Im Grunde verfolgte Herrhausen den Plan, das in Deutschland bewährte Prinzip der starken regionalen Vertretungen auf die ausländischen Niederlassungen zu übertragen, aber nunmehr sollten keine selbstherrlichen Führungsstrukturen mehr entstehen. Die Fäden aller neuen Aktivitäten wären beim Vorstand in Frankfurt zusammengelaufen.

Seit dem Börsenboom der achtziger Jahre, der 1986 einen empfindlichen Rückschlag erlitten hatte, jedoch durch die Kurserholung in den darauf folgenden achtzehn Monaten schnell wieder in Gang gekommen war, hatten sich die internationalen Gewichtungen im Bankengeschäft verschoben. Auf dem internationalen Kapitalmarkt hatten die japanischen und amerikanischen Spezialinstitute den traditionell starken, aber auf vielen Feldern aktiven europäischen Banken den Rang abgelaufen. Die Japaner und Amerikaner konzentrierten sich dabei auf Emissions- und Übernahmegeschäfte, die im Zeitalter einer wachsenden Börse immer wichtiger wurden. Vor allem die Übernahmen waren ein zunehmend lukrativeres Segment, in dem aber die Deutsche Bank, die durch das korporatistische Modell der Bundesrepublik geprägt war, besonders wenig Erfahrung besaß. Unternehmensübernahmen, gar feindliche, waren in Deutschland viel seltener als im Ausland, wo der spekulative Aktienhandel unter den Anlegern eine deutlich größere Rolle spielte und folglich bessere Rahmenbedingungen für die Finanzierung solcher Zusammenschlüsse bestanden.

Doch nun war die Deutsche Bank selbst weltweit auf Einkaufstour. Zwar besaß sie mittlerweile in dreizehn europäischen Ländern Tochterinstitute, doch einige der wichtigsten Märkte waren noch unerschlossen. In Spanien hatte die Bank 1988 die Übernahme des in Barcelona ansässigen Banco Commercial Transatlántico, der über ein großes Filialnetz im ganzen Land verfügte, betrieben – und mit kräftiger Unterstützung von Bundeskanzler Kohl gegen massive spanische Bedenken auch durchgesetzt. In den Niederlanden war es 1988 gelungen, der Amro Bank deren Anteil am

Bankhaus H. Albert de Bary & Co. N.V., an dem auch die Deutsche Bank bereits beteiligt war, abzukaufen. Nach einer Umbenennung sollte daraus nun die Deutsche Bank N.V. werden, weil Herrhausen überzeugt war, daß man international unter dem eigenen Namen präsent sein mußte, egal wie groß etwaige Widerstände gegen das Verschwinden traditionsreicher Firmenbezeichnungen in den betreffenden Ländern auch sein mochten. Dieses Vorgehen verstärkte allerdings die Bedenken im Ausland gegen die aggressive Expansion der Deutschen Bank.

Herrhausen wußte, daß man die Zukäufe, die er für notwendig hielt, nicht unbegrenzt aus den eigenen Mitteln bestreiten konnte. Seine Berater hatten ein Volumen von insgesamt zwanzig Milliarden D-Mark berechnet, das allein für den Einstieg mit eigenem Filialnetz in die von der Deutschen Bank noch weitgehend unerschlossenen Finanzmärkte der Vereinigten Staaten, Englands und Frankreichs aufgewendet werden müßte. Der Aktienkurs des eigenen Instituts wurde somit zu einer entscheidenden Größe bei dessen Expansionsbemühungen, und ohne ausländisches Interesse an den Anteilen der Deutschen Bank würde er hinter den Kursentwicklungen der Konkurrenz zurückbleiben. Deshalb legte Herrhausen so besonders großen Wert auf den Ausbau der gewinnträchtigen Sparte Investment-Banking.

Für ihn waren die Beratungen über das von McKinsey und Roland Berger ausgearbeitete Konzept ein beinahe unerträgliches Geduldspiel, und er versäumte es nicht, nach außen hin immer wieder seine Überzeugung vom notwendigen Kurs der Bank klarzumachen. In einem Interview, das er wenige Wochen nach der Präsentation der drei Umbauoptionen der «Welt» gewährte, brachte er die anstehenden Veränderungen erstaunlich offen zur Sprache: «Wir sind zur Zeit dabei zu überprüfen, ob die Struktur, die die Bank hat [...] optimal ist für die Verwirklichung der Strategien, auf die wir uns verständigt haben. Die Prüfung kann zu dem Ergebnis kommen: Wir haben schon die optimale Struktur. Das wäre für mich eine Überraschung.»[25] Mit dieser Bemerkung deutete Herrhausen an, welche Entscheidung er vom restlichen Vorstand erwartete.

Gleichzeitig skizzierte er in dem Interview erstmals die angeblich schon beschlossenen Strategien, und dabei war für ihn der für das Jahr 1992 vorbereitete europäische Binnenmarkt der entscheidende Bezugspunkt. Der Zeithorizont für die notwendigen Veränderungen betrug also nur drei Jahre. Doch angesichts der internen Schwierigkeiten mit seinen ambitionierten Umbauplänen legte Herrhausen Wert darauf, daß die Konzentration auf das Investment-Banking nur für ausgesuchte Märkte gelte, in denen die Deutsche Bank ohnehin nicht flächendeckend als Finanzanbieter agieren könne: «Im europäischen Binnenmarkt werden wir Universalbank im weitesten Sinne sein. Gleiches gilt nicht für die anderen Regionen dieser Welt. Wir können zum Beispiel in Amerika nicht ein kontinentweites Netz von Niederlassungen aufbauen, wie wir das hier in der Bundesrepublik getan haben. Wir können in Amerika kein Retailbanking betreiben, wie wir das hier in der Bundesrepublik tun und später vielleicht in Europa tun werden. Bis auf Europa werden wir in allen anderen Großregionen dieser Welt, von Amerika bis zum Pazifischen Becken, nur mit ausgewählter, selektiver Produktpalette präsent sein können.»[26] Und das bedeutete – da Herrhausen mit dem Verzicht auf Retailbanking das Privatkundengeschäft ja ausdrücklich ausschloß und eine enge Bindung ausländischer Firmen an die Deutsche Bank nicht zu erwarten war – eine Beschränkung auf das erfolgversprechende Investment-Banking.

Der Anspruch, den Herrhausen mit seinen Plänen verband, war hoch: «Meine Aufgabe und die meiner Kollegen kann nicht darin bestehen, die Bank nur auf die neunziger Jahre vorzubereiten, sondern unsere Aufgabe muß auch darin bestehen, sie vorzubereiten auf die ersten zwei Jahrzehnte des nächsten Jahrhunderts.»[27] Das war angesichts des Tempos der wirtschaftlichen und politischen Veränderungen, die man gerade am Ende der achtziger Jahre erlebte, ein überaus ambitioniertes Ziel.

Für seine Vision einer zukünftigen Weltwirtschaft prägte Herrhausen in dem «Welt»-Interview den Begriff «The One World Context». Durch die Reformen im Ostblock, die durch die Perestroika angestoßen worden waren, sah er die verschiedenen ökonomischen Systeme zusammenrücken: «Wir wachsen in internationale Dimensionen, die es in den Siebzigern und Achtzigern noch nicht gab.» Dazu trugen in seinen Augen aber auch das neue ökologische Bewußtsein, die Fortschritte in der Kommunikationstechnik und die gestiegene Mobilität des Kapitals entscheidend bei. Für die Deutsche Bank bedeute das dreierlei: «Wir müssen, wenn die Welt der Markt wird, in der Welt präsent sein [...] Die zweite Konsequenz ist: Wenn wir ein wirklich internationales Institut sein wollen, dann muß Platz sein für internationale Kollegen. Wir dürfen nicht meinen, in die Welt hinauszugehen im Sinne einer Eroberung durch die Deutschen [...] Die dritte Konsequenz ist gesellschaftspolitisch. Die Deutsche Bank kann sich nicht allein darauf beschränken oder konzentrieren, gute Geschäfte zu machen, gute Geschäfte im positiven Sinne des Wortes. Sie muß, wenn sie eine bestimmte Größe hat, eine bestimmte Autorität, eine bestimmte Position hier und draußen in der Welt, gesellschaftspolitische Verantwortung übernehmen, mehr noch, als bisher deutlich ist. Wir müssen eine Art von – ich sage das nicht gerne, weil dieses Wort so mißbraucht wird, gerade in letzter Zeit –, eine Art von ethischer Verpflichtung akzeptieren.»[28]

Mehr Macht und mehr Verantwortung – so lautete die Maxime Herrhausens für das eigene Institut und auch für sich selbst. Doch sie mußte kommuniziert werden, vor allem auch innerhalb des Hauses. Und das war ein Problem für den sonst so kommunikationsfreudigen Vorstandssprecher. «Es war leicht, mit ihm zu reden», hat Nina Grunenberg beobachtet, «aber schwer, mit ihm ins Gespräch zu kommen. Wenn er ein Problem erkannt und durchdacht hatte, vertrat er seine Ansichten so überzeugend, daß sie leicht unerbittlich wirkten.»[29] Wenn Herrhausen selbst das unnahbare Image seiner Bank beschrieb, kam er der eigenen Wirkung auf viele Menschen erstaunlich nahe: «Ich glaube, wir haben den richtigen Ton noch nicht gefunden. Vielleicht sind wir noch zu sehr Institut, ja Institution, und zu wenig Person. Vielleicht ist nicht genug Natürlichkeit, Unmittelbarkeit, Freude in unserem Auftreten. Manches scheint mir zu perfekt, zu steril zu sein.»[30] Auf Empfehlung Gertrud

Höhlers begründete Herrhausen deshalb eine Veranstaltung unter dem Titel «DB-Intern», die einmal jährlich in jedem Hauptfilialbezirk die dortigen Mitarbeiter zu einer Diskussion laden sollte, auf der sich der Vorstandssprecher den Fragen der Belegschaft stellen würde. Das Debüt fand am 16. Mai 1989 in München statt und stand unter dem Motto «Die Deutsche Bank unterwegs in die Zukunft». Hintergrund waren natürlich die umlaufenden Gerüchte um die bald bevorstehenden strukturellen Änderungen im Unternehmen.

«Mein Essential ist der kommunikative Gegenverkehr»[31] – auch dies war ein typischer Herrhausen-Satz, der sich nicht so einfach umsetzen ließ. Edzard Reuters schon zitierter Beobachtung zum Eindruck von Arroganz, den Herrhausen leicht erweckte, steht zwar die vielfach belegte Begeisterung der jungen Bankmitarbeiter für ihren charismatischen Chef entgegen[32]. Doch in den oberen Hierarchieebenen der Deutschen Bank blieb der Vorstandssprecher umstritten. Wilfried Guth kleidet das Auseinanderklaffen der bankinternen Meinungen zu Herrhausen in folgende Formulierung: «Alle, die man geistig als jung gebliebene Menschen bezeichnen kann, bewunderten damals Herrhausen und tun das bis heute. Diejenigen Bankangehörigen, die man eher als ‹pedestrian› beschreiben würde, begegneten ihm dagegen mit Skepsis. Da fiel dann oft das Wort von der fehlenden Bodenhaftung.»[33] Deshalb setzte Herrhausen vor allem auf die – auch nach Lebensjahren – jüngere Basis, die er mit seinem Diskussionsangebot erreichen wollte. Dementsprechend stolz war er nach der Münchner Diskussionsrunde, die er mit einem Plädoyer für mehr Demokratie und Eigenverantwortung in der Bank eingeleitet hatte und die im Rahmen einer Vielzahl von Wortmeldungen auch einige kritische Fragen gebracht hatte, aber dann im schönsten Einvernehmen von Vorstandssprecher und Belegschaft zu Ende gegangen war.

Doch Herrhausens interne Kritiker waren nicht bereit, sich im kommunikativen Gegenverkehr zu üben, denn sie fürchteten, bei zu offener Kritik von Herrhausen als Geisterfahrer empfunden zu werden. Deshalb ergriffen sie subtilere Maßnahmen als die freie Aussprache: Erst im Anschluß an die Münchner Veranstaltung erfuhr Herrhausen, daß die komplette Diskussionsrunde von der Münchner Hauptfilialleitung inszeniert gewesen war. Alle Fragen waren dort vorformuliert und zuverlässigen Mitarbeitern zugeteilt worden, weil man es, wie Herrhausen auf dessen entsetzte Nachfrage mitgeteilt wurde, in der Bank bei Gesprächen der Belegschaft mit Vorstandsmitgliedern immer so halte.[34] Das entsprach nicht der Wahrheit. In einer Veranstaltung, die zwei Jahre zuvor im Hauptfilialbezirk Köln mit F. Wilhelm Christians abgehalten worden war und die ich als Auszubildender besucht habe, konnten die Zuhörer spontane Fragen stellen. Die Torpedierung von Herrhausens Absicht, zumindest einmal im Jahr in den Kopfstellen einen herrschaftsfreien Diskurs zu etablieren, war ein bewußter Affront. In der Enttäuschung über diese Inszenierung von Demokratie sagte der Vorstandssprecher alle weiteren geplanten Debatten dieser Art wieder ab. Er wußte, daß die Macht der Hauptfilialdirektionen noch zu groß war, als daß er außerhalb von Frankfurt den offenen Diskurs durch eine Vorstandsorder hätte durchsetzen können.

In der Öffentlichkeit dagegen riß die Diskussion um den Einfluß der Deutschen Bank nicht ab, und Herrhausen hatte sich dort nach seinem Empfinden einem Übermaß an Kritik zu stellen. Vor allem zwei mächtige Gegner setzten ihm zu: die von der Bundesregierung schon in den siebziger Jahren eingesetzte Monopolkommission, die in einem ihrer Zwischenberichte 1986 festgestellt hatte, daß sich die Machtkonzentration bei den Banken verschärfe (und das war, obwohl keine konkreten Namen genannt worden waren, eindeutig auf die Deutsche Bank gemünzt), und Wolfgang Kartte, den Chef des Bundeskartellamtes, der in den vergangenen Jahren immer wieder die dominierende Rolle der Deutschen Bank innerhalb des deutschen Kreditwesens kritisiert hatte.

Herrhausens forcierte Betonung, sein Institut habe ethische Verpflichtungen, war darauf nur eine schwache Antwort, weil sie notwendig unverbindlich bleiben mußte – moralisches Handeln konnte auch von ihm, wie das Münchner Beispiel bewiesen hatte, nicht dekretiert werden. Aber der moralische Anspruch entsprach weiterhin seiner eigenen Überzeugung, und gerade deshalb war es für ihn so schwierig zu verstehen, warum man seinen Ausführungen zu diesem Thema mit soviel Mißtrauen begegnete. Sein Vortrag «Die Macht der Banken», den er bereits 1976 konzipiert hatte, wurde zu einer Art Dauerplädoyer, das Alfred Herrhausen bis zu seinem Tod immer wieder in der Öffentlichkeit hielt und jeweils dem aktuellen Diskussionsstand anpaßte.[35] Kein anderes Vortragsthema hat ihn über eine derart lange Zeit begleitet.

Noch knapp einen Monat vor seiner Ermordung, am 25. Oktober 1989, widmete er sich diesem Komplex – in einer Rede, die er auf Einladung der Deutsche Messe AG, Hannover, in Bonn-Bad Godesberg hielt.[36] Darin aktualisierte er seine bisherigen Ausführungen ein weiteres Mal, doch vor allem verschärfte er sie. Jede Kritik an der Bankenmacht, die insbesondere am deutschen Prinzip des Vollmachtsstimmrechts Anstoß nahm, sah er nicht als Einzelkritik, sondern als fundamentalen gesellschaftspolitischen Widerstand gegen das Kreditwesen in der Bundesrepublik schlechthin: «Was den rationalen Diskurs über solche Fragen so schwierig macht, ist der suggestive Charakter der Sprache. Wenn von Macht die Rede ist, klingt immer gleich der Verdacht des Machtmißbrauchs durch.» Wer auf derart fahrlässige Weise Kritik an der offenen Gesellschaft übe, betreibe «Systemkritik, oder kommt ihr doch sehr nahe». Die Frage, um die es ging, war die Regelung des deutschen Aktienrechts, derzufolge Anteilseigner ihre Stimmrechte jener Bank übertragen können, bei der das entsprechende Aktiendepot geführt wird. Herrhausen beklagte besonders, es sei zu wenig bekannt, daß das Depotstimmrecht ein Vollmachtsstimmrecht ist: Ohne ausdrückliche Ermächtigung des Kunden darf die Bank nicht für ihn abstimmen, und um es überhaupt tun zu dürfen, ist das Kreditinstitut verpflichtet, die Depotinhaber vor den Hauptversammlungen zu informieren, wie sie abzustimmen gedenke.

Trotzdem ermöglicht das deutsche Depotstimmrecht die Zusammenführung von Stimmen durch die Bank, ohne daß sie selbst notwendig Anteilseignerin wäre. Dadurch repräsentieren die Bankvertreter auf den Hauptversammlungen meist eine überwältigende Mehrheit des vertretenen Kapitals, so daß einzelne Aktionäre keine Chance haben, ihre Anträge durchzusetzen. An dieser Tatsache entzündete sich vor allem in den achtziger Jahren die öffentliche Debatte.

Herrhausen aber empfand die Diskussion als unfair, weil er darin die Unterstellung zu erkennen meinte, die Banken handelten aus rein egoistischen Interessen. An den Schluß seiner Ausführungen in Bad Godesberg setzte er deshalb eine erstaunlich offene Polemik: «Der am deutlichsten sichtbare Schaden für die Wirtschaft muß eintreten, wenn das Vollmachtsstimmrecht fällt und nicht durch etwas Besseres ersetzt wird. Ich muß Ihnen, die Sie gewiß Erfahrung mit Hauptversammlungen haben, nicht schildern, was es bedeuten würde, wenn aufgrund deutlich zurückgehender Präsenzen die Hauptversammlungen unserer Aktiengesellschaften von aktiven Minderheiten beherrscht würden. Mit solchen Minderheiten machen wir doch immer wieder ausreichend Erfahrung. Gnade uns Gott, wenn unsere Wirtschaft zu ihrem Spielball wird.» Herrhausen, der einer breiteren Öffentlichkeit durch seine souveränen Versammlungsleitungen bekannt geworden war, zeigte sich hier als extrem dünnhäutig.

Das ganze Jahr 1989 hindurch war er besonders nervös gewesen, weil die von ihm angeregte Umstrukturierung der Deutschen Bank nicht vorankam, zugleich aber immer mehr Details vorab durchsickerten und für Unruhe im Unternehmen sorgten. Als das «Manager Magazin» Ende Mai unter dem Titel «Einer knackt die Bank» das vom Lenkungsausschuß befürwortete, vom Vorstand aber noch nicht bestätigte Konzept an die Öffentlichkeit brachte, erlebte die Deutsche Bank etwas, das mit Widerstand unzureichend beschrieben wäre.

Vor allem die Leitungsebene probte den Aufstand, weil sie die eigene Entmachtung oder Versetzung befürchtete. Hilmar Kopper faßt die Stimmung in den Führungszirkeln der Bank im Rückblick so zusammen: «Alfred Herrhausen wollte dramatische organisatorische Änderungen durchsetzen, die auch strukturelle Auswirkungen auf das Institut gehabt hätten – und das in einem Tempo und in einer Reihenfolge, die jeweils innerhalb der Bank nicht akzeptiert wurden. Man hörte damals häufig den Vorwurf, Herrhausen stamme ja gar nicht aus dem Bankgeschäft. Jetzt, wo er an der Spitze stand, war das ein harscherer Vorwurf als bei seinem Eintritt in den Vorstand. Auch wenn sich seine Visionen später in Einzelheiten als richtig erwiesen haben, drohte der Widerstand dagegen das Haus zu spalten. Als ich dann später seine Nachfolge als Sprecher antrat, habe ich absichtlich verkündet, keine Visionen zu haben, um überhaupt wieder Ruhe in die Bank zu bekommen.»[37]

Auch unter den 55 000 Angestellten des Instituts rumorte es. Auf einer Aufsichtsratssitzung im Juni 1989 präsentierten die Betriebsratsvertreter dem Vorstand die Bedenken der Belegschaft. Herrhausen reagierte auf die Vorhaltungen verbal sofort mit größter Schärfe, zumal Wilfried Guth als Aufsichtsratsvorsitzender den Vorstand gegen die Angriffe nicht in Schutz nahm. Die Anwesenden sahen nun einen Sprecher, der den eigenen Ansprüchen nicht genügte, und einer von ihnen beschrieb den desillusionierenden Auftritt so: «Es hat ihn sicher mit Recht geärgert, daß sein Bemühen, die Lage der Bank zu verbessern, sie in rauhere Wetter zu führen, nicht angenommen und verarbeitet wird. Andererseits muß jemand, der zu offener Diskussion ermuntert, diese undiplomatische Art doch akzeptieren. Hier haben sich die Grenzen seiner Souveränität gezeigt.»[38] Interne Kommunikation zählte ungeachtet aller Reden vom «kommunikativen Gegenverkehr» nicht zu den Stärken Herrhausens.

Außerhalb der Bank agierte er geschickter. Schon im März 1989, als das Umgestaltungskonzept noch nicht einmal fertig ausgearbeitet war, hatte er angesichts der wachsenden Verunsicherung bei seinen Mitarbeitern eine Medien-Offensive gestartet, die selbst für seine Verhältnisse ungewöhnlich war. Er gewährte mehreren Presseorganen lange Interviews und setzte dabei bewußt auf Öffentlichkeitswirkung, indem er die Gesprächspartner nicht nur nach fachlichen Aspekten, sondern nach Einfluß und Auflagenhöhe auswählte.

So erschienen binnen zwei Wochen nacheinander in der «Wirtschaftswoche»[39], der «Welt»[40] und dem «Stern»[41] Herrhausen-Interviews, und dazwischen widmete ihm überdies der «Spiegel» eine

Titelgeschichte, für die Herrhausen gleichfalls zum Gespräch bereit gewesen war und die unter dem Motto «Der Herr des Geldes» stand.[42] Darin artikulierte sich allerdings, anders als er es erwartet hatte, nicht nur die öffentliche Skepsis angesichts der immer wichtigeren Rolle, die die Deutsche Bank im Wirtschaftssystem der Bundesrepublik spielte. Es kam hier auch der bankinterne Widerstand gegen Herrhausens Auftreten zum Ausdruck. Informanten aus seinem engeren Umkreis wurden anonym zitiert, und der Artikel gipfelte in einer Einschätzung, die die Kritik seiner internen Gegner auf den Punkt brachte, die überzeugt waren, daß Herrhausen mit der Führungstradition des Hauses gebrochen hatte: «Inspiriert von einem erstaunlichen Sendungsbewußtsein, getrieben von einem unersättlichen Bedürfnis nach Anerkennung und Bestätigung, ist Herrhausen überall da zu finden, wo Entscheidungsträger und Meinungsführer zusammenkommen.»[43] Dem Vorstandssprecher wurde nicht zum Vorwurf gemacht, daß er jede nur mögliche Schaltstelle in seinem Sinne beeinflussen wollte; das hatten seine Vorgänger nicht anders gehalten. Es war die erkennbare Lust Herrhausens an der Ausübung dieses Einflusses, die den Kollegen, die sich gern distinguiert gaben, aufstieß und sie zu den Indiskretionen verleitete.

Der «Spiegel» machte denn auch en passant einen Vorgang öffentlich, der als erster Versuch des Bankvorstands gewertet werden kann, der Machtfülle seines Sprechers Einhalt zu gebieten: Das Gremium verweigerte die Zustimmung, als Herrhausen der Posten des Aufsichtsratsvorsitzenden von Krupp offeriert wurde. Auch während der Frankfurter Zeit hatte er seine Bindungen zum Ruhrgebiet gepflegt. Auf seine Geburtsstadt Essen ist Alfred Herrhausen ein Leben lang stolz gewesen. Und er war der ganzen Region dankbar für das, was sie ihm mit auf seinen Weg gegeben hatte. Über die Menschen des Ruhrgebiets geriet er regelmäßig ins Schwärmen, weil er ihre Ehrlichkeit, Offenheit und ihren Fleiß bewunderte – und dieser Respekt verstärkte sich eher noch seit seinem Eintritt in die Deutsche Bank 1970 und besonders seit Herrhausens Umzug nach Bad Homburg.

So war er noch 1989 bereit, sich neben seinem beruflichen Engagement zwei zusätzliche Verpflichtungen aufzuerlegen. Gegen die erste hatten auch seine Vorstandskollegen nichts einzuwenden, weil sie der Kontaktpflege diente. Am 14. Februar 1989 riefen insgesamt achtundzwanzig Großunternehmen, darunter die Deutsche Bank, den «Initiativkreis Ruhrgebiet» ins Leben. Alfred Herrhausen mußte nicht lange überredet werden, um bei der Vorstellung des Projekts in Essen als Präsentator aufzutreten. Seine guten Kontakte zu zahlreichen Großunternehmen machten ihn von Anfang an zu einer Schlüsselfigur bei der Anwerbung von Mitgliedern des Initiativkreises, denn diese verpflichteten sich zu kostspieligen Maßnahmen zugunsten der Region.

Dieses Prozedere ist wesentlich Herrhausen zu verdanken, ebenso wie die Anregung, daß die einzelnen Unternehmenschefs der Mitgliedsfirmen für diese Veranstaltungen jeweils persönlich die Schirmherrschaft übernehmen sollten. Der Sprecher der Deutschen Bank wurde neben dem Veba-Chef Rudolf von Bennigsen-Foerder und Ruhrbischof Franz Kardinal Hengsbach zu einem der drei «Moderatoren» bestimmt, die den Initiativkreis in der Öffentlichkeit repräsentierten. Das Engagement startete äußerst erfolgreich: Bis zu Herrhausens Tod hatte sich die Mitgliederzahl bereits auf fünfzig erhöht, und in der Essener Geschäftsstelle, die zwei Wochen nach Herrhausens Ermordung in «Alfred-Herrhausen-Haus» umbenannt wurde, arbeiteten Ende 1989 bereits zwanzig hauptamtliche Mitarbeiter. Für den Zeitraum bis 1994 waren von den Mitgliedern zusätzliche Investitionen in Höhe von vier Milliarden D-Mark zugesagt worden.

Der zweite Versuch eines Engagements für das Ruhrgebiet blieb ohne Folgen. Im Januar 1989 war er von Berthold Beitz gefragt worden, ob er bereit sei, als dessen Nachfolger den Aufsichtsratsvorsitz bei der Krupp Stahl AG zu übernehmen. Schon 1972 hatte sich Beitz um Herrhausens Dienste bemüht und dem erst zwei Jahre als Bankvorstand amtierenden Manager damals den Vorstandsvorsitz des Unternehmens angetragen. Die Deutsche Bank hatte seinerzeit abgelehnt, und sie tat es 1989 gegen Herrhausens Überzeugungen wieder.

Für einen gebürtigen Essener, der zudem den Vornamen des legendären Krupp-Eigentümers trug, war keine größere Ehre denkbar als der formell höchste Posten in jenem Unternehmen, das aus einer beschaulichen Handelsstadt die Stahlmetropole Europas gemacht hatte. Zudem besaß Herrhausen Erfahrungen mit der Branche, seit er 1982 von der neuen Bundesregierung zu einem jener drei «Stahlmoderatoren» berufen worden war, die Vorschläge zur effizienteren Organisation der deutschen Hüttenindustrie erarbeiten sollten. Dabei hatte das Bankvorstandsmitglied aber nicht nur die mangelnde Unterstützung von politischer Seite, sondern auch die Unbeweglichkeit der traditionsreichen Unternehmen selbst kennengelernt – und ihre prekäre Situation in einem Weltmarkt, der immer mehr Konkurrenz hervorbrachte, weil andere Länder die eigene Stahlherstellung als Krönung ihres industriellen Fortschritts betrachteten.

Krupp war Ende der achtziger Jahre immer noch angeschlagen, und die Vorstandskollegen der Deutschen Bank fürchteten, daß sich ihr Sprecher als oberster Kontrolleur des Essener Unternehmens auf ein Abenteuer einlassen würde, das bei Mißerfolg auch den Ruf des Kreditinstituts schädigen könnte, zumal man auch als Hausbank von Krupp fungierte. Gerade diese Rolle machte die Ablehnung des Rufs nach Essen aber zugleich schwierig, denn natürlich mußte Herrhausens Verweigerung nach außen hin wie ein Zeichen des Mißtrauens gegenüber Krupp wirken.

Der Sprecher war deshalb auch entschlossen, das Angebot von Beitz anzunehmen, und erst in einer dreistündigen Vorstandssitzung gelang es seinen Kollegen, ihn von den Risiken eines solchen persönlichen Engagements zu überzeugen.[44] Herrhausens Liebe zur Heimat und sein Ehrgeiz hätten ihn hier eine Position einnehmen lassen, die nicht nur noch mehr öffentliche Kritik an der Bankenmacht hervorgerufen hätte. Auch hätte er direkte Verantwortung in einer Branche übernommen, deren Zukunft allgemein als äußerst unsicher galt. Der wenige Jahre später erfolgte Zusammenschluß von Krupp mit Thyssen zeigte, was es hier für einen Aufsichtsratschef zu verlieren gab: Essen stand kopf, als das Traditionsunternehmen seine Eigenständigkeit verlor, aber die Lage auf dem internationalen Stahlmarkt hatte diese Konzentration unvermeidlich gemacht, und Herrhausen wußte das seit seinem kurzfristigen Engagement als Stahlmoderator besonders gut. Hätte er das Angebot von Beitz angenommen, wäre er sehenden Auges in einen aufziehenden Sturm spaziert. In seiner Absage an den scheidenden Krupp-Aufsichtsratsvorsitzenden sprach Herrhausen deshalb hintersinnig von einer «weisen Beschränkung der Pflicht», die ihn bei seinem Entschluß geleitet habe.

Diese Weisheit hat Herrhausen nicht immer gezeigt. Daimler-Benz war der gravierendste Fall, wo das Pflichtgefühl doch über seine eigene Überzeugung triumphierte. Vielleicht war Herrhausen im Zenit seiner Karriere zu sehr auf den Umbau der Deutschen Bank fixiert, als daß er den ähnlich motivierten Interessen seines Kollegen Edzard Reuter auf dem Chefsessel in Stuttgart das notwendige Mißtrauen hätte entgegenbringen können. Jedenfalls war der Vorstandssprecher zu einem Zeitpunkt, als er endlich die alleinige Führungsposition in seinem eigenen Unternehmen errungen hatte, bei Daimler-Benz auch noch mit den Folgen fremden Ehrgeizes konfrontiert.

Dabei war die Initiative zur größten unternehmensstrategischen Offensive, die die Bundesrepublik bis dahin gesehen hatte, nicht von Daimler-Benz selbst ausgegangen, sondern sie entsprang jenem korporatistischen Verständnis der Industriepolitik, das sich nahtlos aus den fünfziger Jahren fortgesetzt hatte.

Noch bevor Herrhausen im September 1987 Edzard Reuter auf den Chefposten im Daimler-Vorstand gehoben hatte, waren die beiden Manager gemeinsam mit dem Daimler-Vorstandsmitglied Werner Niefer vom bayerischen Ministerpräsidenten Franz Josef Strauß und von Bundeswirtschaftsminister Martin Bangemann anläßlich einer Aufsichtsratssitzung des Flugzeugbauers Airbus Industrie zu einem Gespräch nach München in die Staatskanzlei gebeten worden. Man wollte dort eine Lieblingsidee von Strauß bereden. Sie betraf die Zukunft des am Airbus-Konglomerat beteiligten Luft- und Raumfahrtkonzerns Messerschmitt-Bölkow-Blohm

(MBB), an der Strauß nicht nur als Regierungschef des Freistaates Bayern, wo MBB angesiedelt war, ein Interesse hatte, sondern auch als Aufsichtsratsvorsitzender der Airbus Industrie. Die war gerade dabei, von Frankreich und Deutschland zu einem ernsthaften Konkurrenten des amerikanischen Weltmarktführers Boeing aufgebaut zu werden. Strauß und Bangemann wollten einen solventen deutschen Partner mit ins Boot bekommen, und dazu schien dem Bundeswirtschaftsminister der Daimler-Benz-Konzern, der sich durch den Kauf von AEG, MTU und Dornier zum Hochtechnologieunternehmen wandelte und nun sowohl im Rüstungs- wie im Flugzeuggeschäft vertreten war, die ideale Option. Strauß strebte dagegen eher eine bayrische Lösung an, mit BMW als Käufer von MBB und dem Versicherungskonzern Allianz als Geldgeber im Hintergrund. Doch die beiden Konzerne gingen auf diese Vorschläge nicht ein.

Bei dem expansionsfreudigen Reuter brauchten die Politiker dagegen nicht viel Überzeugungsarbeit zu leisten. «Unser Ziel mußte sein, Technologieentwicklung, Materialkunde und Kommunikationstechnik im eigenen Haus als Sparten zu etablieren», schildert Reuter seine damaligen Überlegungen.[45] Herrhausen war zwar ein Befürworter des Plans vom integrierten Technologiekonzern, doch er scheute vor der Konsequenz zurück, daß Daimler-Benz mit einer etwaigen Übernahme von MBB zum größten deutschen Rüstungskonzern aufsteigen würde. Als er nun in München erstmals – und auch zum einzigen Mal – persönlich an den entsprechenden Verhandlungen beteiligt war, schob er Reuter noch während der Erläuterungen von Strauß einen Zettel zu, der nur drei Worte enthielt: «Nicht mit uns.»[46] Doch als der kommende Daimler-Chef zurückschrieb «durchaus denkbar», mußte Herrhausen sich entscheiden, ob er als Aufsichtsratsvorsitzender des Stuttgarter Unternehmens bereit sein würde, gegen die eigene Überzeugung zu handeln, und ob es diese Überzeugung wert wäre, die bevorstehende enge persönliche Zusammenarbeit mit Reuter sofort zu belasten.

Tatsächlich brachte die Uneinigkeit von Daimler-Vorstandsvorsitzendem und Daimler-Aufsichtsratschef über diesen Fusionsplan den einzigen gravierenden Streit zwischen beiden hervor, an den sich Reuter erinnern kann: «Herrhausen hatte, nachdem er zugestimmt hatte, Otto Graf Lambsdorff angekündigt, daß Daimler die Rüstungsteile von MBB bald wieder verkaufen werde. Er fürchtete die auch prompt einsetzende Medienkampagne gegen einen Rüstungsriesen Daimler-Benz. Doch seine Ankündigung war mit mir nicht abgesprochen, und ich hatte nicht vor, das Rüstungsgeschäft zu veräußern. Gerade dort waren viele Forschungsprojekte angesiedelt, an denen wir besonders interessiert waren, weil sie dem Fahrzeugbau nützen konnten – Entwicklungen im Kommunikationsbereich etwa. Über Herrhausens vorschnelle Bemerkung entwickelte sich unsere einzige schriftlich ausgetragene Auseinandersetzung. Sonst haben wir immer alle Differenzen mündlich ausgeräumt.»[47]

Was Herrhausen neben dem absehbaren Imageschaden für seine Bank und den Automobilkonzern an dem Vorschlag mißfiel, war die Unsicherheit der geschäftlichen Entwicklung auf dem Luftfahrtsektor. Seit 1977, als der damalige Bundeskanzler Helmut Schmidt ihn um Rat bei der Neuordnung der deutschen Luft- und Raumfahrtindustrie gebeten hatte, kannte der Bankmanager die Struktur der Branche und vor allem die des Unternehmens MBB, dem er damals den Kauf der Bremer Firma VFW ermöglicht hatte. Auch lagen die jüngsten großen Akquisitionen von Daimler-Benz erst kurz zurück, und es war 1987 nicht abzusehen, wie lange es dauern würde, ehe etwa die AEG wirklich in den Konzern integriert sein würde. Reuter behauptet heute, es sei allen Beteiligten klar gewesen, daß man mit zwanzig bis dreißig Jahren rechnen mußte, ehe die Vision des integrierten Technologiekonzerns vollständig umgesetzt wäre – «damals gab es ja noch keine Vierteljahresberichte oder die Vorstellung vom Shareholder value»[48]. Außerdem stellte Bangemann massive staatliche Unterstützung bei einem Einstieg von Daimler bei MBB in Aussicht. Letztlich sollte der Kauf ja vor allem dazu dienen, Daimler-Benz zum Einstieg bei Airbus zu bewegen.

Weil man so lange über die konkrete Höhe der Beihilfen verhandelte, zögerte sich die endgültige Entscheidung noch hinaus. 1988 gab der Stuttgarter Konzern schließlich bekannt, daß er MBB übernehme, und selbst da war noch keine Einigung zwischen Bund,

Ländern und Unternehmen über die Höhe der staatlichen Zugeständnisse erzielt worden. Reuter suchte, um die Verhandlungen zu beschleunigen, also die Flucht in die Öffentlichkeit. Doch statt dessen löste die Ankündigung in Deutschland die von Herrhausen befürchtete Diskussion über die Machtkonzentration auf dem heimischen Rüstungssektor aus, die schließlich auch die längst schwelende Debatte um den Einfluß der Deutschen Bank auf die Wirtschaft voll entflammen ließ.

Herrhausen zeigte sich loyal. Er verteidigte als Aufsichtsratschef die Kaufabsicht von Daimler-Benz, obwohl er sie «ordnungspolitisch bedenklich» fand. Aber sie sei eben «von der Regierung gewünscht und für die Exportnation Bundesrepublik sinnvoll»[49]. Daß er sein Ressentiment gegen die Übernahme nicht überwunden hatte, zeigt die Tatsache, daß in Herrhausens Nutzenanalyse dieses Geschäfts Daimler-Benz gar nicht vorkam. Keine Rede war von Technologietransfer oder Synergieeffekten – Herrhausen war sich sicher, daß dieses Geschäft allein aus übergeordneten politischen Interessen abgeschlossen werden sollte. Ob Daimler-Benz den schweren Brocken MBB schlucken und – noch wichtiger – sich auch bei Airbus tatsächlich zum eigenen Segen engagieren könnte, hielt er keineswegs für ausgemacht. Im eigenen Vorstand war die Skepsis kaum geringer als in der Öffentlichkeit. Hilmar Kopper weiß noch, daß schon der Entschluß von Daimler-Benz, die AEG zu kaufen, die Deutsche Bank vor vollendete Tatsachen gestellt habe, was sich nun im Falle von MBB zu wiederholen schien: «Aber wir wollten unseren Sprecher, der sich ja für die Fusion ausgesprochen hatte, nicht desavouieren. Das war ein Problem, das sich vor Herrhausens Zeit als Sprecher gar nicht erst gestellt hätte, denn erst seine Art, das Amt dermaßen auf Öffentlichkeitswirkung auszulegen, hatte überhaupt dieses Risiko möglich gemacht.»[50]

Der Zusammenschluß überschattete das letzte Lebensjahr Herrhausens. Noch am 27. Oktober 1989, nur knapp einen Monat vor seiner Ermordung, traf er sich zum letzten Mal mit Reuter, um über die Modalitäten zu beraten. Der einstige Fusionsförderer, der in seiner Bereitschaft zu großen Unternehmensverbünden den meisten deutschen Managerkollegen weit voraus gewesen war, legte seine Bedenken bis zum Schluß nicht ab.

Es war Herrhausens größter strategischer Fehler, daß er seinem schlechten Gefühl hier nicht gefolgt ist. Der gigantische Technologiekonzern, den Reuter aufbaute, sollte bald wieder auseinanderbrechen, weil es nicht gelang, die AEG profitabel zu betreiben. Das Engagement in der Luft- und Raumfahrttechnik brachte Daimler-Benz in den Folgejahren Milliardenverluste ein, und die erhofften zwanzig bis dreißig Jahre Wartezeit gewährten die Aktionäre nicht – zumal, als Vierteljahresberichte und Shareholder value dann doch eine wichtige Rolle spielten.

Das Scheitern der hochfliegenden Konzernpläne ist mehr noch als Reuter Herrhausen anzulasten, der sich der Risiken genauer bewußt war und als Aufsichtsratsvorsitzender das letzte Wort haben mußte. Und er wußte auch, daß man ihm diese Entscheidung anlasten würde. Im engsten Kreis pflegte er bis zuletzt zu sagen: «Meine größte Sorge ist Daimler-Benz.» Keiner seiner Gesprächspartner hat ihn damals verstanden. Zu blendend wirkte die Vision des allumfassenden Technologiekonzerns.

Deshalb war es für Herrhausen eine glückliche Fügung, daß im November 1989 zwei neue Themen die Aufmerksamkeit des Publikums von der Daimler-MBB-Fusion ablenkten. Das erste war der spektakuläre, durch Hilmar Kopper eingefädelte Kauf der Londoner Investmentbank Morgan Grenfell durch die Deutsche Bank, der am 27. November offiziell verkündet wurde. Dies bedeutete endlich den lange erwarteten und von Herrhausen auch immer wieder verlangten Einstieg in einen der drei großen Märkte, die seinem Haus bisher weitgehend verschlossen geblieben waren – Großbritannien, Vereinigte Staaten, Frankreich. Diese Märkte mußte man erschließen, wenn man das erklärte strategische Ziel, langfristig unter den zehn größten Bankhäusern der Welt zu rangieren, erreichen sollte. «Wir wollen», hatte Herrhausen im Mai 1989 zum Abschluß eines Vortrags vor der St. Galler Stiftung für Internationale Studien noch einmal bekräftigt, «in der EG flächendeckend als Universalbank tätig sein. Der europäische Binnenmarkt soll für uns zu dem werden, was die Bundesrepublik heute für uns ist, nämlich zu unserem Heimatmarkt. Darüber hinaus aber wollen wir an allen wichtigen Finanzplätzen der Welt mit einer ausgesuchten Produktpalette präsent sein.»[51]

Das britische Bankhaus war auf jenen Bereich spezialisiert, den Herrhausen dabei besonders ins Visier genommen hatte: *mergers & acquisitions* – Planung, Finanzierung und Durchführung von Unternehmenskäufen. Der Kaufpreis für Morgan Grenfell setzte mit 2,6 Milliarden D-Mark wieder einen neuen Maßstab für die Deutsche Bank, und es war Herrhausen, der als Vorstandssprecher das Geschäft letztlich durchgesetzt hatte. Eingefädelt aber hatte es Hilmar Kopper. Er war wenige Wochen zuvor von John Craven, dem Chef von Morgan Grenfell, angerufen worden, als sich ein französischer Konzern an der Börse ein Viertel der Morgan-Grenfell-Aktien gesichert hatte. Craven wollte eine unfreundliche Übernahme abwenden und rief die Deutsche Bank als «weißen Ritter» zu Hilfe. Da F. Wilhelm Christians für sein Institut schon vor Jahren eine vierprozentige Beteiligung an dem Londoner Bankhaus erworben hatte, diese von der Deutschen Bank aber immer als bloße Finanzanlage betrachtet worden war, genossen die Frankfurter einen guten Ruf bei den britischen Bankern. Deshalb warb Craven nun bei Kopper darum, daß die Deutsche Bank sich die Mehrheit an seinem Haus sichern sollte. Im Gegenzug sollte er einen Sitz im Vorstand des Kreditinstituts erhalten. Das war in Koppers Augen eine einmalige Möglichkeit, zumal man mit Morgan Grenfell gut vertraut war: «In Deutschland war man damals international abgehängt, wenn es um Investment-Banking ging. Unser Selbstbewußtsein verlangte aber, daß wir dieses Vakuum selbst füllen mußten. Wir wußten aber nicht, wie man die Luft dazu heiß macht – das ging nur in London. Deshalb hatten wir, sobald wir die vierprozentige Beteiligung erworben hatten, Morgan Grenfell als Ausbildungsstätte für unsere deutschen Investmentbanker benutzt.»[52] Nur mußte alles sehr schnell über die Bühne gehen, um dem französischen Konkurrenten keine Zeit für den Erwerb weiterer Anteile zu verschaffen. Die mit der Einschätzung der Übernahme betrauten Bankmanager Thomas R. Fischer und Tilo Berlin hatten nach Prüfung des britischen Unternehmens gegen einen Kauf durch die Deutsche Bank plädiert, weil es ihr an den notwendigen Führungskräften mangele, um Morgan Grenfell in den Konzern integrieren zu können. Das war genau einer der Punkte gewesen, die Herrhausen als Defizit seines Instituts beklagte, aber er gab das Gutachten an dessen beide Autoren mit der Notiz zurück: «Wir machen es trotzdem.»[53] In nur drei Wochen war das Geschäft unter Dach und Fach.

Das zweite Ereignis bedeutete die Erfüllung eines langjährigen Traums von Alfred Herrhausen: Das Regime in der DDR brach zusammen, und die deutsche Wiedervereinigung rückte in greifbare Nähe. Der Vorstandssprecher hatte den 9. November 1989 in Polen verbracht. Am Morgen war er als Mitglied einer Delegation von Bundeskanzler Kohl vom Flughafen Köln-Wahn aus nach Warschau geflogen, und als die Nachricht von der Öffnung der deutsch-deutschen Grenze dort eintraf, rief er noch in der Nacht in Bad Homburg an, um seine Frau zu bitten, die Szenen der Maueröffnung mit dem Videorecorder aufzuzeichnen. Er selbst reiste mit der deutschen Delegation auf abenteuerliche Weise zurück. Kohl schildert die Ereignisse des Abends, als die Neuigkeit eintraf, so: «Mich erreichte die erste Nachricht vom Fall der Mauer beim offiziellen Abendessen, und ich habe es zuerst gar nicht geglaubt. Erst als mich mein Mitarbeiter Eduard Ackermann anrief, um mir detailliert zu berichten, und ich durch ihn erfuhr, daß die Abgeordneten im Bundestag zur Feier des Ereignisses die Nationalhymne angestimmt hatten, wußte ich, daß der ‹Eiserne Vorhang› in Berlin gefallen war. Trotz starken Widerständen der polnischen Regierung, die ich mit meinem Versprechen, daß ich den Besuch später fortsetzen würde, überwinden konnte, flog ich am 10. November über Kopenhagen nach Hamburg, wo ein Flugzeug der amerikanischen Botschaft auf uns wartete, das uns dann endlich nach Berlin brachte. Diesen Weg mußten wir wählen, weil bundesdeutsche Maschinen für die DDR keine Überflugrechte hatten.»[54]

Keine andere Entwicklung hat den Vorstandssprecher so elektrisiert wie die Veränderungen in Osteuropa, und durch den von Helmut Kohl vermittelten Milliardenkredit an die Sowjetunion hatte sich die Deutsche Bank eine hervorragende Basis für eine Expansion in diese Region geschaffen. Die anderen deutschen Großbanken betrachteten diese Entwicklung mit Sorge und versuchten ihrerseits, sich in die Verhandlungen um weitere Geschäfte hineinzudrängen. Doch Herrhausens Vertrauensverhältnis zu Kohl war zu eng, und bei den Verhandlungen, die er im Regierungsauftrag mit osteuropäischen Staaten führte, mußte die Konkurrenz stillhalten, wollte sie nicht den Erfolg dieser Missionen gefährden, von denen auch sie zu profitieren hoffte. Dadurch aber hatte die Deutsche Bank immer wieder einen entscheidenden Vorteil. In derselben Pressekonferenz Herrhausens, auf der er im November 1989 den Kauf von Morgan Grenfell ankündigte, gab der Vorstandssprecher auch bekannt, daß sein Institut bald Niederlassungen in Warschau und Budapest eröffnen werde.

Damit wurde eine Tradition des Hauses wiederaufgenommen, die nach dem Zweiten Weltkrieg beendet zu sein schien: Das Ost- und vor allem Südosteuropageschäft war eine klassische Domäne der Deutschen Bank gewesen, die seit ihrer Gründung und verstärkt in den dreißiger Jahren den politischen Einfluß des Deutschen Reichs in diesem Teil des Kontinents ausgenutzt hatte, um dort andere ausländische Konkurrenz zu verdrängen. Durch das Vertrauensverhältnis zwischen Kanzler Kohl und dem sowjetischen Parteichef Gorbatschow hatte die Bundesrepublik eine entscheidende Rolle im Transformationsprozeß der Mitgliedsstaaten des Warschauer Pakts eingenommen, und Herrhausen war dabei zu einem der gefragtesten Ratgeber geworden. In einer Rede vom 21. Juni 1989 vor der Industrie- und Handelskammer Bonn hatte er seine Überzeugung verkündet: «Im Wettstreit der Systeme bleiben die Apologeten der zentralen staatlichen Planung auf der Strecke. Das komplexe Problem der wirtschafts- und gesellschaftspolitischen Koordination ist für sie nicht lösbar. Wenn sie nicht gänzlich zurückfallen wollen, müssen sie ihre Systeme ändern. Die Konvergenztheorie erfüllt sich im Sinne einer Annäherung an unsere westlichen Modelle.»⁵⁵ Diesen Vorgang wollte Herrhausen nach Kräften beschleunigen.

Im Auftrag der Bundesregierung beriet der Vorstandssprecher der Deutschen Bank etwa die ungarische Regierung, die seit der Öffnung ihrer Grenzen im Sommer 1989 die besondere Sympathie Deutschlands besaß, in Fragen der Entwicklung ihres Bankensystems. Dazu mußte er allerdings erst von Helmut Kohl überredet werden, der im Frühherbst 1989 ein ernstes Problem für Ungarns Entwicklung erkannte. Im Vorjahr war die erste demokratische Regierung des Landes unter Miklós Németh gewählt worden, doch die österreichischen Banken wollten nun dem Land seine Kreditlinie streichen. Kohl kann noch heute kaum seinen Ärger über diese Entscheidung unterdrücken: «Ich rief den österreichischen Bundeskanzler Franz Vranitzky an und erläuterte ihm, wie wichtig es war, die österreichischen Kreditinstitute von diesem Entschluß abzubringen. Das Gespräch entwickelte sich zu einer starken Auseinandersetzung. Schließlich gab er nach. Doch auch Deutschland mußte seinen Beitrag leisten. Ich hatte gehört, daß Alfred Herrhausen gerade im Ausland war, also habe ich Traudl angerufen. Sie war von dem Gedanken, daß ich ihren Mann gleich wieder losschicken wollte, gar nicht begeistert. Aber wir haben dann Alfred bei seiner Rückkehr auf dem Frankfurter Flughafen abgepaßt. Erst hat er sich gesträubt, denn er hatte Traudl versprochen, pünktlich nach Hause zu kommen. Ich berichtete ihm, daß ich mit Traudl schon gesprochen hätte, und so ist er mit Horst Teltschik wieder ins Flugzeug gestiegen und nach Budapest geflogen. Das war für uns damals sehr wichtig, und Alfred wußte das. Er betrachtete es als patriotische Aufgabe.»⁵⁶ Als Herrhausen dann gemeinsam mit Kanzleramtsminister Teltschik von dieser Budapest-Blitzreise wieder nach Frankfurt zurückkehrte und am Flughafen von Traudl Herrhausen empfangen wurde, rief Teltschik ihr mit strahlenden Augen entgegen: «Mit uns haben sie die Richtigen geschickt!»

Herrhausen war in der Tat der richtige Mann, und Helmut Kohl hat immer wieder besonders bedauert, daß er genau in jenem Moment ermordet wurde, als die Aushandlung der wirtschaftlichen

Bedingungen der deutschen Einheit bevorstand: «Die Verantwortung für das Ganze, für das Vaterland, gehörte bei Alfred Herrhausen, auf dessen Rat ich beim bevorstehenden Einigungsprozeß gesetzt hatte, immer dazu.»[57] Der Deutsche-Bank-Vorstandssprecher war trotz der Euphorie des Novembers 1989 vorsichtig geblieben. Auf die Frage, wieviel Zeit man nach seiner Einschätzung für den Umbau der DDR-Wirtschaft in eine Marktwirtschaft brauchen würde, antwortete er damals: «Das dauert sicher länger, als es uns zunächst in der euphorischen Stimmung des Augenblicks als wahrscheinlich erscheint.»[58]

Bei aller ökonomischen Skepsis legte sich Herrhausen, was seinen Patriotismus betraf, keine Zurückhaltung auf. Für ihn gab es keinen Zweifel, daß die einzige logische Entwicklung zur Wiedervereinigung führen mußte. In zwei Interviews, die am gleichen Tag, dem 20. November 1989, in «Spiegel»[59] und «Wall Street Journal»[60] erschienen, machte er aus seinem Triumph keinen Hehl: «Wir haben nachgeschaut, welche Niederlassungen wir früher auf dem Gebiet der heutigen DDR hatten», gab er dem «Spiegel» gleich zu Beginn des Gesprächs zu Protokoll.

Doch der Bankier trat in diesem Augenblick auch zurück hinter den Patrioten Herrhausen, der sich ungeachtet seiner eigenen Mahnung von der Gunst des historischen Moments fesseln ließ: «Ich weiß nicht, was die DDR-Bevölkerung letztlich will. Ich weiß, was ich gerne möchte. Ich möchte gerne, daß die Bundesrepublik und die DDR wiedervereinigt werden.» Und auf die Frage, ob denn aus wirtschaftlicher Sicht nicht auch eine Mitgliedschaft der DDR als selbständiger Staat in der Europäischen Gemeinschaft ausreichen würde, beschied Herrhausen seine Gesprächspartner: «Als Banker und Unternehmer müßte ich damit wohl zufrieden sein. Ich würde als deutscher Staatsbürger bedauern, wenn wir auf Wiedervereinigung ein für allemal verzichten würden.»[61] Aber er sei ja kein Politiker, der diese Abwägung unmittelbar treffen müsse.

Im Interview mit dem «Wall Street Journal» agierte Herrhausen folgerichtig ganz als Wirtschaftskapitän, der eine detaillierte Strategie für die Ostexpansion der Deutschen Bank präsentierte:

«Selbst wenn die DDR im Zuge eines Wiedervereinigungsprozesses, was auch immer das heißt, ein Teil Deutschlands wird, können wir sie als Sprungbrett zu den Ostblockstaaten nutzen.»[62] Die alten Kontakte aus der Vorkriegszeit sollten wiederaufleben, und die Deutsche Bank sei dazu bestimmt, die Mittlerrolle zwischen den Kapitalmärkten West- und Osteuropas zu spielen.

Die strategische Planung für das Institut entsprach verblüffenderweise haargenau der Einschätzung der Bundesregierung von der zukünftigen Position Deutschlands, und sie glich bis in die Wortwahl der selbstbewußten politischen Zielsetzung in Osteuropa: «Wir haben nicht den Ehrgeiz, das vorherrschende Bankhaus zu werden. Aber selbstverständlich wollen wir eine wichtige Rolle spielen. In Anbetracht unserer Geschichte, unseres Wissens und unserer persönlichen Beziehungen zu diesen Ländern halte ich unsere Aussichten für exzellent.» Aus dem engen Kontakt zur Bundesregierung machte er kein Geheimnis: «Natürlich führen wir dauernd Gespräche und Diskussionen mit der deutschen Regierung über die wünschenswerten Entwicklungen und die Konzepte, die wir erarbeiten, und den Rat, den wir in Hinblick auf den Transformationsprozeß erteilen können. Das schließt natürlich eine Währungsreform mit ein, eine Preisreform, eine Reform der Eigentumsrechte, gesetzliche Rahmenbedingungen und so weiter.» Mit anderen Worten: Die Deutsche Bank machte all ihren Einfluß geltend, um den damals vieldiskutierten «dritten Weg» zwischen Kapitalismus und Sozialismus zu verhindern, die Voraussetzungen für ein kapitalistisches Wirtschaftssystem in der DDR zu verbessern und damit auch den absehbaren Vereinigungsprozeß zu beschleunigen. Trotzdem verlor ihr Sprecher nicht die Zurückhaltung gegenüber voreiligen Schritten. Dem «Spiegel» hatte er erläutert, daß die Bundesrepublik dem maroden DDR-System zwar helfen müsse, «im übrigen aber warne ich davor, zu früh zu großzügig unser Geld nach drüben zu tragen»[63].

Diese Äußerungen zogen Herrhausen den Zorn jener Kreise in der DDR zu, die auf die Bewahrung der Eigenstaatlichkeit drängten. Am 29. November 1989 präsentierte der Schriftsteller Stefan Heym in Berlin einen Aufruf ostdeutscher Persönlichkeiten, in dem sie davor warnten, das kapitalistische System der Bundesrepublik zu übernehmen.[64] Heym kritisierte den Wunsch nach der Schaffung eines «neuen Großdeutschlands», in dem diesmal Messerschmitt-Bölkow-Blohm, Mercedes und Herrhausen herrschen würden. Der Vorstandssprecher der Deutschen Bank sei ein Repräsentant einer «Politik der Daumenschrauben gegenüber Ostberlin». In seinen letzten Lebenstagen wurde Herrhausen somit zum Feindbild stilisiert und als intellektuelle Speerspitze einer westdeutschen Expansionspolitik denunziert, die in völliger Geschichtsvergessenheit wieder nach einer Großmachtstellung strebe. Er selbst konnte nicht nachvollziehen, warum man ihn derart kritisierte: «Ich bin kein Anhänger deterministischer Geschichtsbetrachtung, für mich ist Geschichte das, was *wir* tun», hatte er gegenüber dem «Spiegel» erklärt.[65] Für ihn galt: Ohne persönliche Verantwortung des Individuums war ein freiheitliches Zusammenleben nicht möglich.

Ihm deshalb Ungeschichtlichkeit vorzuwerfen, wie Heym es getan hatte, zeigte nur, daß man sich unter den Kritikern nicht klar darüber war, wie sehr die deutsche Vergangenheit Herrhausens Überlegungen beeinflußte. Er wußte, daß die Vereinigung von Bundesrepublik und DDR nicht mehr aufzuhalten sein würde, und richtete sein Handeln danach aus. Damit stand nicht nur ein politisches und ökonomisches Problem zur Lösung an, sondern in seinen Augen auch ein mentales.

Noch im Vorjahr hatte er in einem Interview mit der «Welt» die für ihn entscheidende Ursache der bundesdeutschen Verunsicherung beschrieben: «Wir vergessen häufig die Vergangenheit, konzentrieren uns sehr stark auf die Gegenwart und legen an kurzfristige Entwicklungen, die sich in der Gegenwart zeigen, langfristige Tendenzen. Wenn es einmal nicht mehr so gut geht, wie man sich das wünscht, dann meint man, daß dies für die Zukunft so anhalten würde. Das ist eine im Grunde ungeschichtliche Haltung. Dann kommt ein Teil des deutschen Nationalcharakters hinzu. Wir sind schnell geneigt, von einem Extrem ins andere zu fallen, himmelhoch jauchzend, zu Tode betrübt. Wir mäkeln gern und sind nicht im richtigen gewachsenen Sinne selbstbewußt, das heißt, in dem Sinne, daß wir unserer eigenen Leistungsfähigkeit vertrauen.»[66] Dabei spiele auch die deutsche Teilung eine wichtige Rolle. Sie verhindere eine konstruktive deutsche Rolle in Europa.

Diese Meinung hatte er unmittelbar vor dem Kollaps des DDR-Regimes in einem Gespräch mit der Journalistin Nina Grunenberg noch einmal bekräftigt: «Ich bin kein Mann, der Großmachtpläne hat oder Eroberungspläne, aber ich meine, daß es ein Unglück ist, wenn die Deutschen im europäischen Kontext keine Identität haben. Aber ich glaube, daß wir alle Chancen haben, wieder eine, wenn man so will, Bismarckzeit zu erleben, in der ein deutscher Zentralstaat so gesteuert und so geführt wird, daß er zur Befriedung und Stabilisierung Europas beitragen kann.»[67] Seine Worte sollten, was die Entstehung eines deutschen Einheitsstaats angeht, prophetisch sein.

Im Grunde setzte Herrhausen jedoch nicht auf die Bündnispolitik Bismarcks und somit aufs Politische, sondern ganz auf jene ökonomischen Kräfte, die nach 1949 den Wiederaufstieg der Bundesrepublik ermöglicht hatten: Marktwirtschaft und Demokratie. Er war sicher, daß die Rezepte jener Jahre, die ihn als jungen Mann geprägt hatten, noch immer dazu taugten, ein zweites Wirtschaftswunder in Gang zu setzen. So war es kein Zufall, daß er im Gespräch mit dem «Spiegel» die mutmaßliche Dauer des Umbaus der Plan- in die Marktwirtschaft mit fünf bis zehn Jahren bezifferte.[68] Das entsprach ungefähr jener Zeit, die auch die Bundesrepublik gebraucht hatte, um das Wirtschaftswunder in Gang zu bringen. Eines von Herrhausens Lieblingsprojekten im letzten Lebensjahr war folglich die Gründung einer Entwicklungsbank für Osteuropa oder zumindest für einzelne Staaten dort, die nach dem Modell der deutschen Kreditanstalt für Wiederaufbau gestaltet sein und ihren Sitz in Warschau hätte nehmen sollen. Es waren ja gerade die Erfahrungen mit der Geschichte, die ihn zur Eile antrieben, als die Politik noch vorsichtig agierte. Beide handelten aber auf ihre Weise aus derselben Überzeugung: Man durfte die Gunst des Augenblicks nicht verspielen.

Neuntes Kapitel
«Mit einem Anschlag ist zu rechnen»: Der Mord und seine Folgen

Die Lichtschranke, die die Detonation auslösen würde, war von einem Kinderfahrrad verdeckt. Es lehnte an einem der zahlreichen Begrenzungspfeiler, die den Seedammweg an dieser Stelle verengen, um den Verkehr vor dem nahe gelegenen Kaiserin-Friedrich-Gymnasium zu verlangsamen. Auf dem Gepäckträger lag eine Sprengladung TNT. Schon die Limousine von Hanns Martin Schleyer war 1977 von den Terroristen durch einen Kinderwagen gestoppt worden, den sie direkt vor dem Fahrzeug auf die Straße geschoben hatten. Jetzt nutzten sie die Nähe der Bad Homburger Schule, um die tödliche Falle für Alfred Herrhausen zu errichten.

Die Mörder sind bis heute nicht gefaßt, es besteht offiziell nicht einmal ein konkreter Verdacht, wer an dem Attentat vom 30. November 1989 beteiligt gewesen ist. Dieser Umstand hat allerlei Verschwörungstheorien entstehen lassen. In ihrem 1992 publizierten Buch «Das RAF-Phantom» vertreten etwa die Fernsehjournalisten Gerhard Wisnewski, Wolfgang Landgraeber und Ekkehard Sieker[1] die These, die Terroranschläge seit den mittleren achtziger Jahren in der Bundesrepublik, die der sogenannten dritten Generation der Rote-Armee-Fraktion zugeschrieben wurden, also die Attentate auf den Politiker Heinz-Herbert Karry, den US-Soldaten Edward Pimental, Alfred Herrhausen und Treuhand-Chef Detlev Karsten Rohwedder, seien nichts anderes als staatliche Inszenierungen gewesen, um ein Gefühl der Bedrohung und damit die im Zuge der Fahndung etablierte «Durchleuchtung» der Gesellschaft aufrechtzuerhalten. «Kronzeuge» für diese Behauptung ist Alfred Herrhausen selbst, dessen Ermordung das mit Abstand längste Kapitel des Buches gewidmet ist – seine Forderung nach «Glasnost für den Kapitalismus» liefert auch das Leitmotiv für die gesellschaftskritischen Ausführungen der drei Autoren.

Nun hat es seit Erscheinen des Buchs von Wisnewski, Landgraeber und Sieker einige Ereignisse gegeben, die den «Phantomen» der dritten RAF-Generation Gesichter verliehen haben: vor allem die Festnahme der als Terroristen gesuchten Birgit Hogefeld und Wolfgang Grams am 26. Juni 1993 in Bad Kleinen, in deren Verlauf Grams zu Tode kam. Beide waren auch im Zusammenhang mit dem Attentat auf Herrhausen gesucht worden. Kurz bevor acht Jahre später der Dokumentarfilm «Black Box BRD» von Andres Veiel in die Kinos kam, der in einem Doppelporträt die Lebenswege von Alfred Herrhausen und Wolfgang Grams verfolgt, verkündete das Bundeskriminalamt einen neuen Fahndungserfolg: Eine Spur, die nach der Ermordung von Rohwedder am 1. April 1991 sichergestellt worden war, könne, so die Ermittler, durch neue Möglichkeiten der genetischen Analyse eindeutig Grams zugeordnet werden.

Seitdem aber gibt es keine weiteren Erkenntnisse, die bekannt geworden wären, obwohl die Untersuchungen andauern. Zuletzt wurden Ende Juli 2003 die Ermittlungen gegen den gleichfalls der Beteiligung am Attentat auf Herrhausen verdächtigten Christoph Seidler beendet, der sich 1996 den deutschen Behörden gestellt hatte. Seidler war von einem Zeugen, der kurz nach dem Mordanschlag am Tatort im Seedammweg vorbeigefahren war und dabei einen weglaufenden Mann beobachtet hatte, anhand eines Fahndungsfotos identifiziert und später durch eine Aussage von Siegfried Nonne zusätzlich belastet worden, der als V-Mann des hessischen Landesamtes für Verfassungsschutz in der Terroristenszene arbeitete. Die angeblich «erheblichen Verdachtsmomente» im Fall Seidler hätten jedoch nicht für «einen hinreichenden Tatverdacht» ausgereicht, hieß es fast vierzehn Jahre nach dem Mord seitens der Bundesanwaltschaft, nachdem sie die Einstellung ihrer Ermittlungen gegen Seidler zunächst für mehr als einen Monat verschwiegen hatte.[2] Kurzum: Der Mord an Alfred Herrhausen ist der prominenteste unaufgeklärte Anschlag der bundesdeutschen Geschichte – und eine Blamage für die Behörden. Traudl Herrhausen hält dieses Versagen der zuständigen Ermittler für einen Skandal.

Der Tod des damals bekanntesten Managers der Bundesrepublik in genau jenem Augenblick, wo er durch seine Initiativen zur Schuldenstreichung und zum Umbau der Deutschen Bank heftige Kritik aus den eigenen Kreisen auf sich gezogen hatte, hat die Verschwörungstheorien zusätzlich befeuert. Zuletzt hat Ferdinand Kroh in seinem Buch «Wendemanöver – Die geheimen Wege zur Wiedervereinigung»[3] den Verdacht geäußert, Herrhausen könne dem amerikanischen Geheimdienst zum Opfer gefallen sein, der mit der Ermordung des Bankiers habe verhindern wollen, daß das internationale Bankensystem bei einem Schuldenerlaß für die ärmsten Länder erschüttert würde. Herrhausens Vorstandskollege Michael Endres äußert ähnliche Vermutungen, weil er einfachen Terroristen die Präzision der Tat nicht zutraut.[4] Hilmar Kopper dagegen erinnert daran, daß zu diesem Zeitpunkt die Amerikaner bei den angestrebten Schuldenerlassen doch schon mit im Boot gewesen seien, weshalb es keinen Grund für eine CIA-Verschwörung oder ähnliches gegeben habe.[4]

Der 30. November war ein Donnerstag, und zwei Tage zuvor hatten Vorstand und Aufsichtsrat der Deutschen Bank getagt, diesmal in München. In der Sitzung wurde zum wiederholten Mal die Entscheidung über die Umsetzung des von McKinsey und Roland Berger erarbeiteten Entwicklungskonzepts für die Deutsche Bank vertagt – sieben Monate, nachdem es dem Vorstand präsentiert worden war. Sein Vorstandskollege Rolf E. Breuer erinnert sich, wie deprimiert Herrhausen diese Sitzung verließ: «Es gab Widerstände in der ganzen Bank. Jeder war überrascht von der Kraßheit des angestrebten Strukturwandels. Jeder fragt sich natürlich in einem solchen Moment: Was bedeutet das für mich? Viele mußten sich darüber im Klaren sein, daß der Wandel auch die eigene persönliche Position betreffen würde. Und das war der Grund für immense emotionale Widerstände.»[5] Nicht einmal des Beistands seiner üblichen Gefolgsleute im Vorstand konnte sich Herrhausen nach dieser Sitzung sicher sein, obwohl er zu einem extremen, schon in den siebziger Jahren erfolgreich erprobten Druckmittel gegriffen hatte: Er bot seinen Rücktritt an.[6] Kopper nennt die Situation, der sich Herrhausen in München hat stellen müssen, «eine Palastrevolution». «Und er ließ es schon spüren, daß er wieder einmal darüber nachdachte, woanders hinzugehen, wenn dieser aus seiner Sicht verstockte Vorstand weiterhin seine Geduld so auf die Probe stellte.»[7]

Ob es Herrhausen mit dieser Ankündigung ernst war, wird nicht mehr festzustellen sein. Sein Programm jedenfalls setzte er ungerührt fort, obwohl der Termin, den er für seinen möglichen Rücktritt genannt hatte, bereits der 30. Januar 1990 war, sein sechzigster Geburtstag. Unmittelbar nach der Sitzung vom 28. November flog er nach London, um dort am nächsten Morgen dem Management von Morgan Grenfell die geplante Übernahme zu erläutern. Kopper erinnert sich an seinen dortigen Auftritt: «Bei solchen Gelegenheiten war er unbezahlbar. Auf der Aufsichtsratssitzung vom Vortag hatte ich bei der Beratung über den Kauf von Morgan Grenfell die Begründung dafür geben müssen. Es war bei diesen Gelegenheiten immer mein Kopf, der auf dem Richtblock lag. Viele im Vorstand hielten mir vor, die Expansion der Bank sei lediglich meine Privatmanie, nachdem ich schon die Einkäufe in Italien, Spanien und den Niederlanden bewerkstelligt hatte. Aber dann sprang mir Herrhausen im entscheidenden Moment bei, und am nächsten Tag in London leistete er die notwendige Überzeugungsarbeit allein.»[8] Seine Ausführungen waren so überzeugend, daß die Bank of England am nächsten Tag bekanntgab, sie habe keine Einwände gegen den Kauf der englischen Investmentbank durch den deutschen Konzern. Diesmal waren die Fehler vermieden worden, die noch im vergangenen Winter den Kauf des spanischen Banco Commercial Transatlantico belastet hatten.

Am selben 29. November 1989 nahm Herrhausen dann in Essen an einer Kuratorensitzung der Krupp-Stiftung teil, wo er sich dafür einsetzte, daß drei Millionen D-Mark für ärztliche Soforthilfe in der DDR bereitgestellt wurden. Auf einer Pressekonferenz im Anschluß an die Sitzung hatte Herrhausen noch einmal seine Haltung zur deutschen Wiedervereinigung bekräftigt: Sie sei «wünschenswert und unvermeidlich». Dann ging es zurück nach Frankfurt, um sich dort mit dem stellvertretenden sowjetischen Ministerpräsidenten Iwan Silajew zu treffen und weitere Wirtschaftshilfen für die UdSSR zu bereden. Von den Unruhen im Vorstand verlautete jedenfalls nichts; im Sonderheft des «Stern» zu Herrhausens Ermordung, das fünf Tage nach dem Ereignis erschien, wird lapidar die Tagesplanung des Bankiers für den 30. November verkündet: «An diesem Tag stehen für ihn keine ungewöhnlichen Termine im Kalender. Er will routinemäßig zur Zentrale der Deutschen Bank.»[9]

Traudl Herrhausen erinnert sich an den späten Abend des 29. November, nachdem Herrhausen nach Bad Homburg heimgekehrt war.[10] Er erzählte seiner Frau von seinem Ärger über den Deutsche-Bank-Vorstand: Mit solchen Kollegen könne er nicht mehr arbeiten. Traudl Herrhausen bat ihn um Geduld, seine Maßnahmen seien so radikal, daß man den Beteiligten Zeit geben müsse, um sie mitzutragen. Alfred Herrhausen war aufgewühlt durch diesen Rat. Nicht einmal mehr bei ihr, so beklagte er sich, finde er noch den Rückhalt, den er sich erhofft hatte.

Morgens gegen sieben Uhr war die Falle für den gepanzerten Dienst-Mercedes aufgebaut worden, doch die Vorbereitungen hatten sich über Monate hingezogen. Bereits im August 1989 hatten Anwohner des Seedammwegs, der eine der bevorzugten Fahrrouten darstellte, auf denen Jakob Nix seinen Chef von dessen Haus im nahe gelegenen Ellerhöhweg ins Büro fuhr, rätselhafte Bauarbeiten beobachtet, deren Zweck nicht zu erkennen war und für die es auch, wie später ermittelt wurde, keinen Auftrag gegeben hatte.[11] In der eine Woche nach dem Mord einberufenen Sitzung des Rechts- und Innenausschusses des Bundestages hatte Generalbundesanwalt Kurt Rebmann zu seiner Entlastung noch behauptet, daß die Vorbereitungen der Terroristen erst Anfang Oktober, also immerhin auch noch acht Wochen vor der Durchführung des Attentats, begonnen hätten. Zum Zeitpunkt von Rebmanns Erklärung lagen seiner Behörde die entsprechenden Zeugenaussagen zu der ominösen Sommerbaustelle aber bereits vor.

Die Ermordung Herrhausens gab das deutsche Sicherheitskonzept zum Schutz von bedrohten Personen der Lächerlichkeit preis. An der Gefährdung des Vorstandssprechers der Deutschen Bank hatte nie ein Zweifel bestanden, zumal bereits 1984, als Herrhausen noch gewöhnliches Vorstandsmitglied gewesen war, sein Name auf einer Liste mit potentiellen Anschlagsopfern stand, die in einer konspirativen Wohnung in Frankfurt gefunden wurde.[12] Er war daraufhin vom Bundeskriminalamt in die zweithöchste Gefährdungsstufe eingeordnet worden. Die Deutsche Bank stellte ihm fortan ein zweites Fahrzeug mit zwei Personenschützern zur Verfügung, das die eigentliche Dienstlimousine begleitete. Die Polizei kontrollierte in bestimmten Abständen den Wohnort Herrhausens nach Anzeichen für terroristische Aktivitäten, eine Maßnahme, die nach der Wahl zum Vorstandssprecher noch verstärkt wurde, denn sein neues Amt ließ Herrhausen sofort in Gefährdungsstufe eins aufrücken.

Solche Risikoeinschätzungen wurden den unmittelbar Betroffenen allerdings nicht mitgeteilt. Erst die plötzliche Begleitung durch die bewaffneten Personenschützer machte Herrhausen das Ausmaß seiner Bedrohung deutlich. Der Brief mit Anweisungen für den Fall einer Entführung, den er 1977 geschrieben hatte, zeigt zwar, daß er sich selbst für ein mögliches Ziel der Terroristen hielt, doch nach der im November 1982 erfolgten Festnahme von Christian Klar, der als führender Kopf der Zweiten Generation der RAF galt, hielt man in der Öffentlichkeit den deutschen Linksterrorismus für weitgehend zerschlagen.[13] Erst 1985 setzte mit den Morden an dem amerikanischen Soldaten Edward Pimental und dem Manager des Rüstungsunternehmens MTU, Ernst Zimmermann, die Serie der Attentate wieder ein, die 1977 mit der Ermordung Hanns Martin Schleyers abgebrochen war.

Die Deutsche Bank stellte ihrem Vorstandssprecher eigene Sicherheitsbegleiter zur Seite. Die neuen Mordanschläge wurden von diesen Personenschützern jeweils analysiert und zur Grundlage verbesserter Überwachung gemacht. Doch schon der Antrag auf Nutzung eines ausgemusterten gepanzerten Mercedes 500, der vorher einem anderen Vorstandsmitglied gehört hatte, als Begleitfahrzeug für Herrhausens Eskorte sorgte für Ärger in der Bank, weil ein Wagen dieser Klasse nicht einmal Direktoren zustand.[14] Das Hierarchiedenken überlagerte den Sicherheitsaspekt, und auch wenn es dem Sicherheitspersonal gelang, die Limousine tatsächlich nutzen zu können, zeigt das Beispiel doch, daß man – außerhalb der Expertenkreise – nicht mit einer konkreten Bedrohung rechnete. Trotzdem hatten die Sicherheitsmaßnahmen für Herrhausens Privatleben erhebliche Einschränkungen zur Folge. Seine Schwester erinnert sich an die Hochzeit ihrer Tochter im Jahr 1989, als der Bruder mit einer ganzen Wagenkolonne vorfuhr, aus der erst einmal ein Trupp von Personenschützern sprang, um die Gäste der Veranstaltung zu überprüfen.[15] Bei einer Geburtstagsrede, die Herrhausen im selben Jahr in Detmold aus alter Freundschaft zu einem anderen Mitglied der Kölner Studentenverbindung Hansea hielt, wurde dem Jubilar von den Begleitern des Vorstandssprechers auferlegt, das Festzelt rings um die Position des Rednerpults mit Sandsäcken abzusichern.

Die Maßnahmen der Polizei ergänzten den Schutz, den die Leibwächter der Deutschen Bank Herrhausen gewährten. Insgesamt umfaßte im November 1989 die Liste der am höchsten gefährdeten Personen in der Bundesrepublik nur fünfzig Namen. Die gemäß Polizeidienstvorschrift 100 in drei Stufen eingeteilte Risikoeinschätzung lautete für Stufe eins, in die Herrhausen fiel: «Mit einem Anschlag ist zu rechnen.»[16] Ständige Begleitung und permanenter Objektschutz waren die Folge. Diese Aufgabe teilten sich Unternehmen und Staat, wobei die Deutsche Bank für ihren Sicherheitsdienst speziell ehemalige Polizisten und Grenzschützer engagierte, die das Recht besaßen, Bewaffnung bis hin zur Maschinenpistole mit sich zu führen. Nach dem Wiederaufleben des Terrorismus in den achtziger Jahren hatte die «Arbeitsgemeinschaft Kripo» 1986 ein Konzept beschlossen, das vor allem die Überwachung der An- und Abfahrt zu den jeweiligen Arbeitsplätzen potentieller Opfer in den Mittelpunkt stellte. Die dabei benutzten Wege sollten regelmäßig kontrolliert und auf verdächtige Aktivitäten untersucht werden. Besonders hingewiesen wurde dabei auf Baustellen an den bewachten Fahrtrouten.

Es spricht wenig dafür, daß dieses Konzept im Falle Herrhausens konsequent umgesetzt worden ist. Andernfalls hätte der Seedammweg in Bad Homburg im Mittelpunkt der Aufmerksamkeit stehen müssen. Er führt als relativ schmale Passage am östlichen Rand des Bad Homburger Kurparks entlang, und durch den künstlich eingeengten Abschnitt an der Bushaltestelle für das Kaiserin-Friedrich-Gymnasium und die im Park gelegene Taunus-Therme sind Autos zusätzlich zu langsamer Fahrt gezwungen. Das Haus der Familie Herrhausen ist wenige hundert Meter entfernt.

Dennoch benahmen sich die Täter bei der Vorbereitung reichlich ungeniert. Die Ermittlungen ergaben, daß nach der verdächtigen Baustelle vom August, wo mutmaßlich erste Arbeiten zur Installation der späteren Sprengfalle durchgeführt wurden, Mitte September die üblichen Schulwege der Gymnasiasten ausgespäht wurden. Anfang Oktober haben nach Erkenntnissen des Bundeskriminalamts die konkreten Vorbereitungen am Seedammweg begonnen, am 17. Oktober wurde in Frankfurt das spätere Fluchtauto, ein weißer Lancia Fire, gemietet. Vermutlich vor dem 23. November, als ein Zeuge beobachtete, wie genau an der Stelle, wo eine Woche später das Attentat stattfand, zwei Personen sich bemühten, ein Fahrrad an jenem Begrenzungspfahl anzuschließen, an dem dann am 30. November tatsächlich der Zündungsauslöser angebracht sein sollte, waren die technischen Vorbereitungen für den Anschlag abgeschlossen.

Dafür war der rechte Bürgersteig vom Begrenzungspfahl bis zum Park hin aufgestemmt worden, damit dort ein Kabel unsichtbar verlegt werden konnte, das ein auf dem Pfahl befestigtes Lichtschrankengerät, welches auf einer Selenzelle basierte, mit Strom versorgte. Der Reflektor für den Lichtstrahl, der bei Unterbrechung die Zündung auslösen sollte, war auf der anderen Straßenseite an einem weiteren Begrenzungspfahl montiert. Da Herrhausens Limousine immer ein Begleitfahrzeug direkt vorausfuhr, konnte die Lichtschranke erst eingeschaltet werden, wenn dieser Wagen die Falle passiert hatte, also blieben den Tätern nur Sekunden zur Aktivierung. Sie erfolgte über das Einschalten von sechs Batterien, die für den notwendigen Strom sorgten. Diese waren gemeinsam mit einem Ampere-Meßgerät und einem Kippschalter zu einem

Zündmechanismus verbunden worden, der zum Sichtschutz der Person, die ihn bediente, in einer mehr als achtzig Meter entfernten dichten Feuerdornhecke in unmittelbarer Nähe der Anlage der Taunus-Therme untergebracht und mit einem entsprechend langen Kabel versehen war. Ein solches Kabel, das von dort bis zur Straße reichte, hatte mehrere Wochen vor dem Attentat der Hausmeister der Taunus-Therme beim Laubharken entdeckt, für Abfall gehalten und entfernt. Es muß dann erneuert worden sein. Die Sprengladung TNT war auf dem Gepäckträger des Kinderfahrrads untergebracht, das an den Begrenzungspfahl mit der Lichtschranke angelehnt stand.

Alfred Herrhausen verließ das Haus im Ellerhöhweg um halb neun. Bis zur Sprengfalle brauchten die drei Wagen der Kolonne nur wenige Minuten. Das vordere Begleitfahrzeug war etwas vorausgefahren und aus dem Seedammweg bereits abgebogen, als um 8.34 Uhr die Zündung der Bombe erfolgte. Die Explosion schleuderte den gepanzerten Mercedes durch die Luft, die Front- und Seitenscheiben wurden bis zu fünfzig Meter weit weggeschleudert, die Türen aus den Verankerungen gerissen. Das Auto kam schließlich quer zur Fahrbahn zu stehen. Die Sprengwirkung hatte sich auf die rechte Wagenseite konzentriert, wo Herrhausen auf der Rückbank saß. Ein Metallbruchstück aus der rechten Hintertür riß ihm die Hauptschlagader an der Hüfte auf. Herrhausen verblutete. Jakob Nix überlebte schwerverletzt, es gelang ihm noch, den Wagen zu bremsen, dann warf er sich auf die Straße, versuchte Herrhausen aus dem Fonds zu ziehen, konnte aber wegen der eigenen Verletzungen nicht zugreifen. Der zerstörte Mercedes geriet in Brand, doch die Personenschützer aus dem zweiten Begleitfahrzeug, die erst ihren eigenen Schock überwinden mußten, konnten die Flammen löschen.

Traudl Herrhausen hatte die Detonation zu Hause gehört. Sie wählte sofort die Autotelefonnummer ihres Mannes, auf der aber nur eine mechanische Durchsage zu hören war, daß er augenblicklich nicht zu erreichen sei. Sie wußte, daß etwas passiert war. Mit ihrem Ford Fiesta fuhr sie den Weg ins Büro nach. Ein paar hundert

Meter vom Ort des Attentats entfernt stellte sie das Auto ab und lief zu Fuß zum Seedammweg, wo sie das Wrack des Wagens von Alfred Herrhausen sah. Zwei der Personenschützer hielten sie zurück, obwohl sie als Ärztin hätte helfen können, wenn Herrhausen noch am Leben gewesen wäre. Jakob Nix saß zu diesem Zeitpunkt bereits mit einem Kopfverband versehen an der Bushaltestelle. Als die Polizei kurz vor neun Uhr eintraf, wurde das gesamte Areal weiträumig abgesperrt und eine Ringfahndung eingeleitet.

Sie blieb erfolglos. Wie viele Täter an der Durchführung des Attentats beteiligt waren, ist immer noch unbekannt. Beobachtet wurden lediglich zwei: der Mann, der die Zündung ausgelöst hatte und dann zum Fluchtfahrzeug geeilt war, das im Weinbergsweg stand und wenige Stunden später von der Polizei in Frankfurt-Bonames gefunden wurde. Außerdem wurde am Seedammweg noch ein weiterer Mann gesehen, bei dem es sich um denjenigen Täter gehandelt haben wird, der seinem Komplizen in der Feuerdornhecke das Signal zum Einschalten der Lichtschranke gegeben hatte. Dort wurde auch ein Bekennerschreiben hinterlegt, das die Polizei unter dem zurückgelassenen Zündungsmechanismus fand. Dieses in eine Klarsichthülle eingelegte einzelne Blatt enthielt allerdings nur das in roter Farbe gedruckte RAF-Signet mit der Kalaschnikow vor einem fünfzackigen Stern und die mittels Letraset-Buchstaben aufgerubbelte Bezeichnung «Kommando Wolfgang Beer».

Die Mördertruppe hatte sich nach einem eher unbekannten RAF-Mitglied benannt. Der damals gerade zwanzigjährige Wolfgang Beer, der über die Sympathisantengruppe des Heidelberger Patientenkollektivs zur RAF stieß, war am 4. Februar 1974 in Frankfurt verhaftet worden und zwei Jahre später in Hamburg wegen Beteiligung an einer kriminellen Vereinigung und Vorbereitung von geplanten Sprengstoffattentaten zu viereinhalb Jahren Jugendstrafe verurteilt worden. Bereits bei dem Überfall auf die deutsche Botschaft in Stockholm 1975 hatte sein Name auf der Liste jener Häftlinge gestanden, die im Austausch gegen die Geiseln freigepreßt werden sollten. 1977 wurde Beer in das fertiggestellte Hochsicherheitsgefängnis in Stuttgart-Stammheim verlegt und ein

Jahr später nach Verbüßung seiner Haftzeit entlassen. Schon am 6. November 1978 beteiligte er sich mit zehn weiteren RAF-Sympathisanten an der Besetzung des Frankfurter Landesbüros der Deutschen Presseagentur. Dafür wurde er im Juni 1979 zu einem Jahr Gefängnis auf Bewährung verurteilt. Beer ging danach endgültig in den Untergrund und starb gemeinsam mit der Terroristin Juliane Plambeck von der «Bewegung 2. Juni» am 25. Juli 1980 bei einem Verkehrsunfall bei Bietigheim-Bissingen. In ihrem Wagen wurden sieben Schußwaffen sichergestellt, darunter eine Maschinenpistole, die bei der Schleyer-Entführung benutzt worden war.

Am Tag nach dem Tod ihrer beiden Mitglieder spielte die RAF der Deutschen Presseagentur eine mutmaßlich von Christian Klar geschriebene Erklärung zu, in der sie zu den Vermutungen Stellung nahm, Juliane Plambeck und Wolfgang Beer seien zur Vorbereitung eines Anschlags unterwegs gewesen. Darin wurden auch beiden Unfallopfern kurze Nachrufe gewidmet. Zu Beer hieß es: «Seine Klarheit, in dem wie er war, seine Initiative, seine Militanz und sein politisches Denken waren acht Jahre für uns – die RAF – wichtig.»[17] Schon daran war zu erkennen, daß Wolfgang Beer mittlerweile in der Terrororganisation eine bedeutende Rolle gespielt haben mußte. Die Benennung des Mordkommandos, das in der Nähe von Frankfurt, wo Beer zweimal festgenommen worden war, auf Herrhausen angesetzt worden war, bestätigte diese Einschätzung.

Das eigentliche Bekennerschreiben zum Mord am Vorstandssprecher der Deutschen Bank aber wurde erst am 2. Dezember 1989 aufgesetzt und am 4. Dezember mit dem fiktiven Absender «P. Schneider, Karlstraße 2, 75 Karlsruhe» an mehrere Nachrichtenagenturen verschickt. «Am 30. 11. 1989 haben wir mit dem ‹Kommando Wolfgang Beer› den Chef der Deutschen Bank, Alfred Herrhausen, hingerichtet; mit einer selbstgebauten Hohlladungsmine haben wir seinen gepanzerten Mercedes gesprengt. Durch die Geschichte der Deutschen Bank zieht sich die Blutspur zweier Weltkriege und millionenfacher Ausbeutung, und in dieser Kontinuität regierte Herrhausen an der Spitze dieses Machtzentrums der deutschen Wirtschaft; er war der mächtigste Wirtschaftsführer in Europa. Deutsche Bank, das ist quer durch Westeuropa und in weiten Teilen der Welt zum Symbol für die Macht und Herrschaft geworden, die überall frontal mit den fundamentalen Interessen der Menschen nach einem Leben in Würde und Selbstbestimmung zusammenstößt. Unter Herrhausens Regie hat sich die Deutsche Bank zur europaweit größten Bank aufgeschwungen und dominiert die wirtschaftliche und politische Entwicklung. Sie hat ihr Netz über ganz Westeuropa geworfen und steht an der Spitze der faschistischen Kapitalstruktur, gegen die sich jeder Widerstand durchsetzen muß. Seit Jahren bereitet sie den Einbruch in die Länder Osteuropas vor, jetzt steht sie und andere lauernd in den Startlöchern, um auch die Menschen dort wieder dem Diktat und der Logik kapitalistischer Ausbeutung zu unterwerfen» – so begann das Bekennerschreiben.[18]

Das waren Phrasen aus antiimperialistischen Kampfschriften, wie sie seit Jahren in der ideologischen Auseinandersetzung um die Rolle der Deutschen Bank üblich waren. Zur Person Herrhausens wurde nur ein einziger kurzer Absatz eingeschoben, welcher der zu erwartenden Kritik beggnen sollte, daß mit dem Vorstandssprecher ausgerechnet einer der wichtigsten Protagonisten eines Schuldenerlasses zugunsten der Entwicklungsstaaten ermordet worden sei: «Herrhausens Pläne gegen die Länder im Trikont, die selbst in ‹linksintellektuellen› Kreisen als humanitäre Fortschrittskonzepte gepriesen werden, sind nichts anderes als der Versuch, die bestehenden Herrschafts- und Ausplünderungsverhältnisse längerfristig zu sichern, sie verlängern und verschärfen noch weiter die Leiden der Völker.»

Bundesinnenminister Wolfgang Schäuble schätzte das Schreiben auf der Sitzung des Innenausschusses des Deutschen Bundestags am 7. Dezember 1989 als vergleichsweise nichtssagend ein: «Die Substanz des Täterschreibens steht in einem Gegensatz zur Schwere und technischen Perfektion des Anschlags.» Sein Inhalt bleibe «deutlich hinter dem Niveau früherer Selbstbezichtigungen und gegenüber Äußerungen von RAF-Häftlingen zurück»[19]. Das stützte die Vermutung des Bundeskriminalamts, daß eine neue

Generation von Terroristen am Werk war. Eine halbe Stunde nach dem Attentat hatte der Generalbundesanwalt die Nachricht vom Mord erhalten – er übernahm sofort die Ermittlungen. Das politische Leben, das in diesen entscheidenden Tagen nach der Öffnung der Mauer so hektisch betriebsam verlief, kam zum Stillstand.

Bundeskanzler Kohl traf noch am selben Tag in Bad Homburg ein, um Traudl Herrhausen sein Beileid auszusprechen. «Als die Nachricht von der Ermordung Alfreds mein Büro erreichte, war ich im Hubschrauber über den Rheinwiesen von Düsseldorf unterwegs. Man teilte dem Piloten mit, wir sollten sofort landen. Meine Sekretärin Juliane Weber rief dann an und teilte mir mit, daß Alfred einem Attentat zum Opfer gefallen war. Ich war auf dem Weg zu einer Festansprache vor dem Arbeitgeberverband Gesamtmetall, und man erwartete mich in einer Halle. Dort wußte man noch von nichts. Zwanzig Minuten nach Erhalt der Nachricht traf ich dort ein und bat den Vorsitzenden, er möge dem Publikum die schreckliche Neuigkeit bekanntgeben, und ich würde dann eine kurze Gedenkansprache halten. Dann flog ich sofort weiter nach Bad Homburg.»[20]

Dort hatte Traudl Herrhausen, als sie vom Tatort zu Fuß nach Hause zurückgekehrt war, zuerst das Kaiserin-Friedrich-Gymnasium angerufen, wo ihre Tochter zur Schule ging. Deren Klasse war in einem Außengebäude untergebracht, so daß Anna Herrhausen wenigstens nichts von der Detonation mitbekommen hatte, doch die Sekretärin der Schule ahnte sofort, was geschehen war, als sie hörte, wer anrief. Die Explosion hatte nur hundert Meter von ihrem Büro entfernt stattgefunden.

Freundinnen von Traudl Herrhausen mußten sich zu Fuß von der Stadtgrenze in den Ellerhöhweg durchschlagen, weil Bad Homburg von der Polizei abgeriegelt wurde. Die meisten Verwandten und Freunde Alfred Herrhausens erfuhren über die Nachrichten von seiner Ermordung. Herrhausens Schwester Anne Koch, die noch acht Tage vorher in Bad Homburg zu Besuch gewesen war, hielt sich mit ihrem Mann in dem Ferienhaus ihrer Familie auf der nordfriesischen Insel Wangerooge auf und hörte im Radio von dem Attentat. Anne Koch rief sofort in der Wohnung der Mutter in Essen an, wohin die Nachricht auch schon gedrungen war.[21] Das Ehepaar Koch fuhr noch am selben Tag dorthin, um der mittlerweile zweiundachtzigjährigen Hella Herrhausen beizustehen, vor deren Haus sich bereits die ersten Sensationsreporter versammelten, und brach dann einen Tag später nach Bad Homburg auf.

Auch Bettina Herrhausen, die in den letzten Jahren wieder häufiger Kontakt mit ihrem Vater aufgenommen hatte, kam aus dem bei Heidelberg gelegenen Weinheim, wo sie mittlerweile arbeitete, zum Ellerhöhweg. In den ersten Tagen nach dem Attentat konzentrierte sich die ganze Aufmerksamkeit des Kreises um Alfred Herrhausen auf dessen Witwe Traudl und die elfjährige Tochter Anna. Für Fragen nach den Umständen des Attentats blieb erst einmal keine Zeit.

An anderer Stelle herrschte dagegen größte Betriebsamkeit. Auch die Deutsche Bank war unmittelbar nach der Tat von dem Mord an ihrem Vorstandssprecher informiert worden. Nun galt es, nach außen hin ein Zeichen zu setzen, daß die Funktionsfähigkeit des Unternehmens durch den schweren Schlag nicht gefährdet war. Hilmar Kopper organisierte die Benachrichtigung seiner Vorstandskollegen, und bereits um 14 Uhr am Tag des Attentats versammelte sich das Führungsgremium zu einer Sitzung in Frankfurt: «Man durfte der Öffentlichkeit gegenüber keine Ratlosigkeit zeigen.»[22] Trotzdem unterblieb aus Pietätsgründen die Bekanntgabe der Regelung, die bereits nach einer halben Stunde beschlossen worden war: Hilmar Kopper würde Alfred Herrhausen als Sprecher nachfolgen. «Auch wenn wir meine Berufung fast zwei Wochen geheimgehalten haben», erinnert sich Kopper, «konnte ich so doch schon mit der nötigen Autorität die notwendigen Beschlüsse fassen. Das Auftreten des Vorstands war deshalb in dieser heiklen Lage weiterhin selbstbewußt, und wir konnten den verunsicherten Mitarbeitern dadurch das Gefühl verschaffen, daß der Kurs des Unternehmens klar war.»[23] Erst am 12. Dezember, also beinahe zwei Wochen nach dem Mord, sollte die Deutsche Bank Kopper offiziell als ihren neuen Vorstandssprecher präsentieren.

Die Beratungen vom 30. November hatten ansonsten die Einschätzung der Folgen des Attentats für die Geschäfte des Konzerns zum Gegenstand. Der Kauf von Morgan Grenfell war zwar von beiden Seiten abgesegnet, aber noch nicht durchgeführt, und Herrhausen hatte durch seinen Londoner Auftritt vom 28. November die Angelegenheit zur Chefsache gemacht, nachdem bislang Kopper die Kaufverhandlungen geleitet hatte. Der Vorstand wußte, daß die britischen Partner erwarteten, daß man ihrem Vorsitzenden John A. Craven einen Platz im Leitungsgremium der Deutschen Bank zuspräch, aber dagegen gab es in Frankfurt Widerstand. Mit Herrhausen war der wichtigste Fürsprecher dieses Zugeständnisses tot. Somit war die spektakuläre Übernahme gefährdet. Es war jedoch nicht zuletzt die Sorge, daß ein Scheitern dieses Projekts nach Herrhausens Ermordung dem Image der Bank schaden würde, die den Vorstand zu den notwendigen Entscheidungen zwang. Craven sollte den ihm von Kopper zugesagten Posten erhalten, als der Kauf von Morgan Grenfell schließlich im Mai 1990 endgültig abgeschlossen wurde.

Die Belegschaft der Deutschen Bank war durch den Mord tief erschüttert. Bei allen Differenzen, die in der jüngsten Vergangenheit innerhalb des Instituts über die zukünftige Strategie ausgetragen worden waren, hatte Herrhausen gerade bei den jüngeren Mitarbeitern einen legendären Ruf genossen. Er verkörperte eine Deutsche Bank mit gutem Gewissen, die sich für das Wohl der rückständigen Länder ebenso einsetzte wie für die Förderung von Wissenschaft und Kunst. Und er vermittelte zugleich eine geschäftliche Vision, die seinem Unternehmen einen Platz unter den weltweit wichtigsten Banken in Aussicht stellte. Die Deutsche Bank war nie bescheiden in ihren Ansprüchen gewesen, aber sie hatte selten offen darüber gesprochen. Das hatte sich unter Herrhausen geändert. Er war überzeugt, daß man Führung auch wollen müsse. Dieses Selbstbewußtsein kam gerade deshalb so gut an, weil es verbunden war mit den sozialen Interessen Herrhausens. Damit gelang ihm eine Art Versöhnung des Finanzkapitalismus mit sich selbst. Gerade die Nachwuchselite der Bank, die andere Werte verinnerlicht hatte als das Gros der alteingesessenen Mitarbeiter, zeigte sich besonders empfänglich für Herrhausens Vision.

Am Schweigemarsch durch die Frankfurter Innenstadt, zu dem die Deutsche Bank ihre Belegschaft am 1. Dezember 1989 aufrief, nahmen zehntausend Menschen teil, darunter auch Mitarbeiter anderer Kreditinstitute. Volker Hauff, damals Frankfurter Oberbürgermeister, forderte bei seiner Ansprache zur Eröffnung des jährlichen Weihnachtsmarkts am Nachmittag die Bürger dazu auf, am Abend dieses Freitags einen Gedenkgottesdienst für Alfred Herrhausen im Frankfurter Dom zu besuchen, zu dem sich dann tausend Trauernde einfanden. Auf dem Weihnachtsmarkt selbst ruhte am ersten Tag für zwei Stunden das Geschäft. Ein weiterer Schweigemarsch mit mehr als dreitausend Teilnehmern wurde am Montag, dem 4. Dezember, von der Deutschen Bank in Düsseldorf veranstaltet, wo Herrhausen die längste Zeit seiner Karriere im Kreditinstitut gewirkt hatte. Doch zwischen diesen beiden Gedenkmärschen gab es am 2. Dezember in Frankfurt auch eine Demonstration für El Salvador, die von einigen Vermummten zur Sympathiebekundung für die RAF benutzt wurde. Unter den Transparenten, mit denen die Demonstranten durch die Innenstadt zogen, waren zwei zu erkennen, die den Mord rechtfertigten: «Wer das Geld hat, hat die Macht – bis es unterm Auto kracht» und «Herrhausen der Gangster – ist jetzt weg vom Fenster».

Die Beerdigung fand am Mittwoch, dem 6. Dezember 1989, statt, sechs Tage nach dem Attentat. Statt Blumen hatte Traudl Herrhausen in der Traueranzeige um Spenden für die philosophische Bibliothek der Privatuniversität Witten/Herdecke gebeten, womit sie den Einsatz ihres Mannes für diese Hochschule fortsetzte. Die Bestattung erfolgte im engen Kreis am frühen Nachmittag auf dem Bad Homburger Waldfriedhof, doch wenige Stunden zuvor war im Frankfurter Dom der große Gedenkgottesdienst ausgerichtet worden. Hier hatte sich die ganze Staatsspitze der Bundesrepublik von Bundespräsident Richard von Weizsäcker und dessen Vorgängern Karl Carstens und Walter Scheel über Bundeskanzler Helmut Kohl und dessen Kabinett bis zu den Ministerpräsidenten der Länder und den Vertretern der Oppositionsparteien im Bundestag versammelt. Helmut Schmidt, der in seiner Zeit als Regierungschef häufig auf Herrhausens Rat gesetzt hatte, erschien ebenso wie dessen Freund Henry Kissinger. Die Spitzenvertreter der Wirtschaft waren anwesend. Für die Deutsche Bank sprach das dienstälteste Vorstandsmitglied Horst Burgard die Trauerrede, Vorstand und Aufsichtsrat waren vollständig vertreten, und auch der greise Hermann Josef Abs nahm an dem Gedenkgottesdienst teil.

Daß Burgard als Bankvertreter das Wort ergriff, war ein diplomatischer Schachzug von Traudl Herrhausen und Pater Augustinus, die von Alfred Herrhausen schon lange vor seinem Tod gebeten worden waren, sich um die Organisation seines Begräbnisses zu kümmern, falls er sterben sollte. Es sollte keine staatliche Trauerfeier, sondern einen Gedenkgottesdienst geben, und nur mit ihrer Zustimmung, so hatte er beiden eingeschärft, sollten weitere Trauernde das Wort ergreifen dürfen. Traudl Herrhausen und Pater Augustinus fürchteten, daß man in der Öffentlichkeit den Redeauftritt eines Bankvertreters im Frankfurter Dom als Vorzeichen für die institutsinterne Nachfolgeregelung hätte begreifen können. Deshalb einigten sich die Deutsche Bank und Traudl Herrhausen auf Horst Burgard, der als kurz vor der Pensionierung stehender Vorstand keine Ambitionen auf das Amt des Sprechers besaß.

Der versammelten Prominenz entsprechend waren die Sicherheitskontrollen massiv. Selbst Herrhausens betagte Mutter mußte Leibesvisitationen über sich ergehen lassen.[24] Die Messe zur Musik von Mozarts Requiem wurde zelebriert von Pater Augustinus, der in seiner Predigt dazu aufrief, nicht allein die Vergangenheit zu würdigen, die durch Herrhausens Wirken bestimmt gewesen war, sondern die Gegenwart des Verstorbenen spüren zu lassen: «Wir reden zuviel über den Geschichte gewordenen Alfred Herrhausen und nicht genug über unseren Freund, nicht genug über den Menschen, den wir lieben.»[25] Und er beschwor im Gegensatz zum Manager und Visionär das Bild jenes Menschen, das der Öffentlichkeit verborgen geblieben war: «Habt ihr den Verstorbenen wirklich gekannt? Was ihr in den vergangenen Tagen gesagt habt aus bewegtem Herzen, das sprach von dem großen Mann, der seine ganze Kraft für große Ziele einsetzte, der in der kühlen Strenge seiner Gedankengebäude Zukunft beschrieb und zugleich entwarf, der scharfäugig Probleme erkannte und durchschaute, Lösungen ersann und einforderte, der Macht hatte und sie gebrauchte, gebändigt durch die Verantwortung für das Gemeinwesen. Das alles habt ihr gekannt, aber es ist weniger als die halbe Wahrheit. Er hatte ein Herz, er war sanft, er liebte die Kunst, er war voller Heiterkeit und konnte voll ausgelassener Fröhlichkeit sein. Warmherzig war er und voller Bereitschaft, den in Not Geratenen zu helfen. Er wußte darum, daß die Dinge ihre Tränen haben, und er war doch voller Zuversicht.»[26]

Es war das einzige Mal, daß jemand versuchte, das Bild des privaten Menschen Alfred Herrhausen zu zeichnen. Selbst in den klügsten Porträts, die dem Vorstandssprecher zu Lebzeiten vor allem von Journalistinnen gewidmet waren, von Sibylle Krause-Burger in der «Stuttgarter Zeitung»[27] oder Nina Grunenberg in der Wochenzeitung «Die Zeit»[28], kam alles, was den Dunstkreis des Kreditwesens verließ, bestenfalls am Rande und dann nur in Herrhausens eigener Interpretation vor. Er war indes auch denkbar zurückhaltend bei der Preisgabe persönlicher Angelegenheiten, und Nina Grunenberg zitiert eine Äußerung, die für seine Reserviertheit gegenüber jeglicher Neugier auf seine Person typisch war: «Was mir die Journalisten nicht abnehmen, ist meine Motivation für dieses Leben. Ich werde als machtgierig, unermeßlich ehrgeizig, als kalt und arrogant beschrieben. Daß ein Mann wie ich nicht machtbesessen ist, ist offenbar nicht denkbar.» Doch wo er nun hätte abschweifen können ins Private, um just diesen Eindruck zu korrigieren, war Herrhausen immer noch beherrscht und ganz Ausdruck seines von Karl Popper hergeleiteten Rollenverständnisses: «Allenfalls möchte ich die Gelegenheit haben zu gestalten, und dazu braucht man natürlich ein gewisses Maß an Einfluß. Sonst geht das nicht. Mein Motiv ist das Bemühen, einen optimalen Sachbeitrag zu leisten. Das können sich die Journalisten offenbar gar nicht vorstellen.»

Das war ein Motiv, das auch Bundeskanzler Helmut Kohl mit seiner Ansprache beim live im Fernsehen übertragenen Requiem im Frankfurter Dom aufnahm: «Ich frage mich, und ich frage uns alle: Was ist los mit den Deutschen hier in der Bundesrepublik? Wir genießen in nie gekanntem Maße Freiheit, Frieden und Wohlstand – und dennoch stehen wir immer wieder an den Särgen von Menschen, die von den Feinden unserer Republik brutal ermordet wurden. Auch das haben wir ja schon zu Zeiten der ersten deutschen Demokratie erlebt: Dem Mord geht der Rufmord voraus – die Verhöhnung, die Verächtlichmachung, die Diffamierung.»[29] Da sprach aus Kohl die eigene Verbitterung über publizistische Häme, ein Thema, über das er sich mit Herrhausen oft ausgetauscht hatte, und es waren Eindrücke aus diesen Gesprächen, die der Bundeskanzler nun zur Charakterisierung seines toten Freundes und Beraters heranzog: «Er hatte große Erfolge, und er wußte dies. Aber er war überhaupt kein ‹Erfolgsmensch›. Er litt unter Angriffen. Er war im Inneren verletzbar. Er kannte und suchte die eigenen Grenzen. Und die Frage ‹Wie kann ich es schaffen?› stellte er, der so Erfolgreiche, sich oft.»[30]

Die von Kohl angesprochenen Angriffe auf Herrhausen sollten auch nach seinem Tod nicht abreißen. Die Plakate bei der El-Salvador-Demonstration vom 2. Dezember waren dafür nur ein Beispiel. Aber auch von unerwarteter Seite kamen verletzende Bemerkungen: Nach dem Requiem am 6. Dezember 1989 erhielt Pater Augustinus mehrere Schreiben von Katholiken, die dagegen protestierten, daß Alfred Herrhausen als geschiedenem Mann der Gedenkgottesdienst im Frankfurter Dom ausgerichtet worden war. In der Bank gingen in den Tagen nach dem Mord zahlreiche anonyme hämische Anrufe ein, die nach Auskunft von Almut Pinckert nur von internen Anrufern stammen konnten, weil die Gespräche auf einem Apparat in Herrhausens Büro landeten, dessen Nummer außerhalb des Hauses nicht bekannt war.[31]

Was blieb in der Bank von Alfred Herrhausen? Sein Büro wurde bereits nach wenigen Tagen geräumt, seine Unterlagen wanderten in eine Abstellkammer, ehe sie ins Historische Archiv der Deutschen Bank kamen, wo sie bis 2004 unbearbeitet aufbewahrt wurden. Dann wurde der Nachlaß untersucht und erschlossen, doch nicht zur Nutzung für Interessenten freigegeben. Jakob Nix wurde nach seiner Genesung vorzeitig in den Ruhestand entlassen. Die engsten Mitarbeiter hatten sich mit neuen Vorgesetzten zu arrangieren, die nicht selten zu den Widersachern Herrhausens im Vorstand gehört hatten. Immerhin kehrte die Deutsche Bank entgegen früheren Spekulationen[32] nicht wieder zum Prinzip der zwei Sprecher zurück. Doch mit Hilmar Kopper wurde ein Nachfolger bestimmt, der zwar in vielen Punkten Herrhausens Zukunftskonzept mitgetragen hatte – vor allem bei der internationalen Expansion –, aber doch als sein Gegenspieler gegolten hatte.

Für den 6. Dezember, der dann der Tag seiner Bestattung werden sollte, hatte Herrhausen ursprünglich zu einer Pressekonferenz nach Frankfurt eingeladen, wo er die geschäftliche Entwicklung der Deutschen Bank während der letzten Monate präsentieren wollte: eine Ausweitung des Betriebsergebnisses um fünfundzwanzig Prozent und ein fulminanter Beginn der Tochter Deutsche Bank Lebensversicherung, die auf Anhieb im deutschen Assekuranzengeschäft hinter der über diese Neugründung so verärgerten Allianz den zweiten Platz erklommen hatte, wenn man die Anzahl der neu abgeschlossenen Verträge zugrunde legte.

Dieser Termin wäre ein wichtiges Datum für Herrhausens Kampf innerhalb der Deutschen Bank gewesen. Zwei Tage vorher jedoch, am 4. Dezember 1989, war ein Auftritt vorgesehen, der ihn einmal mehr als Botschafter seines Landes präsentiert hätte. Er hatte zugesagt, in New York vor dem American Council on Germany die dritte «Annual Arthur F. Burns Memorial Lecture» zu halten. Mit Burns, der von 1981 bis 1985 amerikanischer Botschafter in der Bundesrepublik gewesen war, ebenso wie mit dessen Nachfolger Richard Burt unterhielt Herrhausen ein freundschaftliches Verhältnis. Seine intensiven Verbindungen zur Atlantik-Brücke, dem deutschen Pendant zum American Council on Germany, hatten ihn noch mehr, als es sein Beruf ohnehin erforderte, in Kontakt mit Vertretern der Vereinigten Staaten gebracht. Für Richard

Burts 1988 erschienenes Buch «Partner für eine Welt im Wandel»[33], das sich dem Verhältnis zwischen Deutschland und Amerika widmete, hatte Herrhausen ein Vorwort geschrieben, in dem er seine Überzeugung zum Ausdruck brachte, daß die Zeit der nationalen Alleingänge vorbei sei und die demokratischen Staaten ihre Zusammenarbeit politisch wie ökonomisch verstärken müßten, um im Systemwettbewerb mit den Zentralverwaltungswirtschaften zu bestehen. Globalisierung war hier noch eine Strategie, kein unabwendbares Schicksal.

Ein Jahr später wollte der Vorstandssprecher seinen Auftritt im Gedenken an Burns zu einem Plädoyer für die deutsche Wiedervereinigung nutzen. Diese Rede, im englischen Original mit «New Horizons in Europe» betitelt, wurde am 7. Dezember 1989 von der «Zeit» unter der Bezeichnung «Um Freiheit und Offenheit» abgedruckt und fand ein Jahr später in leicht revidierter Übersetzung auch Eingang in die Sammlung von Herrhausens Aufsätzen, die seine Frau und Kurt Weidemann zusammengestellt haben.

An diesem Text hatte Herrhausen bis zuletzt gefeilt, vor allem auch, weil sich die politische Konstellation in Deutschland im November 1989 fast täglich veränderte. Nach der obligaten Reminiszenz an Arthur F. Burns und einem Ausblick auf den für 1992 projektierten Gemeinsamen Europäischen Markt, dem Herrhausen die bemerkenswerte Prognose folgen ließ, daß er eine Währungsunion im Jahr 2000 für möglich hielt (womit er sich nur um zwei Jahre täuschen sollte), widmete er den Großteil seiner Ausführungen einer eingehenden Analyse der Veränderungen im Osten Europas.

Herrhausen wiederholte noch einmal seinen Vorschlag einer Entwicklungsbank für Polen, die nach dem Vorbild der Kreditanstalt für Wiederaufbau organisiert sein sollte, also auch die Schaffung eines Äquivalents zur Marshallhilfe erfordert hätte, mit der die Vereinigten Staaten nach dem Zweiten Weltkrieg den Wiederaufbau Europas unterstützt hatten. Es war für Herrhausen eine zwingende Analogie, daß das Ende des Kalten Kriegs jetzt auch ein besonderes Engagement der Sieger in dieser Auseinandersetzung erforderte. Mit der polnischen Situation war er besonders gut vertraut, weil das Land zur Gruppe jener hochverschuldeten Staaten gehörte, denen seit drei Jahren seine spezielle Aufmerksamkeit galt. Polen würde nach einer Wiedervereinigung Deutschlands nicht nur unmittelbarer Nachbar der Bundesrepublik sein, sondern war plötzlich auch ein Werkzeug, mit dem Herrhausen den Widerstand gegen seine Pläne zur Schuldenreduktion auszuhebeln hoffte. In Polen war der Widerstand gegen die sowjetische Dominanz im Ostblock im vergangenen Jahrzehnt am stärksten gewesen, und es gab keinen Zweifel, daß der Westen das Land unterstützen würde.

Das aber erforderte ein entschiedenes Vorgehen der im Pariser Club zusammengeschlossenen öffentlichen Gläubiger, die zusammen mehr als sechzig Prozent der westlichen Forderungen gegenüber Polen repräsentierten. Würden sie diese Schulden streichen, wäre immerhin in einem Einzelfall eine der Bedingungen erfüllt, die Herrhausen in seinem erst wenige Monate zuvor erstellten Konzept für eine Lösung der Verschuldungsproblematik vorgesehen hatte: das Vorangehen der Staaten, um den Banken deren eigenen Verzicht zu erleichtern. Es war deshalb kein Wunder, daß der Vorstandssprecher in den entsprechenden Passagen seiner Rede eine klare Aufforderung einbaute, auf seine Linie einzuschwenken: «Soll es zu einer dauerhaften Lösung kommen, muß man über die bisherigen Ansätze hinausgehen und Schulden- oder Schuldendienstreduktionen in die Strategie miteinbeziehen.»[34]

Auch in der deutsch-deutschen Frage wollte Herrhausen keinen Zweifel an seiner Überzeugung lassen: «Die Öffnung der Mauer hat die Frage nach der deutschen Wiedervereinigung aufgeworfen. Vielleicht sollten wir besser ‹Einigung› sagen. Nach meiner Meinung ist ein geeinter deutscher Staat unbedingt wünschenswert, nicht wegen der geographischen Größe oder der Macht, die solche Größe verleihen könnte, sondern weil dies – historisch, kulturell und unter menschlichen Gesichtspunkten – ein nur natürliches Bestreben ist.»[35] Das war eine bemerkenswerte Modifikation gegenüber der keine zwei Monate zuvor gegenüber Nina Grunenberg geäußerten Überzeugung, Deutschland könne wieder die alte segensreiche Rolle wie während der Bismarckzeit einnehmen.

Im Lichte der aktuellen Entwicklungen nahm Herrhausen Rücksicht auf die politischen Empfindlichkeiten, obwohl er beim American Council on Germany vor einer Versammlung gesprochen hätte, die Deutschland alle Sympathie entgegenbrachte. Doch er war sich auch der Aufmerksamkeit bewußt, die jemand wie er, der als enger Berater Helmut Kohls galt und bei der Ausarbeitung von dessen «Zehn Punkten» entscheidend beteiligt gewesen sein soll, mit einer programmatischen Ansprache zur europäischen Entwicklung finden würde – gerade nach seinen spektakulären Auftritten auf den Tagungen von IWF und Weltbank in den Jahren zuvor.

Deshalb waren in Herrhausens Redemanuskript zwei Einschränkungen vorgesehen: eine politische und eine wirtschaftliche. Die Frage nach der Wiedervereinigung solle Sache des deutschen Volkes sein, und dabei «in erster Linie Sache der Deutschen in der DDR. Daß ihnen Freiheit und Selbstbestimmung eingeräumt werden, ist wichtiger als ein geeintes Deutschland.»[36] Hier kam noch einmal die Überzeugung Herrhausens zum Ausdruck, daß allein die Demokratie nach dem Zweiten Weltkrieg das deutsche Wirtschaftswunder ermöglicht hatte und deshalb die Schaffung politischer Freiheit gegenüber der staatlichen Einheit Vorrang besaß. Weiterhin aber durften die ökonomischen Schwierigkeiten nicht übersehen werden, die er ja schon im Gespräch mit dem «Spiegel» genannt hatte: «Ein solches Unternehmen [die Einigung Deutschlands] wäre im Hinblick auf die enormen wirtschaftlichen und gesellschaftlichen Unterschiede ein schwieriger und gewiß langandauernder Prozeß. Zwar hat die DDR in Osteuropa den höchsten Lebensstandard, doch ist die Kluft zur Bundesrepublik beträchtlich. Jetzt, da das Reisen zwischen den beiden deutschen Staaten nicht mehr eingeschränkt ist, muß die DDR alles tun, um die Stagnation ihrer Wirtschaft zu überwinden, ihre Effizienz zu steigern, den Lebensstandard zu verbessern und ernsthaft den Schutz der Umwelt betreiben, damit das Land für seine Bürger attraktiv bleibt.»[37] Als Zielgröße nannte Herrhausen nun, nur wenige Tage nach seiner Stellungnahme im «Spiegel», keinen Korridor von fünf bis zehn Jahren mehr, bis der westliche Lebensstandard zu erreichen sei, sondern er legte sich auf ein volles Jahrzehnt als Prognose fest.[38]

Dafür aber waren nach seiner Überzeugung Maßnahmen seitens der DDR zu ergreifen, die in summa größere Einschnitte bedeuteten, als Westdeutschland sie nach dem Krieg erlebt hatte – zumal sie diesmal nicht aufgezwungen werden konnten, sondern ökonomischer Vernunft entspringen mußten: «Was die DDR braucht, ist eine Kombination aus drei Reformen, einer Preisreform, einer Währungsreform und einer Reform der Besitzverhältnisse, insbesondere die Wiedereinführung des Rechts auf privates Eigentum in wichtigen Wirtschaftsbereichen. In den westlichen Besatzungszonen war das 1948 viel einfacher. Damals waren nur zwei Maßnahmen nötig, die von den Alliierten durchgeführte Währungsreform und Ludwig Erhards Aufhebung der Preiskontrollen, um den Weg zum deutschen ‹Wirtschaftswunder› zu ebnen. Eine Reform der Eigentumsverhältnisse war nicht notwendig. Wir müssen mithin zugestehen, daß die Aufgaben, die sich heute in der DDR stellen, um einiges schwerer sind.»[39] Das war eine Warnung, sich nicht von der politischen Euphorie beherrschen zu lassen. Welche persönliche Rolle Herrhausen im Prozeß der Wiedervereinigung und vor allem bei den wirtschaftspolitischen Maßnahmen, die diesen begleiteten, also von Währungsumstellung über Aufbau Ost bis zur Treuhand, hätte spielen können, muß Spekulation bleiben. Das Amt des Treuhand-Chefs wäre ihm zweifellos auf den Leib geschneidert gewesen.

Das «Vermächtnis Alfred Herrhausens», wie die «Zeit» die Übersetzung seines nicht mehr gehaltenen New Yorker Gedächtnisvortrags für Burns untertitelte, war jedenfalls nicht weniger Mahnung als Vision. Und gerade darin doch auch ein faszinierender Vorausblick auf die europäische Entwicklung der Folgejahre. Selbst dem im Herbst 1989 nur am Rande ventilierten Vorschlag, osteuropäische Staaten in die Europäische Gemeinschaft aufzunehmen, widmete sich Herrhausen, und er warnte auch hier vor Voreiligkeit: «EG-Mitgliedschaft setzt ein Mindestmaß an Homogenität voraus, vor allem hinsichtlich des Wirtschaftssystems, aber auch im Bereich der Infrastruktur und – bis zu einem gewissen Grad – auch beim Einkommensniveau.»[40] Auch hier nahm er die wesentlichen Debatten bis zur EU-Erweiterung von 2004 vorweg, und man darf wohl bezweifeln, daß Herrhausen diesen Ausbau der Gemeinschaft als ökonomisch vertretbar betrachtet hätte.

Denn er war nicht nur ein vehementer Verfechter der wirtschaftlichen Integration, die durch den gemeinsamen Binnenmarkt und das Ziel einer Währungsunion für die damals noch zwölf Mitgliedsstaaten der Europäischen Gemeinschaft entstehen sollte. Herrhausen wollte in New York ein explizites Bekenntnis zu einem weitaus ambitionierteren Plan abgeben: «Ich bin ein Verfechter der politischen Union als Fernziel der EG. Die Entwicklungen im Osten dürfen uns nicht dazu verleiten, dieses Ziel aus den Augen zu verlieren. Wollten wir jedem Land EG-Mitgliedschaft gewähren, das sie beantragt, so würden wir damit die politische Union der Gemeinschaft auf die lange Bank schieben, wenn nicht gar aufgeben.»[41] Seine Vorstellung zur Lösung dieses Problems war ein Beitritt der interessierten osteuropäischen Staaten zur Efta, der Europäischen Freihandelszone. Diese nur auf wirtschaftliche Kooperation ausgerichtete Vereinigung unterhielt bereits enge ökonomische Kontakte zur Europäischen Gemeinschaft. Man könnte diesen Vorschlag Herrhausens in heutigen Begriffen wohl als Entwurf für eine privilegierte Partnerschaft bezeichnen – wie sie 2005 von den Gegnern eines EU-Beitritts der Türkei ins Spiel gebracht worden ist.

Zum Schluß seiner Rede wollte Herrhausen auf den amerikanischen Politikwissenschaftler Francis Fukuyama eingehen, der mit seiner griffigen These, die revolutionären Ereignisse in Osteuropa und das dadurch eingeleitete Ende der Systemkonkurrenz zwischen Markt- und Zentralverwaltungswirtschaft bedeuteten das «Ende der Geschichte», seinerzeit große Aufmerksamkeit gefunden hatte. Für den Sprecher der Deutschen Bank war diese Deutung inakzeptabel: «Die Geschichte ist noch nicht zu Ende. Im Gegenteil: Ich glaube, daß eine ganz bedeutende Phase der Menschheitsgeschichte gerade beginnt. Noch stehen sich Militärblöcke gegenüber, noch denken wir in den alten Kategorien von Machtinteressen, noch verteidigen wir Einflußsphären, spionieren einander aus und stecken Milliarden und Abermilliarden in die Rüstung.»[42]

Hier hätte noch einmal jener Herrhausen gesprochen, der auf den Primat der Vernunft setzte, den er in der Wirtschaft leichter zu verwirklichen fand als in der Politik. Gemeinsam statt in ideologischer Konkurrenz hatte die Welt in seinen Augen nun die Chance, «die wirklichen Probleme dieses Globus» zu lösen. Herrhausen zählte dazu in seinem Manuskript einen ganzen Katalog auf: «die Nord-Süd-Problematik, die internationale Schuldenkrise, Terrorismus und Kriminalität, das Drogenproblem, Aids, die drohende Überbevölkerung und die mögliche ökologische Katastrophe». Eines der von ihm genannten Probleme war am 30. November 1989 in seiner ganzen Brutalität deutlich geworden.

Zehntes Kapitel
«Die Wahrheit ist dem Menschen zumutbar»:
Glasnost für den Kapitalismus

Auf den beiden Basaltstelen des Düsseldorfer Bildhauers Friedrich Meyer, die am siebten Jahrestag des Attentats im Bad Homburger Seedammweg zum Gedenken an Alfred Herrhausen enthüllt wurden, sind zwei Sätze eingemeißelt, die Traudl Herrhausen als Lieblingszitate ihres Mannes ausgewählt hat. Das eine stammt, natürlich, von Karl Popper und gibt die politische Einstellung des ermordeten Bankiers wieder: «Nur dort war die Gesellschaftskritik von Erfolg gekrönt, wo es die Menschen gelernt hatten, fremde Meinungen zu schätzen und in ihren politischen Zielen bescheiden und nüchtern zu sein; wo sie gelernt hatten, daß der Versuch, den Himmel auf Erden zu verwirklichen, nur allzu leicht die Erde in eine Hölle für die Menschen verwandelt.» Die andere Stele trägt ein knappes Zitat der Schriftstellerin Ingeborg Bachmann: «Die Wahrheit ist dem Menschen zumutbar.»

Diese lapidare Feststellung ließ Herrhausen wiederholt in seine Reden einfließen; sie faßt in einem einzigen Satz zusammen, was seine tiefe Überzeugung war. Doch im Alltag eines Spitzenmanagers war diese Maxime schwer genug durchzusetzen. Als man ihn 1988 nach seinem Führungsstil fragte, gab Herrhausen der «Wirtschaftswoche» zu Protokoll, dieser Stil bestehe im «Versuch, durch Argumente zu überzeugen und zu motivieren, Menschen zur Einsicht zu führen und daraus ihr Verhalten zu entwickeln»[1]. Doch auch dieser gegenüber Bachmanns kategorischer Feststellung bereits zahmere Anspruch, der in geradezu klassischer rhetorischer Tradition ganz auf die Kraft des besseren Arguments setzt, hielt der Realität nicht immer stand, und Herrhausen wußte das. An anderer Stelle war er ehrlicher: «Man kann einen gepflegten Umgang miteinander haben, aber nicht immer demokratisch sein im Sinne von Abstimmung. Es muß entschieden werden. Die Welt ist kein Debattierklub.»[2]

Die Praxis indes sah wiederum anders aus. Die von Herrhausen eingeklagte Entschiedenheit wurde im komplexen Gefüge des von ihm geleiteten Großkonzerns so wenig gepflegt wie in den Gremien der Weltwirtschaft. Ein Manager der Deutschen Bank, der aus guten Gründen anonym bleiben wollte, gab angesichts der Debatten um den Umbau des Unternehmens im Frühjahr 1989 dem «Manager Magazin» zu Protokoll: «Nirgendwo wird mehr debattiert als in diesem Haus.»[3] Und daß «die Welt», oder wenigstens deren gemeinsame Institutionen, nicht nur ein Debattierklub, sondern manchmal gar eine Schwatzbude war, hatte Herrhausen in seinem jahrelangen Einsatz für eine umfassende Schuldenstreichung erfahren müssen. Da bot das Ingeborg-Bachmann-Zitat immerhin intellektuellen Trost.

Herrhausen genießt bis heute den Ruf eines kompromißlos aufrichtigen Mannes. Helmut Kohl beschreibt den Unterschied zwischen dem ermordeten Vorstandssprecher und dessen aktuellem Nachfolger Josef Ackermann mit einem Satz: «Wenn Alfred die Stellenstreichungen, die Herrn Ackermann soviel Kritik eingebracht haben, angekündigt hätte, hätte man ihm geglaubt, und die Öffentlichkeit hätte das Vertrauen gehabt, daß diese Maßnahme unumgänglich wäre.»[4] Was Herrhausens Person betraf, so war das prinzipielle Mißtrauen, das Wirtschaftskapitänen sonst entgegengebracht wird, weniger verbreitet, weil er häufig genug den unbequemen Weg gewählt und dadurch den Eindruck erweckt hatte, daß er auch in moralischen Fragen seinen eigenen Überzeugungen gemäß handelte. Das traf gewiß zu – bis hin zu jenem Eindruck von Arroganz, den Herrhausen nach Edzard Reuters Beobachtung gerade durch seine kompromißlose Offenheit bei vielen Gesprächspartnern weckte. Sein Vorgänger Wilfried Guth nimmt Herrhausen gegen diesen Vorwurf in Schutz: «Er war außerordentlich fair, an allen Menschen interessiert. Und er war gar nicht der Typ für Arroganz. Wenn wir ganz subtil sein wollten, müßten wir es mit einer englischen Redensart ausdrücken: *He couldn't easily stand fools*. Damit werden einige seiner Gesprächspartner ihre Probleme gehabt haben. Aber mit Arroganz seitens Herrhausen hatte das nichts zu tun.»[5]

Woher aber kam Herrhausens Beharrlichkeit in Gesprächen, die aus Respekt vor Prinzipien oft auf die üblichen taktischen Rücksichtnahmen verzichtete? Es war sein Interesse an Erklärungen, die sich nicht auf ökonomische Fragen beschränkten – diese Neugier zeichnete ihn als Managertypus aus, den man sonst nur aus den Geschichtsbüchern kannte. In Walther Rathenau hatte er einen Vorläufer, der ein ähnliches Bedürfnis zu gestalten verspürte – und zwar in einer Weise, die weit über das eigene Unternehmen hinausging. Dieser Ehrgeiz unterschied Herrhausen übrigens von den prägenden Gestalten des deutschen Kreditwesens nach dem Zweiten Weltkrieg, von Abs und Jürgen Ponto, der als Vorstandsvorsitzender der Dresdner Bank 1977 von der RAF ermordet worden war. Sosehr Herrhausen noch zu jener Zeit, als er zum Vorstandssprecher der Deutschen Bank berufen wurde, in deren Schatten stand, so unzweifelhaft hatte er sie in dem Moment, als er selbst ermordet wurde, überrundet. «Er war im besten Sinne die ganz große Persönlichkeit», meint Helmut Kohl heute dazu, «das muß heute allgemein anerkannt werden.»[6]

In solche Bewertungen aber fließt auch ein gewisses utopisches Element mit ein. Niemand weiß, ob Herrhausen wirklich seinen Kurs hätte halten können oder ob er sich zurückgezogen hätte, wie er es Edzard Reuter gegenüber ankündigt hatte: Ihn ziehe es an die Universität München, um dort Philosophie zu lehren, hatte der Bankier ihm erzählt.[7] Viele der Elogen, die Herrhausen heute gewidmet werden, sind die verständliche Folge der Faszination für einen Mann, der andere Maßstäbe anlegte als die im Geschäftsleben üblichen. Zu seinem Arbeitsstil befragt, teilte er in einem Interview selbstbewußt mit: «Es ist in der Tat das Umsetzen der Philosophie des Kritischen Rationalismus in tägliches Verhalten.»[8]

Das war mehr Stilisierung als Wahrheit, aber nur wenige Beobachter vermochten sich dem Reiz dieser ungewöhnlichen Kombination aus ökonomischem Sachverstand und intellektuellem Scharfsinn zu entziehen. Einer der wenigen Artikel, die sich dezidiert kritisch mit Herrhausens Persönlichkeit beschäftigten, erschien in der Schweizer Wochenzeitung «Weltwoche». Dort wurde spöttisch vermerkt: «Wie uns die unter seinem Namen erscheinenden und mit Popper, Albert, Russell, Weber oder gar Hayek geschmückten Werke zeigen, ist uns lediglich ein weiterer Eklektizist entgangen. Aber als bankernder Philosoph hat es Herrhausen auch wirklich schwer, läßt sich doch mit Kants kategorischem Imperativ das Wirken der Deutschen Bank nicht in Einklang bringen.»[9] Die Behauptung verzichtet allerdings auf jeden Beleg.

Man wird Alfred Herrhausen mit blankem Spott ebenso wenig gerecht wie mit blinder Zustimmung. Wilfried Guth benennt deutlich eine seiner Schwächen: «Er fühlte sich fürs Ganze zuständig – mehr jedenfalls als für Einzelfragen.»[10] Dadurch entstand der Eindruck, Herrhausen habe es an Bodenhaftung gemangelt. Guth ist diesem Eindruck von Kollegen und Mitarbeitern immer wieder begegnet. Aber er bezeichnet Herrhausen zugleich auch als jemanden, der gut delegieren konnte – das beweise schon der Karriereweg seiner ehemaligen engeren Mitarbeiter seit 1989.

Die hatten aber auch eine harte Schule hinter sich. Der philosophische Rückhalt, der Herrhausen über die profanen Schwierigkeiten des Alltags hinwegzusehen half, wenn er sich abends im Ellerhöhweg in sein dortiges Refugium unter dem Dach zurückzog und mit Lektüre beschäftigte, die keine unmittelbare berufliche Relevanz beanspruchte, sondern ihn intellektuell herausforderte, schraubte die Erwartungen an sein Umfeld sehr hoch. Herrhausen hatte – und das machte den Umgang mit ihm auch für viele Mitarbeiter schwierig – nicht die Verhaltensweisen von Individuen im Blick, sondern ein Idealbild des Menschen, das im Großen und Ganzen dem entsprach, was er für sich selbst zur Maxime erhoben hatte. Er erwartete von allen richtiges Denken. Seit langem besaß Herrhausen ein elementares Interesse an Anthropologie. Als sein Studium sich 1952 dem Ende zuneigte und er vor dem Wechsel zur Ruhrgas stand, hatte er sich auf Anregung seines akademischen Ziehvaters Theodor Wessels mit neuerer geistesgeschichtlicher Literatur eingedeckt, die ihm ein besseres Verständnis des modernen Menschen erlauben sollte: José Ortega y Gassets Essaysammlung «Vom Menschen als utopischem Wesen» und dessen kleine

Studie «Das Wesen geschichtlicher Krisen», beides vielgelesene Bücher der frühen fünfziger Jahre. Auch Romano Guardinis Band «Die Macht» begleitete Herrhausen ein Leben lang.

Doch seine Neugier beschränkte sich nicht auf die Welt dieser kulturkonservativen Denker, für die später auch Arnold Gehlen oder Teilhard de Chardin stehen sollten. Gerade in den sechziger Jahren, als Herrhausen an der linksorientierten Sozialakademie Dortmund lehrte und gleichzeitig in den sozialdemokratisch dominierten engsten Führungskreis der VEW vorstieß, setzte er sich auch intensiv mit dem Sozialismus auseinander. Als Leitfaden in dieser Auseinandersetzung diente ihm zunächst Hayeks «Mißbrauch und Verfall der Vernunft», eine auf Deutsch erstmals 1959 erschienene wortgewaltige Anklage gegen die Grundlagen der marxistischen Theorie, deren Ursprung Hayek mehr noch als in Hegels Denken im französischen Positivismus eines Auguste Comte erkannte. Dabei stieß Herrhausen auf Argumente, die ihm bekannt erscheinen mußten, denn auch Hayek begann seine Ausführungen mit einer Kritik dessen, was er das «szientistische Denken» nannte und worin er nichts anderes sah als eine mathematische Abstraktion. Gegen diese bloß naturwissenschaftliche Betrachtung des Lebens brachte er dieselben Bedenken vor, die Herrhausen in seiner Doktorarbeit entwickelt hatte: «Ihr Interesse [d. i. das der Naturwissenschaft] ist nicht, wie sich die Menschen die Welt vorstellen und wie sie sich infolgedessen verhalten, sondern wie sie sie sich vorstellen sollen.»[11] Während die Naturwissenschaften analytisch vorgingen, sei, so Hayek, den Gesellschaftswissenschaften ein synthetischer Ansatz zu eigen[12], und von der Gesellschaft könne man ohnehin erst reden, wenn es die dazu passende Wissenschaft gebe.[13]

Was dabei für Herrhausens Einstellung als Marktwirtschaftler wichtig wurde, war Hayeks konsequente Anknüpfung an Adam Smith und die schottische Moralphilosophie, die im individuellen Handeln der Menschen eine unbeabsichtigte Förderung des sozialen Zwecks erkannte. Hayek formulierte die Idee der «unsichtbaren Hand» in zeitgemäßeren Worten: «Wir finden immer wieder, daß, *wenn* es jemandes bewußtes Ziel wäre, die Struktur dieser

Ganzheit [der Gesellschaft] zu erhalten und *wenn* er die Kenntnis und die Macht hätte, es zu tun, er genau jene Bewegungen verursachen müßte, die tatsächlich ohne eine solche bewußte Lenkung geschehen.»[14] Deshalb ist nach Hayeks Überzeugung das freie Handeln der sicherste Weg zur Förderung des Allgemeinwohls, während er im historischen Determinismus, von dem der Sozialismus überzeugt ist, «einen vollständigen Fatalismus» am Werk sieht: «Der Mensch kann den Lauf der Geschichte nicht ändern.»[15] Diese Unterwerfung unter eine überindividuelle Vernunft konnte für einen ehrgeizigen und von sich selbst überzeugten Kopf wie Herrhausen nicht akzeptabel sein. In Hayek fand er den intellektuellen Rückhalt für diese Überzeugung.

Trotz seiner Verachtung für das marxistisch-teleologische Weltbild erwarb Herrhausen 1964 Robert Havemanns gerade erschienenen Vorlesungstext «Dialektik ohne Dogma?». Dabei spielte gewiß eine Rolle, daß das Buch ohne Genehmigung der DDR-Offiziellen bei Rowohlt, einem westdeutschen Verlag, veröffentlicht worden war. Der damals an der Ostberliner Humboldt-Universität lehrende Chemiker, ein orthodoxer Marxist, hatte seine Vorlesung, die sich dem Verhältnis von Naturwissenschaft und Weltanschauung widmete, im Rahmen des Studium generale gehalten, und in einer Vorbemerkung hielt er fest: «Dies Buch ist ein kommunistisches Buch. Aber es wendet sich an Menschen jedweden Glaubens und jedweder politischen Richtung. Es erheischt nicht kritiklose Zustimmung, sondern fordert zum Widerspruch auf, zum Zweifel.»[16]

Das war eine linke Position, durch die sich Herrhausen herausgefordert fühlte, und kein anderes Buch in seiner Bibliothek ist dermaßen intensiv durchgearbeitet und annotiert worden wie das von Havemann. Dessen undogmatische Haltung gegenüber dem marxistischen Ideal machte ihn für den Leser Herrhausen satisfaktionsfähig.

In der Auseinandersetzung mit den Thesen dieses Buches wird die Systematik sichtbar, die Herrhausen auch seinen privaten Studien zugrunde legte. Er bringt Havemanns Theorie durch direkte Verweise mit Hayek, Teilhard de Chardin oder Ortega y Gasset, also den für ihn damals prägenden Denkern, in Zusammenhang – frei nach Havemanns eigener Überzeugung vom Wettbewerbsverhältnis zwischen Kapitalismus und Sozialismus: «Eine ständige intensive Berührung zwischen diesen beiden Teilen der Welt, nicht eine Isolierung und Abtrennung voneinander wird die Umwandlung beschleunigen.»[17] Dieses Ideal der undogmatischen Diskussion sollte es Herrhausen zwanzig Jahre später erleichtern, bei den ersten Kontakten der Deutschen Bank mit den durch Gorbatschow reformierten sozialistischen Staaten Osteuropas eine so wichtige Rolle zu übernehmen.

Was Herrhausen an Havemanns Vorlesung faszinieren mußte, ist deren Betonung der Freiheit, mit der sich der Chemiker auch prompt Feinde in der DDR-Nomenklatura gemacht hatte. Die Determiniertheit dessen, was Havemann als «mechanischen Materialismus» schmähte, gelte es abzuschütteln, denn sonst gebe es für die Menschheit keine Möglichkeit zur Veränderung. Hier waren Havemann und Hayek ganz nah beieinander. Zugleich fand Herrhausen den religiös geprägten Ansatz von Chardin wieder, wenn Havemann das «Reich der Zweckhaftigkeit, die Teleologie»[18] voraussetzt, denn «um diese Welt zu schaffen, bedarf es der Einsicht in die Notwendigkeit. Dies heißt ja nichts anderes, als die Entdeckung der phantastischen Möglichkeiten, die diese Welt uns bietet.»[19] In Chardins Werkauswahl, die Herrhausen gleichfalls 1964, im selben Jahr also wie das Havemann-Buch, studierte, ist diesbezüglich der Satz markiert: «Für unsere geöffneten Augen ist das Universum in Zukunft nicht mehr eine Ordnung, sondern ein Prozeß.»[20] Nicht die Vorgaben einer unpersönlichen Vernunft, und sei sie göttlich, konnten der Natur des Menschen entsprechen, sondern allein eine höheren Zwecken entsprechende Forderung nach eigenverantwortlichem Handeln, oder wie Havemann es ausdrückte: «Wir müssen auf das Mögliche wirken, bevor es zur Wirklichkeit geworden ist. Wir gestalten und verändern die Welt, indem wir die Möglichkeiten ändern. So erreichen wir, daß wirklich wird, was wir erstreben.»[21]

Was der Wille erstrebt, erreicht er. Das war eine Maxime aus dem Munde eines erklärten Kommunisten, mit der auch Herrhausen einverstanden war. Für ihn war die Wirklichkeit Ausdruck von individuellen Prägungen, und die einzige Schwierigkeit, die es zu überwinden galt, war der mangelnde Wille zur Gestaltung der Welt. «Macht», so hatte er 1976 in einem Vortrag vor Mitarbeitern ganz im Sinne Havemanns erklärt, «beginnt nicht erst bei der Einflußnahme selbst, sondern schon bei der Möglichkeit dazu.» Deshalb war für ihn das Amt des Vorstandssprechers so erstrebenswert, denn hier vergrößerte sich weniger seine praktische Einflußnahme als vielmehr die Möglichkeit einzugreifen, wenn er es für richtig hielt.

Erst als er dieses Amt antrat, kam der Visionär in Herrhausen klar zum Vorschein. Sein direkter Nachfolger als Vorstandssprecher, Hilmar Kopper, beschrieb 1994 auf durchaus zwiespältige Weise, wie sich in dessen Augen Herrhausens Charakter als Führungskraft verändert hatte: «Sprechen wir über seine kulturelle Prägung, seine Fähigkeit und Bereitschaft, über den Dingen zu stehen, sich selbst in einer eigenen Weise auszudrücken. Das machte seine Persönlichkeit aus. Sie entwickelte sich über fünfzehn Jahre. Erst als er Sprecher wurde, trat sie in den Vordergrund.»[22]

Das Dilemma der beinahe fünf Jahre, die ihm in diesem Amt vergönnt waren, bestand darin, daß Herrhausen erkennen mußte, daß die Durchsetzung des von ihm als richtig Erkannten immer noch an zu viele Kompromisse gebunden war: Die Wahrheit ist dem Menschen eben nicht immer zumutbar, wenn man selbst im Einklang mit den eigenen Überzeugungen erfolgreich sein will. Die List der Vernunft, mit der das Wirkliche aus dem individuell Möglichen erwachsen sollte, weil es so dem höheren Zwecke diente, blieb hinter Herrhausens Erwartungen zurück. Er hätte es wissen müssen, denn hatten nicht Hayek und Havemann jedem deterministischen Denken eine Absage erteilt? Aber für den Mann an der Spitze war es plötzlich inakzeptabel geworden, Zugeständnisse an den Lauf der Welt zu machen. Denn er glaubte zu wissen, wie die Dinge zu laufen hatten.

Wußte er es wirklich? Was seine weltpolitische Rolle als Vorreiter eines umfassenden Schuldenerlasses angeht, so hat ihn die Entwicklung nach 1989 weitgehend bestätigt, wie wir gesehen haben. Doch die Zukunft der Deutschen Bank nahm einen anderen Verlauf, als Herrhausen ihn prognostiziert hatte. Sein Ziel, das Auslandsgeschäft und hier besonders den Bereich des Investment Banking zu stärken, erwies sich als richtig. Aber der Anspruch dieser internationalen Neupositionierung ließ sich nicht vereinen mit Herrhausens anderer Überzeugung, daß man im Inland und im restlichen Europa möglichst das Prinzip der Universalbank aufrechterhalten müsse.

In den siebzehn Jahren seit seiner Ermordung hat die Deutsche Bank einen anderen Weg eingeschlagen, mitunter konnte man gar von einem Schlingerkurs reden. So wurde das Privatkundengeschäft, das Herrhausen als Rückgrat des von ihm erträumten Weltkonzerns beibehalten wollte, zunächst geteilt: Vermögende Kunden wurden von kleinen getrennt. Zur Betreuung der letzteren wurde das Tochterinstitut Deutsche Bank 24 gegründet, erstere blieben in der Zuständigkeit der klassischen Vermögensverwaltung. Diese Zweiklassenbildung sorgte für großen Ärger unter der Kundschaft, denn weder die weniger solventen noch die wohlhabenden Kontoinhaber bei der Deutschen Bank wollten als solche kenntlich gemacht werden. Deshalb wurde diese Trennung nach einigen Jahren wieder weitgehend rückgängig gemacht, nachdem unzufriedene Kunden erhebliche Vermögen abgezogen hatten.

Das früher vorherrschende Kreditgeschäft ist in seiner Bedeutung für alle Großbanken weit hinter das Kapitalmarktgeschäft zurückgefallen. Dadurch hat sich das Selbstverständnis einer Branche, die in Deutschland traditionell mit «Kreditwesen» bezeichnet wird, drastisch verändert. Doch der entsprechende Wandel setzte schon in den achtziger Jahren ein, als die jungen Auszubildenden vor allem in die Börsenabteilungen der Deutschen Bank drängten, weil das Aktiengeschäft die Königsdisziplin war – und der Parketthändler, bei dem damals noch alle Fäden zusammenliefen, war der Kaiser. Der spektakuläre Börsenboom der neunziger Jahre warf seine Schatten voraus, und Herrhausen, mit seinem Gespür für die Stimmung an der Basis, setzte gemeinsam mit seinem Co-Sprecher Christians deshalb früher als die anderen Großbanken auf den

Ausbau des entsprechenden Engagements seines Unternehmens. Allerdings verstärkte diese Neuausrichtung die Verärgerung jener Privatkunden, die zuvor vor allem als Kreditnehmer Geschäftsbeziehungen mit der Deutschen Bank unterhalten hatten. Sie sahen sich nunmehr als unerwünschte Kundschaft, und die Bedingungen für eine Kreditvergabe wurden seitens des Instituts in den Folgejahren immer weiter erschwert.

Es war Josef Ackermann, der dann im Jahr 2004 erwog, zur Stärkung des Privatkundengeschäfts die Deutsche Postbank zu erwerben, aber nach kurzer Überlegung wurde diese Absicht fallengelassen. Im Folgejahr rief man statt dessen wieder den Ausbau des Investment-Banking als Ziel aus, weil die Erträge des Privatkundengeschäfts hinter den Erwartungen zurückgeblieben waren. Das längst auch für die börsennotierten Banken gängige Prinzip des Shareholder value, also der Orientierung der Geschäftsführung an der Kursentwicklung der eigenen Aktien, verhindert oft langfristige Maßnahmen, weil diese nicht schnell genug Früchte tragen. Allein der Versuch von Kreditinstituten, sich neue Geschäftsfelder zu erschließen, darf wohl noch auf eine gewisse Zeit- und Risikotoleranz bei den Aktionären hoffen. Für das Privatkundengeschäft der Deutschen Bank gilt dies offenbar nicht mehr. Diese Säule der Herrhausenschen Konzeption ist eingestürzt.

Nur auf wenigen Feldern blieb man der Linie des ehemaligen Vorstandssprechers treu. So erwarb die Deutsche Bank im September 2005 zehn Prozent an der chinesischen Großbank Huaxia[23] und kaufte sich damit in einem Land ein, das Herrhausen bereits in den siebziger Jahren zum Wachstumsmarkt erklärt hatte, als die Konkurrenz China lediglich als unberechenbaren Giganten betrachtete. Auch die Integration von Morgan Grenfell in den Konzern ist geglückt, während der nur kurzfristige Einstieg ins Versicherungsgeschäft vor allem dazu beigetragen hat, die Gräben zwischen den einstigen treuen Partnern Deutsche Bank und Allianz zu vertiefen. Als die Allianz 2001 die Dresdner Bank schluckte, war das die entsprechende Antwort auf das Frankfurter Engagement im Versicherungswesen. Gleichwohl hatte Vorstandssprecher Rolf E. Breuer bereits vorher die entsprechenden Aktivitäten der Deutschen Bank beendet. Damit war das von Herrhausen proklamierte Allfinanzkonzept offiziell für gescheitert erklärt, und das traditionsreiche Hypothekengeschäft wurde gleich mit beerdigt.

Die aktuelle Strategie der Deutschen Bank hat nichts mehr von der klaren Linie der Ära Herrhausen, die allerdings davon profitierte, daß auf allen Feldern Expansion zum Ideal erhoben worden war. Doch selbst in den Momenten, in denen Herrhausens Nachfolger sich noch einmal dieser Absicht verschrieben, ließen sie es an Entschlossenheit fehlen. Musterbeispiel dafür war im April 2000 das Scheitern der bereits verkündeten Fusion von Deutscher und Dresdner Bank, die einen der weltweit größten Finanzkonzerne hervorgebracht und damit das erklärte Ziel Herrhausens, die Deutsche Bank dauerhaft in der Spitzengruppe der internationalen Banken zu verankern, erfüllt hätte. Es war nicht einmal das Kartellamt, das diesen Zusammenschluß vereitelte, sondern die ungenügende Vorbereitung seitens der beiden beteiligten Häuser. Als die Nachricht von der Fusion nach außen drang, war man sich längst noch nicht einig, und die sofort einsetzende Kommentierung des Plans trug nicht eben dazu bei, die erregten Gemüter vor allem innerhalb der Dresdner Bank zu beruhigen. Die Folge war ein Kommunikationsdesaster, sowohl nach außen wie nach innen, das die Bank kleinzureden versuchte.

«Die Idee der Rationalität kann nicht besser gekennzeichnet werden als durch die Bereitschaft, Kritik anzunehmen», hat Karl Popper in seinen Erinnerungen geschrieben.[24] Das ergänzte sich vortrefflich mit einem Kant-Zitat, das Herrhausen besonders beeindruckt hatte: «Unser Zeitalter ist das eigentliche Zeitalter der Kritik, der sich alles unterwerfen muß. Religion durch ihre Heiligkeit und Gesetzgebung durch ihre Majestät wollen sich gemeiniglich derselben entziehen. Aber alsdann erregen sie gerechten Verdacht wider sich und können auf unverstellte Achtung nicht Anspruch machen, die die Vernunft nur demjenigen bewilligt, was ihre freie und öffentliche Prüfung hat aushalten können.»[25]

Kritik, wie sie Herrhausen verstand, war vor allem eine, die weitgehend öffentlich ausgetragen werden sollte. Allerdings hatte sie sachlich zu erfolgen. Auf der Hauptversammlung der Deutschen Bank am 23. Mai 1986 in Stuttgart stellte Herrhausen für den gesamten Vorstand fest, daß dem Gremium jedes Verständnis für die oft larmoyante Weise fehle, mit der die unterschiedlichsten gesellschaftlichen Gruppen vielfach «unser Land, unsere Wirtschaft und unseren Staat kritisieren». Damit aber richtete er sich nur gegen Pauschalvorwürfe, während er doch immer wieder betont hatte, wie wichtig die Debatte über einzelne ökonomische Aspekte sei: Nur die Bereitschaft, wichtige Fragen – seien es solche, die die Bank betrafen, oder solche, die allgemeinwirtschaftlichen Problemen galten – auch wichtig zu nehmen, konnte bewirken, daß überhaupt erst ein Bewußtsein für sie geschaffen würde. «Was sich nicht in Kommunikation verwirklicht, ist noch nicht, was nicht zuletzt in ihr gründet, ist ohne genügenden Grund»[26], hatte Herrhausen von Jaspers gelernt.

Die daraus resultierende Forderung nach «Glasnost für den Kapitalismus» brach mit allem, was in der öffentlichkeitsscheuen Deutschen Bank zuvor als selbstverständlich betrachtet worden war. Auch das belastete das Verhältnis des Sprechers zu seinen Vorstandskollegen: Der Sprecher hatte im traditionellen Verständnis der Bank vor allem zu schweigen, denn was im Vorstand vor sich ging, sollte im Regelfall die vier Wände des Besprechungszimmers nicht verlassen. Der Unternehmensberater Roland Berger, der seine eigene Firma an die Deutsche Bank verkauft hatte, schätzte Herrhausens Schwierigkeiten zutreffend ein: «Speziell in einem Haus, in dem vieles auf Diskretion begründet ist, in dem Hierarchie noch eine entscheidende Größe ist, mußte Herrhausens Art, Tabus nicht ernstzunehmen, auch auf Widerstand stoßen.»[27] So geschah es.

Aber es gab auch massive Rückendeckung aus dem Haus für den unkonventionellen Kurs des Vorstandssprechers. Die neue Rolle, die Herrhausen ausfüllte, war die eines Mannes, der sich nicht zu schämen schien für seinen Beruf. Auch das war ungewöhnlich in einem Metier, das immer wieder Gegenstand von heftigen Angriffen gewesen war. Herrhausen verstand die eigene Aufgabe dagegen so, wie er es bei Hayek hatte lesen können: als die eines «wirklichen Helden der Marktwirtschaft». So hatte der Ökonomietheoretiker das Lob jenes Wirtschaftsakteurs gesungen, «der heute noch meist von der Geschichte als ein Ungeheuer dargestellt wird, nämlich des Geldverleihers, der mit Jahrtausenden der Schmach einen der größten Beiträge zur Entwicklung unseres gegenwärtigen Wohlstands geleistet hat».[28]

Herrhausen sah das, wie einem Interview vom Dezember 1985 zu entnehmen ist, ähnlich. Er nutzte seine an Hayek geschulten Ausführungen jedoch sogleich dazu, um wiederum die Wirtschaft in die Pflicht zu nehmen und seine eigene Überzeugung von der Notwendigkeit struktureller Anpassung an die neuen Bedingungen zu verkünden: «Wir verdanken den Wohlstand unseres Volkes vornehmlich der Leistungskraft unserer Wirtschaft. Reales Wirtschaftswachstum findet meiner Ansicht nach nur in einem ökologisch verantwortbaren Rahmen statt. Ständiges Wirtschaftswachstum bedeutet ständigen Strukturwandel. Nur dadurch läßt sich der Wohlstand unseres Landes und als Spiegel dessen der Arbeitsplatz des einzelnen erhalten und sichern.»[29]

Diese Kausalkette war typisch für Herrhausen: Die schnellen Sprünge von der Verteidigung der Wirtschaft über den notwendigen Umweltschutz zur Reform- wie Sozialpolitik ließen keine wirklichen Angriffspunkte mehr zu. Und das spürte man auch innerhalb der Bank. Daß Herrhausen die Aufgabe der eigenen Branche derart neu bestimmte, ihr gesellschaftliches Engagement einklagte, aber dafür auch den Respekt der Gesellschaft forderte, das brachte ihm die Bewunderung jenes überwiegenden Teils der Belegschaft seines Instituts ein, der nicht die Toppositionen des Konzerns bekleidete. Diese Angestellten entwickelten durch die Aktivitäten Herrhausens ein neues Selbstbewußtsein, und der Vorstandssprecher wiederum konnte darauf zählen, daß die jungen Deutschbanker für ihn durchs Feuer gehen würden. Helmut Kohl preist Herrhausen als einen, der wußte, wie es an der Basis des Kreditinstituts stand, und hinter dem die Basis stand: «In der Deutschen Bank gab es zu seiner Zeit eine

Zweidrittelgesellschaft. Ein Drittel bestand aus den etablierten, alteingesessenen Mitarbeitern, von denen viele mit ihm als Führungskraft, die von außen zur Bank gestoßen war, und vor allem mit seinem Stil wenig anfangen konnten. Die anderen zwei Drittel, also die klare Mehrheit, setzten sich aus den jungen, zukunftsorientierten Mitarbeitern zusammen. Das waren diejenigen, die Herrhausen engagiert unterstützten.»[30] Auf diese Unterstützung durch die Basis der Mitarbeiter konnte er beim internen Umgestaltungsprozeß setzen. Dies hatte er allen seinen Nachfolgern seitdem voraus.

Es sollte sich deshalb für Kopper, Breuer und Ackermann als unmöglich erweisen, aus dem Schatten eines Mannes zu treten, der in der Öffentlichkeit zuletzt als Musterbild eines Bankiers wahrgenommen worden war, während sein Kurs im Leitungsgremium des Unternehmens sehr umstritten blieb. Kopper faßte das grundlegende Problem Herrhausens mit dem Vorstand der Bank einige Jahre nach dem Tod seines Vorgängers so zusammen: «Er machte sich Sorgen über unsere Größe und Profitabilität, wenn er die Deutsche mit anderen Banken verglich. Wir konnten ihn darüber nicht beruhigen. Manchmal war er geradezu bedrückt, und ich habe nie verstanden, warum: Es gab keinen Grund, schwarzzusehen, wir waren auf dem Vormarsch. Ich glaube, er wollte, daß wir eine Menge Dinge zur gleichen Zeit ändern sollten, wobei er übersah, daß es sich hier nicht um eine Organisation handelt, die man im Handumdrehen ändern kann. Man kann auf der Brücke stehen und ‹Wenden!› schreien, aber dann wird es immer noch acht Monate dauern, bis sich der Bug des Schiffs um drei Grad bewegt. Das machte ihn unruhig, und er litt.»[31]

Kopper verstand nicht, daß Herrhausens Antrieb ein anderer war als nur die Aussicht auf ein profitables Unternehmen. Sein Vorgänger hatte den ehrgeizigen Plan, nicht nur das eigene Haus, sondern das gesamte internationale Bankensystem zu verändern, denn ein Unternehmen wie die von ihm projektierte Deutsche Bank wäre ohne Beispiel gewesen. Deshalb war keine Zeit für eine Weiterentwicklung des Instituts aus sich selbst heraus, wie sie vor Herrhausens Zeit als Vorstandssprecher üblich gewesen war.

Er kam als Meister der Fusionen, und diese Erfahrung spielte er aus, als er die Macht dazu besaß. Die zahlreichen Übernahmen ausländischer Bankenketten, und vor allem der Kauf von Morgan Grenfell, ließen erkennen, daß Herrhausen höchste Eile für geboten hielt. Zwei Fristen waren gegeben, die eine besonders schnelle Umsetzung der ehrgeizigen Pläne des Vorstandssprechers erforderlich machten: der für 1992 avisierte Gemeinsame Europäische Markt und vor allem das eigene Ausscheiden aus dem Vorstand im Jahr 1995. Ein halbes Jahrzehnt war eine lächerlich kurze Zeitspanne für die Verwirklichung einer Globalstrategie, die in der Deutschen Bank selbst denkbar umstritten war. Doch Herrhausen war sich seiner Sache sicher, und deshalb vertrug er keinen Aufschub.

Was ihn dabei von Kopper und den anderen Vorstandskollegen unterschied, war wieder sein weit über die Gepflogenheiten des Geschäftslebens hinausgehendes Verständnis für die Komplexität strittiger Punkte. Ein Phänomen, das ihn hierbei besonders interessierte, war das Konzept von Zeit. Und zwar nicht in dem Sinne, wie es von einem studierten Betriebswirt zu erwarten wäre, also als bloße Ressource, über deren optimale Verteilung nachzudenken wäre. Zeit war für ihn auch durchaus ein philosophisches Problem: als Frage nach dem, was als zeitgemäß gelten darf. Gerade weil sich die Zeit jeder direkten Beeinflussung entzieht, war sie Gegenstand seiner speziellen Neugier.

Dabei war Herrhausen der subjektive Charakter unseres Zeitempfindens bewußt, seit er in den fünfziger Jahren Thomas Manns «Zauberberg» gelesen hatte, auf den die bereits erwähnte Randbemerkung in Herrhausens Exemplar der Havemann-Vorlesungen verweist. Hier zeigt sich abermals die grundlegende Skepsis des Managers gegen Abstraktion: Havemanns Bemerkung, die Zeit werde «tatsächlich nur als eine Ansammlung von Sekunden, Minuten, Stunden, Tagen und Jahren angesehen, abgelöst von der wirklichen Welt», enthält jene klare Trennung zwischen Modell und Wirklichkeit, die Herrhausen seit seiner Dissertation forderte. «Das ganze Leben», so beschreibt Havemann die Wirklichkeit, «ist von diesem ständigen Zeitwechsel begleitet», und er meinte damit die Erfahrung, «wie manche Stunden so inhaltlos und andere so inhaltsreich sind und wie die inhaltsreichen Stunden uns wohl zu schnell entfliehen, aber doch auch einen anderen Umfang erreichen»[32]. Es war diese Stelle, an der Herrhausen seinen Verweis auf den «Zauberberg» anbrachte. Hans Castorps Verlust eines objektiven Zeitverständnisses mußte ihm einleuchten.

Seine eigene Folgerung aus diesem Problem war eine möglichst effiziente Zeiteinteilung: «Soll unser Leben nicht in Zerstreuung verlorengehen, so muß es in einer Ordnung sich finden» – dieses Zitat aus der «Einführung in die Philosophie» von Karl Jaspers hatte Herrhausen schon 1963 beeindruckt. Und zwanzig Jahre später war es einmal mehr Hayek, der in einem seiner letzten Vorträge eine Maxime aufstellte, die gleichfalls Herrhausens Beifall fand: «Es ist im wesentlichen die Disziplin, die die langsame Entwicklung der Verhaltensregeln des Rechts und der Moral unseren ‹natürlichen› Gefühlen auferlegt hat, die die Entwicklung der Kultur und ihrer materiellen Grundlagen möglich gemacht hat.»[33] Allerdings akzeptierte Herrhausen für sich und seine Umgebung nur das Leitbild der Disziplin, gewiß nicht das der ‹langsamen Entwicklung›. Alles, was die Umsetzung seiner Ideale hemmte, wurde als feindlich betrachtet. Auf den beiden Hauptversammlungen, die Herrhausen als alleiniger Sprecher leitete, wurde er vom Publikum umjubelt. Michael Endres hat so etwas nirgendwo sonst und auch bei der Deutschen Bank nicht wieder erlebt: «Die Leute standen nach der Veranstaltung Schlange, um sich von Herrhausen die Geschäftsberichte signieren zu lassen. Seine Wirkung war unglaublich. Selbst das Desaster der mißlungenen Fiat-Aktienplazierung, die uns ein unerwünschtes Beteiligungspaket beschert hatte, wurde auf der Hauptversammlung von 1988 als weiterer entscheidender Schritt der Bank nach Europa gefeiert.»[34]

Herrhausen war allerdings kein Freund bloß gesellschaftlicher Anlässe. Einerseits kosteten sie Zeit, andererseits eröffneten sie nur selten die Gelegenheit zu offenen Gesprächen. Deshalb wird es ihm gefallen haben, daß er 1989 den von ihm an Krücken absolvierten Neujahrsempfang der Frankfurter Gesellschaft für Handel, Industrie und Wissenschaft schnell wieder verlassen konnte, um sofort nach Hamburg zur Rehabilitation in die Klinik zurückzukehren, wo er an der Hüfte operiert worden war. Doch zuvor hatte er als Toast auf das neue Jahr die bereits erwähnte Rede gehalten, die als eine seiner eindrucksvollsten gelten muß.

Unter dem Titel «Denkmuster und Realität» griff er auf seine alte Frage nach dem richtigen Denken zurück. Herrhausen näherte sich ihrer Beantwortung zunächst ex negativo, über die Beschreibung fehlerhaften Denkens: «Als solches bezeichne ich ein Denken, das im Widerspruch steht zu der jeweiligen Realität, mit der es sich befaßt. Und dies hat mit einem elementaren psychologischen Sachverhalt zu tun, der mit der ständig größeren Differenzierung unserer Lebensverhältnisse immer mehr an schädlicher Bedeutung gewinnt, mit der Tatsache nämlich, daß die meisten Menschen es sich gleichsam als Überlebensmethode ‹einfach› machen wollen. Unsere Welt ist aber [...] ungemein komplex, vernetzt und schwierig geworden, und es bedarf oftmals großer intellektueller Anstrengungen, um sie zu begreifen, was ja die Voraussetzung dafür ist, sie zu gestalten.»[35]

Wie sich Herrhausen diese Gestaltung vorstellte, führte er in seinem gut halbstündigen Toast aus, der viel eher Referat genannt werden muß. Daß dies mehr war als nur eine Gelegenheitsansprache, zeigte sich darin, daß der zentrale Abschnitt der Rede – seine Ausführungen zur Arbeitslosigkeit, die beinahe die Hälfte der Rede umfaßt hatten – vier Monate später unverändert seinen Weg als Stellungnahme der Deutschen Bank in deren Geschäftsbericht für das Jahr 1988 fand. Hier trugen diese Gedanken dann den Titel «Arbeitszeit = Zeit für Arbeit», und sie sind durch den Tod Herrhausens zu einem weiteren Vermächtnis des Vorstandssprechers geworden.

Herrhausens damalige Überlegungen haben nichts an Aktualität eingebüßt, denn der Vorstandssprecher befaßte sich in seiner Ansprache mit der Frage von Lebensarbeitszeit und Arbeitsverteilung. Angesichts einer Welt der wachsenden internationalen Konkurrenz sah Herrhausen in den Forderungen nach Arbeitszeitverkürzung bei vollem Lohnausgleich eine sträfliche Vernachlässigung der Wettbewerbssituation: «Offenbar weisen die Märkte einzelnen Wirtschaften mehr Arbeit zu als anderen. Wie kommt das? Die Zuweisung hängt davon ab, was die Wirtschaften ihrerseits anbieten. Märkte reagieren im nationalen und internationalen wettbewerblichen Umfeld in der Regel rational auf konkrete Angebote im Hinblick auf Qualität, Preis, Timing und Service. Sie wählen aus und entscheiden über Auftrags- und damit Arbeitszuteilung nach ihrem eigenen Kalkül wirtschaftlicher Vorteilhaftigkeit. Die Zeitwünsche derer, die arbeiten oder arbeiten wollen, müssen sich in diesem Kalkül unterbringen lassen, das heißt, sie müssen ‹passen› – nach Umfang, Struktur und im Verhältnis zu allen anderen Wünschen, die im gleichen Kalkül enthalten sind.»[36]

Deshalb müsse das Verlangen nach Arbeitszeitverkürzung auf die Entwicklung der Wirtschaft schauen – erforderlich sei ein «Attraktivitäts-Testat der Märkte». Wenn diese Bestätigung für Deutschland ausbleibe – und Herrhausen machte kein Geheimnis aus seiner Überzeugung, daß dies geschehen werde –, sei auch kein Zuwachs der Arbeitszuteilung zu erwarten, sondern eher eine Abnahme. Dadurch aber werde die Hoffnung konterkariert, daß durch weniger Arbeit neue Arbeitsplätze zu schaffen wären. Die einzige plausible Möglichkeit zur Umverteilung sah Herrhausen deshalb im umfassenden Verzicht: «Die Arbeitenden müssen Arbeit an die Nicht-Arbeitenden abgeben – soweit das im technischen Sinne durch ‹Arbeitsteilung› möglich ist. Abgesehen davon, daß man davon nicht ohne weiteres ausgehen kann, heißt Arbeitsteilung in diesem Zusammenhang Teilen der Arbeit und ihres zugehörigen ökonomischen Ergebnisses, das heißt nicht nur Teilen des Tätigseins, sondern Teilen der entlohnten Arbeit, der Erwerbstätigkeit. Sind die Arbeitenden dazu bereit?»[37]

Eines jedenfalls war für Herrhausen klar: Die aktuelle Arbeitszeitentwicklung entsprach nicht den Realitäten und galt ihm als Zeichen für fehlerhaftes Denken. Typisch für ihn war, daß er, obwohl seine Analyse eindeutig auf die bundesdeutsche Situation gemünzt war, sofort einen anthropologischen Anspruch formulierte: «Wir werden eher mehr denn weniger arbeiten müssen, um der Fragen Herr zu werden, die uns als Gattung bedrohen.»[38] Und darunter verstand er nicht allein einen generellen Appell für mehr Erwerbsarbeit, sondern auch für neue Formen des Engagements, die er um so schmerzlicher vermißte, weil er einen Wertewandel beobachtete, der durch die Überbetonung von Freizeit gegenüber der Arbeitszeit noch verstärkt werde: «Werte und Tätigkeitsnormen aus dem Bereich der Produktionssphäre etwa geraten mehr und mehr in Gegensatz zu den Werten und Normen der Konsum- und Freizeitsphäre. Werden dort (in der Produktion) Disziplin, Organisation, Leistung, Solidarität und oftmals auch Verzicht abverlangt, so überwiegen hier (beim Konsum und in der Freizeit) Expressivität, Spontaneität, Bindungslosigkeit und Wunschbefriedigung.»[39]

Derlei Überlegungen aus seiner Rede wollte Herrhausen den Lesern des Geschäftsberichts der Deutschen Bank nicht mehr zumuten, weil sie unmittelbare soziale wie politische Implikationen in sich trugen, die über die Expertise eines Kreditinstituts weit hinauszugehen schienen. In seinem Toast aber stellte der Redner konkrete Forderungen auf, gerade auch an die Politiker, denen er zu große Rücksichtnahme auf den Zeitgeist vorwarf, und dieser Zeitgeist «ist stärker auf das kommunale, regionale und nationale Geschehen konzentriert als auf das internationale und globale – in zunehmendem Maße mit der interessanten, bedenkenswerten Ausnahme karitativer Hilfsbereitschaft»[40]. Den Chef eines global agierenden Konzerns mußte es beunruhigen, daß die einzigen Institutionen, die den Weg der Wirtschaft mitgingen, die Hilfsorganisationen waren. Obwohl Herrhausen darin eine Bestätigung für seine eigene Überzeugung vom Nutzen der Globalisierung fand.

Am Schluß seines Toasts stand dann der Satz von Ingeborg Bachmann: «Die Wahrheit ist dem Menschen zumutbar.» Diese Aussage spielte Herrhausen gegen eine andere prominente Frau aus, gegen Rosa Luxemburg. Deren Satz «Wir werden an unseren Handlungen gemessen, nicht an unseren Motiven» wies er als ungenügend zurück, «weil zur Freiheit gleichsam als siamesischer Zwilling die Verantwortung gehört. Ohne sie kann Freiheit nicht leben. Deshalb muß Handlung auch aus Haltung geboren werden»[41].

So wie Herrhausen diesen langen Toast im Januar 1989 absolvierte, stehend und auf Krücken gestützt, verstand er sich selbst als Personifizierung dieses Ideals der Einheit aus Handlung und Haltung. Und so behielten ihn seine Zuhörer, ungeachtet ihres Mitgefühls für den leidenden Menschen und das Unverständnis für dessen Ausführungen, in Erinnerung.

Wenn heute das Ansehen der Banken auf einem Tiefpunkt angelangt ist, wie es eine Studie aus dem Mai 2005 nahelegt[42], so liegt das gewiß daran, daß der Branche Persönlichkeiten wie Herrhausen fehlen. Gemeinsam mit den Versicherungen werden die Banken als allein auf Gewinn ausgerichtete Unternehmen wahrgenommen, die über großen institutionellen Einfluß verfügen, aber ihrerseits keine Verpflichtungen eingehen – bei der Einschätzung der Sicherheit von Arbeitsplätzen belegen Banken und Versicherungen in der Studie den letzten Platz.

Dies hätte Herrhausen in Unruhe versetzt. Auch wenn er den Wettbewerb zur Grundlage jedes erfolgreichen ökonomischen Handelns erklärte, war doch die soziale Verantwortung der Wirtschaft und die seiner Bank im speziellen für ihn eine Selbstverständlichkeit. Auf die Frage, ob Herrhausen jemals versucht habe, über seine Freundschaft zu ihm Einfluß auf die Politik zu nehmen, antwortet der ehemalige Bundeskanzler Helmut Kohl: «Selbstverständlich, aber nicht zugunsten seines Instituts, sondern zum Wohle Deutschlands. Er war ein Patriot, ein Deutscher, wie man in der Welt nur wenige kannte, und deshalb war seine internationale Wirkung auch viel größer als die im Inland. Er war ein Anhänger der sozialen Marktwirtschaft, nicht eines reinen Wettbewerbsprinzips. Bei einigen Fragen hatte ich sogar das Gefühl, daß er eher links von mir stand.»[43]

Diese Antwort erklärt Herrhausens Nimbus: Man konnte ihn nicht fest einordnen, obgleich vollkommen klar war, wofür er stand. Deshalb kann sich die Deutsche Bank auch heute noch auf ihn als moralische Instanz berufen. Im Foyer von Turm A der Frankfurter Zentrale ist vor dem Eingang zu den Aufzügen, die unmittelbar in die Vorstandsetagen führen, ein Zitat Herrhausens in die Wand eingelassen: «Freiheit – und Offenheit, die damit einhergeht – wird uns nicht geschenkt. Die Menschen müssen um sie kämpfen, immer wieder.» In der Wirtschaft gab es keine Persönlichkeit, die ähnliche Faszination ausgelöst hätte. Das befeuerte sein Selbstbewußtsein um so mehr; er kannte keine expliziten Vorbilder. Dem «Stern» hat Herrhausen im März 1989 erklärt: «Ich meine, daß man zur Selbstverwirklichung nach dem suchen muß, was in einem selbst steckt, und nicht nach dem, was in einem anderen steckt. Kein Mensch ist unersetzlich, aber jeder ist einzigartig, denn es gibt ihn nur ein einziges Mal. Und daraus leite ich eine Verpflichtung ab, das zu realisieren, was ich bin, und nicht danach zu streben, was ein anderer ist oder war.»[44] Für Alfred Herrhausen zählte ausschließlich, was er in sich selbst gefunden hatte.

Ich schulde allen meinen Gesprächspartnern Dank: denen, die sich bereit erklärten, zitiert zu werden, und denen, die es vorzogen, ungenannt zu bleiben. Anne Koch hat mir freundlicherweise ihr privates Fotoalbum geöffnet, Gunnar Schmidt war derjenige, der mich überhaupt am Schreiben hielt, und Jens Dehning hat dafür gesorgt, daß das Geschriebene auch druckreif wurde. Dietmar Dath hat mir mit einem Roman den Rücken gestärkt, als ich es bitter nötig hatte. Aber wie stets verdankt das Buch am meisten Martina Gerhardt.

Anmerkungen

Der letzte Bankier: Kapitalismus als Intelligenz?

1 «Die Welt am Sonntag» vom 13. Februar 2005.
2 «Der Spiegel» vom 28. Februar 2005.
3 Der gesamte Wortlaut des Bekennerschreibens in modifizierter Orthographie ist abgedruckt in «Die Tageszeitung» vom 6. Dezember 1989.
4 Äußerung auf einem Informationsforum in Frankfurt 1988, zit. nach Homepage der Alfred Herrhausen Gesellschaft für internationalen Dialog, Stand: 5. September 2005.
5 «Frankfurter Allgemeine Zeitung» vom 20. November 1999.
6 Gespräch des Verfassers mit Helmut Kohl am 13. September 2005.
7 Lutz Hachmeister: «Schleyer». Eine deutsche Geschichte. München 2004.

Erstes Kapitel: Der Eliteschüler: Von Essen nach Feldafing und zurück

1 Zit. in Dieter Balkhausen: «Alfred Herrhausen». Macht, Politik und Moral. Düsseldorf 1990. S. 41.
2 «Stuttgarter Zeitung» vom 2. Mai 1987.
3 Gespräch des Verfassers mit Anne Koch am 8. September 2005.

4 Gespräch mit Anne Koch.
5 Vergl. Hans-Ulrich Wehler: «Deutsche Gesellschaftsgeschichte». Vierter Band 1914–1949. München 2003. S. 818–821.
6 Vergl. für das folgende ebd., S. 776–778.
7 Harald Scholtz: «Nationalsozialistische Ausleseschulen». Internatsschulen als Herrschaftsmittel des Führerstaates. Göttingen 1973. S. 76.
8 Brief an die Eltern vom 20. Februar 1944.
9 Brief an die Eltern vom 23. Mai 1943.
10 Brief an die Eltern vom 5. Dezember 1943.
11 Brief an die Eltern vom 6. November 1943.
12 Brief an die Eltern vom 20. November 1943.
13 Brief an die Eltern vom 5. Februar 1944.
14 Briefe an die Eltern vom 23. Mai und 18. Juli 1943 sowie vom 26. Februar und 14. März 1944.
15 Brief an die Eltern vom 16. Januar 1944.
16 Brief an die Eltern vom 20. November 1943.
17 Brief an die Eltern vom 26. Juni 1943.
18 Brief an die Eltern vom 26. Februar 1944.
19 Brief an die Eltern vom 14. November 1943.
20 Brief an die Eltern vom 20. November 1943.
21 Zit. in Andres Veiel: «Black Box BRD». Alfred Herrhausen, die Deutsche Bank, die RAF und Wolfgang Grams. Stuttgart 2002. S. 46.
22 Brief an die Eltern vom 19. Januar 1943, über das Sommerprogramm eines Klassentages gibt der Brief an die Eltern vom 26. Juni 1943 Auskunft.
23 Martin Bormann: «Vom Reichsschüler in Feldafing zum Missionar im Kongo». In: Johannes Leeb: «Wir waren Hitlers Eliteschüler». Ehemalige Zöglinge der NS-Ausleseschulen brechen ihr Schweigen. München 2004. S. 141–158, hier S. 149.
24 Vergl. Hans Fischach: «Feldafing war das Glück meiner Jugend». In: Leeb, a. a. O., S. 39–54, hier S. 45.
25 Vergl. Veiel, a. a. O., S. 49.
26 Als Beiblatt zum Brief an die Eltern vom 5. Dezember 1943. Ein zweites Gedicht ist «Den Toten» betitelt:
Ein Tag geht zu Ende/Mit hellrotem Schein,/Gefallen sind viele/Aus unseren Reihen./Und doch,/Sie gaben umsonst nicht ihr Leben./Wir sind die Trauben,/Sie waren die Reben./Blieben auch viele in Feindesland/Wir wissen/Sie starben für Großdeutschland./Die Toten sie leben,/Sie säten die Saaten./Sie sind verewigt,/In ihren Taten.
27 Brief an die Eltern vom 5. Dezember 1943.
28 Brief an die Eltern vom 5. März 1944 sowie Postkarte vom 17. Oktober 1943.
29 Brief an die Eltern vom 26. Februar 1944.
30 Brief an die Eltern vom 16. Oktober 1943.
31 Gespräch mit Anne Koch.
32 Brief an die Eltern vom 20. Juni 1943.
33 Gespräch mit Anne Koch.
34 Gespräch mit Anne Koch.

35 Zit. in Veiel, a. a. O., S. 63 f.
36 Gespräch des Verfassers mit Hans-Ulrich Wehler. In: «Frankfurter Allgemeine Zeitung» vom 23. April 2005.
37 Karl Dietrich Bracher: «Zeit der Ideologien». Eine Geschichte politischen Denkens im zwanzigsten Jahrhundert. Stuttgart 1982. S. 246.
38 Vergl. die Broschüre des Marburger Völkerkundlers Horst Nachtigall: «Utopien über eine ‹nachindustrielle› Gesellschaft». Sonderdruck der Mittelstandsvereinigung Osnabrück, 1980. Hier S. 8 (in Herrhausens Exemplar mit Anstreichung).
39 Alfred Herrhausen: «Denken, Ordnen, Gestalten». Reden und Aufsätze. Herausgegeben von Kurt Weidemann. Berlin 1990. S. 333 f.

Zweites Kapitel: «Wirtschaft ist eine Veranstaltung von Menschen»: Der Weg zum richtigen Denken

1 Alfred Herrhausen: «Der Grenznutzen als Bestandteil des Marginalprinzips». Inaugural-Dissertation zur Erlangung der Doktorwürde der Wirtschafts- und Sozialwissenschaftlichen Fakultät der Universität zu Köln. Maschinenschriftliches Manuskript. Köln 1955. Signatur DKM55HerrhausenAlfr.
2 Ebd., S. I.
3 Ebd., S. 45.
4 Alfred Herrhausen: Denken, a. a. O., S. 79.
5 Zit. in Veiel, a. a. O., S. 44.
6 Herrhausen, Grenznutzen, a. a. O., S. 17.
7 Ebd., S. 16.
8 Gespräch des Verfassers mit Edzard Reuter am 13. Oktober 2005.
9 Gespräch mit Anne Koch.
10 Vergl. «Stuttgarter Zeitung» vom 2. Mai 1987.
11 Gespräch mit Anne Koch.
12 Vergl. Archiv der Universität zu Köln, Diplomakte Alfred Herrhausen, Zug. 249, Nr. 36.
13 Robert Havemann: «Dialektik ohne Dogma?» Naturwissenschaft und Weltanschauung. Reinbek 1964. S. 70.
14 Karl R. Popper: «Ausgangspunkte». Meine intellektuelle Entwicklung. Hamburg 1979. S. 167.
15 Vergl. Balkhausen, a. a. O., S. 91.
16 Archiv der Universität zu Köln. Promotionsakte, Zug. 70, Nr. 379a, Sammelordner Bestandene Promotionen Wintersemester 1954/55 G–K, Referat zur Dissertation.
17 Gespräch mit Anne Koch.
18 Herrhausen, Grenznutzen, a. a. O., S. I.
19 Ebd., S. 46.
20 Ebd., S. 88.
21 Ebd., S. 54.
22 Ebd., S. 80.
23 Ebd., S. 85.

24 Ebd., S. 88.
25 Ebd., S. 89.
26 Ebd., S. 130 f.
27 Ebd., S. 90.
28 Ebd., S. 171.
29 Promotionsakte, a. a. O.
30 Herrhausen, Grenznutzen, a. a. O., S. 164.
31 Ebd., S. 170.
32 Theodor Geiger: «Aufgaben und Stellung der Intelligenz in der Gesellschaft». Stuttgart 1949. S. 67.
33 Herrhausen, Grenznutzen, a. a. O., S. 176.
34 Arnold Gehlen: «Die Seele im technischen Zeitalter». Reinbek 1966, S. 116.

Drittes Kapitel: Der Elektriker: Aufstieg bis zur Deutschen Bank

1 Vereinigte Elektrizitätswerke Westfalen (Hrsg.): «Energie». Dortmund 1959/60.
2 «Stern extra». Heft Nr. 4: Terrorismus. Das Attentat. 4. Dezember 1989. S. 26.
3 Vergl. Veiel, a. a. O., S. 72.
4 Gespräch mit Anne Koch.
5 Gespräch mit Edzard Reuter.
6 «Frankfurter Allgemeine Zeitung» vom 24. November 1967.
7 Zit. bei Nina Grunenberg: Nachruf auf Alfred Herrhausen. In: «Die Zeit» vom 8. Dezember 1989.
8 Eine der raren Ausnahmen war Herrhausens direkter Vorgänger als Vorstandssprecher, Wilfried Guth, der von der Kreditanstalt für Wiederaufbau in den Vorstand der Deutschen Bank gewechselt war.
9 Gespräch des Verfassers mit Wilfried Guth am 17. November 2005.
10 Vergl. Veiel, a. a. O., S. 75.
11 Gespräch mit Edzard Reuter.
12 Gespräch des Verfassers mit Hilmar Kopper am 12. Dezember 2005.
13 Gespräch des Verfassers mit Michael Endres am 29. November 2005.
14 Gespräch mit Wilfried Guth.
15 Gespräch mit Wilfried Guth.
16 Vergl. Veiel, a. a. O., S. 89.
17 Vergl. Hans Otto Eglau: «Wie Gott in Frankfurt». Die Deutsche Bank und die deutsche Industrie. München 1993. S. 261.
18 Zit. bei Grunenberg, a. a. O.

Viertes Kapitel: Stehvermögen: Herrhausen und die Kunst der Fusion

1 «Frankfurter Allgemeine Zeitung» vom 1. Dezember 1989.
2 «Frankfurter Allgemeine Zeitung» vom 28. November 1999.

3 «Handelsblatt» vom 27. Juni 1972.
4 Ebd.
5 Zit. in «Blick durch die Wirtschaft» vom 6. September 1971.
6 Lothar Gall: «Der Bankier Hermann Josef Abs». Eine Biographie. München 2004. S. 347.
7 Ebd., S. 497.
8 «Die Zeit» vom 30. Juni 1972.
9 «Frankfurter Allgemeine Zeitung» vom 16. August 1972.
10 Vergl. «Blick durch die Wirtschaft» vom 11. Oktober 1972.
11 Ebd.
12 Ebd.
13 Vergl. Gall, a. a. O., S. 347 f.
14 Vergl. Eglau, a. a. O., S. 143.
15 Zit. nach Andres Veiels Dokumentarfilm «Black Box BRD», 2001. 49'.
16 Gespräch mit Anne Koch.
17 Gespräch mit Helmut Kohl.
18 Gespräch mit Helmut Kohl.
19 Gespräch mit Anne Koch.
20 «Capital» 11/1982.
21 Gespräch mit Edzard Reuter.
22 Vergl. Eglau, a. a. O., S. 125.
23 Ebd., S. 92 f.
24 Gespräch mit Edzard Reuter.
25 Gespräch mit Wilfried Guth.
26 Gespräch mit Hilmar Kopper.
27 Vergl. Interview mit Alfred Herrhausen in «Wirtschaftswoche» vom 25. März 1983.
28 In «Handelsblatt» vom 17. Januar 1984.
29 Vergl. Helmut Kohl: «Erinnerungen 1982–1990». München 2005. S. 24.
30 Gespräch mit Helmut Kohl.
31 Interview in der «Wirtschaftswoche» vom 25. März 1983.
32 In: «Stern extra», a. a. O., S. 30.
33 Herrhausen, Denken, a. a. O., S. 44.
34 August von Hayek: «Wissenschaft und Sozialismus». Walter Eucken Institut. Vorträge und Aufsätze 71. Tübingen 1979. S. 16.
35 Herrhausen, Denken, a. a. O., S. 51 ff.
36 Gehlen, a. a. O., S. 57,

Fünftes Kapitel: Manager der Bundesrepublik: Gestalten, nicht verwalten!

1 Gespräch mit Michael Endres.
2 Gespräch mit Helmut Kohl.
3 Zit. in Balkhausen, a. a. O., S. 137.
4 Gespräch mit Helmut Kohl.

5 «Die Welt» vom 10. Februar 1988.
6 Knut Borchardt: «Erinnerung an Alfred Herrhausen». In: Stiftung Historisches Kolleg im Stifterverband für die Deutsche Wissenschaft (Hrsg.): «Historisches Kolleg 1980–1990». Vorträge anläßlich des zehnjährigen Bestehens und zum Gedenken an Alfred Herrhausen am 22. November 1990. München 1991. S. 15–22, hier S. 16.
7 Herrhausen, Denken, a. a. O., S. 61.
8 «Der Spiegel» vom 20. November 1989.
9 Romano Guardini: «Die Macht». Versuch einer Wegweisung. Würzburg 1952. S. 103 f.
10 Ebd., S. 104.
11 Herrhausen, Denken, a. a. O., S. 34.
12 Ebd., S. 297.
13 Ebd., S. 297 f.
14 Dennis Meadows: «Die Grenzen des Wachstums». Bericht des Club of Rome zur Lage der Menschheit. Stuttgart 1972. S. 173 (in Herrhausens Exemplar mit Anstreichung).
15 Herrhausen, Denken, a. a. O., S. 22.
16 Ebd., S. 23.
17 Ebd., S. 23.
18 Gehlen, Seele, a. a. O., S. 65.
19 Herrhausen, Denken, a. a. O., S. 341.

Sechstes Kapitel: Der Solist im Duett: Zu zweit an der Spitze der Deutschen Bank

1 Balkhausen, a. a. O., S. 216.
2 Gespräch mit Michael Endres.
3 Eglau, a. a. O., S. 214.
4 «Stern extra», a. a. O., S. 28.
5 Gespräch mit Hilmar Kopper.
6 «Manager Magazin» 2/1986.
7 «Stern» 19/1989.
8 «Die Zeit» vom 15. Mai 1987.
9 Gespräch mit Wilfried Guth.
10 Gespräch mit Edzard Reuter.
11 Gespräch mit Edzard Reuter.
12 «Industriemagazin» 12/1987.
13 «Frankfurter Neue Presse» vom 29. Juli 1987.
14 Gespräch mit Wilfried Guth.
15 Gespräch mit Hilmar Kopper.
16 Vergl. Veiel, a. a. O., S. 217.

Siebtes Kapitel: «Die Zeit ist reif»: Das Plädoyer für einen globalen Schuldenerlaß

1. Zit. in Balkhausen, a. a. O., S. 93.
2. Herrhausen, Denken, a. a. O., S. 347.
3. Ebd., S. 354.
4. Vergl. Gall, a. a. O., S. 291.
5. «Manager Magazin» 2/1986.
6. «Financial Times» vom 13. Mai 1985.
7. Zit. in «Der Spiegel» vom 3. Oktober 1988.
8. Zit. in «Frankfurter Allgemeine Zeitung» vom 1. Oktober 1987.
9. Zit. ebd.
10. «Manager Magazin» 2/1986.
11. Vergl. «Frankfurter Allgemeine Zeitung» vom 6. November 1986.
12. Zit. in «Frankfurter Allgemeine Zeitung» vom 17. Dezember 1986.
13. Gespräch mit Michael Endres.
14. Vergl. «Bild-Zeitung» vom 30. November 2004.
15. Gespräch mit Hilmar Kopper.
16. Zit. in «Frankfurter Allgemeine Zeitung» vom 15. Mai 1987.
17. Vergl. Balkhausen, a. a. O., S. 89.
18. Zit. in Veiel, a. a. O., S. 197.
19. Vergl. ebd.
20. Gespräch mit Wilfried Guth.
21. Vergl. Veiel, a. a. O., S. 199.
22. Zit. in «Frankfurter Allgemeine Zeitung» vom 29. September 1988.
23. Vergl. «Die Zeit» vom 14. September 1988 und «Frankfurter Allgemeine Zeitung» vom 20. September 1988.
24. Vergl. «Frankfurter Allgemeine Zeitung» vom 20. September 1988.
25. Ebd.
26. Ebd.
27. Vergl. «Handelsblatt» vom 30. Juni 1989.
28. Vergl. Herrhausen, Denken, a. a. O., S. 275–287.
29. «Handelsblatt» vom 30. Juni 1989.

Achtes Kapitel: Revolutionsführer: Allein gegen den Rest der Welt

1. Zit. in «Frankfurter Allgemeine Zeitung» vom 11. Mai 2002.
2. Vergl. Gall, a. a. O., S. 256.
3. Grunenberg, a. a. O.
4. Vergl. Eglau, a. a. O., S. 111.
5. Gespräch mit Michael Endres.
6. Gespräch mit Wilfried Guth.
7. Wolfgang Stegmüller: «Hauptströmungen der Gegenwarts-Philosophie». Stuttgart 1979. Band II, S. 496.

8 Ebd. (Kursivierungen im Original).
9 Vergl. Peter Koslowski: «Evolution und Gesellschaft». Walter Eucken Institut. Vorträge und Aufsätze 98. Tübingen 1984. S. 16.
10 Vergl. Peter Koslowski: «Ethik des Kapitalismus». Walter Eucken Institut. Vorträge und Aufsätze 87. Tübingen 1982. S. 8.
11 Vergl. ebd., S. 13.
12 Ebd., S. 45.
13 Vergl. Herrhausen, Denken, a. a. O., S. 73–80.
14 Zitiert in Veiels Dokumentarfilm «Black Box BRD», 2001. 34'.
15 Herrhausen, Denken, a. a. O., S. 58.
16 Ebd., S. 59.
17 Arno Baruzzi: «Immanuel Kant». In: «Klassiker des politischen Denkens». München 1968. Band II, S. 185
18 Gespräch mit Helmut Kohl.
19 Zit. in «Manager Magazin» 6/1989.
20 Zit. in Balkhausen, a. a. O., S. 41.
21 Vergl. «Manager Magazin» 6/1989.
22 Gespräch mit Edzard Reuter.
23 Gespräch mit Michael Endres.
24 Vergl. «Manager Magazin» 6/1989.
25 «Die Welt» vom 11. März 1989.
26 Ebd.
27 Ebd.
28 Ebd.
29 Vergl. «Die Zeit» vom 8. Dezember 1989.
30 Zit. in «Die Welt» vom 27. Oktober 1989.
31 Zit. in Balkhausen, a. a. O., S. 41.
32 Vergl. Veiels Dokumentarfilm «Black Box BRD», 34'. Dort äußert sich Fischer: «Insbesondere bei den jugendlichen Mitarbeitern hatte er Anhänger, leidenschaftliche Anhänger [...] Irgendwie war es vorbei mit dem schlechten Gewissen.»
33 Gespräch mit Wilfried Guth.
34 Vergl. Veiel, a. a. O., S. 221 f.
35 Vergl. Herrhausen, Denken, a. a. O., S. 379.
36 Zit. in «Die Welt» vom 27. Oktober 1989.
37 Gespräch mit Hilmar Kopper.
38 Zit. in Balkhausen, a. a. O., S. 161 f.
39 Vergl. «Wirtschaftswoche» vom 10. März 1989.
40 Vergl. «Die Welt» vom 11. März 1989.
41 Vergl. «Stern» vom 22. März 1989.
42 Vergl. «Der Spiegel» vom 13. März 1989. S. 20–28.
43 Ebd., S. 21.
44 Gespräch mit Michael Endres.
45 Gespräch mit Edzard Reuter.
46 «Der Spiegel» vom 13. März 1989, S. 28.

47 Gespräch mit Edzard Reuter.
48 Gespräch mit Edzard Reuter.
49 Zit. in Balkhausen, a. a. O., S. 41.
50 Gespräch mit Hilmar Kopper.
51 Herrhausen, Denken, a. a. O., S. 265.
52 Gespräch mit Hilmar Kopper.
53 Veiel, a. a. O., S. 239.
54 Gespräch mit Helmut Kohl.
55 Herrhausen, a. a. O., S. 241.
56 Gespräch mit Helmut Kohl.
57 «Welt am Sonntag» vom 28. November 1999.
58 «Der Spiegel» vom 20. November 1989.
59 Vergl. ebd.
60 Vergl. «Wall Street Journal» vom 20. November 1989.
61 «Der Spiegel» vom 20. November 1989.
62 «Wall Street Journal» vom 20. November 1989.
63 «Der Spiegel» vom 20. November 1989.
64 Vergl. «Frankfurter Allgemeine Zeitung» vom 30. November 1989.
65 «Der Spiegel» vom 20. November 1989 (Kursivierung im Original).
66 «Die Welt» vom 8. Februar 1988.
67 «Die Zeit» vom 27. Oktober 1989.
68 «Der Spiegel» vom 20. November 1989.

Neuntes Kapitel: «Mit einem Anschlag ist zu rechnen»: Der Mord und seine Folgen

1 Gerhard Wisnewski, Wolfgang Landgraeber und Ekkehard Sieker: «Das RAF-Phantom». Wozu Politik und Wirtschaft Terroristen brauchen. München 1993.
2 Vergl. «Frankfurter Allgemeine Zeitung» vom 8. September 2003.
3 Ferdinand Kroh: «Wendemanöver». Die geheimen Wege zur Wiedervereinigung. München 2005.
4 Gespräch mit Hilmar Kopper.
5 Zit. in Veiels Dokumentarfilm «Black Box BRD». 85'.
6 Vergl. Veiel, a. a. O., S. 259.
7 Gespräch mit Hilmar Kopper.
8 Ebd.
9 «Stern extra», a. a. O., S. 12.
10 Vergl. Veiels Dokumentarfilm «Black Box BRD». 88'.
11 Vergl. «Stern» vom 22. März 1990.
12 Vergl. Veiel, a. a. O., S. 214.
13 Vergl. «Der Spiegel» vom 22. November 1982.
14 Vergl. Veiel, a. a. O., S. 216.
15 Gespräch mit Anne Koch.

16 Vergl. «Stern extra», a. a. O., S. 55.
17 Zit. in «Die Welt» vom 2. August 1980.
18 Abgedruckt in modifizierter Orthographie in «Die Tageszeitung» vom 6 Dezember 1989.
19 Zit. in Wisnewski et al., a. a. O., S. 131.
20 Gespräch mit Helmut Kohl.
21 Gespräch mit Anne Koch.
22 Hilmar Kopper zit. in Veiel, a. a. O., S. 11.
23 Gespräch mit Hilmar Kopper.
24 Gespräch mit Anne Koch.
25 Pater Augustinus Heinrich Graf Henckel von Donnersmarck: «Predigt im Requiem für Dr. Alfred Herrhausen am 6. Dezember 1989 im Dom zu Frankfurt am Main». Maschinenschriftliches Manuskript, S. 1.
26 Ebd., S. 5.
27 Vergl. Krause-Burger in «Stuttgarter Zeitung» vom 2. Mai 1987.
28 Vergl. Nina Grunenberg: «Mit dem Fluidum des Eroberers». In: «Die Zeit» vom 27. Oktober 1989.
29 Helmut Kohl: «Abschied von Alfred Herrhausen». Ansprache des Bundeskanzlers beim Requiem im Dom zu Frankfurt. Bulletin der Bundesregierung vom 7. Dezember 1989, S. 1.
30 Ebd., S. 2.
31 Vergl. Veiel, a. a. O., S. 266.
32 Vergl. «Stern» vom 4. Dezember 1989.
33 Richard Burt: «Deutschland und Amerika – Partner für eine Welt im Wandel». Mit einem Vorwort von Alfred Herrhausen. Herford 1989.
34 Herrhausen, Denken, a. a. O., S. 84.
35 Ebd., S. 86.
36 Ebd., S. 87.
37 Vergl. ebd., S. 87.
38 Vergl. ebd., S. 89.
39 Ebd., S. 88.
40 Ebd., S. 91.
41 Ebd., S. 91.
42 Ebd., S. 93.

Zehntes Kapitel: «Die Wahrheit ist dem Menschen zumutbar»: Glasnost für den Kapitalismus

1 Zit. in «Wirtschaftswoche Jahrbuch 1988/89».
2 Zit. in «Stern-Sonderheft», S. 4.
3 «Manager Magazin» 6/1989.
4 Gespräch mit Helmut Kohl.
5 Gespräch mit Wilfried Guth.

6 Gespräch mit Helmut Kohl.
7 Gespräch mit Edzard Reuter.
8 «Die Welt» vom 19. Februar 1988.
9 «Die Weltwoche» vom 20. Oktober 1988.
10 Gespräch mit Wilfried Guth.
11 Friedrich August von Hayek: «Mißbrauch und Verfall der Vernunft». Frankfurt am Main 1959. S. 25 (in Herrhausens Exemplar mit doppelter Anstreichung versehen).
12 Vergl. ebd., S. 48.
13 Vergl. ebd., S. 73.
14 Vergl. ebd., S. 114 (in Herrhausens Exemplar mit dreifacher Anstreichung).
15 Ebd., S. 279.
16 Havemann, a. a. O., S. 5.
17 Ebd., S. 111.
18 Ebd. S. 112.
19 Ebd., S. 104 (in Herrhausens Exemplar mit Verweis auf Chardin).
20 Pierre Teilhard de Chardin: «Auswahl aus dem Werk». Olten 1964. S. 219.
21 Havemann, a. a. O., S. 97.
22 «Euromoney» 1/1994.
23 Vergl. «Frankfurter Allgemeine Zeitung» vom 22. September 2005.
24 Popper, Ausgangspunkte, a. a. O., S. 145.
25 Immanuel Kant: «Kritik der reinen Vernunft». A XII. Zit. nach «Klassiker des politischen Denkens», Band II, S. 162 f. (in Herrhausens Exemplar mit doppelter Anstreichung).
26 Karl Jaspers: «Einführung in die Philosophie». 12 Radiovorträge. München 1953, S. 119
27 Zit. in Balkhausen, a. a. O., S. 167.
28 Hayek, Wissenschaft und Sozialismus, a. a. O., S. 6.
29 Zit. in «Blick durch die Wirtschaft» vom 13. Dezember 1985.
30 Gespräch mit Helmut Kohl.
31 Zit. in «Euromoney» 1/1994.
32 Havemann, a. a. O., S. 70 (in Herrhausens Exemplar mit Verweis auf Thomas Manns «Zauberberg»).
33 Hayek, Wissenschaft und Sozialismus, a. a. O., S. 16.
34 Gespräch mit Michael Endres.
35 Herrhausen, Denken, a. a. O., S. 61 f.
36 Ebd., S. 66, identisch S. 373.
37 Ebd., S. 67, identisch bis auf eine Kursivierung S. 374.
38 Ebd., S. 68.
39 Ebd., S. 69.
40 Ebd., S. 71.
41 Ebd., S. 71 f.
42 Vergl. «Frankfurter Allgemeine Zeitung» vom 15. Juli 2005.
43 Gespräch mit Helmut Kohl.
44 «Stern» vom 22. März 1989.

Register

Abs, Hermann Josef 9, 11, 90f., 94, 101, 103–105, 115f., 120f., 136–139, 153, 163, 168f., 172, 174, 179, 190, 193, 197, 217, 224, 276, 288
Ackermann, Eduard 253
Ackermann, Josef 7, 11, 214, 287, 295, 299
Adenauer, Konrad 224
Antes, Horst 137
Avanzini, Familie 43

Baader, Andreas 117
Bachmann, Ingeborg 286, 304
Baker, James 182, 186, 207
Balkhausen, Dieter 226
Bangemann, Martin 247–249
Baruzzi, Arno 223
Baumgartner, Traudl → Herrhausen, Traudl
Beer, Wolfgang 269f.
Beitz, Berthold 107, 141, 245–247
Benningsen-Foerder, Rudolf von 245
Berger, Roland 297
Berlin, Tilo 253
Beuys, Joseph 137
Beye, Peter 138
Bierich, Marcus 124
Blessing, Werner 191
Blüthmann, Heinz 169
Boehm, Gero von 33
Bonnards, Pierre 212

Borchardt, Knut 140
Bormann, Adolf Martin 26, 34, 39
Bormann, Martin 26, 29, 34, 37
Bracher, Karl Dietrich 48
Brady, Nicholas 207
Brandt, Willy 146, 162
Breitschwerdt, Werner 165f., 169f.
Brentano, Franz 219
Breuer, Rolf-E. 192, 215, 262, 295, 299
Bub, Heli 39
Buback, Siegfried 118
Burgard, Horst 96, 215, 276
Burns, Arthur F. 279f., 283
Burt, Richard 279
Büse, Gisela 75

Carstens, Karl 275
Cartellieri, Ulrich 215
Christians, F. (= Friedrich) Wilhelm 15, 78, 89–94, 115, 122f., 146f., 151f., 154, 162, 171f., 174f., 190–195, 225f., 240, 252, 294
Craven, John 252, 274

Dohrn, Klaus 160

Ehmcke, Manfred 161
Ehret, Robert 90, 94, 96

Endres, Michael 93, 134, 156, 215, 225, 227, 229f., 262, 301
Ensslin, Gudrun 117
Erhard, Ludwig 65, 67, 83, 130f., 283
Eucken, Walter 60

Ferslev, Hans-Peter 152, 229
Fischer, Thomas R. 221, 253
Flamm (Erzieher) 30, 39
Flick, Friedrich 121f., 153f., 164
Friedman, Milton 65
Fukuyama, Francis 284
Funke, Hella → Herrhausen, Wilhelmine

Gaddafi, Muammar al 158
Gallwitz, Klaus 138f.
Gehlen, Arnold 74, 132, 149, 290
Geiger, Theodor 72
Genscher, Hans-Dietrich 224
Gießler, Karl 29
Göbel, Georg 99, 102
Goerlitz, Julius 25f., 36, 42
Gorbatschow, Michail Sergejewitsch 202, 204, 223f., 254
Gossen, Hermann Heinrich 64
Grams, Wolfgang 261
Grunenberg, Nina 216, 238, 259, 277, 281

Guardini, Romano 143, 290
Gummert, Fritz 58, 63
Gutenberg, Erich 61
Guth, Wilfried 91, 94, 115f., 120, 122f., 151, 158, 160, 162, 164–166, 169f., 171f., 193, 217f., 239, 243, 287, 289

Hachmeister, Lutz 13
Hahn, Carl H. 108f., 110
Hauff, Volker 275
Haupt, Joachim 24f.
Haussmann, Helmut 129
Havemann, Robert 60, 291–293, 300
Hayek, Friedrich August von 65f., 130, 290–293, 298, 301
Heinemann, Gustav 146
Heintzeler, Wolfgang 220, 222
Heißmeyer, August 25f.
Henckel von Donnersmarck, Augustinius Heinrich Graf 116
Hengsbach, Franz Kardinal 245
Herrhausen, Anna 112, 131f., 272
Herrhausen, Anne → Koch, Anne
Herrhausen, Bettina 78, 93, 112, 273
Herrhausen, Karl 18–20, 22, 30f., 44, 53, 56, 92
Herrhausen, Traudl 110–114, 117f., 131, 135, 139, 161, 187, 204, 212, 255, 261, 264, 268, 272, 275f., 280, 286
Herrhausen, Ulla 58f., 77, 92, 110–112, 131
Herrhausen, Wilhelmine 18, 20–22, 41, 44f., 112, 272, 276
Hertz, Heinrich 75
Heß, Rudolf 26, 37
Heym, Stefan 257
Himmler, Heinrich 25
Hitler, Adolf 23f., 26, 34
Hogefeld, Birgit 261
Höhler, Gertrud 226, 238
Hooven, Eckart van 173f., 215

Illy, Leo 67
Imhoff, Hans 109

Jäger, Lorenz 10
Janberg, Hans 94, 98f., 109
Jaspers, Karl 218, 297, 301
Jeske, Jürgen 98, 196, 203

Kant, Immanuel 223, 296
Karry, Heinz-Herbert 260
Kartte, Wolfgang 240
Keller, Fritz 160
Kissinger, Henry 156, 276
Klar, Christian 265, 270
Klasen, Karl 90, 99, 162
Kleffel, Andreas 127
Klimt, Gustav 139
Knizia, Klaus 75
Koch, Anne 18–22, 27f., 41, 44f., 55, 57–59, 112, 114, 266, 272
Koch, Karl August 57f.
Kohl, Helmut 11, 113f., 124, 128, 130f., 134f., 155f., 177, 202, 224f., 235, 253–255, 272, 275, 278, 282, 287f., 299, 305
Kolb, Hans Werner 102–104
Konfuzius 76
Kopper, Hilmar 93, 123, 151, 156, 165, 173, 190, 214f., 242, 250–252, 262f., 273, 279, 293, 299f.
Koslowski, Peter 220–222
Kraatz, Gottfried 189
Krause-Burger, Sibylle 56, 277
Kreke, Jörn 141
Kroh, Ferdinand 262
Krumnow, Jürgen 215, 227
Krupp, Alfried 9
Krupp, Georg 215
Kuhn, Thomas S. 218, 220

Lafontaine, Oskar 129
Lambsdorff, Otto Graf 124, 129, 249
Landgraeber, Wolfgang 260f.
Leeb, Johannes 34
Ley, Robert 25
Liechtenstein, Karl Adam von 113
Lorenz, Peter 117
Luxemburg, Rosa 304

Madrid Hurtado, Miguel de 176–178, 186
Mann, Thomas 300
Marx, Karl 144
Maskowski, Jurij 224
Mertin, Klaus 96
Meyer, Friedrich 286
Meyerheim, Wilhelm 109
Miesel, Karl 158
Mises, Ludwig von 65
Mohn, Reinhard 141
Müller-Armack, Alfred 64f., 67
Müntefering, Franz 12

Németh, Miklós 255
Neumann, Tanja (= Langer, Tanja) 188
Niefer, Werner 247

Niehues, Bernhard 95
Niemeyer, Adolf D. 104, 107
Nix, Jakob 93, 111, 117, 161, 216, 264, 268f., 279
Nonne, Siegfried 261

Oetker, August 141
Orff, Carl 39
Ortega y Gasset, José 289, 291

Pareto, Vilfredo 72
Penck, A. R. 137
Phillips, Duncan 212
Pimental, Edward 260, 265
Pinckert, Almut 93, 161, 216f., 278
Pinochet, Augusto 185
Plambeck, Juliane 270
Planck, Max 76
Ponto, Jürgen 118, 288
Popper, Karl Raimund 61f., 219, 277, 286, 296
Prinz, Gerhard 120, 123, 165, 171

Raspe, Jan-Carl 117
Rathenau, Emil 9, 166
Rathenau, Walther 9, 288
Rebmann, Kurt 264
Reuter, Edzard 53, 79, 93, 119, 122, 129f., 165f., 169–171, 228, 239, 247–251, 287f.
Röhm, Ernst 24, 26, 35f.
Rohwedder, Detlev Karsten 127, 260f.
Röller, Wolfgang 180f., 194f., 201
Rompel, Hans 75, 139
Rosenberg, Alfred 41

Roth, Wolfgang 129
Ruf, Sepp 160
Rumohr, Karl von 76
Rust, Bernhard 23, 25

Saint-Exupéry, Antoine de 76
Sattler, Paul 58, 83
Sattler, Ulla → Herrhausen, Ulla
Schäuble, Wolfgang 271
Scheel, Walter 275
Schiele, Egon 139
Schieren, Wolfgang 228f.
Schirach, Baldur von 25
Schleyer, Hanns Martin 13, 117–119, 265, 270
Schmidt, Helmut 119, 124, 135, 249, 276
Schmidt-Holz, Rolf 112
Schneider-Lenné, Ellen-Ruth 215, 225, 227, 230
Schönfeld, Leo → Illy, Leo
Schröder, Gerhard 7
Schwarz, Franz Xaver 26
Schwarz, Meinhard 75
Seidler, Christoph 261
Seipp, Walter 180f., 194–196, 201f.
Sieker, Ekkehard 260f.
Siemens, Georg von 166f.
Siemens, Werner von 9
Silajew, Iwan 263
Smith, Adam 219, 221, 290
Sonnenholzner, Fritz 103
Stegmüller, Wolfgang 218f.
Stinnes, Hugo 9, 80
Stöckl (Gebietsführer) 29
Stoltenberg, Gerhard 129
Strauß, Franz Josef 247f.
Szczesny, Gerhard 149

Teilhard de Chardin, Pierre 222, 290–292
Teltschik, Horst 255

Ulrich, Franz Heinrich 90, 96, 107, 115f., 162

Vallenthin, Wilhelm 101
Veiel, Andres 261
Vogel, Hans-Jochen 129
Vogelsang, Günter 124, 126
Volmer, Ludger 189
Vranitzky, Franz 255

Waechtler, Fritz 26
Wagner, Richard 187
Wallmann, Walter 62, 98
Weber, Juliane 272
Wehler, Hans-Ulrich 17, 47
Weidemann, Kurt 204, 280
Weiss, Ulrich 173, 215, 230
Weisser, Gerhard 61
Weizsäcker, Richard von 275
Werner, Helmut 109, 171
Wessels, Theodor 58, 60–62, 64f., 67, 71, 289
Wieland, Johann 152, 228f.
Wisnewski, Gerhard 260f.
Wittstock, Wolfgang 138
Wolff von Amerongen, Otto 110, 112–114
Wolff von Amerongen, Winnie 110f., 114

Zahn, Joachim 120
Zapp, Herbert 96, 136, 138, 173, 215
Zimmermann, Ernst 265
Zischka, Anton 75
Zwätz, Dietrich 100